大学生
军事理论课教程

DAXUESHENG JUNSHI LILUNKE JIAOCHENG

第三版

王金锋 ◎ 主编

暨南大学出版社
JINAN UNIVERSITY PRESS
中国·广州

图书在版编目（CIP）数据

大学生军事理论课教程/王金锋主编. —3 版. —广州：暨南大学出版社，2018. 8（2020. 8 重印）
ISBN 978 - 7 - 5668 - 2475 - 2

Ⅰ. ①大…　Ⅱ. ①王…　Ⅲ. ①军事理论—高等学校—教材　Ⅳ. ①E0

中国版本图书馆 CIP 数据核字(2018)第 203213 号

大学生军事理论课教程（第三版）
DAXUESHENG JUNSHI LILUNKE JIAOCHENG（DISANBAN）
主　编：王金锋

出 版 人：张晋升
责任编辑：杜小陆　汤慧君
责任校对：邓丽藤
责任印制：周一丹

出版发行：暨南大学出版社（510630）
电　　话：总编室（8620）85221601
营销部（8620）85225284　85228291　85228292　85226712
传　　真：（8620）85221583（办公室）　85223774（营销部）
网　　址：http：//www. jnupress. com
排　　版：广州市天河星辰文化发展部照排中心
印　　刷：广州市穗彩印务有限公司
开　　本：787mm × 1092mm　1/16
印　　张：19
字　　数：383 千
版　　次：2014 年 8 月第 1 版　2018 年 8 月第 3 版
印　　次：2020 年 8 月第 7 次
定　　价：45. 00 元

目录

CONTENTS

第一章　中国国防

第一节　国防概述

一、国防的含义

有国家就必然有国防。国防是一个国家和民族生死存亡的根本大计。孙武说："兵者，国之大事也，死生之地，存亡之道，不可不察也。"国防服务于国家利益并直接关系着国家的安全、民族的尊严和社会的稳定发展，是维护民族独立、领土安全和国家统一的中坚力量。各个国家和民族都十分重视国防和军队建设。

国防是国家为防备和抵抗侵略，制止武装颠覆和恐怖袭击等，保卫国家主权统一、领土完整和安全所进行的军事活动，以及与军事有关的政治、经济、科技、外交、教育等方面的活动。简言之，国防是国家的防务，是一门求生的学问，它是以国家为主体，以军事力量为核心，以捍卫国家主权、统一和维护国家领土完整与安全为目的，以防备和抵抗侵略、制止武装颠覆为职能的军事以及其他方面的建设与斗争。现代国防又叫社会国防、大国防、全民国防，包括武装建设、国防体制、军事科技和工业、国防工程、军事交通通信、人力动员、国防教育、国防法规诸多方面，是一个庞大而复杂的系统。从最高元首到每个公民，从军事到政治、经济、文化、教育、科技和意识形态都与之密切相关。因此，党的十九大报告明确提出："面对国家安全环境的深刻变化，面对强国强军的时代要求，必须全面贯彻新时代党的强军思想，贯彻新形势下军事战略方针，建设强大的现代化陆军、海军、空军、火箭军和战略支援部队，打造坚强高效的战区联合作战指挥机构，构建中国特色现代作战体系，担当起党和人民赋予的新时代使命任务。"这为我国的国防建设提出了明确的要求，也指明了目标和方向。

二、现代国防的基本类型

由于各个国家的社会制度和政策不同，制定的国防政策和追求的国防目标也不同，世界各国的国防性质也不尽相同。目前，世界各国的国防从性质上看主要有扩张型、自卫型、联盟型和中立型四种。

1. 扩张型

扩张型是某些综合国力强大的国家对外奉行霸权主义和强权政治，为维护本国在世界各地的霸权利益，打着维护自身安全和利益的旗号，通过侵略、颠覆和渗透，将其他国家和地区纳入自己的势力范围。

2. 自卫型

自卫型是指在国防建设上主要依靠本国力量，并广泛争取国际同情与支持，防止外国侵略，维护本国安全，维护周边地区与世界的和平与稳定。

3. 联盟型

联盟型是指以结盟的形式联合他国进行防卫，以弥补自身力量的不足。联盟型又可分为有一个大国作盟主的一元体系联盟和多元体系联盟。

4. 中立型

中立型主要是一些中小发达国家为了保障本国的安全，严守和平中立的国防政策，制定总体防御战略和寓兵于民的防御体系。另有一些国家采取完全不设防的方式。

中华民族是一个爱好和平的民族，我国一贯主张独立自主的和平外交政策，致力于维护世界和平与地区稳定，追求和平崛起，属于防御自卫型国防。

第二节　中国国防历史

作为一个国家和民族，最重要的无非两件大事：一个是发展问题，一个是安全问题。国防正是人类社会发展与安全需要的产物，是随着国家的产生而出现的。中国是世界文明古国，有着悠久的国防历史。

一、中国古代国防

国防作为一种历史现象，萌发于原始的部落斗争，随着私有制和国家的形成而出现。今天我们在济南城子崖遗址发现了版筑夯土城址和城墙以及西安半坡村发现的壕堑，都表明公元前 21 世纪夏王朝的建立，不仅标志着保护私有制的国家机器的形成，也标志着国防的出现。中国古代国防从夏朝开始建立，至秦汉时期走向成熟，直到 1840 年鸦片战争爆发，其间大约历经 4 000 年、20 多个朝代。在漫长的国防历史发展过程中，中华民族经历了无数次血与火的洗礼，国防理论不断发展和完善，形成了较为完整的古代国防理论体系，包括国防建设思想、国防教育思想、国防斗争策略以及军事制度等。

1. 兵制

兵制即军事制度，现在一般称为军制，包括武装力量体制、军事领导体制和兵役制度等内容。

在武装力量体制上，秦朝以前，武装力量比较单一，实行兵民合一的民军制，平时居家从事生产，战时集合出征。秦朝以后，随着生产力的发展和社会制度的完善，各朝代根据国家政治状况和国防的需要以及驻防地区和任务的不同，我国古代国防力量逐渐有了中央军、地方军、边防军和地主私人武装的区分。中央军由中央直接控制，多由警卫京师的御林军和其他精锐部队组成，主要担负宫廷和京师的警卫任务。地方军由地方军政长官统领，负责本地的防卫任务。边防军的主要任务是戍守边疆，平时组织屯田。地主私人武装一般由地主庄园的庄丁组成，主要维护当地地主的利益。中国古代的武装力量以步兵和骑兵为主要兵种，宋朝开始出现火枪后，明朝出现了专门装备火器的部队。

兵役制度方面，我国古代不同时期随着政治、经济、人口状况和军事斗争的需要实行不同的兵役制度。在奴隶制的夏、商、周时代，由于生产力水平低下，人口稀少，战争规模小，当时主要实行兵农合一的军民制度，凡有授田权利的男子都有服兵役的义务。他们平时为民，从事耕牧，战时则为兵出征。春秋后期实行按田亩征军赋和考选勇士从军的兵役制度。进入封建社会后，民军制逐渐演变为与当时历史条件相适应的兵役制度。战国时期，我国开始实行征兵制。秦朝规定17岁至60岁的男子都必须服兵役两年，其中守卫京师的称“正卒”，守卫边防的称“戍卒”。汉朝开始实行募兵制。三国两晋南北朝时期实行世兵制，隋唐时期主要实行府兵制，府兵平时为民，从事耕牧，农闲军训，战时出征。战争结束后，兵散于府，将归于朝。宋朝实行募兵制，从全国招募兵员组成中央禁军、戍边番兵和地方乡兵。元朝实行世兵制，明朝则实行卫所制度，清朝前期实行世兵制，主要力量包括由满族人组成的八旗兵和由汉族人组成的绿营兵，都是国家的正规军。

2. 国防工程建设

我国古代为了抵御外敌和周边少数民族的侵扰和巩固边防，修筑了数量众多、规模庞大的国防工程，包括城池、运河、水渠以及海防要塞等，其中最著名的是长城的修筑。

城池的建筑始于商代，它是我国古代建设时间最早、数量最多的国防工程。商代以后建筑规模不断扩大，结构日益完善，其建筑一直延续到近代。因此，城池的攻守争夺战成为我国古代战争的主要作战样式之一。

灵渠与京杭大运河都是我国古代伟大的军事工程。在秦统一六国后，为开拓岭南，秦始皇派人修筑灵渠，沟通了湘江与漓江，连接了长江与珠江两大水系，为军粮运输等提供了巨大的便利。京杭大运河是隋炀帝时期在原有旧河道的基础上开凿连通而成，连接了北起通州南至杭州的许多州县，全长近 1 800 千米，成为后世军事交通运输和南粮北运的重要运输通道。

长城是城池建设的延续和发展，是古代中原王朝为防御北方游牧民族的骑兵而修建的巨大国防工程。中国长城的修筑始于春秋战国时期。秦朝统一中国后，为了防御北方匈奴的侵扰，于公元前 214 年，将秦、赵、燕三国北部的长城予以修缮连接，先后历经八个诸侯国和十多个王朝的构筑、修建和连接，到明朝形成了西起嘉峪关、东至山海关的万里长城。

中国古代海防建设是从明朝时期对付倭寇开始的。日本南北朝的分裂时期正值中国明朝初年，日本南朝封建主组织武士劫掠中国东南沿海，被称为“倭寇”。为防范倭寇的偷袭、骚扰，从明洪武年间开始，加强了海防建设。明王朝在下令禁海的基础上，在沿海重要地段陆续修建了以卫城、新城为主体，水陆寨、营堡、墩、台等相结合的海防工程体系。

3.“富国强兵”的国防思想

早在春秋战国时期，经历了社会的动荡和常年的征战，丰富的国防实践经验开始被总结并升华为思想理论，形成具有中国特色的古代国防思想体系。这个思想体系内容广泛、思想深邃，包括了“富国强兵”“居安思危”“以民为本”“寓兵于农”“不战而胜”等国防建设思想、国防教育思想和军事斗争策略。秦始皇之所以能够成就统一六国的伟大事业，正是因为早在秦始皇之前数百年，秦国就推行“耕战”政策，以富国强兵为国策，并寓兵于农，实现了经济的发展和武备的充实。

另外，我国古代还非常重视军事技术的发展和武器装备的推陈出新，并及时总结军事斗争的经验。在冷兵器时代，中国不仅出现了众多的兵器式样，还形成了各种兵器的使用技巧和套路，使各种兵器的特性在战争中得到了充分的发挥。在战争实践的基础上，我国还及时总结军事斗争的经验，留下了许多不朽的军事著作，其中最著名的是孙武所著的《孙子兵法》。《孙子兵法》虽只有寥寥几千字，却论证了有关战争的几乎所有问题，在今天仍有着很大的影响，并被应用在军事、经济等领域。

二、中国近代百年国防

17—18 世纪是世界资本主义高速发展时期，各资本主义国家纷纷开辟新的原料产地和销售市场，加紧对外侵略，到 19 世纪上半叶，中国周边国家大多已经沦为它们的原料产地或者商品市场。而这时的中国正处在封建社会末期，长期的闭关锁国不仅使中国故步自封，也使中国丧失了走向近代化的契机，逐渐落后于西方资本主义国家。它们抓住中国“国防不固”这一致命弱点，开始了对中国长达近百年的侵略，迫使中国签订一个又一个不平等条约，从此，中华民族陷入空前的危机中。面对这种严峻的形势，中国人民不甘当亡国奴，从1840年的鸦片战争开始，中国人民就开始了一次又一次不屈不挠的反侵略斗争，伴随着民族意识的觉醒，中国人民也在加强国防建设，推动中国国防走向近代化，尤其到了二十世纪三四十年代，中华民族团结一致，提出持久战战略思想，发动人民战争，历时14年取得了抗日战争的彻底胜利。所以，中国近代史虽是一部屈辱史，但不是国防每况愈下、有国无防的失败史，因为它也是一部中国人民不断觉醒、奋勇抗争、反抗侵略的历史。

（一）晚晴时期的国防

1. 国防体制和武装力量变革

清朝初年至第一次鸦片战争时期，清朝的常备军由八旗兵和汉族绿营兵两部分组成。但到了鸦片战争时期，八旗兵和绿营兵装备十分落后，仍在使用腰刀和弓箭，火器只有射程近、无法瞄准、不能向下射击的鸟枪，以及炮架固定无法移动、只能打击正前方一个点的火炮，而且不论八旗兵还是绿营兵都已腐败不堪，不仅对外毫无战斗力，在镇压人民起义和对付海盗方面也非常无能，史书有关于广东水师出击海盗，结果全军被俘后加入海盗的记载。鸦片战争的失败也是很好的例证。在太平天国运动中，清朝原有的武装力量基本被农民起义军扫荡殆尽。而在镇压农民起义中崛起的湘军、淮军，采用明朝著名将领戚继光的营制进行编练，购买洋枪洋炮，并建立兵工厂，仿制新式装备，组建水师，在镇压太平天国的过程中发挥了重要作用。太平天国运动被镇压后，以湘军、淮军为代表的勇营武装逐步取代八旗兵和绿营兵的地位，成为清朝的常备军。与此相应，清朝的军制也发生了一场变革，由勇营制取代八旗兵和绿营兵军制。甲午战争中，中国战败，湘淮军大部分溃散，清朝开始“仿用西法，编练新兵”，委派袁世凯在天津小站练兵，袁世凯采用招募制，在入伍新兵的年龄、体格及文化水平方面都有严格的要求。

近代中国的屈辱是从海防开始的，清政府便随之开始了大规模的海防建设。鸦片战争之后，中国的海防危机一直存在，到了十九世纪六七十年代，中国东南沿海的海防危机更趋严重，日美相继入侵台湾，清政府内出现了要求加强海防的呼声。在洋务派的大力倡议下，1874年，清政府开始筹建水师，1885年成立了海军衙门，由奕劻等负责，随后清政府创建了中国的近代新式海军，组建了北洋、南洋及福建三大水师。甲午战争失败后，北洋水师几乎全军覆没。之后王文韶接替李鸿章任北洋大臣，着手复兴北洋水师，1909年，南北洋水师改为巡洋舰队和长江舰队，直到清末。

2. 国防工业建设

鸦片战争的战败使一部分先进中国人意识到西方列强的坚船利炮带来的威胁和学习西方枪炮技术的重要性，林则徐、魏源提出了“师夷长技以制夷”的口号。在太平天国农民起义的后期，列强又发动了第二次鸦片战争，中国再次战败，清王朝的当权者终于承认了中国船炮技术的落后和学习西方建立近代国防工业的必要性和重要性。从19世纪60年代初期开始，在洋务派的大力推动下，清政府开始购买机器，引进近代军事技术，创办了江南制造总局、福州船政局、金陵机器制造局、天津机器制造局、湖北枪炮厂等一系列近代军事工业，主要制造枪炮、子弹和轮船。在创办军事工业的过程中，为了解决经费问题，洋务派又学习西方，引进机器，兴办了一批民用工业。洋务派创办的这些军工企业规模较大、设备较好、产品较优，是中国近代国防工业的开端，基本反映了中国近代军事工业的创建过程和发展水平。

3. 国防观念和国防外交政策的变革

近代西方对中国的侵略最早是从鸦片战争开始的，而第一次鸦片战争和第二次鸦片战争都是从广州开始，侵略者挑起战争后，沿海北上，进攻天津和北京。因此，在鸦片战争后相当长的时期内，清政府一直都把国防的重点放在海上，认为威胁主要来自英、法等国的海上入侵，而晚年的林则徐从新疆归来时却指出“终为中国患者，其俄罗斯乎”。19世纪60年代至70年代，中国出现了“海防”与“塞防”的争论，随着俄国在中国东北与西北趁火打劫并掠夺了中国大片领土，英国在中国西部蠢蠢欲动，以及英、法、日等国在中国东南沿海步步紧逼，清政府终于意识到中国面临的国防危机是全方位的。于是，清政府改变过去的国防政策，实行海陆并举的全面国防政策。

西方列强的侵略不仅使中国一步步沦为半殖民地半封建社会，还直接导致了东方朝贡体系的解体，迫使清政府开始在国防外交领域放弃过去对周边小国的宗藩政策，转而从屏蔽边疆出发，开始把实行对外的军事援助和维护自身的安全结合起来，实行藩篱政策，19世纪中后期，清政府出兵援助越南和袁世凯在朝鲜的经营活动都有这方面的考虑。

此外，中国人民英勇抗击侵略者的斗争也是中国近代国防的重要组成部分。从三元里人民的抗英斗争到义和团抗击八国联军的斗争直到中华民族团结一致取得抗日战争的胜利，这些反侵略斗争都在中华民族反击外国侵略、争取民族独立的斗争史上写下了光辉的一页。正是中华民族不畏强暴、抗御外侮的伟大爱国主义精神和行动，才避免了中国被瓜分的危险，并一步一步实现了民族独立。

（二）民国时期的国防

民国初期，中国的军队主要由北方的北洋军和辛亥革命后在南方发展起来的革命军组成，实行募兵制。中华民国成立后，孙中山就任临时大总统，设立陆军部和海军部，任命黄兴为陆军总长，程璧光为海军总长，组建和领导革命军队。但好景不长，袁世凯窃取政权，将北洋军镇、协、标、营、队、排、棚改为师、旅、团、营、连、排、班，正式采用军衔制，奠定了我国现代军制的基础。袁世凯利用掌握的北洋政府权力，极力扩大北洋军，在总统府设立军事处，作为军队的最高领导机构。另外，他还成立直属大总统的参谋部，掌管全国的国防事宜。内阁中的海军部和陆军部则负责全国海陆军的军政事务，到 1916 年袁世凯去世时，中国的陆军约有 120 万，大部分是北洋军队。民国海军是在晚清海军的基础上建立的，但随后因为经费不足，发展缓慢。

袁世凯死后，中国仍然处在北洋军阀的统治之下。全国的陆军以实力雄厚的北洋军为主，其内部又分裂演化为皖系、直系和后来的奉系三派，长期进行军阀混战，并相继控制中国中央政权，直到 1928 年北伐战争结束。另外还有经营已久、实力不容小觑的西南军阀武装和进步党力量。这期间，中国海军发展依旧缓慢，在第一次世界大战结束后，中国作为战胜国，得到了缴获的一些舰艇，海军略有发展。空军已经开始大规模建设，东北的张作霖看到了空军的巨大作用，遂投入巨资苦心经营，至张作霖被炸身亡时，东北空军已经有飞机 300 多架，主要为购自法国和捷克的战机，少数为外国赠送或者战场缴获的。到 1928 年底东北易帜时，东北军尚有战机 200 余架。这期间，在广东领导革命的孙中山和中国共产党实现了第一次国共合作，在中国共产党的帮助下，孙中山创办了中国国民党陆军军官学校，史称黄埔军校，培养革命的军队。1925 年，广州国民政府成立了中国国民革命军，平定了等叛乱随后，统一了广东，于 1926 年 7 月开始北伐战争，至 1927 年打下了南京后，准备进攻上海，蒋介石、汪精卫相继背叛革命，第一次国共合作宣告破裂。

北伐战争后，蒋介石分别于 1928 年和 1929 年召开了两次编遣会议，力图削弱地方势力，扩大中央军事力量，遭到各地方势力的反对。1928 年底，随着张学良宣布东北易帜，蒋介石完成了对全国形式上的统一，但中国的国防实力依然弱小，中央军与地方势力之间矛盾尖锐，1929 年至 1930 年，爆发了连年的反蒋战争。1933 年，国民政府颁布了我国历史上第一部《兵役法》，宣布废除募兵制，开始实行征兵制。在抗日战争时期，蒋介石顽固采取“攘外必先安内”的方针和反共、反人民的方针，西安事变后虽被迫抗日，但消极抗日，积极反共。在民族危亡的紧要关头，中国共产党独立领导武装斗争，坚持独立自主的原则，转战陕北，保留了革命力量，提出了持久抗战的方针，紧紧依靠人民群众，团结一切可以团结的力量，组建抗日民族统一战线，赢得了近代以来中国民族反侵略斗争的首次彻底胜利。

抗战胜利后，全国人民期望和平，蒋介石集团顽固坚持一党专政，不顾全国人民的反对，发动内战。在中国共产党的领导下，中国人民经过四年浴血奋战，终于推翻了国民党的统治，建立了中华人民共和国。从此，中国结束了一百多年来有国无防的屈辱史，中国的国防建设揭开了新的篇章。

三、中华人民共和国成立后的国防

中华人民共和国的成立，开启了中国历史的新纪元。从此，在中国共产党的领导下，中国国防开始了革命化、现代化和正规化的建设，并取得了丰硕的成果，为维护国家独立、主权与安全，保障国家现代化建设，维护世界和平，打下了坚实的基础。

中华人民共和国成立以来，我国的国防与军队现代化建设大体上经历了五个阶段：

1. 第一个阶段（1949—1953）：由革命战争向和平建设过渡时期

中华人民共和国成立开启了中国历史的新纪元，也开启了我国国防和军队建设的新阶段。刚刚成立的中华人民共和国，不仅需要医治战争创伤和恢复国民经济，还要继续开展军事斗争以实现祖国全面解放，而且需要面对国际上帝国主义的侵略。在这种情况下，为促进我军的发展，维护国家主权、统一和安全，党中央、中央军委着手建立空军、海军和陆军各兵种，制定并颁发了统一的条令条例，新建和改建各类军事、政治、后勤及技术院校200余所，初步形成了比较完整的军事院校教育体系。经过几年的努力，我军开始由长期的单一陆军兵种部队向多兵种合成军队过渡，为将来的国防和军队现代化建设奠定了基础。这一时期，中国人民解放军开展了解放西藏、平息匪患和抗美援朝战争，取得了祖国解放、反对帝国主义侵略与维护和平稳定等一系列军事斗争的胜利。

2. 第二个阶段（1953—1965）：进入现代化、正规化建设时期

1953年，我国制订了第一个五年计划，开始了大规模的经济建设，国防的现代化建设也开始突飞猛进。1953年12月，我国召开了全国军事系统党的高级干部会议，会议确定我军建设的方针就是根据我国过渡时期总路线的要求，有步骤地把我军提到更高的水平，即社会主义现代化的水平。会议还讨论了军队的组织编制，加强部队训练，加强党委集体领导和首长分工负责制，以及实行义务兵役制、薪金制和军衔制等有关军事建设的重大问题，是我国军队建设和国防建设的一个重要里程碑。会议规定今后我军建设的总方针和总任务是：在我军现有的

基础上，积极地、有步骤地把我军建设成为一支优良的现代化的革命军队，解放台湾，防御帝国主义侵略，保障我国社会主义建设，保卫亚洲与世界和平。

这一时期，我国的国防建设取得了显著的成就，主要体现在以下几方面：第一，实现了军队的精简整编。从 1950 年到 1958 年，经过四次大规模裁军整编，把军队员额从 540 多万减少到 240 多万，这不仅使军队的编制更为科学合理，而且战斗力也大大增强。第二，确立诸军兵种合成体制，初步实现由陆军单一军种向诸军兵种合成的转变。第三，建立了国防领导体制，设立中央军事委员会，直接领导全国武装力量，并确立了总参谋部、总政治部和总后勤部的三总部领导体制，明确了各部门的职能分工。第四，颁布了中华人民共和国第一部《兵役法》，取消志愿兵役制，改行义务兵役制。第五，建立国防科技和国防工业体系。为加强国防科学技术工作，1958 年 3 月，成立军事科学院，隶属中国共产党中央军事委员会；1958 年 10 月，又成立了国防科学技术委员会，并成立了国务院国防工业办公室，专门负责中国常规尤其是尖端武器的研究、试验、试制、定型和监督生产等。

3．第三个阶段（1965—1978）："文革"十年艰难前行阶段

20 世纪 60 年代开始，国际形势发生了比较大的变化，一方面中美关系还在对抗，另一方面中苏关系却急剧恶化，中国面临两个超级大国的夹击和包围。在这种情况下，我国的国防和军队作好应对大规模侵略战争的准备，按照"早打、大打、打核战争"的战略要求进行建设。同时，由于"文革"的开始，一系列"左"的思想和路线干扰了国防和军队现代化建设。进入 70 年代后，中苏关系持续恶化，苏联加紧对中国的围堵，为防御苏联的威胁，中国被迫进入临战状态，经济建设服从于国防建设。这一时期，军队规模急剧膨胀，民兵数量过多，质量不高，大搞"三线"建设，国防工业建设形成"三、散、洞"的局面。

这一时期，尽管处在"左"的路线干扰和国际形势的巨大压力之下，中国还是依靠自己的力量，先后成功研制氢弹和人造卫星，并组建了第二炮兵。成功组织了珍宝岛、西沙群岛等自卫反击战，维护了国家的独立、主权和安全。

4．第四个阶段（1978—2012）：国防和军队建设指导思想战略性转变，各项建设全面推向 21 世纪的阶段

1978 年的十一届三中全会后，邓小平在科学把握时代脉搏和时代特征的基础上作出了"世界大战可以避免"及"和平与发展是当今世界的两大主题"的战略判断，确定了全党的工作重点和国防建设要实行战略性转变的指导思想。1985 年 5 月，中央军委召开了扩大会议，会议作出了国防和军队建设指导思想由立足于"早打、大打、打核战争"的临战状态转到和平时期建设的轨道上来的重大决策，随后中央军委批准转发《军队体制改革、精简整编方案》，宣布百万

裁军，确定了国防和军队建设要服从和服务于国家经济建设大局的方针。

这一时期，我国国防和军队建设采取了一系列重大措施：1978 年第五届全国人大第一次会议审议批准了《关于兵役制问题的决定》，实行义务兵与志愿兵相结合的兵役制度。1984 年 5 月，第五届全国人大第二次会议通过了修订的《中华人民共和国兵役法》，规定我国实行义务兵与志愿兵相结合、民兵与预备役相结合的兵役制度，形成了中国人民解放军、中国人民武装警察部队和民兵三结合的武装力量体制；进行了大规模裁军，改革军队编制体制，走“军民兼容”的国防发展道路，不断加强和完善战争动员体制和后备力量建设，对国防科技工业进行改造，加强军事法制建设。

进入 20 世纪 90 年代以来，世界形势发生巨大变化，政治和军事格局由两极向多极化转变。根据国际国内形势的变化，党中央和中央军委重新制定了新时期的国防和军事战略方针，提出了“新安全观”，确立了“政治合格、军事过硬、作风优良、纪律严明、保障有力”的建军原则，提出了将军事斗争准备的基点放在能打赢现代技术特别是高技术条件下的局部战争上，确立了科学发展观统领国防和军队建设的指导思想，要求军队履行“三个提供和一个发挥”的使命，加快军队的革命化、现代化和正规化建设。

5. 第五个阶段（2012 年至今）：实现中华民族伟大复兴中国梦的强军新时代

从党的十八大开始，我国进入社会主义新时代。面对科学技术突飞猛进和世界经济复苏乏力、局部冲突和动荡频发、全球性问题加剧的外部环境，习近平同志提出了“听党指挥、能打胜仗、作风优良”的强军目标，着力构建中国特色现代军事力量体系。2015 年 11 月，中央军委召开改革工作会议，部署深化国防和军队改革任务：同年 12 月，陆军领导机构、火箭军、战略支援部队成立。2016 年 1 月，组建后的军委机关 15 个部委集体亮相。同年 2 月，五大战区成立，“军委管总、战区主战、军种主建”的新格局初步形成。在新时代，我军坚持以战斗力标准组织科学实战训练，贯彻依法治军方针，推动军民融合深度发展，走出了一条中国特色社会主义强军之路。2018 年 4 月 12 日，我国举行了规模空前的南海阅兵，习近平指出建设一支强大的人民海军，是实现中华民族伟大复兴的重要保障，强调要坚持政治建军、改革强军、科技兴军、依法治军，坚定不移加快海军现代化进程。在习近平新时代中国特色社会主义思想指引下，作为负责任的大国，为了维护国家的主权与安全及世界的和平与稳定，我国的国防和军队正在实现新的历史飞跃，不断取得新的辉煌成就。

四、中国国防历史的启示

中国四千多年的国防历史，是一幅辉煌与屈辱并存的历史画卷，有声威远播、四海归附的武术，也有列强环伺、不堪回首的屈辱，还有不屈不挠、抗敌卫国的伟大胜利。历史是一面镜子，在进入中国特色社会主义新时代的今天，重温这一漫长而厚重的历史，能够让我们得到不少有益的启示。

（一）经济发展是国防强大的基础

经济是国防的物质基础，没有强大的经济实力就不可能建设和维持强大的国防。马克思主义认为，经济是基础，政治根源于经济，由经济决定。作为政治斗争国防的一部分，更是离不开经济这个基础。恩格斯指出："暴力的胜利是以武器的生产为基础的，而武器的生产又是以整个生产为基础，因而是以'经济力量'，以'经济情况'，以暴力所拥有的物质资料为基础的。"这也是我国数千年的国防历史带给我们的深刻体会。

早在春秋战国时期，中国统治者就认识到国富对于兵强的重要性，无不把发展经济作为巩固国防、谋求霸权的重要措施。春秋时期的晋国本为弱小国家，晋文公掌权后任用贤能，实行宽农通商、明贤良、赏功劳等一系列发展经济、整顿内政的措施，并扩充军队，数年时间使晋国富强起来，大败楚国，召集诸侯会盟，开创了晋国长达百年的霸业。战国时期的秦国也是因为商鞅变法，实行刺激农业发展、鼓励工商业的经济政策，并实行户籍制度、军功爵制度、什伍连坐法等一系列改革措施，解放了生产力，促进了经济发展，使秦国逐渐强大，对后来秦国南征北战、驱逐匈奴，特别是对秦国吞并六国，最终完成统一大业起了重要作用。而后来汉朝初年统治者实行黄老政策、无为而治，国力逐渐强盛，取得了大败匈奴的战功；唐朝初年的"贞观之治"，达到中国封建社会的鼎盛时期，取得了大败突厥的胜利；而到了清朝初年，统治者推行休养生息、发展经济的政策，更是成就了乾隆皇帝的赫赫战功，中国拥有了最大面积的疆域。这些都是中国历史上典型的国富才能兵强的案例。

与此相反，中国历史上各个朝代的衰落与灭亡和王朝的更替，以及因外敌入侵而不能自保，几乎毫无例外都是由于当时王朝的后期朝政腐败、经济衰败，才动摇了国防的根基，导致国防松弛，并最终导致王朝的覆灭或者政权易手。特别是进入近代以来，中国遭受帝国主义国家的侵略，其根本原因是中国社会制度腐败和经济技术落后。历史已经证明，只有强大的经济实力才能支撑强大的国防。今天，我们要维护民族的独立和国家的主权与安全及世界的和平与稳定，实现中华民族伟大复兴的中国梦，就必须发展经济，建立强大的国防，这就要求我们在习近平新时代中国特色社会主义思想的指导下，坚持"四个全面"战略布局和"五位一体"发展理念，坚持走中国特色社会主义道路，实现经济的稳定发展。

（二）政治昌明是国防巩固的根本

马克思主义认为，政治是以经济为基础的上层建筑，是经济的集中表现，以政治权利为核心展开的各种社会活动和社会关系的总和。政治与国防关系密切，它决定着国防的性质和发展方向；国防为政治制度服务，国防的重要任务之一就是防止国内外敌人颠覆本国的社会制度，保卫本国的政治安全。纵观我国几千年的国防兴衰史，每当一个朝代处于上升阶段时，都是统治者奋发有为、政治昌明之时，经济发展、国家统一，国防随之强盛；而当一个朝代处于末世时，也是统治者昏聩无能、政治腐败之际，经济凋敝、国内混乱、民不聊生，国防随之衰弱。因此，国家的政治制度和政治状况直接关系到国防的兴衰。只有昌明的政治，才会有巩固的国防。

春秋战国时期，凡是能够使国家强盛、实现霸业的诸侯国，都推行昌明政治的政策。他们把尊贤纳士、举贤任能、选拔人才作为强国的根本大计。齐国重用管仲、孙膑、孟尝君而崛起称霸；秦国重用商鞅、李斯等而国力强盛，最终成就霸业。汉高祖刘邦任用萧何、张良、韩信，取得反秦斗争的胜利，建立汉朝后又实行“文武”政策，确立法制，文帝、景帝直至武帝都实行比较开明的治国策略，使得国家强盛、国防巩固，取得了击败匈奴的胜利，也为汉代两百多年的国家安定打下了基础。后来的唐朝、明朝、清朝也是因为开国后实行昌明政治，不仅经济发展，而且国防强盛。

相反，我国古代历史上每一个朝代末年的农民起义几乎都是因为统治者的昏庸和政治的黑暗所致。秦二世的荒淫残暴、西汉末年的外戚专政、隋炀帝的荒淫昏聩、宋朝官员的奢侈腐化、明代皇帝的昏庸和宦官专权等，这些朝政的腐败都导致了国防的衰败，致使朝廷无力镇压农民起义或阻止少数民族入主中原。尤其到了近代，正是清政府的政治腐朽，国防日益衰弱，在反侵略斗争中屡战屡败，被迫签订一系列丧权辱国的不平等条约，给中华民族带来了巨大的灾难。

总之，中国几千年王朝更替和国防历史深刻地说明了政治昌明是国防巩固的根本，是国家长治久安的根本保证。

（三）军备建设是巩固国防的重要手段

国防是包括军事活动，以及与军事有关的政治、经济、科技、外交、教育等方面活动的庞大系统。但在这个系统中，军事是核心，而军备建设在军事活动中处于举足轻重的地位。因此，从古至今，大力加强军备建设就成了巩固国防的重要手段，这也是中国国防史留给我们的一个重要启示。

在春秋战国时期，赵武灵王推行以“胡服骑射”为主要内容的改革，赵国因此兵力强盛，有效缓解了来自北方游牧民族的威胁；楚国的军队则以重装铠甲闻名。后来，汉朝经历了数年的国防建设才积聚了对付匈奴的力量，解除了匈奴带来的威胁。同样，在中国历史上因为军备废弛而导致国防衰败、国家灭亡的例子也不胜枚举。特别是近代以来，由于清王朝的腐败不堪和绿营兵的羸弱，导致近代中国数十年的屈辱。

历史已经证明，国防的强大依赖强大的经济实力，但有强大的经济实力未必有强大的国防。在任何时候，国家都必须重视国防特别是军备建设，“养兵千日，用兵一时”，只有建立起强大的国防力量，加强了军备建设，才能有备无患，时刻捍卫民族独立，保卫国家安全，实现人民幸福。

（四）国家的统一和民族的团结是国防强大的重要条件

我国自古以来便是一个统一的多民族国家，几千年的历史告诉我们，在外敌入侵、国家危亡的紧要关头，只有国家统一、民族团结，才能取得反侵略斗争的胜利。

近代以来到中华人民共和国成立以前，西方国家发动了一次又一次侵华战争，中华民族进行了不屈不挠的反侵略斗争，除了最后一次即抗日战争，中华民族取得了反侵略的彻底胜利外，中国在之前的战争中都战败，并被迫签订一个又一个丧权辱国的不平等条约。战败的一个重要原因就是清朝统治者在反侵略斗争中不敢依靠和发动人民群众，担心一旦发动人民群众会威胁其统治。在鸦片战争中，广州三元里人民群众自发抗击英国侵略者，取得三元里抗英斗争的胜利，却被清朝统治者强制解散，斗争成果付诸东流。在八国联军侵华战争中，当义和团在天津、河北的廊坊和北京等地奋起抗击八国联军时，清朝统治者却认为义和团才是心腹大患，与借外国侵略者联合起来消灭义和团。因为统治者害怕人民群众，始终站在与人民群众对立的立场。虽然广大人民群众奋起反抗侵略取得一些胜利，但因为自发、分散，缺乏统一指挥，最终没能改变中华民族反侵略斗争不断失败的命运。

但是，在抗日战争中，以蒋介石为代表的国民党顽固派仍坚持“攘外必先安内”的反动方针，在“七七”事变后坚持单纯依靠政府和军队抗战的片面抗战路线，不敢发动和组织民众抗战。但转战西北的中国共产党却认识到民族团结和全民族抗战的重要性，紧紧依靠人民群众，适时提出了建立最广泛的全民族统一战线的战略方针，坚持全国人民总动员和全国军事总动员的全面抗战路线。在统一战线方针的引领下，中国共产党和中国国民党实现了第二次合作，中华民族取得了抗日战争的伟大胜利。

近代中国百年的国防史深刻证明，国家的统一和民族的团结是国防强大的重要条件，只要全国各族人民团结起来，发挥人民战争的巨大威力，把国防建设牢牢建立在国家统一、民族团结的基础上，中国就一定能铸起一道维护国家安全的钢铁长城。

（五）科技进步是国防强大的重要保证

随着资本主义的发展，西方国家大力发展经济和科学技术，实现了富国强兵，凭借“坚船利炮”在世界范围内抢占殖民地和商品市场。而此时的中国却在坚持闭关锁国政策，限制对外贸易和航海业，不利于中国人民了解世界，不利于借鉴外国的先进事物，阻碍了科学技术的发展，拉开了中国与西方国家之间武器装备和综合国力之间的差距。到鸦片战争时期，西方资本主义国家经历了工业革命，军队装备有先进的来复枪等武器，轮船使用蒸汽机作为动力，而中国清政府仍然以大刀长矛为主要武器装备，虽有火枪却非常落后，中国科技的落后形成了中国与西方国家之间武器装备上的“代差”。历史已经证明，在逾百年的反侵略战争中，中国一败再败，丢城失地，科技落后也是一个重要原因。第二次世界大战期间，世界各国都把最先进的科学技术首先应用于军事，也说明了科学技术对国防现代化的重要作用。21 世纪以来，科学技术不仅促进武器装备的改进与发展，也在不断引起作战方式和作战思想的变革，在国防现代化和国家安全中的地位越来越突出。

第三节　中国国防法规

国防法规是由特定的国家立法机关根据法定权限和程序制定的，并以国家强制力保证实施的，用于调整国防活动各方面社会关系的法律规范的总称。国防法规是国家国防政策的法律体现，是指导国防活动的行为准则，是国家法律体系的重要组成部分，也是衡量一个国家国防制度化的重要标志。

党的十八大以后，习近平总书记第一次到战区部队视察，就明确提出“依法治军、从严治军是强军之基”。2014 年 10 月，党的十八届四中全会首次把依法治军、从严治军纳入依法治国总体布局，上升为党和国家的意志。2015 年 2 月，中央军委印发《关于新形势下深入推进依法治军从严治军的决定》，人民军队法治建设开启崭新征程。与此相适应，我国的国防法规建设也开始进入一个新的阶段。从 2016 年 4 月开始，中央军委印发了《军事立法工作条例》等法规文件，为新形势下开展军事立法工作提供了法规依据和基本遵循。各战区、各军兵种、军委机关各部门和武警部队根据军委部署要求，纷纷制订本领域立法规划计划，为深化国防和军队改革、为强军备战提供了有力的法规制度保障。

一、中国国防法规体系

从党的十八大到2018年4月的南海阅兵，习主席就深入推进依法治军发表了一系列重要论述，从明确战略定位到作出顶层设计，从明确目标要求到规划方法路径，形成了具有鲜明时代特色的依法治军战略思想，立起了军队法治建设的“四梁八柱”，为新形势下深入推进依法治军、提高国防和军队建设法治化水平提供了理论指引和行动指南。

我国的国防法规是根据国防建设的实际需要制定的，内容十分广泛，我国现行的国防法规主要包括：规定国防的地位、性质和国防建设基本任务、方针原则、领导体制及制度的《中华人民共和国国防法》（简称《国防法》）；规范兵役和兵役制度以及高等学校、高级中学军事训练的《中华人民共和国兵役法》（简称《兵役法》）；规范全民特别是学校国防教育的《中华人民共和国国防教育法》（简称《国防教育法》）；规范发展武器装备、保护军事设施的《中华人民共和国国防科技法》（简称《国防科技法》）、《中华人民共和国军事设施保护法》（简称《军事设施保护法》）；规范武装力量作战、训练、管理等内容的行政法规；规范军官和士兵服役、军衔等内容的国防人事法规等。

国防法规作为国防活动的基本法规规范，其主要任务是调整和规范国家在国防领域中的各种关系，把国防建设纳入法制化轨道，确保革命化、现代化、正规化建设总目标的实现。因此，国防法规具有调整对象的军事性、公共程度的有限性、司法适用的优先性和处罚措施的严厉性等基本特征。作为一个社会主义国家，我国的国防法规是为巩固社会主义制度、保障社会主义改革和建设、保证国防现代化服务的，还具有很高的权威性和一定程度的保密性。

根据我国的立法体制和国家立法机关、行政机关、军事机关的不同立法权限，我国现行的国防法可分为五个层次：

第一，全国人民代表大会及其常务委员会制定和颁布的法规。根据我国宪法的规定，全国人大及其常委会是唯一拥有国家立法权的机关，凡是具有国家基本法地位的基本军事法律和军事法规均需经全国人大或其常委会制定和颁布。如《国防法》《兵役法》等是由全国人民代表大会制定颁布的，中国人民解放军《军官服役条例》《军官军衔条例》《预备役军官法》《香港驻军法》《军事设施保护法》《人民防空法》等则是由全国人大常委会制定和颁布的。

第二，国务院、中央军委制定和颁布的国防行政法规。根据我国宪法规定，国务院是最高国家行政机关，肩负领导国防事业的职权，中央军委是最高国家军事机关，行使领导全国武装力量的权力。二者作为最高权力机关的执行机关，都可以单独或者联合制定国防行政法规。凡属于调整国防建设领域内的社会军事关系，但不直接涉及军队和现役军人的规范，由国务院单独制定，如《军人抚恤优待条例》《退伍义务兵安置条例》等。属于调整军队内部基本活动、军人基本行为及相互关系的规范，由中央军委制定，如《中国人民解放军司令部条例》《中国人民解放军后勤条例》《中国人民解放军战斗条例》以及统称为共同条令的《中国人民解放军内务条令》《中国人民解放军纪律条令》《中国人民解放军队列条令》等。凡属于调整国防建设领域，涉及军队、军人与地方各级人民政府、社会组织和公民相互关系的规范，则由国务院和中央军委联合制定，如《征兵工作条例》《士兵服役条例》《国防交通条例》等。

第三，国务院各部委和中央军委各总部制定和颁布的国防法规和行政规章。这类法规是以军事法规和国防行政法规为依据，结合各系统或者区域的实际情况，作出具体规定，保证军事法规或国防行政法规的贯彻实施。如《单兵训练规定》《兵员管理规定》《牺牲病故人员遗属抚恤的规定》《应征公民体格条件》《交通战备科研管理暂行规定》等。

第四，各军兵种与大军区制定和颁布的法规细则。这部分法规细则在各军兵种与军区内有法律效力，如陆军颁布的《战斗条令》、海军颁布的《舰艇条令》、空军颁布的《飞行条令》等。

第五，各省、自治区、直辖市人大和政府等地方各级权力机关和行政机关制定的地方性法规。这部分国防法规和规章以国防法律和国防行政法规为依据，其内容是本地区国防建设的制度和行为规范，主要涉及兵员征集、军人优抚及退伍安置、国防教育、军事设施保护等，如广东省人大常委会制定的《广东省征兵工作规定》、广州市人民政府颁发的《广州市拥军优属实施办法》等。

二、中国主要的国防法规

习近平总书记强调依法治军、从严治军是强军之基，也是依法治国的重要内容。中央军委对依法治军始终高度重视，不断加强国防和军队建设的法制化建设，形成了覆盖国防和军队建设全过程和各方面的法制体系。

1.《中华人民共和国宪法》

宪法是国家的根本大法，是治国安邦的总章程，是制定其他法律法规的依据。1982 年 12 月，第五届全国人民代表大会第五次会议通过了《中华人民共和国宪法》（简称《宪法》）并公布实施。历经 1988 年、1993 年、1999 年、2004 年、2018 年五次修订，2018 年 3 月，第十三届全国人民代表大会第一次会议通过了《中华人民共和国宪法修正案》。宪法规定了武装力量的性质与根本任务、建设目标、公民的相关义务以及武装力量的领导机关五个方面。

（1）规定了中国武装力量的性质。《宪法》第二十九条明确规定：“中华人民共和国的武装力量属于人民。”我国的武装力量从它产生之日起就紧密地和人民站在一起，始终代表着中国人民的意志，全心全意为人民服务。

（2）明确了中国武装力量的根本任务。《宪法》第二十九条还明确规定中国武装力量的任务是“巩固国防，抵抗侵略，保卫祖国，保卫人民的和平劳动，参加国家建设事业，努力为人民服务”。这就明确了我国的武装力量既是维护国家安全的钢铁长城，也是社会主义事业的建设者，还是人民幸福生活的保卫者。

（3）规定了我国武装力量的建设目标。《宪法》第二十九条还规定：“国家加强武装力量的革命化、现代化、正规化的建设，增强国防力量。”这就指明了我国武装力量的建设目标是革命化、现代化和正规化，体现了维护国家主权与安全、维护世界和平与稳定的必然要求。

（4）规定了公民保卫祖国、维护国家安全和统一的义务。《宪法》第五十五条规定：“保卫祖国、抵抗侵略是中华人民共和国每一个公民的神圣职责。依照法律服兵役和参加民兵组织是中华人民共和国公民的光荣义务。”《宪法》第五十二条规定：“中华人民共和国公民有维护国家统一和全国各民族团结的义务。”《宪法》第五十四条则规定公民有“维护祖国的安全、荣誉和利益的义务，不得有危害祖国的安全、荣誉和利益的行为”。每个公民都应当把国家利益放在最高位置，把保卫祖国、维护国家安全与统一、维护民族团结、保卫人民的和平劳动与幸福生活作为自我追求和光荣任务。

（5）明确了我国武装力量和国防建设事业的领导机关。《宪法》第九十三条规定：“中华人民共和国中央军事委员会领导全国武装力量。”第八十九条规定国务院“领导和管理国防建设事业”。中央军事委员会实行主席负责制，主席由全国人民代表大会选举产生，对全国人民代表大会及其委员会负责。国务院设国防部和退役军人事务部，负责国防建设和退役军人事务。

2.《中华人民共和国国防法》

《中华人民共和国国防法》（简称《国防法》）是由中华人民共和国最高权力机关——全国人民代表大会依据宪法原则和国家基本法的立法程序制定，于 1997 年 3 月 14 日经第八届全国人民代表大会第五次会议审议通过，同日公布实施。2009 年 8 月 27 日，第十一届全国人民代表大会常务委员会第十次会议通过了《关于修改部分法律的决定》，对《国防法》进行了修订。《国防法》是一部综合性的调整和规范国防与武装力量建设领域中各种最基本的社会关系的基本法律，是指导和规范国防与军队建设的基本依据，是我国第一部国防方面的基本法，其地位和效力仅次于宪法，在国家法律体系中占有重要位置。

《国防法》以国家意志的形式明确规定了我国国防和军队总建设的战略目标、方针、政策、性质、任务和制度等，并对国家机构的国防职权、公民及组织的国防权利和义务、军人的义务与权益以及对外军事关系等问题均作出了原则性规定。《国防法》的颁布与实施，对我国依法治军、加快国防的法制化和现代化进程、增强公民的国防法制意识、保障改革开放及经济建设的顺利进行、保证国家长治久安等都具有深远而重大的历史意义。

《国防法》共十二章七十条，其主要内容包括：

（1）规定了《国防法》的制定依据和适用范围。《国防法》总则规定，依据宪法制定本法，并规定“国家为防备和抵抗侵略，制止武装颠覆，保卫国家的主权、统一、领土完整和安全所进行的军事活动，以及与军事有关的政治、经济、外交、科技、教育等方面的活动，适用本法”，这就明确了《国防法》的适用范围。

（2）规定国防的地位、性质和原则。《国防法》明确了国防是国家生存与发展的安全保障，确定了独立自主、自力更生地建设和巩固国防，实行积极防御的国防战略，坚持全民自卫原则，国家对国防活动实行统一领导，在集中力量进行经济建设的同时，加强国防建设，促进国防建设与经济建设协调发展。

（3）规定了国家机关的国防职权。《国防法》具体规定了全国人民代表大会依照宪法规定，决定战争和和平的问题；全国人民代表大会常务委员会依照宪法规定，决定战争状态的宣布，决定全国总动员或者局部动员；国家主席根据全国人民代表大会的决定和全国人民代表大会常务委员会的决定，宣布战争状态，发布动员令；国务院领导和管理国防建设事业；中央军事委员会领导全国武装力量。《国防法》还具体规定了地方各级人民代表大会和县级以上地方各级人民代表大会常务委员会以及地方各级人民政府的国防职权。

（4）规定了武装力量的组织、性质、任务和建设方针、原则及目标、要求。《国防法》规定中华人民共和国的武装力量，由中国人民解放军现役部队和预备役部队、中国人民武装警察部队、民兵组成，属于人民，受中国共产党的领导，其任务是巩固国防，抵抗侵略，保卫祖国，保卫人民的和平劳动，参加国家建设事业，全心全意为人民服务。《国防法》还规定了中华人民共和国武装力量的规模应当与保卫国家安全和利益的需要相适应，国家加强武装力量的革命化、现代化、正规化建设，增强国防力量。

（5）规定了公民、组织的国防义务和权利及军人的义务和权益。《国防法》规定了公民依法服兵役和参加民兵组织、接受国防教育，公民和组织保护国防设施、保守国防秘密、支持国防建设等义务，以及对国防建设提出建议、制止和检举危害国防的行为，在国防和军事活动中受到直接损失取得补偿的权利。《国防法》还规定了军人必须忠于祖国，履行职责，英勇战斗，不怕牺牲，捍卫祖国的安全、荣誉和利益，模范地遵守宪法和法律，遵守军事法规，执行命令，严守纪律，发扬人民军队优良传统等义务，以及受到全社会尊重、退役安置、残疾军人的抚恤优待、军属的优待等权益。

（6）规定了对外军事关系。《国防法》规定我国坚持和平共处五项原则，独立自主地处理对外军事关系，开展军事交流与合作，支持国际社会采取的有利于维护世界和地区和平、安全、稳定的与军事有关的活动，支持国际社会为公正合理地解决国际争端、军备控制和裁军所做的努力。中华人民共和国在对外军事关系中遵守同外国缔结或者加入、接受的有关条约和协定。

此外，《国防法》还规定了边防、海防和空防、国防科研生产和军事订货、国防经费和国防资产、国防教育、国防动员和战争状态等方面的内容。

3.《中华人民共和国兵役法》

我国现行《中华人民共和国兵役法》（简称《兵役法》）是中华人民共和国成立以来的第二部兵役法。1984 年 5 月 31 日第六届全国人民代表大会第二次会议通过，由中华人民共和国主席签署第十四号主席令公布，当年 10 月 1 日起施行。1998 年 12 月 29 日，第九届全国人民代表大会常务委员会第六次会议通过了《关于修改〈中华人民共和国兵役法〉的决定》，对《兵役法》进行了第一次修订。2009 年 8 月 27 日，第十一届全国人民代表大会常务委员会第十次会议通过了《关于修改部分法律的决定》，对《兵役法》进行了第二次修订。2011 年 10 月 29 日，第十一届全国人民代表大会常务委员会第二十三次会议通过了《关于修改〈中华人民共和国兵役法〉的决定》，对《兵役法》进行了第三次修订。修订后的《兵役法》共十二章七十四条，主要内容如下：

（1）兵役制度。兵役制度是《兵役法》的核心内容，我国《兵役法》第二条规定："中华人民共和国实行义务兵与志愿兵相结合、民兵与预备役相结合的兵役制度。"这是我国兵役制度最鲜明的特点。

（2）兵员的征集。我国《兵役法》规定中华人民共和国公民，不分民族、种族、职业、家庭出身、宗教信仰和教育程度，都有义务依照本法的规定服兵役，并规定了兵役登记和征集的办法。每年十二月三十一日前年满十八周岁的男性公民，都应当在当年六月三十日以前，按照县、自治县、市、直辖市的兵役机关的安排，进行兵役登记。经兵役登记并初步审查合格的，称应征公民。应征公民应当按照兵役机关的要求，到指定体格检查站进行体格检查。每年十二月三十一日以前年满十八周岁的男性公民，应当被征集服现役。当年未被征集的，在二十二周岁以前仍可以被征集服现役，普通高等学校毕业生的征集年龄可以放宽至二十四周岁。军队也可以根据需要，按照以上规定征集女性公民服现役。根据军队需要和本人自愿，可以征集当年十二月三十一日以前年满十七周岁未满十八周岁的公民服现役。

（3）士兵与军官的现役与预备役。现役，即公民从入伍之日起至退伍之日止直接在中国人民解放军各军兵种或中国人民武装警察部队中履行法律规定的兵役义务，它是兵役的主要形式。《兵役法》第十八条规定："现役士兵包括义务兵役制士兵和志愿兵役制士兵。义务兵役制士兵称为义务兵，志愿兵役制士兵称为士官。"根据各军兵种训练合格士兵所需要的时间和我国兵员雄厚的实际情况，我国《兵役法》规定义务兵服现役的期限为两年。考虑到国家经济建设的全局和公民的切身利益，义务兵服役期满后一般不安排超期服役。义务兵服现役期满后，根据军队需要和本人自愿，经团级以上单位批准可以转为士官。士官实行分级服现役制度，士官服现役的期限一般不超过三十年，年龄不超过五十五周岁。这一规定对稳定军队的专业技术人才，提高部队战斗力有十分重要的作用。

现役军官是指军队中被正式任命担任领导、指挥或相应管理职务和技术职务的军人，一般是指授予少尉军衔和被任命为排长或相当于排长以上职务的军人。《兵役法》规定，现役军官由优秀士兵和普通高中毕业生入军队院校学习毕业的学员、普通高等学校毕业的国防生和其他应届优秀毕业生、具有普通高等学校本科以上学历表现优秀的士兵、改任现役军官的文职干部和招收的军队以外的专业技术人员等选拔补充。

预备役是指国家平时以退役军人、民兵为基础，以现役军人为骨干组建起来的，战时能够迅速转化为现役部队的武装力量。《兵役法》规定，士兵退出现役时，符合预备役条件的，由部队确定服士兵预备役；经过考核，适合担任军官职务的，服军官预备役。军官退出现役时，符合预备役条件的，转入军官预备役。经过兵役登记的应征公民，未被征集服现役的，办理士兵预备役登记。士兵预备役的年龄，为十八周岁至三十五周岁，根据需要可以适当延长。

（4）民兵。《兵役法》第三十八条规定："民兵是不脱产的群众武装组织，是中国人民解放军的助手和后备力量。"凡是年满十八周岁至三十五周岁符合服兵役条件的男性公民，经所在地人民政府兵役机关确定编入民兵组织的，应当参加民兵组织。根据需要，可以吸收十八周岁以上的女性公民、三十五周岁以上的男性公民参加民兵组织。民兵组织分为基干民兵组织和普通民兵组织。民兵的任务是参加社会主义现代化建设，执行战备勤务，参加防卫作战，抵抗侵略，保卫祖国，为现役部队补充兵员，协助维护社会秩序，参加抢险救灾。

《兵役法》还对预备役人员的军事训练、普通高等学校和普通高中学生的军事训练、战时兵员动员、现役军人的待遇及退出现役的安置等都作了规定。《兵役法》是加强我国现代化国防建设的重要法规，对完善社会主义法制、加强国防建设、增强全民国防观念和国防意识有十分重要的意义。

4.《中华人民共和国国防教育法》

《中华人民共和国国防教育法》（简称《国防教育法》）于2001年4月28日

由第九届全国人民代表大会常务委员会第二十一次会议通过并颁布实施。2018年4月27日，第十三届全国人民代表大会常务委员会第二次会议通过了《关于修改〈中华人民共和国国境卫生检疫法〉等六部法律的决定》，对《国防教育法》进行了修订。它规定了国防教育的性质、方针、原则和目标，明确了国防教育的具体要求，是国防教育应当遵循的法律规范，它的颁布实施标志着中国国防教育事业走上了法制化轨道。《国防教育法》共六章三十八条，主要内容包括：

（1）国防教育的性质、方针、原则和目标。《国防教育法》总则规定，国防教育是建设和巩固国防的基础，是增强民族凝聚力、提高全民素质的重要途径。国防教育贯彻全民参与、长期坚持、讲求实效的方针，实行经常教育与集中教育相结合、普及教育与重点教育相结合、理论教育与行为教育相结合的原则，针对不同对象确定相应的教育内容分类组织实施。国防教育的目的是国家通过开展国防教育，使公民增强国防观念，掌握基本的国防知识，学习必要的军事技能，激发爱国热情，自觉履行国防义务。

《国防教育法》还规定中华人民共和国公民都有接受国防教育的权利和义务，普及和加强国防教育是全社会的共同责任。国家设立全民国防教育日，一切国家机关和武装力量、各政党和社会团体、各企业事业组织以及基层群众性自治组织，都应当根据各自的实际情况组织本地区、本部门、本单位开展国防教育。国务院领导全国的国防教育工作，地方各级人民政府领导本行政区域内的国防教育工作。

（2）学校国防教育。《国防教育法》规定，学校的国防教育是全民国防教育的基础，是实施素质教育的重要内容。教育行政部门应当将国防教育列入工作计划，加强对学校国防教育的组织、指导和监督，并定期对学校国防教育工作进行考核。小学和初级中学应当将国防教育的内容纳入有关课程，将课堂教学与课外活动相结合，对学生进行国防教育。高等学校、高级中学和相当于高级中学的学校应当将课堂教学与军事训练相结合，对学生进行国防教育。各级学校应当将国防教育列入学校的工作和教学计划，采取有效措施，保证国防教育的质量和效果。

（3）社会国防教育。《国防教育法》规定，国家机关工作人员应当具备基本的国防知识。从事国防建设事业的国家机关工作人员必须学习和掌握履行职责所必需的国防知识。国家机关应当根据各自的工作性质和特点，采取多种形式对工作人员进行国防教育。各地区、各部门的领导人员应当依法履行组织、领导本地区、本部门开展国防教育的职责。企业事业组织应当将国防教育列入职工教育计划，结合政治教育、业务培训、文化体育等活动，对职工进行国防教育。社会团体应当根据各自的活动特点开展国防教育。《国防教育法》还规定，军区、省军区、军分区等应当对民兵、预备役人员进行国防教育；城市居民委员会、农村村民委员会应当对居民、村民进行国防教育；文化、新闻、出版、广播、电影等部门应当采取多种形式开展国防教育；烈士陵园、革命遗址等具有国防教育功能的博物馆、纪念馆、文化馆、科技馆、青少年宫等场所，应当为公民接受国防教育提供便利；国防教育基地应当对有组织的中小学生免费开放，在全民国防教育日向社会免费开放。

（4）国防教育的保障。《国防教育法》规定各级人民政府应当将国防教育纳入国民经济和社会发展计划，并根据开展国防教育的需要，在财政预算中保障国防教育所需的经费。国家机关、事业单位、社会团体开展国防教育所需的经费，在本单位预算经费中列支；企业开展国防教育所需经费，在本单位职工教育经费中列支。中国人民解放军和中国人民武装警察部队根据需要和可能为驻地有组织的国防教育活动提供军事教员、训练场所、设施等便利条件。《国防教育法》还规定了国防教育大纲和教材的编写等事项。

（5）法律责任。《国防教育法》对国家机关、社会团体、企业事业组织以及其他社会组织违反《国防教育法》，拒不开展国防教育活动，或者挪用、克扣国防教育经费，以及侵占、破坏国防教育基地设施，扰乱国防教育工作和活动秩序，负责国防教育的国家工作人员玩忽职守、滥用职权、徇私舞弊等行为，应当承担的责任和应给予的处罚都作出了规定。

5.《反分裂国家法》

促进两岸关系发展，实现国家和平统一，是全国各族人民的共同愿望。2005年3月14日，第十届全国人民代表大会第三次会议通过了《反分裂国家法》，这是一部反对和遏制“台独”分裂势力分裂国家，促进祖国和平统一，维护台湾海峡地区和平稳定，维护国家主权和领土完整的法律，是一部符合中华民族根本利益的法律。《反分裂国家法》共十条，主要内容包括：

（1）立法目的和依据。《反分裂国家法》明确说明：“为了反对和遏制‘台独’分裂势力分裂国家，促进祖国和平统一，维护台湾海峡地区和平稳定，维护国家主权和领土完整，维护中华民族的根本利益，根据宪法，制定本法。”这表明了《反分裂国家法》是为了维护国家统一的法律，是和平的法律。

（2）为“台独”等分裂国家行为划出了底线。《反分裂国家法》明确规定，世界上只有一个中国，大陆和台湾同属一个中国，中国的主权和领土完整不容分割。维护国家主权和领土完整是包括台湾同胞在内的全中国人民的共同义务。台湾是中国的一部分。国家绝不允许“台独”分裂势力以任何名义、任何方式把台湾从中国分裂出去。台湾问题是中国内战的遗留问题。解决台湾问题，实现祖国统一，是中国的内部事务，不受任何外国势力的干涉。《反分裂国家法》还规定“台独”分裂势力以任何名义、任何方式造成台湾从中国分裂出去的事实，或者发生将会导致台湾从中国分裂出去的重大事变，或者和平统一的可能性完全丧失，国家得采取非和平方式及其他必要措施，捍卫国家主权和领土完整。这些规定阐明了中国的严正立场，为台湾问题定了性质，也为“台独”势力和国外一些别有用心的国家划出了一条红线。

（3）提出了解决维护台湾海峡地区和平稳定和实现和平统一的途径和方法。《反分裂国家法》规定，国家主张通过台湾海峡两岸平等的协商和谈判，实现和平统一。协商和谈判可以有步骤、分阶段进行，方式可以灵活多样。国家鼓励和推动两岸人员往来；鼓励和推动两岸经济交流与合作，直接通邮通航通商；鼓励和推动两岸教育、科技、文化、卫生、体育交流；鼓励和推动两岸共同打击犯罪等活动，维护台湾海峡地区和平稳定，发展两岸关系。

《反分裂国家法》有立法的历史和事实依据，有国际法的依据，有宪法和法理的依据，是遏制“台独”的利器，是维护国家主权和领土完整、实现祖国和平统一的法律依据，体现了包括台湾同胞在内的全国人民的共同愿望。

三、我国公民和组织的国防权利和义务

公民和组织的国防权利是指公民和组织依照宪法和法律规定在国防活动中所享有的权利。国防权利也是法律上的权利，国家赋予公民和组织各项国防权利，并保证其权利的行使；同时，公民和组织应当自觉维护国家的安全与利益，严格履行各种国防义务。公民和组织的国防义务是指公民和组织依照宪法和法律规定在国防活动中或在维护国家安全利益方面应当履行的法律责任。

公民和组织的国防权利是可以选择的，国防义务是一种法定的义务。国防权利是主动的，义务是被动的，国防权利可以放弃，国防义务必须履行。公民和组织的国防权利和义务除具有一般法律权利与义务的广泛性、平等性、一致性、现实性的特点外，还有自身的特点：以维护国防利益为核心，以国防义务为重心。

在《国防法》颁布前，公民和组织的国防权利和义务散见于我国《宪法》和其他法律规范之中。在《宪法》的基础上，《国防法》第一次对公民和组织的国防权利和义务作了集中的、较为具体的规定。

（一）我国公民和组织的国防权利

根据《国防法》和《兵役法》以及相关法律、条例、条令的规定，我国公民和组织的国防权利主要有：

1．国防建设的建议权

《国防法》第五十四条规定，公民和组织有对国防建设提出建议的权利。公

民和组织享有依法对国防建设的指导思想、方针、原则、规章制度以及实施方法等提出建议的权利，这是宪法赋予公民和组织对国家事务建议权在国防建设上的体现。

2．危害国防行为的制止和检举权

《国防法》第五十四条规定，公民和组织有对危害国防的行为进行制止或者检举的权利。制止危害国防利益的行为是指公民和组织依法采取一定的方式、方法使危害国防利益的行为停止，从而维护国防利益的正当行为。对于危害国防利益的行为，公民和组织有权采取一切合法的方式、方法制止其发生或继续发展。检举危害国防利益的行为是指公民和组织对危害国防利益的行为采取合法方式进行揭发、检举的行为。这对于打击侵害国防利益的违法犯罪行为、维护国防利益、加强国防建设有重要意义。

3．依法取得补偿的权利

《国防法》第五十五条规定，公民和组织因国防建设和军事活动在经济上受到直接损失的，可以依照国家有关规定取得补偿。国家进行国防建设，武装力量开展军事活动，在某些情况下可能对公民和组织的合法权益产生影响甚至造成直接的经济损失。在这种情况下，公民和组织可以依据有关规定，请求政府或者军事机关予以补偿。这里的“补偿”不同于“赔偿”。补偿是因国家机关工作人员或军事人员的合法行为对公民和组织的合法权益造成的损失，国家对公民和组织采取的补救措施，仅限于直接经济损失，不包括间接损失和精神损失。赔偿则是对遭受损失或者侵害一方的受损利益进行赔付，一般按照对等原则，损失多少赔付多少。

4．军人的优待、抚恤权和退役后的安置权

我国《宪法》第四十五条规定：“国家和社会保障残废军人的生活，抚恤烈士家属，优待军人家属。”《国防法》第十章规定，国家和社会优待现役军人；国家妥善安置退出现役的军人；国家和社会抚恤优待残疾军人，优待现役军人家属，抚恤优待烈士家属和因公牺牲、病故军人的家属。《兵役法》也规定，现役军人，残疾军人，退出现役军人，烈士、因公牺牲、病故军人遗属，现役军人家属，应当受到社会的尊重，受到国家和社会的优待；现役军人牺牲、病故，由国家发给其遗属一次性抚恤金；其遗属无固定收入，不能维持生活，或者符合国家规定的其他条件的，由国家另行发给定期抚恤金；义务兵退出现役，按照国家规定发给退役金，由安置地的县级以上地方人民政府接收，根据当地的实际情况，可以发给经济补助。

公民享有的国防权利具有可选择性，公民既有权自己作出或者不作出某种权利性行为，也有权要求他人作出或者不作出某种行为；既有权行使依法享有的国防权利，也有权放弃依法享有的国防权利。公民的国防权利受法律的严格保护，凡侵犯公民的国防权利，均应承担相应的法律责任。

（二）我国公民和组织的国防义务

权利和义务是统一的，享有权利必须履行义务。我国《宪法》《国防法》和《兵役法》等法律法规明确规定了我国公民和组织应当履行的国防义务。

1. 依法服兵役的义务

我国《宪法》第五十五条和《国防法》第五十条都规定，依照法律服兵役和参加民兵组织是中华人民共和国公民的光荣义务。《国防法》第六条规定，中华人民共和国公民应当依法履行国防义务。第六十四条规定，民兵、预备役人员和其他人员依法参加军事训练，担负战备勤务、防卫作战任务时，应当履行自己的职责和义务。《兵役法》第三条规定，中华人民共和国公民，不分民族、种族、职业、家庭出身、宗教信仰和教育程度，都有义务依照本法的规定服兵役；第七条规定，预备役人员必须按照规定参加军事训练，随时准备参军参战，保卫祖国。这一系列法律规定表明，中国公民有依法服兵役的义务，包括服现役、预备役和参加民兵组织以及其他兵役义务。

2. 接受国防教育的义务

接受国防教育是国家为防备和抵抗侵略，制止武装颠覆，保卫国家主权和统一、领土完整和安全，对全体国民进行的一种具有军事目的和国防内容的教育活动。对于学生来说，接受国防教育的义务主要是学习基本的军事理论和参加军事训练，掌握必要的理论与技能。

《国防法》第五十二条规定，公民应当接受国防教育。《兵役法》第四十五条规定，普通高等学校的学生在就学期间，必须接受基本军事训练；第四十六条规定，普通高等学校设军事训练机构，配备军事教员，组织实施学生的军事训练；第四十七条规定，普通高中和中等职业学校，配备军事教员，对学生实施军事训练。国家发布了《普通高等学校军事课教学大纲》《高级中学和相当于高级中学军事课教学大纲》，高等学校和高级中学必须将军事课（含军事理论教学和军事训练）作为必修课，纳入教学计划，并明确规定军事理论教学时间为 36 学时，军事技能训练时间不得少于 14 天。

3. 保护国防设施的义务

国防设施是指国家直接用于国防目的的建筑、场地和设备，包括军队为执行任务必须设置的临时设施。国防设施是国防建设的成果，是国防活动的依托，是抵抗侵略、保卫祖国的物质条件。

《国防法》第五十二条规定：“公民和组织应当保护国防设施，不得破坏、危害国防设施。”《军事设施保护法》规定中华人民共和国的所有组织和公民都有保护军事设施的义务。禁止任何组织或者个人破坏、危害军事设施。任何组织或者个人对破坏、危害军事设施的行为，都有权检举、控告。根据军事设施的性质、作用等，国家对军事设施实行分类保护、确保重点的方针，采取有效措施予以保护。公民在从事经济、文化或者其他社会活动时，应当遵守法律的规定，自觉保护军事设施。对于危害、破坏军事设施的行为，应当予以制止或者检举、控告。危害或者破坏国防设施的，必须承担相应法律责任。

4. 保守国防秘密的义务

国防秘密是指关系国家安全利益，处于保密状态的军事及与军事有关的政治、经济、外交、科技和教育等方面的事项。国防秘密的主要表现形式包括秘密信息和国防秘密信息的载体。我国《国防法》规定：“公民和组织应当遵守保密规定，不得泄露国防方面的国家秘密，不得非法持有国防方面的秘密文件、资料和其他秘密物品。”我国还制定了《中华人民共和国保守国家秘密法》《中国人民解放军保密条例》等保守国家秘密的法律法规。国防秘密事关国家安危，每个公民和组织都应该遵守《国防法》等有关保守国家秘密和国防秘密的法律法规，严守国防方面的国家机密。对于可能泄露或已经泄露国防秘密的行为，应及时报告，尽早采取补救措施。

5. 支持国防建设、协助军事活动的义务

我国的国防是全民国防，所有公民和组织都应积极参与和支持国防建设。《国防法》第五十三条规定，公民和组织应当支持国防建设，为武装力量的军事训练、战备勤务、防卫作战等活动提供便利条件或者其他协助。公民和组织应当根据自己的能力和条件，自觉为国防活动提供便利和协助。

第四节 中国国防建设

一、国防领导体制

国防领导体制是指国家或政治集团对国防建设和相关活动领导的组织体系及相关制度，包括最高军事统帅、军事决策机关、各级军事领导和执行的机构设置、职权划分、相互关系等制度。国防领导体制是国家政权组织形式和机构的重要组成部分，目的是保证国家或政治集团军事领导权的高度集中统一，平时对军事建设和战争准备实施有效的领导，战时对各种武装力量和政治、经济、科技、外交等各个领域支持、保障战争的活动实行统一的调度和指挥。国防领导具有组织上的最高层次性、意志上的权威性、活动内容的广泛性、活动方式的整体性的特点。国防领导体制通过一定的组织机构和领导活动来实现，并由国家宪法和法律加以规定。

根据《宪法》和《国防法》，中华人民共和国的国防领导职权由以下机构行使：

（一）中共中央的国防职权

我国《宪法》第二十九条规定，中华人民共和国的武装力量属于人民，受中国共产党领导。党的中央军事委员会和国家的中央军事委员会的组成人员和对军队的领导职能完全一致。中央军委实行主席负责制，中国共产党中央军事委员会主席即为全国武装力量的统帅。有关国防、军队建设和战争的重大问题，都由中共中央、中央军事委员会、中央政治局及其常务委员会作出决策，通过法定程序上升为党和国家意志，在全国范围内统一贯彻执行。

（二）全国人民代表大会及其常务委员会的国防职权

我国《宪法》第六十二条规定，全国人民代表大会选举国家中央军事委员会主席，根据中央军事委员会主席的提名，决定中央军事委员会其他组成人员的人选，决定战争与和平问题，并根据《宪法》的规定，行使国防方面的其他职权。

全国人民代表大会常务委员会依据《宪法》监督中央军事委员会的工作，在全国人民代表大会闭会期间，根据中央军事委员会主席的提名，决定中央军事委员会其他组成人员的人选，规定军人的衔级制度，决定同外国缔结有关国防方面的条约和重要协定的批准和废除。在全国人民代表大会闭会期间，如果遇到国家遭受武装侵犯或者必须履行国际共同防止侵略的条约的情况，决定战争状态的宣布。决定全国总动员或者局部动员，决定全国或者个别省、自治区、直辖市进入紧急状态，并行使《宪法》规定的国防方面的其他职权。

（三）国家主席的国防职权

国家主席根据全国人民代表大会及其常务委员会的决定，宣布进入紧急状态，宣布战争状态，发布动员令，并行使《宪法》规定的国防方面的其他职权。

（四）国务院的国防职权

中华人民共和国国务院是最高权力机关的执行机关和国家的最高行政机关。根据《宪法》规定，国务院领导和管理国防建设事业，编制国防建设发展规划和计划，制定国防建设方面的方针、政策和行政法规，管理国防经费和国防资产，领导和管理国防科研生产，领导和管理国民经济动员工作和人民武装动员、人民防空、国防交通等方面的工作，领导和管理拥军优属和退役军人安置工作，领导国防教育工作，与中央军事委员会共同领导人民武装警察部队、民兵的建设和征兵、预备役工作以及边防、海防、空防的管理工作，并行使法律规定的与国防建设事业有关的其他职权。国务院设有国防部、退役军人事务部以及其他与国防建设事业有关的部门。

（五）中央军事委员会的国防职权

中国共产党中央军事委员会和中华人民共和国中央军事委员会实际上是一个机构，组成人员和对军队的领导职能完全一致，只是分设在党内和国家机构内。这样的领导体制是为了保证党对军队的绝对领导，加强军队各方面的工作，加强军队的革命化、现代化、正规化的建设。中国国防领导体制的突出特点，就是国防领导权集中在党中央，国防建设和国防斗争的大政方针由党中央制定，武装力量的最高领导权也属于党中央。

中央军事委员会是党和国家的最高军事机关。我国《宪法》第九十三条规定，中华人民共和国中央军事委员会领导全国武装力量。中央军事委员会领导和统一指挥全国武装力量，决定军事战略和武装力量的作战方针，领导和管理人民解放军的建设，向全国人民代表大会或者全国人民代表大会常务委员会提出议案；根据《宪法》和其他法律，制定军事法规，发布决定和命令，决定人民解放军的体制和编制，任免、培训和考核、奖惩武装力量成员，批准武器装备体制和发展规划、计划，并行使法律规定的国防方面的其他职权。

中央军事委员会实行主席负责制，中央军委主席实际上为全国武装力量的统帅。中央军事委员会组成人员为中央军事委员会主席、副主席若干人，委员若干人。2015 年 11 月 24 日，中央军事委员会召开改革工作会议，部署深化国防和军队改革任务，会议决定中央军事委员会由原来的四总部领导陆军的七大军区和海军、空军及第二炮兵的体制调整为中央军事委员会领导的七个部（厅）、三个委员会和五个直属机构领导全国的武装力量的体制。七个部（厅）分别是办公厅、联合参谋部、政治工作部、后勤保障部、装备发展部、训练管理部和国防动员部；三个委员会分别是纪律检查委员会、政法委员会和科学技术委员会；五个直属机构分别是战略规划办公室、改革和编制办公室、国际军事合作办公室、审计署和机关事务管理总局。军兵种由原来的陆、海、空三军和第二炮兵调整为陆、海、空三军和火箭军、战略支援部队及联勤保障部队六大军种；撤销七大军区，设立东部战区、西部战区、南部战区、北部战区和中部战区五大战区，形成军委管总、战区主战、军种主建的国防领导体制。

二、中国国防建设成就

中华人民共和国成立以来，在毛泽东军事思想、邓小平关于新时期国防和军队建设理论、江泽民关于国防和军队建设的重要论述、胡锦涛科学发展观和习近平新时代强军思想的指引下，党中央和国务院根据不同时期国际形势的变化和维护国家主权与安全的需要，制定相应的国防和军队建设的方针政策，使得我国国防实力不断增强，国防现代化建设不断取得新的成就。

（一）铸就了一支革命化、现代化、正规化的合成军队

军队是国防力量的主体。中华人民共和国成立后，我国军队经历了一个以陆军单一兵种为主体向多兵种合成的发展历程。历经近 70 年的建设，根据国防的实际需要和国家的综合实力以及现代科学技术的发展和作战模式的变化，我国已经建设了一支诸军兵种结合的具有现代化作战能力的革命化、现代化、正规化的军队。

陆军在单一步兵兵种的基础上，建立起了炮兵、装甲兵、工程兵、通信兵、防化兵、航空兵、气象兵、电子对抗部队等以现代科技和武器装备起来的新的技术兵种，形成了诸军种、兵种统一的合成体系。在这个体系中，以装甲兵、步兵为基础突击力量，以炮兵、防空兵、陆军航空兵组成火力支援力量，以侦察兵、通信兵、工程兵、防化兵、气象兵和电子对抗部队等专业技术部队组成作战保障力量，以运输、卫生、输油管线、军需等专业部队组成后勤保障力量，以装备及器材的供应、修理等专业部队组成装备技术保障力量。诸军兵种合成的作战力量体系加强了现代科技军事领域的运用，大大提高了我军各作战力量的科学技术和专业化水平，从而提高了我军的现代化水平，适应了现代战争的需要，既能独立作战，也能与海军、空军等军兵种协同联合作战。

海军是维护国家海洋利益的重要力量。2017 年 4 月，我国首艘国产航母下水，2018 年 5 月开始海试，2019 年 12 月交付海军，我国正式进入双航母时代；一大批成体系的新型舰艇相继建成、下水和交付部队，我国海军已经发展为拥有潜艇部队、水面舰艇部队、海军航空兵、海军岸防部队和海军陆战队等兵种及专业兵种相结合的海上精锐之师，舰艇部队日益导弹化、电子化、信息化，具备了现代海上综合作战能力，不但具有在水面、水下、空中及对岸上实施攻击作战的能力，还可以协同其他军种遂行海上作战任务。

空军是一个战略性兵种。经过几十年的建设，我国空军已经建设成为以航空兵为主，包括地空导弹兵、高射炮兵、空降兵、雷达兵、通信兵等兵种，拥有歼击机、强击机、轰炸机、运输机等多机种组成的现代化高技术军种。随着新型隐

形战机的量产服役和大型运输机的试飞成功，以及无人机和预警机装备质量的不断提高，我国空军的高空高速重型歼击机、轰炸机、无人机都具有世界先进水平，作战飞机数量居世界第三。我国空军已经形成了以航空兵为主体和地面诸兵种合成的完整的防空体系。

火箭军是由第二炮兵发展而来的，是我国的一个独立兵种，起步晚，但发展快，目前已经发展为一支核常兼备的战略威慑力量。我国火箭军装备多种型号的战略导弹，近、中、远程导弹和洲际导弹齐备，射程从数百千米到一万多千米，威力从几十万吨到数百万吨 TNT 当量，采用了先进可靠的制导技术，既可以固定发射，也可以实施陆上和海上的机动发射，并建有与之相配套的作战、防护工程和各种设施，具有较强的生存能力、机动能力和远程打击能力。我国的火箭军已经发展为一支高技术的战略性军种。

战略支援部队是维护国家安全的新型作战力量，在调整军委总部体制、实行军委多部门制、形成军委管总的格局过程中，出于精简机构与人员、理顺指挥关系等方面的考虑，决定将总部直属的情报、技术侦察、电子对抗、网络攻防、心理战、通信等方面的力量分离出去，将他们整合在一起，建立新的指挥和管理体制，称为“战略支援部队”。战略支援部队有利于优化军事力量结构，提高综合作战能力。其作为我军一支新兴的兵种，正在发挥着重大的战略保障作用，也将在未来反侵略和维护国家主权、安全及发展利益中发挥重要作用。

联勤保障部队于 2016 年 9 月组建，是实施联勤保障和战略战役支援保障的主体力量，是中国特色现代军事力量体系的重要组成部分，它的组建标志着有中国人民解放军特色的现代联勤保障体制的正式建立，对于建设世界一流军队、打赢现代化局部战争具有重大而深远的意义。

（二）建立了门类齐全、综合配套的国防科技工业体系

国防科技是国家科技发展的领头羊，是衡量一个国家综合国力的重要标志，也是国防现代化建设的一个重要方面。中华人民共和国成立后，面对西方国家的孤立、封锁和包围，党中央、国务院、中央军委科学决策，在极端困难的情况下，相继成立了中国人民解放军国防科学技术委员会、国务院国防工业办公室和中央军委科学技术装员会，经过近 70 年的发展，我国的国防科技工业坚持独立自主的方针，走过了从无到有、从弱到强、从落后到先进的发展道路，建立起了包括电子、船舶、兵器、航空、航天、核能等门类齐全、综合配套的科研实验和生产体系，取得了一大批具有国际先进水平的科研成果，为加快我军现代化建设、切实增强我国国防实力和综合国力作出了重要贡献。

1. 国防电子工业门类齐全

国防电子工业是研究、开发、制造军用电子信息装备的工业体系，是国防工

业的重要组成部分。一个比较完善的国防电子工业体系是国家国防实力的重要标志，也是国家综合国力的体现。我国的国防电子工业起步晚，但是发展快，已经快速发展为具有相当规模、门类齐全的新兴工业部门。特别是“北斗”卫星导航和定位系统的建造，使我国成为世界上继美国、俄罗斯之后第三个拥有自主卫星导航系统的国家，有利于我国在指挥自动化、情报侦察、预警探测、电子对抗和通信等方面开发出新式装备和产品，有利于增强我军部队侦察、通信、控制、指挥和作战能力。

2. 船舶工业发展迅速

中华人民共和国成立后，有计划地改建、扩建了一批旧的骨干船厂，新建了广州等骨干船厂，形成了上海、大连、广州、天津、武汉、重庆等船舶修造基地。2003 年后，我国船舶工业进入快速发展阶段，现在我国不仅是航运大国、海洋大国，还是世界第一造船大国。我国不仅能自主建造导弹快艇、导弹护卫舰、导弹驱逐舰等各类水面舰艇以及新型水雷、鱼雷、反水雷等新装备，也能建造常规潜艇、核动力潜艇等水下作战设备。2017 年 4 月，我国自主建造的航空母舰下水，标志着我国的造船工业又取得了重大成就。中国跻身世界航母国家行列，并成为少数具备自主建造航空母舰能力的国家之一。

3. 兵器工业不断取得新成就

我国的兵器工业从国防战略需要出发，以国防利益为中心，与国民经济发展相适应，研制生产了一大批具有先进性能的坦克、装甲车辆、火炮、火箭炮、轻武器、弹药、军用光电器材和综合火控、指挥系统等新型高科技武器装备，一些主战装备其性能和战技指标接近或达到国际一流水平，为我军现代化作出了重要贡献。

4. 航空工业实现跨越式发展

我国已经能够生产歼击机、轰炸机、直升机、运输机、教练机等各种机型，歼 -20 的量产服役，使我国成为世界上少数能够生产拥有自主知识产权的隐形战斗机的国家之一；而歼 -31 的试飞成功，则使中国成为世界上第二个同时试飞两种第五代战斗机原型机的国家。我国的航空工业基本满足了我国海空军作战和飞行训练的需要。

5. 航天科技不断取得新突破

我国已有地地、地空、海空和空空导弹武器系统，各种应用卫星的研制与实验能力突出，运载火箭以及各种应用卫星的发射能力位居世界前列。从 2003 年我国首次载人航天飞行成功到 2016 年“神舟”飞船与“天宫二号”空间实验室自动交会对接成功，我国航天科技工业又取得新的突破。

6. 核工业技术令人瞩目

我国继 20 世纪 60 年代成功研制原子弹、氢弹之后，核工业技术不断进步，掌握了核潜艇技术，形成了我国的核威慑力量。我国还长期致力于核技术的和平利用，建立了一系列核电站，并援建一些国家。

（三）建立了比较完善的国防动员和国防后备力量建设体制

我们党和国家历来重视国防动员和后备力量建设。经过近70年的建设与发展，我国已经形成了以中国人民解放军现役部队和中国人民武装警察部队为骨干、以预备役部队和民兵为补充的国防力量格局，建立了一套比较完善的国防动员体制，能够迅速将国防潜力转化为国防实力。

1. 健全了国防动员机构

国防动员包括人力、物力、财力等方面的动员，因此，国防动员的领导体制是涉及各个领域的复杂体系。我国的国防动员体制是在中央军事委员会下设国防动员部，主要职责是精简常备军，加强国防动员建设，履行组织指导国防动员和后备力量建设职能，领导管理省军区。国防动员部的设立有利于从战略层面加强对国防动员和后备力量建设的组织领导，是构建中国特色国防动员体系的一个重要举措。同时，在国务院设国家国防动员委员会。国家国防动员委员会是在国务院和中央军委领导下，主管全国国防动员工作的议事协调机构，主要任务是贯彻积极防御的军事战略方针，组织实施国家国防动员工作，协调国防动员工作中经济与军事、军队与政府、人力与物力之间的关系，以增强国防实力，提高平战转换能力。国家国防动员委员会的主要职责包括：贯彻党中央、国务院、中央军委有关国防动员工作的方针、政策和指示；组织拟订国防动员工作的法律、法规和措施；组织编制国防动员规划、计划；检查监督国防动员法规的实施和国防动员计划的执行；协调军事、经济、社会等方面的重大国防动员工作；组织领导全国的人民武装动员、国民经济动员、人民防空、交通战备、国防教育工作等。在各级政府机关中也设立国防动员机构。这种从中央到地方包括政府和军队的国防动员体制有利于协调各方面的关系，提高国防动员效率。

2. 完善了国防动员立法

为了加强国防建设，实现国防动员工作有法可依，确立国防动员基本制度，依法加强国防动员建设，增强国防潜力，2010年2月26日，第十一届全国人民代表大会常务委员会第十三次会议通过了《中华人民共和国国防动员法》（简称《国防动员法》），同日，胡锦涛主席签署第二十五号主席令予以发布，2010年7月1日起施行。《国防动员法》共十四章七十二条，包括国防动员建设的目标及原则，组织领导机构及其职权，国防动员计划实施预案与潜力统计调查，与国防密切相关的建设项目和重要产品，预备役人员的储备与征召，战略物资储备与调用，军品科研、生产与维修保障，战争灾害的预防与救助，国防勤务，民用资源征用与补偿、宣传教育、特别措施、法律责任等内容，规定了国防动员建设的各个方面及违反《国防动员法》的规定、不履行国防动员义务且拒绝改正所应承担的法律责任。我国正在构建以《国防动员法》为主体，相关法律法规衔接配套的动员法规制度体系，为实现国防动员跨越式发展提供有力法律保障。

3. 建立了雄厚的国防后备力量

我国的国防后备力量包括预备役部队和民兵。常备军是国家武装力量的主体，预备役部队和民兵是国防动员的力量源泉和常备军扩编的基础，是和平时期制约战争、维护和平的重要国防威慑力量，是夺取未来战争最后胜利的战略力量。我国《兵役法》规定，我国实行民兵与预备役相结合的国防后备力量体制，预备役人员必须按照规定参加军事训练，执行军事勤务，随时准备参军参战，保卫祖国。民兵是不脱产的群众武装组织，是中国人民解放军的助手和后备力量，主要任务是参加社会主义建设，执行战备勤务，参加防卫作战，抵抗侵略，保卫祖国，为现役部队补充兵员，协助维护社会秩序，参加抢险救灾。遵循服从经济建设大局、适应国防建设需要的指导思想和“控制数量，提高质量，抓好重点，打好基础”的指导方针，经过长期建设，我国各省军区都按照中国人民解放军的编制建立了预备役部队，授予正式的番号和军旗，有不用军兵种的师、团和专业技术部队，快速动员和遂行作战任务的能力大大提高。我国民兵也发展成为一支规模庞大，拥有炮兵、防空兵、通信、工兵、防化及海空等专业技术分队的强大群众武装。今后，我国将进一步优化预备役部队结构，压减民兵数量，改革编组模式，调整武器装备品种结构和存储布局，打造可用于战略层面的核心动员力量，为联合作战提供拳头型支援力量。

三、中国的国防政策

国防政策是国家制定的在一定历史时期内进行国防建设、军事斗争和使用武装力量以及进行与国防建设有关的活动的基本行动准则，是国防建设和国家安全的保证。国防政策主要是由国家的性质和对外政策的目标决定的，一般依据对国际环境及国家安全面临的机遇和威胁作出的分析与判断来制定国防政策。国防政策受实现国家安全利益而确定的国家目标、国防战略和军事理论的影响，也会受到国家的政治、经济、外交、科技和社会等其他方面政策的影响。国防政策的主要内容包括从事国防建设和使用国防力量的目的、方针、重点、体制和途径等。

国防政策具有鲜明的阶级性，不同社会制度的国家有不同的国防政策。中国是一个社会主义国家，坚持独立自主的和平外交政策，致力于维护国家安全统一，维护地区稳定与世界和平。我国的国家性质、发展道路、根本任务、对外政策和历史文化传统决定了我国必然奉行防御性的国防政策。我国《宪法》也规定，我国武装力量的任务是巩固国防，抵抗侵略，保卫祖国，保卫人民的和平劳动，参加国家建设事业，努力为人民服务。为此，我国的国防政策包括：①维护国家安全统一，保障国家发展利益。巩固国防，防备和抵抗侵略，捍卫国家领土、领空、领海主权和海洋权益，反对和遏制“台独”分裂势力及其活动，防范和打击一切形式的恐怖主义、分裂主义和极端主义。②实现国防和军队建设全面协调可持续发展。把国防和军队现代化建设融入经济社会发展体系之中，使国防和军队现代化进程与国家现代化进程相一致。③加强以信息化为主要标志的军队质量建设。坚持以机械化为基础，以信息化为主导，推进信息化机械化复合发展，实现军队火力、突击力、机动能力、防护能力和信息能力的整体提高。④贯彻积极防御的军事战略方针。着眼于维护国家主权、安全和发展利益的需要，作好军事斗争准备；立足于打赢信息化条件下的局部战争的要求，建立集中统一、结构合理、反应迅速、权威高效的现代国防动员体系。⑤坚持自卫防御的核战略。我国的核战略是贯彻国家的核政策和军事战略，遏制他国对中国使用或威胁使用核武器，中国奉行在任何时候任何情况下都不首先对其他国家使用核武器的政策，无条件地承诺不对无核武器国家和无核武器地区使用核武器或威胁使用核武器，主张全面禁止和彻底销毁核武器。⑥营造有利于国家和平发展的安全环境。按照和平共处五项原则独立自主地开展对外军事交往，发展不结盟、不对抗、不针对第三方的军事交流与合作。支持国际社会采取的有利于维护世界和地区和平、安全、稳定的与军事有关的活动，支持国际社会为公正合理地解决国际争端、军备控制和裁军所做的努力，参与国际安全合作，加强与主要大国和周边国家的战略协作和磋商，推动建立公平、有效的集体安全机制和军事互信机制，共同防止冲突和战争。

第五节　中国武装力量

武装力量是国家或政治集团所拥有的各种武装组织的统称，一般是以军队为主体，也包括其他一些正规的和非正规的武装组织。《国防法》和《兵役法》规定，中华人民共和国的武装力量，由中国人民解放军现役部队和预备役部队、中国人民武装警察部队和民兵组成。

一、中国人民解放军

中华人民共和国武装力量属于人民，受中国共产党领导。《国防法》中规定，中国人民解放军现役部队是国家的常备军，主要担负防卫作战任务，必要时可以依照法律规定协助维持社会秩序。预备役部队平时按照规定进行训练，必要时可以依照法律规定协助维护社会秩序，战时根据国家发布的动员令转为现役部队。

（一）中国人民解放军现役部队

1. 中国人民解放军现役部队的编成

中国人民解放军是我国武装力量的主体，诞生于1927年8月1日南昌起义的战火洗礼中，经过近百年的发展建设，现已成为拥有陆军、海军、空军、火箭军、战略支援部队和联勤保障部队及其他技术兵种的合成部队。

（1）中国人民解放军陆军。

陆军是国家军队里的一个大的兵种分类，主要是指在陆地上作战的军种，现代陆军已经成为包含航空兵、炮兵、装甲兵在内的飞行化陆军，不仅装备有单兵武器，还装备有装甲、导弹、直升机、战略运输机等大型、新式装备。陆军既能独立作战，又能和海、空军协同作战。我国是传统陆军强国，我国的陆军现已发展成为一支具有强大火力、突击力和高度机动能力的诸兵种合成军种，编有步兵、炮兵、装甲兵、工程兵、通信兵、防化兵等专业兵种，还编有电子对抗、测绘和陆军航空兵等战斗兵种。进入新时代，为适应飞行化陆军的要求，习近平总书记提出"陆军要转型，必须插上信息化的翅膀"，并指明了军民融合的发展道路，要求加快推进陆军由机械化向信息化转型。大量直升机、侦察机、无人机的装备，使我国陆军正在成为飞行化陆军方向发展，而大量卫星和信息指挥系统等的投入使用，则将使我国陆军的信息化程度不断提高。

中国人民解放军陆军的编制序列为军种、集团军、师、旅、团、营、连、排、班。团以上大多采用合成编组，如集团军通常辖若干个步兵师（旅）及装甲（坦克）师（旅）、炮兵旅、防空旅、直升机大队、工兵团、通信团及各种保障部（分）队等。陆军按任务还划分为野战部队、边防部队、警卫警备部队等。

（2）中国人民解放军海军。

海军是以水面舰艇部队和海军航空兵为主体，在海洋上作战的军种，是海上作战的主力，具有在水面、水下和空中作战能力，既能单独在海上作战，又能协同陆军、空军作战。中国人民解放军海军成立于1949年4月23日，现在已经发展成一支由潜艇部队、水面舰艇部队、航空兵部队、岸防兵部队、海军陆战队以各海军专业技术部队组成的现代海上作战和海上防御力量。潜艇部队编有常规动力潜艇部队和核动力潜艇部队，具有水下攻击和一定的核反击能力。核动力潜艇部队担负战略核反击任务，由中央军委直接指挥。水面舰艇部队编有战斗舰艇部队和勤务舰船部队，主要舰艇包括驱逐舰、护卫舰、导弹艇、鱼雷艇和各种勤务舰船，具有海上反舰、反潜、防空、水雷战和对岸攻击等作战能力。海军航空兵是人民海军重点发展的兵力之一，随着中国航空母舰和各类大型舰艇的投入使用，海军航空兵部队逐渐改变了以岸基航空兵为主的现状。目前海军航空兵部队编有轰炸航空兵、歼击轰炸航空兵、强击航空兵、歼击航空兵、反潜航空兵、侦察航空兵部队和警戒、电子对抗、运输、救护、空中加油等保障部队，海军装备有轰炸机、歼击机、巡逻机、电子干扰机、水上飞机以及形成系列的海防导弹，具有侦察、警戒、反潜、防空等作战能力。岸防部队是部署在沿海重要地段，参加海岸防御作战的兵种，编有岸舰导弹部队和海岸炮兵部队，具有海岸防御作战能力。海军陆战队是担负登陆作战任务的军种，编有陆战步兵、炮兵、装甲兵、工程兵及侦察、防化、通信等部队，是实施两栖作战的快速突击力量。海军后勤部队拥有大型油水船、测量船、打捞救生船、运输船、拖船、医院船等多种勤务舰船，初步形成了现代化保障体系。

人民海军下辖三个舰队，即北海舰队、东海舰队和南海舰队，每支舰队下辖水警区、舰艇支队等。海军现役兵力共约 24 万人，包括海军航空兵 2.5 万人，海军岸防部队 2.5 万人，海军陆战队 4 万人。海军的主要任务是独立或协同陆军、空军防御敌人从海上入侵，保卫领海主权，维护海洋权益。

（3）中国人民解放军空军。

空军是以航空兵为主体，主要在空中遂行作战任务的军种，是空中作战和对空防御的主要力量，可以单独作战，也可以与其他军兵种联合作战。空军具有快速反应、高速机动、远程作战和猛烈突击的能力，在现代战争中发挥着越来越重要的作用。中国人民解放军空军成立于 1949 年 11 月 11 日。

人民空军现役部队主要由航空兵、地空导弹兵、高射炮兵、空降兵以及通信、雷达、电子对抗、防化、技术侦察等专业部队构成，装备有歼击机、轰炸机、歼击轰炸机、空中加油机，以及侦察、防空、电子对抗等设备，包括著名的轰－6K、歼－20 等国产飞机，空警系列侦察机，彩虹系列无人机以及中、近距空空导弹、航空炸弹等，担负国土防空，支援陆军、海军作战，对敌后实施空袭、进行空战和航空侦察等任务。

中国人民解放军空军的编制序列是：空军下辖军区空军，军区空军下辖航空兵师、地空导弹师（旅、团）、高炮旅（团）、雷达旅（团）以及其他保障部队。航空兵通常按师、团、大队、中队体制编成，航空兵师一般下辖数个航空兵团和驻地场站。航空兵团是基本战术单位。地空导弹兵、高射炮兵通常按师（旅）、团、营、连体制编制，空降兵按军、师、团、营、连体制编制。

（4）中国人民解放军火箭军。

中国人民解放军火箭军前身为中国人民解放军第二炮兵，成立于 1966 年 7 月 1 日。党中央和中央军委着眼于实现中国梦强军梦，于 2015 年 12 月 31 日，将其命名为中国人民解放军火箭军，授予军旗，使其上升为独立的军种，这是构建中国特色现代军事力量体系的战略举措。

中国人民解放军火箭军编有战略导弹部队和众多战术常规导弹部队，装备有东风系列导弹、一定数量的战略核武器和战术核武器，以及射程从几十千米到数万千米的常规导弹等，是我国战略威慑的核心力量，是我国大国地位的战略支撑，是维护国家安全的重要基石。火箭军将按照核常兼备、全域慑战的战略要求，增强可信可靠的核威慑和核反击能力，加强中远程精确打击力量建设，增强战略制衡能力，努力建设成为一支强大的现代化火箭军。

（5）中国人民解放军战略支援部队。

中国人民解放军战略支援部队成立于 2015 年 12 月 31 日，是中国陆军、海军、空军和火箭军之后的第五大军种。

中国人民解放军战略支援部队是将战略性、基础性、支撑性比较强的各类保障力量进行整合后组建而成的。2015 年底，在调整军委总部体制、实行军委多部门制和形成军委管总的格局过程中，出于精简机构和人员、理顺指挥关系等方面的考虑，决定将总部直属的情报、技术侦察、电子对抗、网络攻防、心理战、通信等方面的力量分离出来，进行整合，建立新的指挥和管理体系，即为战略支援部队。因此，战略支援部队主要包括情报、技术侦察、电子对抗、网络攻防、心理战等领域，是维护国家安全的新型作战力量。它的成立有利于优化军事力量结构，提高综合保障能力。

（6）中央军委联勤保障部队。

中央军委联勤保障部队于 2016 年 9 月 13 日成立，主要包括武汉联勤保障基地和无锡、桂林、西宁、沈阳和郑州五个联勤保障中心，是实施联勤保障和战略战役支援保障的主体力量，是中国特色现代军事力量体系的重要组成部分。

联勤保障部队的改革是按照“军委管总、战区主战、军种主建”的总原则，改革保障模式，理顺指挥关系，调整力量配置，坚持联勤保障方向，科学设置体制模式，合理区分职能定位，建立顺畅高效的联勤组织体系；坚持联战联训联保一体、平战一体，强化军委、战区联指的集中统一指挥，增强联勤保障的针对性和实效性；坚持能统则统、宜分则分，优化资源配置，调整任务区分，形成专用自保、通用联保的保障力量格局；坚持军民融合的路子，推进社会化、集约化保障，精简军队后勤保障机构和人员，提高联勤保障整体效益。通过这些改革，联勤部队初步构建起与联合作战指挥体制相适应，以联勤部队为主干、以军种为补充、统分结合、通专两线的现代保障体系。

组建联勤保障基地和联勤保障中心，是党中央和中央军委着眼于全面深化国防和军队改革作出的重大决策，是深化军队领导指挥体制改革、构建具有中国军队特色的现代联勤保障体制的战略举措。它的组建标志着富有中国人民解放军特色的现代联勤保障体制的正式建立，对把中国军队建设成为世界一流军队、打赢现代化局部战争具有重大而深远的意义。

2. 中国人民解放军现役部队的组织体制

按照基本组织结构，中国人民解放军现役部队的组织体制是中央军委领导下的战区主战、军种主建的新体制，着力构建“军委—军种—部队”的领导管理体系和“军委—战区—部队”的作战指挥体系。

（1）军种体制。

在军兵种体制上，中国人民解放军由陆军、海军、空军、火箭军、战略支援部队和联勤保障部队组成。陆军由步兵、炮兵、装甲兵、工程兵、通信兵、防化兵、陆军航空兵等兵种组成。海军由水面舰艇部队、潜艇部队、航空兵部队、岸防兵部队和海军陆战队以各专业技术部队组成。空军由航空兵、地空导弹兵、高射炮兵、空降兵等兵种和专业技术部队组成。火箭军由第二炮兵更名而来。第二炮兵成立于1966年7月，是中国的战略导弹和核力量部队，于2015年12月31日更名为火箭军，由战略导弹部队、常规导弹部队和专业技术部队组成，是中国大国地位的战略支撑，是维护国家安全的重要基石。战略支援部队是中国人民解放军的新军种，2015年12月31日成立，主要担负包括情报、技术侦察、电子对抗、网络攻防、心理战等领域的作战任务。中央军委联勤保障部队于2016年9月成立，是实施联勤保障和战略战役支援保障的主体力量。

（2）战区体制。

2015年11月24日，中央军委召开改革工作会议，部署深化国防和军队改革任务，对领导管理体制和联合作战指挥体制进行一体化设计，改革军委总部体制、实行军委多部门制，取消军区体制，调整划设战区、组建战区联合作战指挥机构。2016年2月1日，中国人民解放军战区成立大会在北京举行，共设立五大战区。

东部战区与原南京军区辖区相同，加上军区内的东海舰队、空军、火箭军、武警，司令部驻南京，负责领导和指挥江苏、福建、浙江、上海、安徽、江西的所属武装力量。

南部战区包括原广州军区（除湖北省外）和原成都军区的云南、贵州两省及辖区内的南海舰队、空军、火箭军、武警，司令部驻广州，负责领导和指挥广东、广西、湖南、云南、贵州、海南的所属武装力量及中国人民解放军驻港、澳部队。

西部战区由原成都军区（除云南、贵州两省外）和兰州军区（除陕西省外）合并而成，包括辖区内的空军、火箭军、武警，司令部驻成都，负责领导和指挥四川、重庆、甘肃、宁夏、青海、新疆、西藏的所属武装力量。

北部战区包括原沈阳军区辖区与原济南军区的山东和原北京军区的内蒙古，再加上北海舰队及辖区内的空军、火箭军、武警，司令部驻沈阳，负责领导和指挥辽宁、山东、黑龙江、吉林、内蒙古的所属武装力量。

中部战区包括原北京军区（除内蒙古外），加上原属济南军区的河南、原属兰州军区的陕西和原属广州军区的湖北，负责领导和指挥北京、河北、天津、河南、山西、陕西、湖北的所属武装力量。

五大战区的设立把陆军、海军、空军和火箭军等整合在一起，构建军队联合作战体系，实现跨区兵种在战区内的垂直多向的指挥和联合协同的作战，增加机动力和联合指挥作战能力，使中国人民解放军变成一支专业化武装部队。

（二）中国人民解放军预备役部队

中国人民解放军预备役部队是以现役军人为骨干，以预备役军官和士兵为基础，按统一编制为战时实施成建制快速动员而组建起来的部队。中国人民解放军预备役部队是中国人民解放军的组成部分，是建设祖国、保卫祖国的一支重要力量。预备役部队的师团已经纳入军队编制序列，授有番号和军旗，平时隶属于省军区，战时根据国家发布的动员令转为现役部队，归指定的现役部队指挥。预备役部队是实施成建制快速动员的好形式，是节约军费开支、加强国防建设的好措施。

我国从 1955 年开始建立预备役部队，1983 年，参谋部发出通知，明确预备役部队实行统一编制，向有关师团军授予相应军旗、番号，从此，中国预备役部队开始了全面建设时期。中国人民解放军预备役部队按师、团、营、连、排、班编成，目前编有步兵、炮兵、装甲兵、工程兵、通信兵、防化兵等兵种，成为一支多兵种合成的强大国防力量。预备役部队按照居住地域编成，以少数现役军人为骨干，担任师、团、营和部分连队的主官以及机关部门等的主要干部，其余是地方干部、转业退伍军人中符合条件的预备役军官和经过登记的预备役士兵和经过训练的基干民兵。预备役部队的军事训练按照训练大纲的规定进行，武器装备与现役部队的相应各兵种大体相同。

预备役部队是平战结合的一种形式，是战争初期的首批动员对象，也是应付突发事件，承担急难险重任务的突击力量。它的基本任务是：努力提高军政素质，不断增强现代条件下的快速动员和作战能力；切实做好战时动员的各项准备，根据上级命令，随时转为现役部队，执行作战任务；积极参加社会主义现代化建设，在物质文明和精神文明建设中，发挥骨干带头作用。

二、中国人民武装警察部队

中国人民武装警察部队是中华人民共和国武装力量的重要组成部分，受中共中央、中央军委的统一领导，担负国家赋予的国家内部安全保卫任务，维护社会秩序。

中国人民武装警察部队成立于1982年6月，前身是中国人民公安中央纵队，始建于1949年8月。1982年6月，中共中央决定将中国人民解放军担负内卫执勤任务的部队同义务兵役制的武装、边防、消防警察统一组建为中国人民武装警察部队，作为国家武装力量的组成部分，受中共中央、国务院、中央军委的统一领导。1985年1月，原属于基建工程兵的水电、交通、黄金部队列入武警部队序列，在武警总部设立水电、交通、黄金指挥部。1985年8月，边防武装警察和消防武装警察从武警总部划出，归各级公安部门领导。1988年1月，森林警察部队列入武警部队序列。2017年12月，党中央对武警部队进行领导体制调整。从2018年1月1日起，武警部队由党中央、中央军委集中统一领导，实行中央军委—武警部队—部队领导指挥体制。从此，武警部队归中央军委建制，不再列国务院序列。

在这次调整中，根据2018年3月中共中央印发的《深化党和国家机构改革方案》，按照军是军、警是警、民是民的原则，公安边防部队不再列武警部队序列，国务院部门领导管理的现役力量全部退出武警。将国家海洋局领导管理的海警队伍转隶武警部队，将武警部队担负民事属性任务的黄金、森林、水电部队整体移交国家相关职能部门并改编为非现役专业队伍，同时撤收武警部队海关执勤兵力，彻底理顺武警部队领导管理和指挥使用关系。

调整后，公安边防部队、公安消防部队和公安警卫部队都不再列武警部队序列，全部退出现役。公安边防部队转到地方后，成建制划归公安机关，现役编制全部转为人民警察编制。公安消防部队转到地方后，现役编制全部转为行政编制，成建制划归应急管理部，承担灭火救援和其他应急救援工作。公安警卫部队退出现役转到地方后，警卫局由同级公安机关管理的体制不变，承担规定的警卫任务，现役编制全部转为人民警察编制。

调整后的武警部队由党中央、中央军委集中统一领导，实行统一领导管理与分级指挥相结合的体制，主要由内卫总队、机动总队、海警总队、院校和科研机构等组成，肩负维护国家安全和社会稳定、保障人民安居乐业的神圣使命，主要担负执勤、处突、反恐怖、海上维权执法、抢险救援以及防卫作战等任务。内卫总队主要受武警总部的直接领导管理，其主要任务有四个：一是承担固定目标执勤和城市武装巡逻任务，保障国家重要目标的安全；二是处置各种突发事件，打击恐怖主义，维护国家安全与社会稳定；三是支援国家经济建设和执行抢险救灾任务；四是战时参与后方防卫作战。机动总队主要负责处置大规模突发事件，如暴乱、骚乱、武装暴动、大规模械斗事件等，战时协助中国人民解放军进行防卫作战。海警总队主要负责近海安全，处理近海治安、刑事等案件的调查处理，打击走私、偷渡、贩毒等海上违法犯罪活动，是公安机关部署在海上的唯一执法力量。武警部队还有一些特殊的队伍如国宾护卫队、仪仗队、礼炮队、警乐团、文工团、歌舞团等。

中国人民武装警察部队设武警总部（正大军区级）、指挥部（正军级）、总队（正军级、副军级）、支队（旅、团级）四级领导机关。各省级（市、区）设武警总队（正军级、副军级），各地级（市、州、盟）设武警支队（旅、团级），各县级（地市辖区、市、县）、镇设有武警大队（营级）或中队（连级）。武警总部设司令部（副大军区级）、政治部（副大军区级）、后勤部（正军级）、各警种指挥部（正军级）及各机动师。

武装警察部队的主要装备包括自卫防护器具、非致命性防暴武器、致命性攻击武器、交通工具和特殊用途的装备。

三、中国民兵

中国民兵是中国共产党领导下不脱离生产的群众武装，是中华人民共和国武装力量的组成部分，是中国人民解放军的助手和后备力量，也是预备役的基本组织形式。中国民兵在军事机关的指挥下，担负战备勤务、防卫作战任务，协助维护社会秩序。

（一）中国民兵的历史

中国民兵创建于革命战争年代。最早的民兵是北伐战争时期的工人纠察队和农民自卫军。1922 年 1 月，在香港海员大罢工中创建的工人纠察队是我国第一支由工人组建的民兵。1924 年 8 月，农民运动领袖彭湃在广东省广宁县的农民起义中创建的农民自卫军被认为是我国第一支由农民组成的民兵。中国民兵在长期的革命战争时期，积极配合正规军英勇作战，深入敌后开展各种形式的游击战争，组织和发动群众做好后勤供给，支援前线杀敌，为夺取全国的胜利建立了不朽的功勋。中华人民共和国成立后，中国民兵在建设祖国、保卫祖国中的过程发挥了巨大的作用。

（二）中国民兵的主要任务

中国民兵是不脱离生产的群众武装组织，是进行人民战争的基础。我国《国防法》规定："民兵在军事机关的指挥下，担负战备勤务、防卫作战任务，协助维护社会秩序。"根据《兵役法》和《民兵工作条例》规定，中国民兵的任务是：①建立和巩固民兵组织，提高民兵军政素质，配备和管理民兵武器装备，为现役部队储备战时所需的后备兵员；②执行战备勤务，支援前线，参加防卫作战，抵抗侵略，保卫祖国；③参加社会主义现代化建设；④协助维护社会秩序，参加抢险救灾。

（三）中国民兵制度与加入民兵的条件

《兵役法》规定，我国实行民兵与预备役相结合的制度。一是规定基干民兵为一类预备役，普通民兵为二类预备役；二是把参加民兵组织和服预备役年龄、政治、身体条件统一起来；三是在有民兵组织的地方，在基层工作上把两者结合起来，使基层民兵组织成为预备役的基本组织形式。对未编入民兵组织但符合民兵条件的，进行预备役登记。

民兵区分为基干民兵和普通民兵。民兵必须是身体素质好、政治上可靠的人员。凡18～35岁符合服兵役条件的男性公民，除应征服现役的以外，都可参加民兵组织服预备役。民兵干部的年龄可以适当放宽。28岁以下退出现役的士兵和经过军事训练的人员，以及选定参加军事训练的人员编入基干民兵组织。其余18～35岁符合服兵役条件的男性公民，编入普通民兵组织。女民兵只编基干民兵，人数控制在适当的比例内。陆海边疆、少数民族地区和城市有特殊情况的单位，基干民兵的年龄可适当放宽。

（四）中国民兵宣誓

公民参加民兵组织时进行宣誓，是我国民兵建设的优良传统。民兵宣誓是民兵对自身肩负各项使命的承诺和保证。

《民兵宣誓实施办法》对民兵宣誓基本程序和要求作了规定，并要求在组织宣誓时奏唱《中国民兵之歌》。

《民兵誓词》的内容是："我是中国民兵，我宣誓：服从中国共产党领导，积极参加国家建设，忠实履行国防义务，遵纪守法，服从命令，忠于职守，努力学习，刻苦训练，随时响应国家号令，参军参战，支援前线，英勇顽强，不怕牺牲，坚决完成任务，永不背叛祖国。"

（五）中国民兵训练

民兵干部和基干民兵的训练原则上由县（市、区）人民武装部组织实施。根据训练大纲的要求，干部训练时间为30天，一般在一年内完成；民兵训练时间为 15 天，一次完成。通过训练，干部具备相应的军事技能和组织指挥能力，并提高开展本职工作的能力；民兵学会使用手中武器装备，掌握基本军事技能；分队能担负一般战斗任务。民兵干部主要进行本级指挥和教学法训练，基干民兵主要进行技术和战术基础训练。专业技术兵的训练时间可以根据需要适当延长，一般比步兵训练时间长一些。为满足训练发展的需要，目前全国已建设了许多县级民兵训练基地，民兵大都在基地实施集中训练。根据需要，还组建了一批专业技术训练中心。这些基地和中心都达到了能吃、能住、能训练的要求。在训练手段上，大力推广电化教学和模拟训练，实施形象、直观教学，训练质量有较大提高。在训练中注意突出重点，民兵干部、应急分队和专业技术分队的训练得到了进一步加强。

【思考题】

1. 中国国防历史给你带来了哪些启示？
2. 在国防上公民具有哪些权利和义务？
3. 中华人民共和国成立以来，我国的国防建设取得了哪些成就？

第二章　国家安全

当今世界，全球化浪潮风起云涌，科技发展日新月异，大国关系充满变数，这一切深刻地影响着国际战略环境的深刻变化。进入新时代，我们需要深刻认识当前国际战略形势的现状与发展趋势，了解世界主要国家军事力量及战略动向；正确分析中国面临的安全形势，把握和认识国家安全的内涵；理解中国总体国家安全观，增强国家安全意识和忧患意识。

第一节　国际战略形势

一、战略环境

战略环境是制定战略的客观基础。正确认识和分析战略环境，是正确制定战略的先决条件。战略环境是指影响国家安全或战争全局的客观情况和条件。主要包括国际和国内的政治、经济、军事、外交、科技、地理等方面综合形成的客观情况和条件，以及由此而形成的战略态势，特别是战争与和平的总态势。战略环境是动态的，随着国内外形势的发展而不断变化。

（一）国际战略环境

国际战略环境，是一个时期内世界各主要国家（集团）在矛盾、斗争或合作、共处中的全局状况和总体趋势。它是国际政治、经济、军事形势的综合体现，主要包括各方力量消长、利益得失、矛盾升降、斗争起伏，特别是在双边或多边关系中敌与友、战与和、对抗与妥协、分化与组合、多助与寡助，在战争中进与退、攻与守、胜与负、强与弱、优势与劣势等方面的总体状况和总体趋势。国际战略环境关系到国家的生存与发展、安危与兴衰，影响一个国家（集团）军事斗争的对象、性质、目标、敌友关系以及军事力量建设与运用的基本方向，因而是各个国家（集团）制定战略必须首先考察和关注的外部环境和条件。

国际战略环境的范围虽然极其广泛，但对于某一国家（集团）的战略指导者来说，最值得注意的是以下几个方面：

1. 时代特征

所谓时代，是指世界整体在发展进程中所处的大阶段。不同阶段之间相互区分的标志，就是时代特征。时代特征反映了世界发展总体进程中的矛盾领域和斗争状况。时代特征是世界性的、阶段性的，它所反映的是世界的总貌，是整个世界在一定历史阶段的总的标志，而不是个别国家的个别现象，也不是国际社会一时一事的情节或短时期的形势变化。正确认识时代特征，有助于战略指导者从宏观上把握当代世界的主要矛盾和总的发展趋势，从而对国际战略环境作出正确的判断，避免战略指导的重大失误。

2. 主要国家的战略动向

世界各国之间由于战略利益和政策的异同，既可能是对手，也可能是朋友。各国的战略动向，既互为条件、相互依存，又相互影响和制约。其中，一些实力较强的世界性和地区性大国，特别是超级大国所推行的战略，对地区乃至世界的安全与稳定具有重大的影响，对其他国家的战略也有不同程度的影响。因此，一定时期内各主要国家的战略及其发展趋势，是国际战略环境的重要部分。了解主要国家的战略动向，有助于从世界各国特别是大国之间关系上具体地研究国际战略环境，进而对世界形势作出正确判断。

3. 当代世界战争与和平的趋势

战争是解决阶级和阶级、民族和民族、国家和国家、政治集团和政治集团之间利益矛盾和冲突的最激烈的手段。只要战争根源还存在，战争与和平将始终是国际安全面临的重大问题。对于一个国家的主权和安全来说，来自外部的战争威胁是最严重的威胁。因此，当代世界战争与和平的趋势在国际战略环境中最引人注目，也是世界各国研究和制定军事战略时关注的中心。

4. 周边安全形势

周边安全形势，是指周边国家（集团）直接、间接影响本国安全的条件和因素。周边安全形势中最值得注意的是周边国家与本国的利益矛盾、对本国的政策企图、与本国密切相关的军事力量及其部署等直接影响本国安全的情况和因素。

从上述几个方面入手研究国际战略环境，对于洞察国际斗争特别是战争与和平的基本趋势，进而判明对本国战略利益的影响，具有十分重要的意义。

（二）国内战略环境

从军事斗争的角度讲，国内战略环境是指对筹划、指导军事斗争全局具有重大影响的国内社会环境与自然环境。它反映了国家军事力量建设与运用的可能条件和制约因素，决定着战略的基本性质和方向，是制定战略的依据。国内战略环境主要包括国家的政治、经济、军事、地理等方面的基本状况，其中，对战略具有直接影响的是国家的地理环境、政治环境和综合国力状况，因此，研究国内战略环境应重点把握以下情况。

1. 地理环境

地理环境主要包括国家（战区）的地理位置、幅员、人口、资源、地形、气候以及行政区划、交通、要地等状况。这些地理要素与军事斗争的关系十分密切，是军事力量生存、活动的空间条件。军队的集结、机动、作战、训练、后勤补给等一切军事活动都离不开一定的地理空间，且都要受到地理环境的影响和制约。地理环境不仅是制定战略的重要客观依据，而且是影响战争胜负的重要因素。加强对地理环境的研究与认识，是使战略指导符合客观实际的一个重要环节。

2. 政治环境

国内政治环境，涉及的范围较广，但对战略影响最大的有两个方面：一是国家的政治、法律制度与基本国策，二是政治安全形势。

国家的政治、法律制度和基本国策是国内政治环境的本质和核心，对军事斗争全局的筹划指导具有决定性的影响。例如，依照《中华人民共和国宪法》规定，中国是“工人阶级领导的、以工农联盟为基础的人民民主专政的社会主义国家”，社会主义制度是中国的“根本制度”，马克思列宁主义、毛泽东思想、邓小平理论是中国社会主义建设事业的根本指导思想。国家的根本任务是进行“社会主义现代化建设”，“完成统一祖国的大业”，维护“国家的独立和安全”。中国奉行“独立自主的外交政策”，坚持“和平共处的五项原则”，“反对帝国主义、霸权主义、殖民主义”，“维护世界和平和促进人类进步事业”。这些经过国家最高权力机关立法规定，并在国家政治生活中得以贯彻和体现的关于中国国体、政体和大政方针的根本法律制度与基本国策，充分反映了中国各族人民的根本利益和共同的政治需要，具有最高的法律地位和法律效力，是战略必须服从并为之服务的最高政治准则，是确定军事斗争的目的、性质、任务、基本方针、政策和战略指导原则的政治依据。同时，也是保证战略得以贯彻实施的政治基础。

国内政治安全形势，主要包括一定时期内国内的阶级、民族、宗教（教派）和政治集团之间相互关系的基本状况及其对政局和国家安全的影响。其中，敌对势力分裂、颠覆国家和发生武装冲突或国内战争的情况，是直接影响国家统一和稳定的国内因素，是筹划、指导军事斗争必须关注的重要问题。

3. 综合国力状况

综合国力是一个国家全部物质力量和精神力量、实力和潜力的总和，它包括国家的人力、物力、财力、军力、科技与生产能力、社会保障与服务能力以及组织动员能力等。综合国力是军事斗争特别是战争的物质基础，也是军事理论和作战方法发展进步的重要条件。一切军事斗争和军事活动，归根结底都要依靠综合国力，特别是经济、科技和军事实力的支撑，并受其制约。战略指导者必须立足于国家综合国力的实际状况，本着勤俭节约、讲究效益的原则，筹划、指导军事力量的建设与运用，使之与国家建设和社会发展的总体水平相适应。

（三）战略环境与战略

战略环境与战略，是客观实际与主观指导的关系。前者是独立于战略指导者意识之外的客观存在，后者则是军事斗争客观规律在人们头脑中的反映。因此，战略环境是制定战略的客观基础。任何国家（集团）的战略，无不受一定的战略环境的制约和影响。例如，第二次世界大战期间，德国、意大利和日本结成法西斯军事政治联盟轴心，并把战火迅速扩大到欧洲、亚洲和非洲广大地区，使众多国家遭受奴役、屈辱或面临严重威胁。这种特殊的战略环境，促使一些战略利益并不完全一致甚至对立的国家结成了国际反法西斯同盟，共同反对德、意、日法西斯的侵略战争，从而使有关各国的战略具有战争时期联合对敌的基本特征。第二次世界大战结束后，战略环境发生了变化，战时的反法西斯同盟发生破裂。美、苏两国由盟友关系演变为敌对关系，各自逐步形成和制定了互为主要对手、争夺世界霸权的战略。这些情况表明，各个国家（集团）的战略都是随着战略环境的变化而变化，都是基于特定的战略环境而谋求各自的战略利益。中国共产党及其领导下的人民军队，在革命战争时期曾经实行过数次以改变作战形式为主要标志的军事战略转变，中华人民共和国成立后，也曾多次进行战略调整。而每一次转变与调整，都与战略环境的变化紧密相关，都是为了适应战略环境的变化和军事斗争的需要，使主观指导更加符合客观实际。由此可见，任何战略都是一定时期的战略环境的产物，从来就没有脱离一定时期的战略环境而凭空产生的战略。

对于战略指导者来说，正确认识和分析战略环境，是正确制定战略的先决条件。这里所说的战略环境，实际上是战略指导者所面临的敌方、友方、我方以及自然界的情况，涉及政治、经济、科技、军事、地理等方方面面。这些情况，都是实际存在并影响战略的客观因素。战略指导者只有了解它们、熟悉它们，并且正确认识各种因素的相互联系、相互作用及其对敌我行动的影响，才有可能找出其中的特点和规律，并根据这些规律制定出正确的战略。否则，如果情况不明，或认识不符合实际，就不可能制定出正确的战略并实施正确的战略指导。制定战略的过程，是战略指导者认识和分析战略环境的过程。对战略环境的认识和分析越客观、越准确，所制定的战略也就越符合实际，越有成功的把握。而能否正确认识和分析战略环境，则取决于战略指导者所采取的立场、观点、方法和思维能力。在军事斗争实践中，斗争各方总是根据己方的立场、观点、方法对战略环境作出判断，并据此确定各自的战略。就某一方内部而言，由于战略指导者思想方法和认识能力的差异，对战略环境的认识与判断以及由此而产生的战略决策也不尽相同。因此，只有坚持辩证唯物主义和历史唯物主义的世界观和方法论，对战略环境进行客观、全面、系统的分析，才能把战略建立在对战略环境正确认识的基础之上，进而实现正确的战略指导。

战略对战略环境的发展变化也具有重大的能动作用。这是因为战略环境在一定条件下是可以改变的。人们可以通过主观能动性的发挥，创造必要的条件，推动和影响战略环境变化。战略作为对军事斗争全局的筹划与指导，不论其正确与否，都对维持或改变战略环境有重大影响。实践证明，在一定的物质条件下，正确的战略可以改变险恶、不利的战略环境，化险为夷，转危为安。中国工农红军在土地革命战争中的第一次至第四次反“围剿”的胜利即是如此。错误的、不符合客观实际的战略，则会使环境恶化或使困境加剧，导致斗争严重受挫，甚至导致全局性失败。因此，战略指导者的责任，就在于制定符合客观实际和斗争发展规律的战略，实施正确的战略指导，创造克服、改变不利战略环境或维护、争取有利战略环境所必需的条件，审时度势，趋利避害，把军事斗争引向胜利。

从军事斗争的历史和现状看，任何国家（集团），不论其政治目的和决策者的素质如何，都力图通过制定和推行自己的战略，促使战略环境朝着有利于己方的方向发展。然而，从属于不同政治目的的战略，对战略环境所起的作用是截然不同的。以推行霸权主义和侵略扩张为目的的战略，对国际战略环境起着破坏和恶化的作用，会给国际社会带来灾难。而以反抗侵略和维护和平为目的的战略，则起着改善战略环境的作用，为维护世界和平和促进人类进步事业创造有利条件。因此，一切爱好和平的国家，对于霸权主义国家以侵略扩张为目的的战略及其可能对国际战略环境造成的严重影响，应保持高度警惕，进行针锋相对的斗争，为争取和维护和平稳定的国际战略环境作出积极贡献。

中国军事战略是马列主义军事理论、毛泽东军事思想与一定历史条件下的战略环境和斗争实践相结合的产物。以毛泽东为杰出代表的中国老一辈无产阶级革命家，历来坚持主观指导与客观实际相符合的原则，正确处理战略与战略环境之间的关系。在历次革命战争和中华人民共和国成立后的军事斗争中，他们总是把战略环境作为制定、调整战略的客观依据，并通过实施正确的战略，改变或推动战略环境，使之朝着有利于人民的方向发展。当今世界，各种斗争错综复杂，风云变幻莫测，情况日新月异，这就要求战略指导者必须密切关注战略环境的发展变化，并根据这种变化的特点和规律，以及主客观条件的实际可能，适时调整自己的战略，以争取和维护有利于和平与发展的战略环境。

二、国际战略格局

国际战略格局，是指国际社会中国际战略力量之间在一定历史时期内相互联系、相互作用而形成的具有全球性的、相对稳定的力量对比结构及基本态势。

国际战略格局的形成，是国际斗争和国际战略运作的结果，同时，新的国际战略格局一经产生，又会对国际战略形势产生直接的影响。因此，要想从整体上把握国际斗争的基本情况和基本形势，揭示国际斗争的一般规律，就必须注重研究国际战略格局问题。

（一）国际战略格局的本质与特征

1. 国际战略格局的本质

在当今国际舞台上，国家与国家之间的关系，最本质的是它们之间的力量对比关系。因此，国际战略格局本质上就是一种国际战略力量的对比关系。

国际战略力量对比，是国际战略力量之间的一种实力对比，以及由此而派生的影响力对比。因此，在考察各种战略力量时，不仅要考察它们本身所具有的实力地位，而且要考察它们在国际事务中实际发挥的作用和影响力。只有把这些因素联系起来加以分析，才能确定哪些是主导性力量，哪些是从属性力量，哪些仅仅是潜在性力量，从而形成正确的战略判断。例如，在第一次世界大战前，美国已经成为资本主义列强中经济实力最强大的国家，但是由于它对外奉行孤立主义政策，因而并未成为全球性大国，其参与国际事务的行为能力和影响力反而不如当时的英、法、德、俄等国，所以在当时的国际战略格局中并不占据主导地位。第二次世界大战后，经过一段时间的经济复苏和建设，西欧的英、法、德、意等国在经济、军事实力等方面均居欧洲其他国家前列，在世界上也仍有一定的影响力，英、法两国还是联合国安理会常任理事国。但是作为单独的国家，它们谁也不能成为独立的国际战略力量，因而只能在北大西洋公约组织内发挥相应的作用，并在很大程度上受到美国的控制和制约。这种状况也决定了它们在两极格局中只能处于从属地位。冷战后，随着欧盟的建立，联合起来的欧洲国家成为当今世界的战略力量中心之一。中国尽管在经济、军事实力上不如某些发达资本主义国家，但是由于其特殊的战略地位和独立自主的外交政策，中国成为国际舞台上一支重要的战略力量。

2. 国际战略格局的基本特征

（1）国际战略格局与时代的发展密切相关。

国际战略格局总是反映着一定时代条件下的战略力量对比关系。在同一时代条件下，格局的外在形态可能不同，但其内在的本质则是一样的。例如，在资本主义时代，无论格局外在形态如何，反映的都是资本主义大国之间相互制约和相互争夺的关系。19 世纪上半叶的欧洲多极均势格局是与自由资本主义时代资本主义国家竞相发展相一致的。20 世纪初期几个资本主义大国相互争霸的战略格局，则又与资本主义发展到垄断阶段，资本主义国家尤其是大国间的竞争加剧密切相关。因此，要正确分析各个时期国际战略格局的特点，就必须把握时代发展的脉络以及不同时代国际战略格局的基本特征。

（2）国际战略格局同世界经济格局相适应。

世界经济格局是指世界范围内各种经济力量之间相互关系的结构状态。世界经济格局的出现和发展，推动了国际社会的形成和发展，建立在世界经济体系基础上的国际战略格局，可以说是经济因素在国际政治领域的集中反映。国际战略力量的形成，与该国家或国家集团所拥有的经济实力以及在经济格局中的地位紧密相关。一个国家或国家集团在国际社会中的行为能力和影响力，固然要取决于多种因素，但经济实力是其中最基本的并长期起作用的决定性因素。经济实力与行为能力是成正比的。英国之所以能够在 17—18 世纪称雄世界，就在于其资本主义经济发展在当时最迅速，经济实力最强大。美国在第二次世界大战后成为资本主义世界的霸主，重要的原因就是它拥有世界上最强大的经济、军事实力。从历史上看，国际战略格局的发展变化，往往以世界经济格局的发展为先导。正是由于 17—18 世纪存在着以英国为“世界工厂”的经济格局，英国才确立了在欧洲乃至国际战略格局中的主导地位。19 世纪欧洲资本主义多元经济中心的形成，则成为欧洲均势格局的先导。第二次世界大战后特别是 20 世纪 70 年代以来逐步发展的多元经济力量中心，又预示着国际战略格局向多极化转换的趋势并为此奠定了基础。

（3）国际战略格局同国际秩序相互作用。

国际秩序主要是指由国际社会共同制定，并要求各国共同遵循的国际准则。国际秩序与国际战略格局，同属于国际关系范畴，两者有着直接的关联并互为影响。一定的国际秩序，总是由在国际战略格局中居于主导地位的国家或国家集团制定的，或是在很大程度上受到这些国家意志的制约和影响，因此，国际秩序是国际战略格局的现状在国际准则上的反映。但国际秩序一经建立，它又会对国际战略格局起到强制性的维护作用，甚至在旧格局解体的情况下，原有的国际秩序仍会在一定范围和程度上继续产生影响。第二次世界大战以前，国际秩序的本质特征是强权政治和殖民政治。第二次世界大战后，社会主义力量的发展壮大和第三世界国家的兴起，有力地冲击了旧的国际秩序。然而，由于美苏争霸愈演愈烈，以两极格局为背景的国际秩序，仍未摆脱强权政治和霸权主义的束缚。冷战后，围绕建立新的国际政治、经济秩序的斗争仍很激烈。这种斗争不仅是国际战略格局加速向多极化发展的必然反映，而且也会对未来新格局的最终形成产生直接影响。

（4）国际战略格局各层次相对独立、相互影响。

国际问题，有的是全球性的，有的则是地区性的。国际战略格局按其范围大小，也可区分为世界格局和地区格局。这两个层次既有其独立性，又有其关联性。所谓独立性，就是这两个层次的战略格局都可以在一定条件下独立存在。例如，现在新的国际战略格局尚未形成，但某些地区的战略格局已初步建立起来。同样道理，现在旧的国际战略格局已不复存在，但某些地区原有的战略格局却尚未被打破。像东北亚地区、南亚地区的战略格局，仍然保留着冷战时期的某些特征。所谓关联性，就是世界格局与地区格局的发展都在一定程度上影响着对方的发展。国际战略格局包含着地区战略格局，并在总体上决定着地区战略格局的发展走向；地区战略格局则是全球性矛盾斗争在地区的必然反映，同时又对国际战略格局的形成或演变产生影响。如果分析一下第二次世界大战后中东地区和欧洲地区战略格局的演化情况，就不难看出这一点。这两个地区都是美国和苏联争夺的重点或热点地区，因而都受到了两极格局的巨大影响。尤其是欧洲地区，既是两极格局形成的发源地，又是这一格局终结的归宿点。所以，欧洲地区的战略格局与两极体制下的国际战略格局，其形成和瓦解几乎是同时发生的。

（二）国际战略格局演变的动因

任何事物的发展，都是内部矛盾运动直接影响的结果，国际战略格局的演变同样如此。揭示格局演变的动因和过程，将有助于我们更深刻地认识其规律性特点。

1. 国际战略力量及其相互关系的重大改变

战略格局只是反映战略力量存在方式的客观状态，是这种力量相互作用、相互影响的必然结果。当国际战略力量的存在方式以及各种力量的相互关系发生急剧变化时，国际战略格局的演变便难以避免了。旧的战略力量的衰落和消失，造成了旧格局的崩塌，新生战略力量的崛起和发展，则奠定了新格局确立的基础，新旧格局的不断交替，正是国际战略格局演变的基本特征。

2. 内外部因素共同作用的结果

从外部情况看，国际政治、经济、科技、军事等因素，都会对国际战略格局的演变产生直接影响。而时代因素更是牵动国际战略格局变化的重要因素。这里所说的时代是指“政治时代”，即世界主要矛盾及其斗争在一定历史时期和阶段上的集中反映。时代的发展尤其是时代主题的变化，不仅决定着国际关系和国际战略的基本特征，而且制约着国际战略格局的演进趋势。

从内部情况看，促使国际战略格局演变的内在动因，归结起来主要有以下几个方面：①由国家内部的经济、政治和文化传统因素决定的各主要国家间的政治体制和经济实力的差别；②各主要国家之间意识形态和对外政策的差别；③由上述两点所决定的各主要战略力量之间的政治斗争和综合实力对比的不平衡；④由这种斗争和不平衡所导致的国家和集团利益的冲突，以及因这种冲突的扩大而导致各战略力量之间力量对比关系的原有状态被打破。值得一提的是，作为国际战略力量主体的某些国家和国家集团，其政治、经济、军事等方面情况的变化，不仅会影响到它们自身在格局中所处的地位，而且关系着格局的存亡。英国的衰落和苏联的解体，都是导致旧格局瓦解的重要动因。

（三）冷战结束后国际战略形势的特点

1. 美国成为世界唯一的超级大国，世界呈多极化趋势

当前国际战略格局框架结构的主要特点是“一超诸强，多元争极”。“一超”指的是美国。美国作为冷战后唯一的超级大国，其经济、政治、军事、科技等力量占据着极大的优势。虽然它的经济在连续十多年的增长后出现了一定程度的衰退，但它在国际舞台上的竞争力和影响力仍然是最强的。并且，由于世界战略格局的转换具有渐进性，这将使美国“一超独霸”的局面保持相当长的一段时间。美国的战略意图十分明确，它在21世纪的首要目标是防止在欧亚大陆出现对美构成战略威胁的新对手，从而确保“美国在世界的领导地位”和巩固“既定的世界政治和经济秩序”。与此同时，以其他战略力量迅速增长为主要特征的多极化趋势正在发展。所谓“诸强”，指的是一些综合国力较强的国家或国家集团，如欧盟、俄罗斯、中国、日本等。从目前的情况看，这些国家或国家集团的实力和地位都不能与美国相提并论。所以，目前的力量格局，大致是“一超诸强”或“一超多强”。

正因为多极化格局还未形成，所以，世界各种力量都在抓紧时机，发展经济、政治、科技、军事等力量，增强自己的综合国力，提高自己在世界上的竞争力和国际地位。一些实力较强的大国或国家集团，客观上正在往“极”的方向上发展，极力争取得到“极”的地位。这样，实际上构成了一种“多元争极”的态势。

2. 以美国为首的西方国家试图建立一个新的安全结构

当前，冷战时期以军事集团对抗为特征的安全结构已经解体，世界正处于向建立新的战略格局过渡的时期。世界各国正力求通过建立和完善各种形式的安全

机制来维护自身的安全利益，各种力量正在围绕建立新的全球和地区安全结构进行着斗争和协调，以使自己在未来新的安全结构中处于较为有利的地位。以美国为首的西方国家尽管相互之间出于各自利益的考虑而产生的矛盾日渐明显，但它们正加强协调，试图形成一个以它们为主体、在某种程度上体现多边参与和对话、相互协调和制约的安全结构。

在欧洲，新的安全结构的建立已取得某些进展。其特点主要是扩大原有组织和转变其功能。北约加快了从军事政治集团向政治军事组织的转变，并开始调整其战略，以适应冷战结束后欧洲新的安全形势。1992 年，北约决定将它军事活动的范围由北约成员国领土之内扩大到整个欧洲。北约建立了北大西洋合作委员会，将其作为北约成员国与原华约国家讨论安全问题的论坛。北约还与其他欧洲国家以及俄罗斯建立了“和平伙伴关系”。欧共体于 1993 年 11 月 1 日开始实施《欧洲联盟条约》，成为欧洲联盟。欧盟大力推进一体化防务，出台新的统一安全战略，2004 年 5 月 1 日，欧盟实施历史上第五次东扩，使欧盟扩大到 25 个成员。2004 年 7 月 12 日，欧盟正式宣布成立欧盟军备局，以加强欧盟成员之间的军事合作，提高欧盟的整体军事实力。2004 年 9 月 15 日，欧盟出台新安全战略理念，提倡实行多边合作和人道主义干预，积极推进欧盟一体化独立防务建设，增强在危机突发地区的人道主义干预能力，2007 年建成拥有 19.5 万人的快速反应部队和 1.5 万人的人道主义干预部队，用以在欧洲和其他地区执行人道主义援助任务，以及参加地区冲突的预防、干预和后事处理的任务。

目前，亚太地区基本能够覆盖全区域的多边安全合作机制主要有东盟地区论坛（ARF）和亚太安全合作理事会（CSCAP）。东盟地区论坛是由东盟主导的、官方性质的多边安全合作机制。1994 年 7 月，东盟地区论坛首次外长会议在曼谷召开，标志着论坛正式成立。论坛的目标和宗旨是：作为一个高级别的磋商论坛，使亚太地区各国培养对共同感兴趣的和关注的政治安全问题开展建设性对话的习惯，为亚太地区建立信任和进行预防性外交作出贡献。目前，论坛已发展成为有 27 国（方）参与的泛亚太地区多边安全合作机制。亚太安全合作理事会是由西方国家主导的、非官方性质的多边安全合作机制，其目的是以非政府机构的形式促进亚太地区的安全与合作，通过开辟第二轨道外交，邀请国际非政府组织和政府官员以私人身份参加，发展其对东盟地区论坛的咨询作用。此外，还有一些次区域性的官方与非官方安全合作机制，如朝核问题六方会谈、东北亚合作对话会、亚太圆桌会议、中美日安全磋商等。亚太地区重要的双边安全合作机制还包括中俄、中美等双边安全磋商机制。

值得注意的是，在新的国际安全结构形成的过渡时期，联合国在协调和处理重大国际安全问题上的作用正在增强。在美苏冷战时期，联合国主要作为政治讲坛，在维持世界和平方面所起的作用极为有限。随着旧的安全结构的解体，联合国将会在处理危机、调解冲突、监督停火、维持和平、军备控制等方面发挥更大的作用。但同时也应注意到，美国等西方国家也企图利用联合国来干涉其他国家的内政。需要的时候打着联合国的旗号，例如海湾战争，利用联合国组织多国部队共同打击伊拉克；不需要或者遭到反对的时候则绕开联合国对其进行直接干涉，如以美国为首的北约空袭南联盟，这些都有可能使问题复杂化和加剧某些地区的动乱。

3. 经济因素在国际事务中的作用在上升

近年来，世界大多数国家的注意力都更多地转向国内经济建设。与此同时，随着科技和国际贸易的迅猛发展，各国在经济上的交往大幅度增加，经济上的相互依存程度大大加深。这些都在很大程度上推动各国更多地从经济利益这一角度考虑国与国之间的关系，避免采用极端的军事手段，使矛盾激化。反映在各国的安全政策上，几乎普遍一致地把确保国家的经济安全作为首要目标，军备建设服从于经济建设的需要。

但是，不能由此认为，经济因素的上升，意味着国际事务中军事手段的作用正越来越不重要。事实上，军事手段的作用仍然为各国特别是各大国所重视。这里，有几个趋势值得注意：首先，经济因素的上升可能推动一部分国家对军事手段的重视。例如，某些国家正是出于维护自己经济利益的考虑，更加重视对海洋资源、贸易通道的保护，在经济得到发展之后，加快了发展本国军备的步伐；又如，亚太地区的东盟国家以及中东地区的一部分阿拉伯国家近几年来不但没有降低军费，反而都增加了军费。其次，各国经济竞争中民族主义情绪正在上升，这使一部分国家更加重视加强军事实力以弥补经济力量的不足，并将其作为确保自身利益的重要手段。最后，西方各大国特别是美国仍然把军事力量当作对付所谓来自第三世界威胁的重要威慑和打击的手段；同时，它们庞大的军火工业也很难在冷战结束后实现有效的大规模“军转民”，这些国家事实上仍然保持着高额的军费开支。

4. 武装冲突和局部战争对国际安全的影响相应突出

20 世纪 90 年代后，随着美苏冷战的结束，发生世界大战的危险进一步减少，地区武装冲突和局部战争成为主要的军事冲突形式。新的武装冲突的频繁发生是有多方面原因的：首先，许多过去被美苏对抗这一主要矛盾掩盖着的民族、领土和宗教矛盾，随着冷战的结束而爆发出来；其次，旧的世界战略格局的瓦解所带来的动荡，尤其苏联和南斯拉夫解体所造成的局部的力量真空和失衡使局势失控；再次，部分地区过去长期处于经济贫困之中，又受到因世界战略格局变化而带来的西方政治思潮的冲击和外援减少等影响，从而引发了严重的社会动乱；最后，特别值得关注的是国际恐怖主义、民族分裂主义和宗教极端主义“三股恶势力”对国际安全与稳定的影响将更加突出。总体上说，当前频繁发生的地区冲突主要是新旧战略格局转换时期国际政治秩序失调的表现，其存在有一定的必然性。在旧的国际政治秩序瓦解和新的秩序形成的过程中，出现动荡是不可避免的。在局部地区，力量的重新分化组合甚至是以武装冲突的方式表现出来的。

与此同时，通过全球和地区性的国际组织间的合作，来控制和解决地区冲突，维持国际形势的和平与稳定，已成为国际政治军事领域的一个热门话题。近年来，一些过去有美苏争霸背景的热点地区冲突，由于冷战的结束和联合国等国际组织发挥作用，已在政治解决的道路上取得重大进展。然而，我们也应该看到，在战略格局转换的过渡时期，世界形势发展中存在着许多不确定和不稳定因素。各种矛盾如不能妥当处理，有可能引发新的冲突。目前各种冲突的解决将需要较长时期的艰苦努力，即使是已在政治解决道路上取得较大进展的地区冲突也可能出现反复。

5. 军售竞争和大幅度军费投入对稳定产生不利的影响

随着美苏冷战的结束和两极格局的瓦解，国际武器交易总额有所下降。同时，随着对武器需求的减少，国际武器市场的竞争更加激烈。美国、俄罗斯和一些西欧国家为了在减少国内武器采购和削减本国军备的同时维持现有军工企业并从出口武器中谋利，都大力支持本国的军火工业扩大已有的国际武器市场和寻求新的国际武器市场。1990 年，美国向第三世界的武器出口额达 185 亿美元，比 1989 年有较大增长，并超过苏联成为世界最大的军火出口国。1993 年，美国向外出口军火的金额进一步增加，达 320 亿美元（含向发达国家的军火出口）。根据瑞典斯德哥尔摩国际和平研究所的统计，目前世界每年合法武器贸易金额超过 400 亿美元。2009—2013 年世界最大武器出口国依次是美国、俄罗斯、德国、中国和法国，共占全球军火贸易的 74%，其中，美、俄各占 29% 和 27%，超过全球武器出口的一半。而且近年来发达国家出口的武器的质量也有很大提高，包括许多最先进的常规武器。发达国家向第三世界国家特别是向一些重要地区大量销售先进常规武器的行为给这些地区带来了多方面的不利影响：第一，发达国家大量倾销先进武器使得一些地区产生了一种“作用与反作用”效应，刺激一些国家竞相购买先进武器，从而造成某种地区性的军备竞赛。这有可能打破现有的地区力量平衡，从而破坏这些地区的和平与稳定。第二，有可能引发新的地区冲突。发达国家大量倾销先进武器可能会使某些国家的军事实力大大超出其自身防务的需要，从而促使它们在处理领土、边界等争端时更愿意诉诸武力。第三，刺激了大规模杀伤性武器的扩散。一些得到先进常规武器的国家由此具备了核武器的投送能力，另一些得到较少先进常规武器的国家则企图用核武器来弥补自己在常规武器方面的劣势和对付对方的先进武器。

随着国际军事安全领域中不稳定因素的扩增和世界新军事革命浪潮的深化，世界各主要国家保持大幅度军费投入。2004 年，美国国防预算总额高达 4 883 亿美元，俄罗斯为 4 114 亿卢布（约合 141.86 亿美元），日本为 4.96 万亿日元（约合 422 亿美元），印度增加至 7 700 亿卢比（约合 168 亿美元），德国为 244 亿欧元（约合 300 亿美元）。2014 年，美国国防预算为 5 521 亿美元，英国为 596 亿美元，法国为 593 亿美元，俄罗斯为 587 亿美元，日本为 545 亿美元，沙特阿拉伯为 452 亿美元，德国为 452 亿美元，印度为 413 亿美元，意大利为 370 亿美元。这迫使第三世界国家将更多的财力和物力用于军事方面，从而影响了它们经济增长和社会发展的速度。

（四）未来国际战略格局的发展趋势

1. 战略格局呈多极化趋势

目前，美国不顾国际战略格局多极化的发展趋势，凭借自己的强大实力，把本国的意识形态、价值观念、发展模式和社会制度强加于国情不同的世界各国，企图建立美国一家独霸的单极世界。“9·11”事件后，美国更是借“反恐”之名，趁机对战略地位极其重要的中亚和外高加索地区实现了“历史性”的军事入侵并开始对其施加经济和政治影响。与此同时，美国主导的北大西洋公约组织继续东扩，1999 年 3 月波兰、捷克、匈牙利 3 个国家加入北约。2004 年 3 月 29 日保加利亚、爱沙尼亚、拉脱维亚、立陶宛、罗马尼亚、斯洛伐克、斯洛文尼亚 7 个国家加入北约。美国依仗自己庞大、先进的军事装备和雄厚的经济实力，正在加紧全方位推行自己称霸世界的全球战略。

但是，从长远看，世界上从来就没有永远的“霸权”，大英帝国的衰落就是历史见证。可以预见，美国的单极世界之路也是行不通的，多极化是必然的趋势。美国“一超独霸”的局面既是两极体制被打破后的必然现象，又是一个终将被多极化体制所取代的暂时的历史过程。世界政治经济发展的不平衡所导致的均衡化趋势，是世界战略格局中两极体制解体并最终走向多极化的根本动因。

当前世界战略力量多极化的发展趋势最突出地表现在经济上。战后几十年激烈的军事对抗和军备竞赛使美、苏这两个超级大国的经济均不同程度地受到影响，并最终导致苏联解体。美国在国际市场的竞争能力也正受到愈来愈大的挑战。日本和欧盟国家这几十年经济迅速发展，已成为对国际事务有重要影响的经济大国和经济集团。统一后的德国具有强大的经济、科技实力与军事潜力，其国民生产总值超过了英、法两国，居世界第四位（按 2019 年数据）。经济力量均衡化的发展必将引起政治、军事力量对比关系的变化。目前，日本和德国都在凭借自己强大的经济实力，谋求政治大国的地位，积极争取成为联合国安理会常任理事国。日本在亚太地区与美国争夺主导权的矛盾日趋明显，并且正在隐蔽而有节制地、扎扎实实地加强其军事力量，逐步建立与其经济、政治地位相称的军事实力。欧盟国家与美国之间在贸易上的摩擦日益激烈，它们在政治、军事上争夺欧洲主导权的矛盾也在上升和表面化。

俄罗斯作为苏联的主要继承者，拥有丰富的自然资源和相当先进的科技力量，特别是拥有强大的军事力量。从长远看，俄罗斯不可能无限制地削减其军事力量而放弃其世界大国的地位，它的军事力量仍然是一个可以并可能对世界形势产生重大影响的因素。1994 年初，俄罗斯对其前一段倒向西方的对外政策进行了调整，其调整的核心内容是：增强独立自主权，把维护民族利益放在首位，努力恢复俄罗斯在世界上的大国地位。

作为当今世界最大的发展中国家，中国政治稳定，经济发展充满活力，中国经济平均以每年 8% 的速度增长，综合国力不断增强。中国与各国积极发展睦邻友好关系，对世界和平发挥着积极而重要的影响，在当前成为“多极格局”中的一极，是毫无疑问的。邓小平早在 1990 年初就指出：“所谓多极，中国算一极。中国不要贬低自己，怎样也算一极。”他的这个论断，是有充分根据的。

所有这些汇成了世界战略力量均衡化发展的主流。尽管世界战略力量均衡化的趋势在短时期内还不会使世界军事力量的对比关系发生重大变化，但从长远来看，它对世界军事形势的影响不可忽视。这一趋势的发展正在并将越来越明显地成为制约超级大国的霸权主义和强权政治的重要因素。可见，世界向多极化方向发展，已经成为一种客观趋势，这既是历史的必然，也是时代的要求。

2. 世界“五大力量”关系将日趋复杂化

两极格局解体后，当今世界的五大力量，都在通过调整对外政策来寻求自己的有利地位。美国虽然认为自己是“唯一有能力进行全球干预的超级大国”，但也开始承认世界向多极化发展的现实。因此，最近几年来，美国的对外政策也在进行调整。特别是“9·11”事件后，美国出于“反恐”的需要，也在局部调整其外交政策和安全战略。在欧洲，美国一方面积极推进北约东扩，另一方面也顾及俄罗斯在苏联地区的特殊利益。同时，美国还改变了过去只要西欧盟国尽“义务”而不给“权利”的做法，转而支持欧盟在维护欧洲安全方面发挥更大的作用。在亚洲，着手建立美日之间的新型同盟关系，支持日本在参与亚太事务中承担更多的权利和义务。对中国主张采取“全面接触”战略，使中美关系得到一定程度的改善。俄罗斯沉着应对北约、欧盟东扩，积极调整本国的军事战略。2004 年，俄美间纷争加剧，两国关系因外高加索地区主导权、车臣问题和俄罗斯政治改革问题上的分歧而日渐趋冷。2004 年 2 月 10—14 日，俄罗斯举行了代号为“安全—2004”的最大规模战略核演习。2004年6月7—24日，俄罗斯举行代号为“机动—2004”的历史上远程调动部队规模最大和兵种最多的军事演习，以此显示军事威力，并将外交政策的重点逐步转移到亚太地区。欧盟在积极推进欧洲政治、经济一体化的同时，也在加强欧洲自身的防务力量，逐步削弱美国对欧洲的控制和影响。日本为了谋求政治大国和军事大国地位，一方面加强日美同盟关系，另一方面也积极寻求改善与包括中国在内的亚洲国家关系，企求在参与国际和地区事务中发挥更大的作用。日本军事战略加速从“专守防卫”到“主动先制”转向。主要表现在：一是进一步突破“专守防卫”法制限制，加大“紧急事态”下对美国的海外军事支援。2004年6月14日，日本国会通过了《国民保护法案》等7项“有事”相关法案。二是明确提出“积极海外干预”防卫政策方针。2004年7月6日，日本发表了2004年度《防卫白皮书》，首次把参与国际合作活动作为自卫队的根本任务之一。三是强调获取“先发制人”军事打击的能力。中国在加大改革力度、加速经济发展的同时，通过开展灵活的、全方位的外交活动，明显改善了与周边国家的关系，进一步提高了国际地位和对国际事务的发言权。

以上情况说明，随着冷战后国际形势的发展，当今世界五大力量的地位和关系已经发生了重要变化，随着中、俄、日、欧的地位提高，大国间的相互制约关系明显增强。今后，维护世界和平和推动经济发展，主要靠这五大力量的协调与合作，其中美、中、俄的协调与合作尤为重要。从近、中期来看，世界上只有美、俄等国有能力把经济实力转化为政治实力。因为它们具备将经济实力转化为政治实力的四个条件，即辽阔的国土、众多的人口、强大的军事实力及其对外政策。不具备这四个条件，国家再发达，经济再发展，也难以成为具有世界性影响的战略力量。当然，随着欧洲一体化的实现和日本从经济大国发展成政治大国甚至军事大国，其对世界事务的影响力将会大大提高，多极化格局也将得以形成。

世界五大力量对外政策和战略关系的调整，将使未来国际战略格局呈现新的特征。一是关系复杂化。在多极格局里，五大力量之间将形成交叉三角关系，各国政策变化取向不确定。二是集团松散化。政治与军事集团内部关系相对松散，各国对外政策独立性增强，因各自利益关系，同盟国之间和非同盟国之间的距离有所接近。三是外交多边化。多边机构和组织的作用突出，双边关系受多边事务和多边关系的制约日益增大，各国政策将由双边政策为主转向多边与双边政策并重。四是合作区域化。区域化成为新地缘政治的动力，地域和文化的同一性有可能取代意识形态的同一性，地区或次地区经济合作和安全合作将成为对外合作的重点。

3. 中国的地位与作用将愈显突出

中国是一个发展中的社会主义大国，也是当今维护世界和平的重要力量。作为未来多极格局中的一极，中国对世界的影响是多方面的，其主要作用体现在三个方面：

（1）在反对霸权主义和强权政治上起制约作用。

冷战结束后，霸权主义和强权政治依然存在，世界并不安宁。原来被两极格局所掩盖的各种矛盾都暴露出来了。在各种政治力量的矛盾与冲突中，在中、美、俄，中、美、日等三角关系中，中国将起到平衡与制约作用，并成为抑制霸权主义和强权政治的重要因素。中国之所以能起这样的作用，除了中国一贯的“反霸政策”“和平共处五项原则”和不断增强的综合国力外，更重要的是中国始终站在第三世界国家一边，永远不称霸，永远不做超级大国，这种正义的立场得到世界绝大多数国家的信任和支持，从而使中国有可能发挥应有的作用。

（2）在经济发展上起示范作用。

在短短的十几年时间里，中国的社会主义现代化建设取得了巨大成就，经济和社会面貌发生了深刻的变化，这些成就和变化受到世界瞩目。仅就经济发展而言，过去十几年，世界的经济增长率为2%～3%，而中国的经济增长率保持在7%～10%，相当于世界经济增长率的3倍。因此，中国经济改革的经验受到了国际社会的普遍关注。许多国家领导人和专家、学者认为，中国的经济改革是“历史上最大的实验”，具有“示范”作用，“不可避免地要引起连锁反应”，对世界上其他国家，特别是对发展中国家正在或将会“产生重大影响”。

（3）在维护第三世界权益的斗争中发挥重要作用。

中国始终坚持大小国家一律平等的原则，坚决反对恃强凌弱的行为，并为维护第三世界国家的权益进行了不懈的努力和斗争。与此同时，中国从不介入第三世界国家之间的分歧和争端，真诚地希望它们通过和平协商求得公平合理的解决，防止和避免外来势力的干涉和利用。中国还努力推动“南北对话”，积极开展同发展中国家的经济交流，大力促进“南南合作”。为此，中国曾先后提出“对外援助”的八项原则和“开展经济技术合作”的四项原则。特别是1995年10月江泽民主席在联合国成立50周年纪念会议上的重要讲话，提出了建立国际政治经济新秩序的五点主张，即创造安全可靠、长期稳定的国际和平环境；恪守以主权平等和互不干涉内政为核心的国际关系准则；建立互利合作、共同发展的新型国际经济关系；形成自主选择、求同存异的国际和谐局面；共同对付人类生存与发展面临的挑战。这些主张反映了世界各国人民特别是发展中国家人民的共同呼声。中国坚决支持和维护第三世界国家权益的主张和行动，受到了第三世界国家和人民的高度赞扬。

第二节　国家安全战略

国家安全随着国家的产生而产生，其内涵随着时代的发展而发展。坚持总体国家安全观，走中国特色国家安全道路，既是顺应时代发展的必然要求，也是中国特色国家安全价值理念的鲜明体现。

一、国家安全概述

（一）国家安全的内涵

对于国家安全的概念，不同的人有不同的认识和理解。从事国家安全保卫工作的人倾向于从领土安全和国防安全的角度来理解和阐释国家安全；从事安全情报工作的人会认为，国家安全就是一个国家防止境外间谍、敌对势力进行渗透和破坏的专门能力与措施；而从国际政治学的角度来看，国家安全显然有着更为广泛的内容。

《中华人民共和国国家安全法》明确规定："国家安全是指国家政权、主权、统一和领土完整、人民福祉、经济社会可持续发展和国家其他重大利益相对处于没有危险和不受内外威胁的状态，以及保障持续安全状态的能力。"

对于国家安全的含义，可以从以下四个方面来理解：

1. 国家安全既是一种客观状态，也是一种主观感觉

国家安全既指一个国家免于被攻击乃至被消灭的客观状态，没有严重内外危险和威胁的状态，也指国人普遍存在的安全的感觉，以及国家客观上不存在威胁、国人主观上不存在恐惧的状态。

2. 维护国家安全的核心是维护国家核心利益和其他重大利益的安全

国家安全的核心利益是指"国家政权、主权、统一和领土完整、人民福祉、经济社会可持续发展"；其次也包括"国家其他重大利益"。

3. 相对处于没有危险和不受内外威胁的状态

国家的外部威胁和侵害主要是指处于一国之外的其他社会存在对本国形成的威胁和侵害。这种外部威胁和侵害包括：一是其他国家的威胁；二是非国家的其他外部社会组织和个人的威胁；三是国内力量在外部形成的威胁和侵害。

4. 国家安全既包括安全状态也包括维护国家安全的能力

安全威胁的因素永远不可能根除，国家安全是一种相对安全。我们强调"相对处于没有危险和不受内外威胁的状态"，就是要通过不断加强自身安全能力建设，不断克服和防范不安全因素对国家造成实质性危害。我们既强调国家安全的

状态，也强调不断提升维护国家安全的能力，加强维护国家安全的能力建设。

（二）维护国家安全的基本原则

走中国特色国家安全道路，必须坚持党对国家安全工作的集中统一领导，坚持国家利益至上，坚持以人民安全为宗旨，坚持共同安全，坚持维护国家安全与经济社会发展相协调，坚持预防为主、标本兼治，专门工作与群众路线相结合。

一是坚持中国共产党对国家安全工作的领导，建立集中统一、高效权威的国家安全领导体制。中国共产党是中国特色社会主义事业的领导核心。当前，国际形势风云变幻，我国经济社会发生深刻变化，改革进入攻坚期和深水区，社会矛盾多发叠加，各种可预见和不可预见的安全风险挑战前所未有，必须毫不动摇坚持中国共产党对国家安全工作的绝对领导，这是维护国家安全的必然要求，也是发挥党总揽全局、统筹协调作用的重要体现。中央国家安全领导机构（中央国家安全委员会）负责国家安全工作的决策和议事协调，研究制定、指导实施国家安全战略和有关重大方针政策，统筹协调国家安全重大事项和重要工作，推动国家安全法治建设。

二是坚持国家利益至上。国家安全工作的根本使命就是捍卫国家安全。国家利益是制定国家安全战略的出发点，决定国家安全目标及其实现手段和途径。在国家安全工作中，捍卫国家利益是最大公约数。将捍卫国家利益作为国家安全工作的最高目标，有利于形成准确定位、科学规划、统筹协调、有序开展的工作局面。

三是坚持以人民安全为宗旨。保障人民安全是中国特色国家安全道路的出发点和落脚点，人民安全是最大的国家利益，必须坚决维护。要把人民放在心中最高的位置，始终与人民心连心、与人民同甘共苦、与人民团结奋斗。人民安全比西方国家提出的以个人为中心的公民安全范围更广、内涵更丰富、意义更重大。以人民安全为宗旨，说到底就是要维护中华民族的生存权和发展权，让人民分享发展成果，基本权利得到保障，人的尊严受到尊重，安全得到保障。

四是坚持共同安全。“命运共同体”是中国共产党和中国政府反复强调的关于人类社会的新理念，是被越来越多的国家和民族接受的全球价值观。当今世界，粮食安全、资源短缺、气候变化、网络攻击、人口爆炸、环境污染、疾病流行、跨国犯罪等全球非传统安全问题层出不穷，对国际秩序和人类生存都构成了严峻挑战。面对越来越多的全球性问题，任何国家都不可能独善其身，任何国家要想自己发展，必须让别人发展；要想自己安全，必须让别人安全；中国反对“以邻为壑”“危机外嫁”。

五是坚持维护国家安全与经济社会发展相协调，统筹各领域安全。要统筹安全和发展，通过发展不断提升国家安全能力，促进国家安全；通过不断提高维护国家安全能力，为发展提供稳定的环境，实现可持续发展与可持续安全相互支撑、良性互动。

六是坚持预防为主、标本兼治，专门工作与群众路线相结合。坚持把预防和治乱结合起来，既防患于未然，又正本清源。坚持充分发挥专门机关和其他有关机关维护国家安全的职能作用，又要广泛动员公民和组织，防范、制止和依法惩治危害国家安全的行为，建立起维护国家安全的强大防线。

二、正确理解和把握总体国家安全观

总体国家安全观深刻洞察新时代国内外安全形势，对新时代面临的复杂安全挑战进行了科学分析研判。中国特色社会主义进入了新时代，中华民族迎来了从站起来、富起来到强起来的伟大飞跃。在看到发展成就、光明前景的同时，我们也要清醒认识面临的安全挑战。现阶段，我国各种可以预见和难以预见的风险因素明显增多，维护国家安全和社会稳定任务繁重艰巨。作为一个发展中大国，我国面临多元复杂的安全威胁，外部阻力和挑战增多，生存安全问题和发展安全问题、传统安全威胁和非传统安全威胁相互交织，维护国家统一、领土完整、发展利益的任务相当艰巨，各种矛盾、风险、挑战不断聚集。作为一个日渐走近世界舞台中央的大国，我国与世界的关系日益密切，互动日益频繁，相互影响日益广泛和深入，世界不安定因素对我国影响日益明显。总体国家安全观的提出，反映了我们党对国家安全形势新特点新目标新任务的准确把握，体现了我们党善于并勇于从战略高度主动运筹国家安全工作的政治勇气和高超智慧。

（一）总体国家安全观的提出

国家安全是安邦定国的重要基石，是国家生存发展的基本前提。维护国家安全是全国各族人民根本利益所在。习近平总书记强调："我们党要巩固执政地位，要团结带领人民坚持和发展中国特色社会主义，保证国家安全是头等大事。"统筹发展和安全，增强忧患意识，做到居安思危，是我们党治国理政的一个重大原则。当前，我国面临复杂多变的安全和发展环境，各种可以预见和难以预见的风险因素明显增多，各方面风险可能不断积累甚至集中显露。国家安全的内涵和外延比历史上任何时候都要丰富，时空领域比历史上任何时候都要宽广，内外因素比历史上任何时候都要复杂，维护国家安全和社会稳定的任务十分艰巨。

在准确把握国家安全形势变化新特点、新趋势的基础上，以习近平同志为核心的党中央创新国家安全理念，统揽国家安全全局，创造性地提出总体国家安全观。总体国家安全观把我们党对国家安全的认识提升到了新的高度和境界，为破解我国国家安全面临的难题、推进新时代国家安全工作提供了基本遵循。

总体国家安全观关键在“总体”，强调的是做好国家安全工作的系统思维和方法，突出的是“大安全”理念，涵盖政治、军事、国土、经济、文化、社会、科技、网络、生态、资源、核、海外利益、太空、深海、极地、生物等诸多领域，无所不在，而且将随着社会发展不断拓展。贯彻总体国家安全观，要求我们既重视发展问题又重视安全问题，既重视外部安全又重视内部安全，既重视国土安全又重视国民安全，既重视传统安全又重视非传统安全，既重视自身安全又重视共同安全。要完善国家安全制度体系，加强国家安全能力建设，坚决维护国家主权、安全、发展利益。

（二）准确把握总体国家安全观的基本内容

习近平同志强调，坚持总体国家安全观，必须坚持国家利益至上，要以人民安全为宗旨，以政治安全为根本，以经济安全为基础，以军事、文化、社会安全为保障，以促进国际安全为依托，走出一条中国特色国家安全道路。这一重要论述深刻揭示了总体国家安全观的基本内容，是理解把握总体国家安全观的重要依据。

1. 以人民安全为宗旨

以人民安全为宗旨是唯物史观的必然要求，是党的性质宗旨的重要体现。中国共产党是始终代表广大人民利益的无产阶级政党，党的根本宗旨是全心全意为人民服务。维护国家安全的根本目的，就在于保障人民的生命和财产安全，保障人民生存发展的基本条件，促进人的自由而全面发展。以人民安全为宗旨，就要坚持以民为本、以人为本，坚持国家安全一切为了人民、一切依靠人民，真正夯实国家安全的群众基础。

2. 以政治安全为根本

政治安全是指国家领土主权、政治制度、意识形态等免受各种侵袭、干扰、威胁和危害的状态。政治的核心是国家政权，政治安全直接涉及国家政权的稳固。因此，政治安全在国家安全体系中居于核心地位和最高层次，具有根本性的战略意义。我国作为中国共产党领导的社会主义国家，政治安全不仅包括领土完整、主权独立，而且包括坚持人民民主专政和中国特色社会主义制度的性质，坚持马克思主义意识形态的主导地位不被动摇，其中最关键的是确保中国共产党的领导地位和执政地位绝对巩固。以政治安全为根本，就要把政治安全、政权安全放在首要位置，高度敏锐、高度自觉地加以维护，为国家安全提供根本政治保证。

3. 以经济安全为基础

冷战结束后，随着世界范围的竞争从军事实力转向以经济实力和高科技为基础的综合国力的较量，经济因素在国际关系中的地位不断上升。经济全球化加速全球贸易、投资和金融自由化，各国之间经济依存度加深，一个国家或地区的经济问题可能很快演变为世界范围的经济风险。美国的金融危机对国际经济的巨大冲击，就是一个明显的例子。以经济安全为基础，不仅要保障我国自身的经济制度安全、国民经济安全、金融体系安全、国家能源资源安全等，而且要对可能的外部经济冲击有应对之策，确保国家经济发展不受侵害，促进经济持续稳定健康发展，提高国家经济实力，为国家安全提供坚实物质基础。

4. 以军事、文化、社会安全为保障

军事安全直接关系到国家领土和主权完整，关系到国家生死存亡，是其他安全的重要保证。虽然我国经济社会发展取得重大成就，维护国家安全的手段和选择增多了，但军事手段始终是维护国家安全，有效遏制、抵御外来侵略和颠覆的保底手段。文化安全是确保一个民族、一个国家独立和尊严的重要精神支撑。随着文化在综合国力竞争中的地位和作用不断凸显，尤其信息社会多元文化相互激荡、相互交融，维护国家文化安全任务更加艰巨，增强国家文化软实力、中华文化国际影响力要求更加紧迫。社会安全直接影响着人们的生活质量和生活水平，涉及国家安全稳定。以军事、文化、社会安全为保障，就要注意研究这些方面面临的大量新情况、新问题，遵循不同领域的特点规律，建立完善强基固本、化险为夷的对策措施，构筑起国家安全的重要屏障。

5. 以促进国际安全为依托

当今世界日益成为一个“地球村”，任何一个国家都不可能脱离别的国家而存在和发展，各国之间从未像今天这样紧密联系。国家安全不是孤立的、零和的、绝对的，任何一个国家的安全都不可能置身于国际大环境影响之外，国际环境的变化是国家安全的重要变量。现在，我国与外部世界的政治、经济、文化、军事等联系日益紧密，很多安全问题越来越具有世界性，越来越离不开国际大环境。以促进国际安全为依托，就要始终不渝走和平发展道路，在注重维护本国安全利益的同时，注重维护国际安全，推动建设持久和平、共同繁荣的和谐世界。

（三）走出一条中国特色国家安全道路

坚持总体国家安全观，必须坚持国家利益至上，以人民安全为宗旨，以政治安全为根本，以经济安全为基础，以军事、文化、社会安全为保障，以促进国际安全为依托，维护各领域国家安全，构建国家安全体系，走中国特色国家安全道路。

1. 坚持统筹发展和安全两件大事

发展是安全的基础和目的，安全是发展的条件和保障，发展和安全要同步推进。既要善于运用发展成果夯实国家安全的实力基础，又要善于塑造有利于经济社会发展的安全环境，以发展促安全、以安全保发展，努力建久安之势、成长治之业。

2. 坚持人民安全、政治安全、国家利益至上的有机统一

人民安全是国家安全的宗旨，政治安全是国家安全的根本，国家利益至上是国家安全的准则。要坚持国家安全一切为了人民、一切依靠人民，为人民创造良好的生存发展条件和安定的生产生活环境；把政权安全、制度安全放在首要位置，为国家安全提供根本政治保证；把国家利益作为制定国家安全战略的出发点，更坚决、更有效地维护好捍卫好国家利益尤其是核心利益，实现人民安居乐业、党的长期执政、国家长治久安。

3. 坚持立足于防，又有效处置风险

面对波谲云诡的国际形势、复杂敏感的周边环境、艰巨繁重的改革发展稳定任务，我们必须始终保持高度警惕。既要警惕“黑天鹅”事件，也要防范“灰犀牛”事件；既要有防范风险的先手，也要有应对和化解风险挑战的高招；既要打好防范和抵御风险的有准备之战，也要打好化险为夷、转危为机的战略主动战。

4. 坚持维护和塑造国家安全

维护国家安全，要立足国际秩序大变局来把握，立足防范风险的大前提来统筹，立足我国发展重要战略机遇期大背景来谋划，保持战略定力、战略自信、战略耐心，把战略主动权牢牢掌握在自己手中。塑造是更高层次更具前瞻性的维护，要发挥负责任大国作用，引导国际社会共同塑造更加公正合理的国际新秩序，推动各方朝着互利互惠、共同安全的目标相向而行。

5. 坚持科学统筹

要统筹处理好安全领域的各类问题，科学研判、辩证分析，全面把握、协调推进，既注重总体谋划，又要以重点突破带动整体推进，切实做好国家安全各项工作。加强国家安全教育，增强全党全国人民国家安全意识，充分调动各方面积极性，推动全社会形成维护国家安全的强大合力。

6. 坚持党对国家安全工作的绝对领导

这是做好国家安全工作的根本原则，是维护国家安全和社会安定的根本保证。要建立健全党委统一领导的国家安全工作责任制，实施更为有力的统领和协调，做到守土有责、守土尽责。

（四）坚持总体国家安全观的时代意义

总体国家安全观既是一种全面系统、注重统筹的新型国家安全观，蕴含着富

有中国特色的国家安全价值理念、工作思路和机制路径，也是一个不断发展的开放型国家安全思想理论体系，会随着国家安全与发展战略的推进而不断创新发展。总体国家安全观的提出，是国家安全理论的创新和升华，是做好国家安全工作的总纲，对走出一条中国特色国家安全道路具有重要的指导意义。

1. 坚持总体国家安全观，适应了具有许多历史特点的伟大斗争的新要求

当前，我国比历史上任何时期都更接近实现中华民族伟大复兴的目标，迎来了大有可为的历史机遇期，前景十分光明，但风险挑战也十分严峻。在新的历史起点上，必须时刻准备应对各种风险考验，必须进行伟大斗争、建设伟大工程、推进伟大事业、实现伟大梦想。这既对国家安全工作提出了新的挑战，也为做好国家安全工作提供了新机遇，确保中华民族伟大复兴进程不被阻止或打断。

2. 坚持总体国家安全观，回应了人民对国家安全的新期待

在新时代，人民希望国家更加强大，更有力地维护国家统一和民族团结；希望党和政府更加主动作为，更有效地保护生命财产安全；希望着力解决空气、水、土壤污染以及农产品、食品药品安全等突出问题。党的十九大作出新时代我国社会主要矛盾发生变化的新论断，明确将安全作为人民美好生活需要的重要内容。这是对历史、现实、未来的深刻洞察。有了安全感，获得感才有保障，幸福感才会持久。国家安全工作，归根结底是保障人民利益，为群众安居乐业提供加强保障。

3. 坚持总体国家安全观，顺应了世界发展变化的新趋势

当今世界正处在大发展、大变革、大调整时期，充满希望，也充满了挑战。和平与发展仍然是时代主题。世界多极化、经济全球化、社会信息化、文化多样化深入发展，全球治理体系和国际秩序变革加速推进，各国相互联系和依存日益加深，国际力量对比更趋平衡，和平发展大势不可逆转。同时，世界面临的不稳定性、不确定性突出，世界经济增长动能不足，贫富分化日益严重，地区热点问题此起彼伏，恐怖主义、网络安全、重大传染性疾病、气候变化等非传统安全威胁持续蔓延，人类面临许多共同挑战，没有哪个国家能够置身事外、独自尊大，妄自尊大或独善其身，只能四处碰壁。只有坚持共同、综合、合作、可持续的新安全观，同心协力应对各种问题，才能实现共享正义尊严、共享发展成果、共享安全保障。

三、维护重点领域国家安全

全面贯彻落实总体国家安全观，着力推进新时代国家安全事业全面发展进步，维护重点领域国家安全是主阵地、主战场。要把确保政治安全作为首要任务，从维护政治安全高度谋划和推进各重点领域国家安全工作；以防控风险为主

线，既要防控本领域主要安全风险，又要防范不同领域安全风险叠加共振；落实国家安全政策，织密国家安全网。当前和今后一个时期，要着重抓好政治安全、国土安全、经济安全、社会安全、网络安全、外部安全等重点领域的国家安全工作。

（一）重点领域国家安全

1. 维护政治安全

政治安全是国家安全的根本，核心是政权安全和制度安全，最重要的就是维护党的领导和执政地位，维护中国特色社会主义制度，维护党中央权威和集中统一领导。习近平同志指出：中国是一个大国，决不能在根本性问题上出现颠覆性错误。我们治国理政的根本，就是中国共产党领导和社会主义制度。在坚持党的领导这个重大原则问题上，我们脑子要特别清醒、眼睛要特别明亮、立场要特别坚定，绝不能有任何含糊和动摇。只有党中央有权威，才能把全党牢固凝聚起来，进而把全国各族人民紧密团结起来，形成万众一心、无坚不摧的磅礴力量。全党要牢固树立“四个意识”，增强“四个自信”，旗帜鲜明讲政治，强化政治担当，提高政治能力特别是把握方向、把握大势、把握全局的能力和保持政治定力、驾驭政治局面、防范政治风险的能力，使我们的党、我们的国家、我们的人民永远立于不败之地。

2. 维护国土安全

国家利益至上是国家安全的准则。维护国家安全，主要是维护国家利益尤其是核心利益，确保国家领土和主权完整。习近平同志指出：我们爱好和平，坚持走和平发展道路，但决不能放弃正当权益，更不能牺牲国家核心利益。我们绝不允许任何人、任何组织、任何政党在任何时候、以任何形式、把任何一块中国领土从中国分裂出去，谁都不要指望我们会吞下损害我国主权、安全、发展利益的苦果。我们坚决反对“台独”分裂势力，有坚定的意志、充分的信心、足够的能力挫败任何形式的“台独”分裂图谋。任何危害国家主权安全、挑战中央权力和特别行政区基本法权威、利用香港对内地进行渗透破坏的活动，都是对底线的触碰，都是绝不能允许的。要提高海洋维权能力，坚决维护我国海洋权益，建设海洋强国。

3. 维护军事安全

国防和军队建设是国家安全的坚强后盾。习近平同志强调：我们捍卫和平、维护安全、慑止战争的手段和选择有多种多样，但军事手段始终是保底手段，打赢能力是维护国家安全的战略能力。建设同我国国际地位相称、同国家安全和发展利益相适应的巩固国防和强大军队，是我国社会主义现代化建设的战略任务。

要坚持党对军队的绝对领导，牢牢把握党在新形势下的强军目标，努力建设一支听党指挥、能打胜仗、作风优良的人民军队。要坚持富国和强军相统一，加快形成全要素、多领域、高效益的军民融合深度发展格局，逐步构建军民一体化的国家战略体系和能力，为实现中国梦强军梦提供强大动力和战略支撑。

4. 维护经济安全

经济安全是国家安全的基础。我国正处于跨越“中等收入陷阱”并向高收入国家迈进的历史阶段，矛盾和风险更多、更复杂。习近平同志指出：面对中国经济发展进入新常态、世界经济发展进入转型期、世界科技发展酝酿新突破的发展格局，我们要坚持以经济建设为中心，坚持以新发展理念引领经济发展新常态，加快转变经济发展方式、调整经济发展结构、提高发展质量和效益，着力推进供给侧结构性改革，推动经济更有效率、更有质量、更加公平、更可持续地发展。他强调：国际经济合作和竞争局面正在发生深刻变化，我们应对外部经济风险、维护国家经济安全的压力是过去所不能比拟的。他高度重视维护金融安全，指出这是关系我国经济社会发展全局的带有战略性、根本性的大事，必须把主动防范化解系统性金融风险放在更加重要的位置。

5. 维护文化安全

文化安全是国家安全的重要保障，核心价值观是一个国家的重要稳定器。习近平同志指出：意识形态关乎旗帜、关乎道路、关乎国家政治安全，必须把意识形态工作的领导权、管理权、话语权牢牢掌握在手中。要巩固马克思主义在意识形态领域的指导地位，巩固全党全国人民团结奋斗的共同思想基础。要大力培育和弘扬社会主义核心价值体系和核心价值观，加快构建充分反映中国特色、民族特性、时代特征的价值体系。要认真落实意识形态工作责任制，坚持党管媒体原则，增强阵地意识，敢抓敢管、敢于亮剑，防止给那些恶意攻击党的领导、攻击社会主义制度、歪曲党史国史、造谣生事的错误言论提供传播渠道。他特别强调网络意识形态安全风险问题，指出掌控网络意识形态主导权就是守护国家的主权和政权，必须坚决打赢网络意识形态斗争。

6. 维护社会安全

人民安全是国家安全的宗旨，国家安全归根到底就是要为群众安居乐业提供坚强保障。习近平同志强调：人心安定，社会才能稳定。维护国家安全，必须做好维护社会和谐稳定工作，做好预防化解社会矛盾工作。要把维护公共安全放在维护最广大人民根本利益中来认识，努力为人民安居乐业、社会安定有序、国家长治久安编织全方位、立体化的公共安全网。要深入推进社会治安综合治理，完善立体化社会治安防控体系，遏制严重刑事犯罪高发态势，坚决打击暴力恐怖活动，保障人民生命财产安全。要始终把人民群众生命安全放在第一位，牢固树立安全发展理念，全面提高抵御自然灾害的综合防范能力，用最严谨的标准、最严格的监管、最严厉的处罚、最严肃的问责确保人民群众“舌尖上的安全”。

7. 维护科技安全

高端科技是现代的国之利器。在国际上，没有核心技术的优势就没有政治上的强势。习近平同志指出：科技创新作为保障国家安全的战略支撑，必须摆在国家安全发展的核心位置。只有把核心技术掌握在自己手中，才能真正掌握竞争和发展的主动权，才能从根本上保障国家经济安全、国防安全和其他安全。他特别强调：计算机操作系统等信息化核心技术和信息基础设施的重要性显而易见，我们在一些关键技术和设备上受制于人的问题必须及早解决，为确保信息安全和国家安全提供有力保障。

8. 维护网络安全

没有网络安全就没有国家安全，就没有经济社会稳定运行，广大人民群众利益也难以得到保障。网络和信息安全是我们面临的新的综合性挑战。习近平同志指出：要树立正确的网络安全观，加强信息基础设施网络安全防护，加强网络安全信息统筹机制、手段、平台建设，加强网络安全事件应急指挥能力建设，积极发展网络安全产业，做到关口前移，防患于未然。要坚持依法治网、依法办网、依法上网，让互联网在法治轨道上健康运行，营造风清气正的网络空间。要理直气壮地维护我国网络主权和政治安全，建立多边、民主、透明的全球互联网治理体系，构建网络空间命运共同体。

9. 维护生态安全

良好生态环境是人和社会持续发展的根本基础。习近平同志强调：坚持人与自然和谐共生，必须树立和践行绿水青山就是金山银山的理念。我们一定要彻底转变观念，再也不能以国内生产总值增长率来论英雄了，一定要把生态环境放在经济社会发展评价体系的突出位置。要以解决人民群众反映强烈的大气、水、土壤污染等突出问题为重点，加强环境污染综合治理。要坚持节约资源和保护环境的基本国策，坚定走生产发展、生活富裕、生态良好的文明发展道路，建设美丽中国，为全球生态安全作出新贡献。

10. 维护资源安全

生态环境问题，归根到底是资源过度开发、粗放利用、奢侈消费造成的。习近平同志指出：资源开发利用既要支撑当代人过上幸福生活，也要为子孙后代留下生存根基。推进工业化、城镇化、农业现代化，都必须树立人口经济与资源环境相均衡的原则。要树立节约集约循环利用的资源观，实行最严格的耕地保护、水资源管理制度，强化能源和水资源、建设用地总量和强度双控管理，更加重视资源利用的系统效率。要加快建立绿色生产和消费的法律制度和政策导向，建立健全绿色低碳循环发展的经济体系。

11. 维护核安全

核能的开发利用给人类发展带来了新的动力，同时也伴生着核安全风险和挑战。习近平同志指出：核安全是全球性问题，核恐怖主义是全人类的公敌，人类要更好利用核能、实现更大发展，就必须应对好各种核安全挑战，维护好核材料和核设施安全。要坚持理性、协调、并进的核安全观，坚持发展和安全并重，权利和义务并重，自主和协作并重，治标和治本并重，把核安全进程纳入健康持续发展的轨道。

12. 维护海外利益安全

随着新一轮对外开放全面推进，特别是“一带一路”建设加快实施，海外利益安全日益关乎我国整体发展利益和国家安全，维护海外利益安全成为一项重要任务。习近平同志强调：加快走出去步伐是大势所趋，要加紧研究、加大投入、加强防范，逐步提高海外安全保障能力和水平，保护海外我国公民和法人安全，保护我国海外金融、石油、矿产、海运和其他商业利益。要坚持协同联动，打造开放共赢的合作模式，在开放中分享机会和利益、实现互利共赢。

（二）增强忧患意识、防范风险挑战

“安而不忘危，存而不忘亡，治而不忘乱。”忧患意识是中华民族的一个重要精神特质。我们党是生于忧患、成长于忧患、壮大于忧患的政党。习近平总书记指出：“我们共产党人的忧患意识，就是忧党、忧国、忧民意识，这是一种责任，更是一种担当。”

1921 年以来，中国共产党所取得的成就与进步震古烁今，所经历的困难与风险世所罕见。其中有危难之际的绝处逢生，有挫折之后的毅然奋起，有失误之后的拨乱反正，有磨难面前的百折不挠，既充满艰险又充满神奇，既历尽苦难又辉煌迭出。有困难、有风险、有危机、有曲折，都不可怕，关键在于我们党始终勇于面对、遇变不惊、攻坚克难、化险为夷。正是一代代中国共产党人心存忧患、肩扛重担，才团结带领中国人民不断从胜利走向新的胜利。

当前，我国正处于一个大有可为的历史机遇期，发展形势总的是好的，大局是稳定的。但我们面临的风险也是多方面的，有外部风险，也有内部风险；有一般风险，也有重大风险。重大风险既包括国内的经济、政治、意识形态、社会风险以及来自自然界的风险，也包括国际经济、政治、军事风险等。特别是要看到，各种威胁和挑战联动效应明显，各种矛盾风险挑战源、各类矛盾风险挑战点相互交织、相互作用。如果发生重大风险又扛不住，国家安全就可能面临重大威胁，实现中华民族伟大复兴的进程就可能迟滞或被迫中断。

习近平总书记强调："前进的道路不可能一帆风顺，越是前景光明，越是要增强忧患意识，做到居安思危，全面认识和有力应对一些重大风险挑战。"必须把防风险摆在突出位置，着力破解各种矛盾和问题，力争不出现重大风险或在出现重大风险时扛得住、过得去。

"明者防祸于未萌，智者图患于将来。"预判风险所在是防范风险的前提，把握风险走向是谋求战略主动的关键。要加强战略预判和风险预警，见微知著、未雨绸缪，力争把风险化解在源头，防止各种风险传导、叠加、演变、升级。提高风险化解能力，透过复杂现象把握本质，抓住要害，找准原因，果断决策，善于引导群众、组织群众，善于整合各方力量，科学排兵布阵，有效予以处理。完善风险防控机制，建立健全风险研判机制、决策风险评估机制、风险防控协同机制、风险防控责任机制，主动加强协调配合，坚持一级抓一级、层层抓落实。

防范化解重大风险，是各级党委、政府和领导干部的政治职责。要敢于担当、敢于斗争，把防范化解重大风险工作做实做细做好，决不让小风险演化为大风险，不让个别风险演化为综合风险，不让局部风险演化为区域性或系统性风险，不让经济风险演化为社会政治风险，不让国际风险演化为国内风险。①

第三节 中国周边安全环境

国家安全环境，是指在一定时期内对国家安全产生影响的客观条件和因素。国家周边安全环境，是指国家周边有无危险和受到威胁的情况及条件，也就是说周边国家或集团对其国家主权、领土完整是否构成威胁，有无军事入侵，渗透和颠覆等情况。它是关系国家和民族兴衰存亡的大事，是国家制定国防战略的依据之一。

一、中国周边概况

中国位于欧亚大陆的东南部，是欧亚大陆的一部分。中国是一个陆地大国，拥有 960 万平方千米的陆地疆土，2.2 万多千米长的陆地边界线，陆地国土面积居世界第三位。中国还是一个海洋大国，海岸线总长 1.8 万千米，有便利的海上通道和丰富的海洋资源。陆地与 14 个国家相接壤，与 8 个国家的大陆架或 200 海里专属经济区相连接。

近代以来，帝国主义列强从陆上和海上、从东南西北各个方向屡屡入侵中国。清朝政府前后与帝国主义列强签订了 500 个不平等条约，割地赔款，丧权辱

---

① 参见《人民日报》2019 年 8 月 9 日第 6 版。

国。仅1842年、1860年、1895年和1901年，列强的四次侵华战争，清政府就割让国土160余万平方千米，赔款7亿多万两白银。中国的邻国众多，在这些国家中，有的在历史上侵略过中国，有的与中国存在着领土和海洋权益争议，有的内部不稳定因素多，有的国内狭隘民族主义泛起、宗教派别斗争加剧，它们对中国安全有着不同的影响。

二、地理环境特点及对安全的影响

国家的地理环境，是指影响国家安全的地理位置、地理特征以及与地理密切相关的国家关系等因素。中国的地理环境很特殊，从古至今，这种特殊的地理环境无时不在影响着中国的安全形势、安全观念、防务政策和军事战略。

（一）陆海兼备，陆地边界和海岸线漫长

中国有漫长的陆地边界和大陆海岸线。青藏高原和帕米尔高原将中国与南亚、中亚隔断，在西北只有一条穿越茫茫沙漠戈壁的狭窄通道与中亚相连，南有云贵高原和横断山脉天然屏障，东南有辽阔海域。由于地理因素和历史原因，在西方列强的势力还没有发展到东亚之时，在陆地上，历代朝廷主要担心来自外族的威胁，在海洋上，随着近代西方工业化快速发展，先进的军事技术和航海能力很快就使海洋和中国的出海口成了敌人入侵的通道。

自1840年以来的一百年里，帝国主义列强屡屡入侵中国。第一次鸦片战争中，英法联军攻占广州、厦门、定海、镇海、宁波和镇江，从长江口入侵南京。第二次鸦片战争中，英法联军攻占广州、大沽口、天津，从天津侵入北京。中法战争中，法军攻占中国南方海军基地福建的马尾港。甲午战争中，日军从辽东半岛花园口登陆攻占旅顺，从山东半岛荣成登陆攻占威海。1897年德国军舰占领胶州湾，俄国军舰闯进旅顺口。1900年八国联军登陆大沽口，攻陷天津和北京。1914年日军从胶东半岛登陆，沿胶东铁路侵入济南，继而攻占了青岛。1932年日军进攻上海。在1937年以后的全面侵华战争中，日军先后经上海、青岛、广州和广西钦州等地向我国腹地大举进攻。在同一历史时期内，中国的陆地边疆也不安全。沙俄和日本曾先后侵占中国东北地区。在西北面，沙俄及其支持下的浩罕汗国军队曾先后侵入中国。在西面，英国军队曾先后两次入侵中国西藏地区，其中第二次入侵时，曾攻占了西藏首府拉萨。在南面，英军和日军曾先后越过中缅边境侵入云南境内，法军从中越边界强占云南部分边境地段。在中国近代史上，台湾岛、海南岛等岛屿和海洋，由于经济、军事战略地位重要，更是成为被帝国主义列强和地区霸权主义入侵和瓜分的重灾区。

（二）邻国众多，安全环境复杂

中国陆海邻国众多，排世界第二位。陆上与朝鲜、俄罗斯、蒙古、哈萨克斯坦、吉尔吉斯斯坦、塔吉克斯坦、阿富汗、巴基斯坦、印度、尼泊尔、不丹、缅甸、老挝和越南14个国家接壤。海上与日本、朝鲜、韩国、菲律宾、马来西亚、印度尼西亚、文莱和越南8个国家的大陆架或200海里专属经济区相连，其中朝鲜和越南既是海上邻国，又是陆地邻国。

俄罗斯的陆上邻国数量虽然与中国相同，但其陆地面积比中国约大一倍，与中国陆地面积大致相当的美国只有2个陆地邻国，加拿大只有1个邻国，英国和澳大利亚被海洋环抱，这些国家的周边安全环境均不及中国的复杂。

邻国中，有些过去曾经对中国发动过侵略战争，并且现在仍是经济大国，并正在成为军事强国。一些邻国之间存有积怨，甚至对立，有的国家内部不稳定因素多，一旦发生内乱或冲突，必将影响中国的边境安全。如，2005年3月24日吉尔吉斯斯坦所爆发的政治动乱，为美国对中亚地区的渗透提供了借口，直接威胁到中国西部安全。有的国家居民与中国边境居民同为一个民族，有的国家居民与中国某些地区居民信奉同一宗教。以上情况所产生的积极因素有利于中国边境居民与邻国居民友好往来，改善国家之间的关系，但也存在消极因素。还有一些国家与中国之间存在着历史遗留下来的边界领土争端和海洋划界争议。这些不同因素的变化，将对中国安全环境产生不同的影响。

中国安全环境的外部影响，主要来自陆、海两个方面。历史上，美、苏曾分别从海上和陆上对中国施加过影响。苏联解体后，俄罗斯成了世界上最大的陆地国家，面积1 709.82万平方千米，其中1/4在欧洲，3/4在亚洲。美国位于北美洲大陆南部，面积约937万平方千米，北邻加拿大、东濒大西洋、南邻墨西哥和墨西哥湾、西临太平洋，海岸线总长1.99万千米，海岸比较弯曲，良港多在大西洋沿岸。进入20世纪，美国的综合国力日益增强，积极向海外发展。美国和俄罗斯对欧亚大陆具有全局性影响。

日本、印度是中国周边地区的两个重要国家，是构成中国地理环境的重要因素。日本岛国资源缺乏，对海外资源和海外市场的严重依赖性是它的显著特点。在近代，日本经历了50年的侵略扩张和对美国的依附。甲午战争至第二次世界大战结束以前，日本军国主义积极推行侵略扩张政策，主要是向亚洲大陆扩张。第二次世界大战结束后，美国控制世界海洋，日本转而依附美国，充当美国在太平洋的前沿堡垒。冷战结束后，日本继续追随美国，国际形势的变化曾为日本提高国际地位提供了难得的机会，日本注重将经济、科技、金融优势转化为政治和军事影响力，积极开拓战略空间。近年来，随着中国崛起，中日两国在东亚权力格局中的态势逐渐发生转变，因此，日本采取了加速国家正常化、拉拢美国共同防卫钓鱼岛以及推动反华联合阵线来应对中国的崛起。这致使中国周边外交遭受巨大的压力，中国周边安全形势危急。

印度人口众多，是一个依陆面海的大国。从地理条件看，印度北面被崇山高原带阻隔，其半岛却深入印度洋，陆地上的隔绝与海路的通达形成鲜明对照。所以，“由陆向海”是印度关注的战略发展问题。印度的地理条件较为优越，周边邻国主要是中小国家。中国是直接与印度毗邻的唯一大国，两国虽然存有边界争议，但是中印分别面对太平洋和印度洋两个不同的方向，同时受到青藏高原的阻隔，地理上的矛盾是有限的。

东南亚、中亚是中国周边的两个重要地区，也是中国陆、海两面的两个枢纽地区。这两个地区的形势稳定与否，对我国的安全和经济发展具有重要影响，在通道、资源、安全等方面都有重要战略意义。在交通方面，东南亚是连接亚洲与大洋洲，沟通印度洋和太平洋的“十字路口”，控制太平洋到印度洋的主要水上航线。中亚地区处于东亚、西亚、南亚和北亚的地理连接点上，是连接欧亚大陆以及中国、俄罗斯、欧洲、中东、南亚各地陆路的枢纽。在资源方面，东南亚有丰富的战略资源，锡储量占世界的60%，橡胶年产量占世界的80%以上，矿产资源丰富，石油和稻米出口量较大。在安全方面，东南亚邻接中国的东南沿海与西南地区，是影响中国南部安全的重要方向。贯穿东南亚的海上战略通道对于日本有重要意义，对美欧各国的航运也有重要影响。中亚地区与中国新疆、西藏等地接壤，该地区的形势与中国西北边疆的安危相关。

三、稳定是周边安全环境的主流

进入21世纪，世界格局和安全形势正发生着巨大变化，和平与发展成为新时代的主题，一个相对和平稳定的安全环境不断得到巩固和发展。中国与所有邻国的关系得到全面改善，与一些曾经关系对立的国家逐渐建立起相互谅解和信任的正常关系，关系得以修复并重新走上了健康发展的道路，中国周边安全环境处于中华人民共和国成立以来最好的时期之一，呈现出和平稳定的新局面。中国周边环境总体上是稳定的，睦邻友好、互利合作是周边国家对华关系的主流。

（一）美国等大国与中国建立伙伴关系

随着两极战略格局的解体，世界正在逐步走向多极化，将出现多个力量中心。目前，中国与这些力量中心的关系发展总的来说是在加强。

中美关系的发展曾历经了一个曲折的过程，在科索沃战争危机挫折后，又重新走上了健康发展方向。1996 年底至 1997 年初，中美实现了高层官员互访。

1997年10月，江泽民主席访问美国，发表了《中美联合声明》，声明中指出：中美双方将“共同致力于建立中美建设性战略伙伴关系”，双方将“在中美三个联合公报的原则基础上处理两国关系”。1998年6月，克林顿总统访问中国，两国首脑决定，“中美不把各自控制下的战略核武器瞄准对方”。克林顿总统第一次在公开场合表示，美国不支持“台独”，不支持“一中一台”“两个中国”，不支持台湾加入任何必须以主权国家身份才能参加的国际组织，由此，中美关系史上揭开了崭新的一页。中美关系在布什政府上台后，曾因台湾问题而受到影响，但从“9·11”事件后到2009年奥巴马总统访华将近8年多的时间里，中美关系进入一个相对稳定的发展时期。这种稳定发展的主要原因是：第一，打击恐怖主义和防止大规模杀伤性武器扩散成为美国对外战略的重点，这不仅使美国转移了原来对中国的注意力，而且为两国在众多全球和地区问题上开展合作提供了相当大的空间，包括反恐、防止大规模杀伤性武器扩散、维护多边贸易体制、维持全球金融稳定、防止各种传染病等。第二，中美关系日益机制化，两国政府之间建立了比较顺畅的工作关系。高层首脑经常性地互访、见面，两国开辟了许多新的对话机制，包括中美战略对话、中美经济战略对话、中美能源对话、中美反恐磋商机制等。第三，在台湾问题上达成了有限但非常重要的共识。美国认识到维持台海的稳定既符合中国利益，又符合美国利益，还有利于整个亚太地区的稳定，美国对台湾问题由原来鼓励分裂势力转变为压制分裂势力，中美之间最易引发冲突的台湾问题稳定下来，中美关系也就相对稳定下来。但随着中国的发展壮大，从2009年哥本哈根会议之后，中美关系似乎又进入一个问题多发期和矛盾凸显期。中美之间的战略互信缺失、台湾问题、人权问题、经济摩擦问题不断发生，为维护地区军事霸权，奥巴马政府推行“亚洲再平衡”战略，顶住国内削减军费预算的压力，积极调整亚太军事部署，巩固亚太同盟体系。到2020年，亚太将集中部署美本土外海空军力量的60%。美军还研究出针对中国的“海空一体战”新概念，加大对中国的军事战略威慑。美国正在中国周边构筑一个“雁阵安全模式”，以制约、平衡中国的真正崛起。中美两国能否避免成长型大国与守成大国的“霸权战争”，世界拭目以待。可喜的是中美两国领导人致力于探索构建21世纪中美“新型大国关系”，“打破历史上大国对抗的传统逻辑，探索经济全球化时代发展大国关系的新途径”。

俄罗斯对中国安全有着长远的影响。中国与俄罗斯保持着良好的国家关系，先后签订了一系列联合声明，中俄签订了和平友好条约。近年来，两国领导人多次互访，1996年双方建立了“平等信任、面向21世纪的战略伙伴关系”，由原来“建设性伙伴关系”上升到“战略协作伙伴关系”。中国和俄罗斯已经建立不对抗、不结盟，以“和平共处五项原则”为基础的友好和互利合作关系，新形势下，中俄关系进一步巩固，双方签订了和平友好条约。目前，中俄关系正沿着健康轨道稳步发展。2014 年 5 月，中国国家主席习近平在上海与俄罗斯总统普京举行会谈，共同签署《中华人民共和国与俄罗斯联邦关于全面战略协作伙伴关系新阶段的联合声明》，并见证了中俄能源、电力、航空、通信等领域多项合作文件的签署仪式。至此，中俄双边经贸、双向投资、多领域合作全面升级，中俄关系被认为到了“历史上最好的时期”。

中国与日本建交后，两国关系发展基本平稳，双方都把发展长期稳定的友好关系作为各自的基本国策。1998 年 11 月，江泽民主席正式访问日本，中日双方发表了联合宣言，宣布“建立致力于和平与发展的友好合作伙伴关系”。但安倍首相第二次上台以来，中日关系“经冷政冷”，危机重重。

中国与欧盟各国保持着良好的关系，中国与欧盟领导人在 1998 年亚欧首脑会议期间成功地举行了首次会晤，就建立中欧长期稳定的建设性伙伴关系达成共识。

（二）中国与各邻国睦邻友好关系发展顺利

中国在坚持“和平共处五项原则”基础上与一切国家发展友好关系，特别注重发展与邻国的睦邻友好关系。目前，中国与所有邻国的关系得到全面改善。早在 20 世纪 60 年代，中国就先后与缅甸、尼泊尔、巴基斯坦、蒙古、阿富汗、朝鲜六国签订了边界条约或协定。1991 年，中国与老挝签订了《中老边界条约》，至今与这些国家保持着友好的国家关系和边界安宁。20 世纪 90 年代以来，中国分别与俄罗斯、哈萨克斯坦、吉尔吉斯斯坦签订了国界协定，与哈萨克斯坦的国界问题已经得到完全解决。中、俄、哈、吉、塔五国领导人多次会晤，签署了关于边境地区加强信任及相互裁减军事力量的协定。

中国同越南、印度也实现了关系正常化，加强政治、经济、文化交往，国家领导人互访。中越边界问题得到较好解决。中越边界线长 1 347 千米，边界谈判是从 20 世纪 70 年代开始的，双方签署了关于边界领土的基本原则协议，1999 年签署了《中越陆地边界条约》。印度是南亚七国之一，中印有着两千多年的友好历史，1997 年双方签署了《关于在中印边境实际控制线地区军事领域建立信任措施的协定》。近年来，中国与韩国、日本等国在经济贸易和文化等领域进行了广泛交流与合作。

2013 年 10 月初以来，中国国家主席习近平和总理李克强联袂出访，对东盟国家展开新一轮“魅力攻势”，集中体现了“习李新政”在中国周边外交议题上努力化解冲突、实现共赢的战略眼光和政治决心。两位国家领导人在东盟国家访问期间，不仅提出了升级“中国—东盟自贸区”的宏伟蓝图，更是提议建设面对现实、切实可行的东亚多边安全构架等一系列旨在增进区域政治互信和安全合作的新倡议。特别是中国推出陆地和海上两个“丝绸之路经济带”的战略构想，在相当程度上指明了中国未来周边战略规划的新方向。中国的“睦邻、富邻和安邻”方针正在迎来历史性的新机遇。

（三）中国周边地区热点问题有的在逐渐降温

中国周边地区的热点，从20世纪50年代初就存在朝鲜半岛问题，从70年代末开始出现了阿富汗、柬埔寨战争，它们都是发生在中国的周边地区，严重地威胁到中国边界地区的安全。

冷战结束后，这三个热点地区先后出现了不同程度的降温，尽管还存在着多种矛盾或武装冲突，但总的形势是趋于缓和，对外部的影响越来越小，减缓了对中国有关边界地区安全的威胁。

新形势下，在中国周边的热点问题中，对中国安全影响较大的是朝鲜半岛问题和印巴之间的对立。朝鲜半岛是东亚各国利益的交汇点，各大国都不希望朝鲜半岛出现危机。朝鲜半岛问题的根源在于南北对立的分裂局面，表现为朝鲜与韩国的对立和朝鲜与美国的对立。美国与朝鲜签署了关于核问题的框架协议后，双方的对立局面有所缓和。朝鲜与韩国也开始从对峙走向对话，打破了严重僵持的局面。虽然双方和谈的进程将是长期的和复杂曲折的，但相互间的气氛逐渐缓和，南北双方的经济交往和民间往来也逐渐增多。

对中国影响较大的另一热点问题是印度与巴基斯坦的对立。两国关系曾有一定程度的改善，但目前仍存在着严重对立，甚至可能失控。但总的看来，中国周边安全环境的形势是趋于和平与稳定。

四、影响周边安全的主要因素

中华人民共和国成立以来，特别是进入20世纪90年代，中国坚持奉行独立自主的和平外交政策。对外关系，特别是与周边国家的睦邻友好关系得到全面发展，与所有亚洲国家都建立了外交关系，周边安全环境是中华人民共和国建立以来较好的时期。但我们也应该看到，随着世界和亚太地区战略格局的不断发展变化，中国周边安全环境也增加了许多新的不确定和不稳定因素。再加上中国与周边国家还存在着一些尚未解决的领土、边界、海域、岛屿划分及归属方面的争议，国际上一些敌对势力更是借机推波助澜，因此，对中国周边安全环境中存在的不利因素不能掉以轻心。

（一）祖国统一面临严峻形势

近几年来，台湾地区出现了较为复杂的局势，一方面，两岸经贸关系迅速发展，人员往来和各项交流活动日趋频繁，这对发展两岸关系和促进祖国统一是有利的；但另一方面，阻碍两岸交流和破坏祖国统一的不利因素也在发展，祖国统一事业面临着更加复杂的形势。

这些不利因素，归纳起来主要表现在以下几个方面：

1. 台湾政体向“台独”方向转化

1994 年 7 月，台“国大”第四次临时会议通过了以“总统直选”为核心内容的“宪法”增修条文，并以此为标志，台湾政权体制发生重大变化，所谓“中华民国”实际上已经“台湾化”，其实质是制造事实上的“两个中国”“一中一台”的局面；1999 年 7 月 9 日，台湾地区领导人李登辉公然声称将两岸关系定位为“国与国的关系”；2000 年 5 月，陈水扁上台后，民进党当局开始公开推行种种“台独”运动，加快实行“去中国化”。2003 年夏天，陈水扁当局公开推出了“台独时间表”，即 2004 年夏完成“公投入宪”，2005 年春开始“修宪”或“制宪”，2006 年“催生一部为台湾量身定制的新宪法”，2008 年“宣布成立一个国家”，完成“台独”梦想。

2. 台湾岛内“台独”活动日益嚣张

台湾当局在“一个中国”问题态度上的变化为“台独”的活动提供了有利条件。目前，台湾岛内“台独”组织有 20 多个，它们公然制定“台湾共和国宪法”，设计和谱写“国旗”“国歌”，不断举行示威游行，大搞所谓的“台湾正名”运动，气焰十分嚣张。

3. 台湾当局加紧推行“务实外交”

除了继续凭借其经济实力开展“银弹外交”和“军购外交”外，台湾地区领导人还大搞“度假外交”“过境外交”“观礼外交”等。近年来，在“全方位”开拓“生存与发展空间”的同时，台湾当局逐渐把活动的重点转向东南亚地区，并把争取“重返联合国”当作其“务实外交”的重要目标。

4. 台湾当局加强了“以武拒统”的军事准备

台军事战略已由过去的“攻防一体”改为“有效吓阻、防卫固守”。陈水扁上台以后，又提出“决战境外”的战略构想，强调台湾最高军事目标是要“防止”中共武力“犯台”；同时，大量采购先进的武器装备，加强军事演习，仅 2001 年，台湾的各种军事演习就达 300 余次，而且规模越来越大，2002 年的“汉光 18 号”军事演习，仅实弹射击打掉的枪炮弹就要花上亿新台币，其规模之大、分量之重，前所未有，以此来宣泄“以武拒统”的“台独”理念，为“台独”势力撑腰打气。

5. 国际敌对势力阻挠和破坏

第二次世界大战结束以来，台湾问题一直是以美国为首的外部敌对势力干涉中国内政，对中国施加压力的一个战略性的筹码。冷战结束以后，虽然世界处在一个和平与发展的新时期，但是，国际敌对势力的冷战思维情结未了，他们出于各自的战略利益，仍然把台湾当作遏制中国的一个重要筹码，明里暗里怂恿支持台湾当局的“台独”倾向。在苏联解体之后，特别是在中国改革开放取得巨大成功之后，美国一些人认为必须对中国进行遏制。1992 年，美国布什政府向台湾地区出售了 150 架 F－16 战斗机；1994 年 9 月，克林顿政府公开调整了对台湾地区的政策，把台湾地区在美国的一个民间机构“北美协调处”改名为“台北经济文化办事处”，半官方的性质比较明显；1995 年，克林顿同意李登辉“访美”等。这些实际上是在“一个中国”的口号下搞“两个中国”。2001 年，小布什上台后，向台湾地区出售价值数十亿美元的武器装备，并承诺“帮助台湾自卫”。2002 年，台湾地区的“汉光 18 号”军事演习，美军太平洋司令部又派遣了将级军官直接进入台湾衡山指挥所现场指导。事实证明，美国与台湾地区正朝着“联合演习”和“联盟作战”的方向发展。日本出于自身的战略利益，在台湾问题上对中国统一的真实想法是“维持现状”，即“不战、不统”。2005 年 2 月 19 日美国发表了《联合声明》，对 1996 年制定的《美日安保协议》作出重大修改，第一次把台湾海峡列为两国的“共同防御目标”，为“台独”势力撑腰打气，阻挠中国的统一进程。

总之，近年来台湾当局在政治、军事以及所谓的“外交”等方面都采取了一些重大行动，其目的在于谋求“独立的政治实体”地位，搞事实上的“两个中国”。台湾岛内的分离倾向和美国等西方国家插手台湾问题的趋势都在发展，祖国统一面临严峻形势。

（二）存在海洋权益争端

在中国周边安全环境中，维护海洋权益的斗争具有较大的复杂性和敏感性。中国是个陆地大国，也是个海洋大国。毗连海域自然延伸面积约有 470 万平方千米。由于历史的和现实的原因，中国与海上 8 个邻国均有海域划界和岛屿归属问题之争。

1. 关于东海大陆架和钓鱼岛的争议

东海位于中国、日本、韩国三国之间，总面积约 77 万平方千米。日本与中国是相向不共架国，中国大陆架一直延伸到冲绳海槽。冲绳海槽大部深度超过 1 000米，坡度很陡，形成西部大陆架和东部岛架的天然分界。根据东海大陆架的实际情况，参照《联合国海洋公约》的有关条款和各国海域划界的实践，冲绳海槽构成了中国东海大陆架与琉球大陆架的自然分界线，因此，应按大陆架自然延伸的原则，以冲绳海槽中心线为界，划分中国与日本在东海大陆架边界。但是日本方面却主张按东海的中心线平分划界。这样，中日间便产生了20多万平方千米的争议区。如果按日本的主张划界，中国在东海的大陆架范围将被拦腰截断，应归中国管辖的海域面积将减少一半。

中日在东海还存在着钓鱼岛归属问题之争。钓鱼岛群岛位于台湾东北约120海里处，由钓鱼岛、黄尾屿、赤尾屿、南小岛、北小岛及一些礁石组成。其中最大的岛屿钓鱼岛海拔360余米，面积约3.64平方千米。

对钓鱼岛问题，在中日邦交正常化谈判时，双方都同意“以后再说”。但是，事后日方却采取放任态度，批准日本一些右翼团体在岛上建立航标灯，甚至出动舰艇进入钓鱼岛海域驱赶中国台湾地区渔民。中国政府已于1990年10月27日再次发表声明，强烈要求日本政府维护双方过去达成的谅解，立即停止在钓鱼岛及其海域采取任何单方面行动。中国政府再次建议双方尽快就搁置主权争议，共同开发钓鱼岛海域资源、开放钓鱼岛海域渔业资源等问题进行磋商。1996年7月18日，发生了日本右翼团体“日本青年社”在钓鱼岛的北小岛上设置灯塔的严重事件。2005年2月9日，日本内阁官房长官细田博之召开记者招待会，宣布日本政府接管钓鱼岛上的灯塔，把在钓鱼岛问题上的民间对立演变成政府行为。2010年以来，日本政府推翻了中日邦交正常化以来40年的一贯共识，公然地不断强调钓鱼岛主权归日本，拒绝跟中国谈判。2012年9月10日，日本政府宣布“购买”钓鱼岛及其附属的南小岛和北小岛，实施所谓“国有化”。中国政府采取一系列反制措施。中日在钓鱼岛问题上的争端进一步升级，加剧了两国关系的紧张对抗。

2. 关于南海海域及南海诸岛的争议

南海总面积约360万平方千米。南海诸岛包括东沙、西沙、中沙和南沙四大群岛，分布于南海的中心部位，扼太平洋和印度洋的咽喉，不仅地理位置非常重要，而且蕴藏着丰富的矿产和水产资源。其中南沙群岛是南海诸岛中分布面积最广、岛礁数量最多，处于最南端的一组群岛。南沙群岛由230个岛屿、礁滩和沙洲组成，分布在24.4万平方千米的海域中。其中露出水面的岛屿25个，明暗礁128个，明暗沙洲77个，太平岛面积最大，约0.5平方千米。

南沙群岛历来是中国的领土。在20世纪70年代以前，南海毗邻国家对此从未提出异议。但是自发现南海蕴藏丰富的油气资源后，周边国家开始窥视这一海域。菲律宾率先于1971年抢占了南沙东部的部分岛屿和沙洲，接着，原南越政府也于1973年7月派兵占领了南海西部6个岛礁。1975年4月，越南一反承认南沙是中国领土的立场，接管了南越军队占领的岛礁，并不断扩大侵占行动范围。从1983年起，马来西亚先后占领了南沙南部的3个礁。随后，上述国家又单方面宣布了大陆架和200海里专属经济区范围，把南沙群岛的全部或部分岛礁列入自己的版图，并加紧在南沙海域进行资源开发，致使南沙争端日益突出。

目前，南海周边国家对南沙的军事控制进一步增强，对南沙资源的掠夺性开发明显加快。越南已同17个国家的近30家公司和国际财团签订了合作开发南海油气资源的合同。菲律宾、马来西亚、印度尼西亚以及文莱等国已在中国南海疆域内开采石油和天然气。

值得注意的是，南沙问题国际化趋势有新的发展，东盟国家曾就南沙问题进行过多次内部磋商，力图联合与中国谈判解决南沙争端问题，并准备在谈判不能取得成功时提交联合国裁决。美国等西方大国正在积极插手南沙事务，试图利用南沙问题挑拨中国与东盟国家的关系，并制造"中国威胁论"，对中国施加"更有针对性的压力"。应当引起警惕的是，西方大国插手南沙事务主要是通过与其他有关各方合作进行的，这越来越清楚地显示出它们共同对付中国的意图。

除此之外，中国在东海、黄海与周边一些国家在海域划分上的矛盾一时也还难以解决。

（三）边界争端尚未全部解决

从总体上说，中国与周边国家的边界问题大多得到了解决。中俄之间长达4 300多千米的边界问题已基本上解决，1997年11月，江泽民主席和叶利钦总统签署了《中俄联合声明》，标志着中俄边界已在法律上得以划定。中国和哈萨克斯坦也已签订了边界协定，解决了两国1 700多千米的边界问题。中国分别同吉尔吉斯斯坦、塔吉克斯坦存在1 000多千米和450多千米的边界，其中中塔在帕米尔地区存在2.1万平方千米的争议面积。1999年12月30日，中越两国外交部部长签署了《中国和越南陆地边界条约》。至此，中越两国陆地边界存在的问题已全部解决。

中印边界全长约2 000千米，分为东、中、西三段。中印两国存在大片领土争端，争议面积共达12.5万平方千米。东段为藏南地区，争议面积约9万平方千米，现被印度控制，印度称之为"阿鲁纳恰尔邦"。中段争议面积约2 000平方千米，除个别地区外，均为印方控制。西段争议面积约3.35万平方千米，除巴里加斯地区约450平方千米被印军侵占外，其余在我方控制之下。印方坚持非法的"麦克马洪线"，致使中印边界谈判难以取得实质性进展。印度在中印边界领土争端上坚持不让步立场，将中印边境地区视为战略前沿，不断加强边境地区战场建设，把边境地区建成攻防兼备的战场体系，尤其注重在中印边境对中国保持局部军事优势。从目前情况看，中印边界争端短期内难以全部解决。

（四）影响边疆地区安全的其他因素

中国是一个多民族的国家，共有56个民族。由于实行正确的民族、宗教政策，中国各族人民团结一致、齐心协力，共建中华美好家园。但是，境内外一小撮民族分裂主义分子，在国际上某些反华势力的操纵、唆使下，置民族大义、国家利益于不顾，为迎合某些西方大国对中国进行的“西化”“分化”的和平演变战略，采取政治斗争与暴力对抗相结合的方式，进行民族分裂活动，严重影响了中国边疆地区的安全与稳定。例如，活动在中国新疆境内的“东突”民族分裂势力，与国际恐怖主义势力相勾结，以泛伊斯兰主义和泛突厥主义思想为理论基础，以反对中国共产党领导下的政权，建立“东突厥斯坦国”为目的，以宗教为掩护，大肆进行分裂新疆的破坏活动。他们一方面打着民族、宗教的旗号，煽动民族情绪，鼓动宗教狂热，宣扬伊斯兰“圣战”，叫嚣建立“东突厥斯坦国”；另一方面又迎合西方，扯起“民主、人权和自由”的旗帜，与境外新疆民族分裂势力遥相呼应，加强联系，发展组织，进行恐怖活动，制造了一系列爆炸、暗杀、纵火、投毒、袭击等恐怖暴力事件，严重危害了新疆各族人民群众的生命财产安全，也严重危害了中国边疆地区的安全与稳定。又如，逃往国外的达赖集团，利用西藏地区交通困难、环境闭塞、经济落后，藏区群众文化水平低，对宗教宣传极易接受的特点，打着宗教旗号，大肆进行“藏独”分裂活动，具有极大的欺骗性和蛊惑性。加上以美国为代表的西方大国在对我实施“西化”“分化”战略中，妄图以“西藏问题”为突破口，支持“藏独”分裂势力搞所谓的“西藏独立”。这些都将对我边疆地区的安全与稳定产生不利影响。

【思考题】

1. 冷战结束后国际战略形势有哪些主要特点？

2. 总体国家安全观的基本内容有哪些？

3. 中国的周边安全环境受到了哪些威胁？

4. 大国关系如何影响中国周边安全？中美会走向“霸权战争”吗？中日之间在钓鱼岛等问题争端会导致局部战争吗？

第三章　军事思想

军事思想主要是指对于战争和军队问题的具有根本性质的认识，具有政治性、实践性、时代性、继承性和创新性的特点，是军事科学的一个分支。军事思想来源于军事实践，又对军事实践具有指导作用。不同的时代、阶级、国家和人物，有着不同的军事思想。

第一节　中国古代、近代军事思想概述

中国是一个有着数千年历史的文明古国，中国古代军事思想是中国传统文化的珍贵遗产，在数千年的历史长河中，中国军事思想不断发展完善，形成了独具特色的东方兵学体系，它不仅培育了众多驰骋疆场的将领，指导了无数次战争，而且成为世界军事思想体系的重要组成部分，对世界军事科学的发展产生了积极的影响，也是毛泽东、邓小平等革命家、军事家军事思想的重要源泉。

一、中国军事思想的形成与发展

中国是一个文明古国，军事思想产生比较早。中国古代的军事思想萌芽于殷商，形成于西周，成熟于春秋战国，发展于秦朝至清朝前期。鸦片战争之后，中国军事思想以御辱图强为主线，吸收西方军事文化，开始向近代转化。

在原始社会晚期，部落之间为了争取生存条件或由于血缘复仇展开原始的掠夺和残杀，这便是最早的战争。当时的战争还只是萌芽形态的战争，虽有后来战争的属性，但并不具有阶级奴役、剥削和侵略的性质，当时的人们对战争的认识也还是直观的，没有形成系统的军事思想。

到公元前21世纪，我国第一个奴隶制国家夏朝建立，随着阶级的产生、国家的出现，战争开始成为维护阶级统治、阶级利益和进行阶级斗争的工具。有了战争，便有了战争的指导思想。当时每遇战争或祭祀都要进行占卜以问吉凶，并将结果刻于甲骨和后来的青铜器上，所以甲骨文和金文中关于战争与军队的记载甚多。从当时的记载和战争的实际情况来看，战争不再是乌合之众的打斗和角力

斗勇，已开始讲究战略战术了，如巧设埋伏等，这说明我国古代军事思想已经萌芽。

西周时期，随着社会生产力的发展，生产规模扩大，带来了经济的发展，也使得战争日趋频繁，军事制度不断健全，出现了青铜兵器，投入的兵力不断增多，战争的规模不断扩大，这一切都推动了战略战术的变化。西周时期出现了我国历史上最早的两部兵书——《军志》和《军政》。这两部书虽已失传，但从其他论著的引文中可知，这两部书涉及战争观、战略战术、作战指导原则等内容，是西周时期军事思想的代表作，标志着我国古代军事思想的形成。

春秋战国时代是我国从奴隶社会向封建社会过渡的时期，是我国历史上分裂、动荡和战争时间最长的时期。这一时期，社会经济和科学技术的发展为兵器的发展创造了条件，出现了更加坚韧锋利的兵器。以春秋五霸和战国七雄为主的众多国家进行了长期的争霸和兼并战争，连绵的战争提高了人们对战争的认识，推动了军事理论和战争实践的发展。代表新兴地主阶级利益的军事家不断涌现，如孙武、吴起、孙膑、尉缭等，他们不但指挥战争，而且对战争进行研究和总结。除了兵家，其他学派的思想家也加入了谈兵论兵的行列。这一时期产生的众多兵书，如《孙子兵法》（又称《孙子》）、《吴子》《孙膑兵法》等，都是我国古代军事思想中的巨著。这些兵书确立了我国古代军事思想的基本理论，探讨了战争爆发的原因、性质和决定战争胜败的基本因素等，总结了一些普遍性的战争规律，形成了较系统、较完善的军事思想体系。

秦朝至清朝前期是我国军事思想的发展时期。这一时期，经济的发展和科学技术的进步，推动了武器装备的发展和战争形态的变化。秦汉时期，冶铁技术的发展使武器装备进入了以铁兵器为主的时代，战争以骑兵为主要作战兵种；唐朝时发明的火药，在宋朝用于军事，开始出现热兵器，并出现了水军；明清时期，是由冷兵器向冷热兵器并用过渡的时代，出现了独立的水师、炮兵、工兵及其他技术兵种。各个时期，随着武器装备的改进和兵种的增多，战争越来越复杂，不论是在军队编制还是在战法上都出现了一系列显著的变化，历代兵书的内容也随之丰富和扩大。秦汉以前的兵书记载的内容基本上只有兵权谋、兵形势、兵阴阳、兵技巧四类，秦汉时期的著名兵书《三略》《淮南子·兵略训》等继承了孙武的军事思想，使汉初已经建立起来的由战略学、战术学、军事地形学、军事气象学、兵器学等构成的军事科学体系更加完整。宋元时期出现了《武经总要》《历代兵制》《守城录》《百战奇法》等军事著作，内容涉及军事组织、军事制度、用兵选将、骑乘训练、行军宿营、阵法、武器装备的制造和使用、军事地理等。明清时期是我国古代军事思想发展的又一个高潮，军事著述十分丰富。据记载，这一时期各类兵书达 1 300 多种，现存比较著名的有《纪效新书》《练兵实纪》《武备志》《筹海图编》《武编》《阵纪》《兵迹》《兵经百篇》等。这些兵书显示了注重发扬火力、纵深配置、协同动作等近代战略战术原则。

1842年之后，中国进入了半殖民地半封建的近代社会，民族矛盾成为中国社会的主要矛盾。这时，西方已是以使用热兵器为主，而中国还处于冷、热兵器并用的时代。从鸦片战争开始，中国的军事活动就带有了明显的反侵略和御辱图强的色彩，中国的军事思想也开始进入了抛弃传统糟粕、吸取西方文化的近代化过程。鸦片战争时期，西方国家从海上入侵中国，中国军事思想的近代化就从师夷长技、筹办海防开始，随后历经曾国藩、左宗棠、李鸿章、袁世凯、孙中山等人，中国军事思想从主张学习西方的思想技艺上升到主张学习西方军事制度和练兵方法，开始引进西方的军事理论和军事学术，中国的军事思想不断向深层次发展。中国近代军事思想的产生和发展是和御辱图强、救亡图存的爱国思想及学习西方的思想联系在一起的。

二、中国古代、近代军事思想的体系与内容

中国军事思想体系完整，内容丰富，不同时期的军事思想具有不同时期的体系和内容。

（一）中国古代军事思想

中国古代的军事思想主要包括战争的起因、性质、作用和决定战争胜负因素的理论、将帅修养理论、治军理论、作战指导思想和战争谋略理论等。

1. 关于战争的起因、性质和作用

战争的起因是人们认识战争的一个关键问题。吴起指出，战争的起因有五：“一曰争名，二曰争利，三曰积（德）恶，四曰内乱，五曰因饥。”吴起认为，争夺霸主地位、土地、财产和人口会挑起战争，政治上的动乱和灾荒也会引起战争，仇恨的增加也会引起战争。吴起的分析没有揭示出战争的本质，但他已经开始从各种矛盾不可调和的角度来探讨战争的起因，这种归纳和论述是有积极意义的。

关于战争的性质，我国古代兵书早有论述。春秋时期人们已开始用“有道”“无道”来评价战争；战国初期，吴起将战争分为五类，其中“义兵”指的是正义战争，而“强兵”“刚兵”“暴兵”“逆兵”指的则是非正义战争。这种分类不仅是明确的，而且已经触及战争的本质。

关于战争的作用，我国早期的军事理论家大多认为，战争是制止暴乱、支持正义的手段。尉缭说：“故兵者，所以诛暴乱、禁不义也。”他认为战争是用来镇压暴乱、制止不义行为的。司马穰苴在《司马穰苴兵法》中也提出：“是故杀

人安人，杀之可也；攻其国，爱其民，攻之可也；以战止战，虽战可也。”这就明确指出正义战争具有制止非正义战争的作用。

2. 关于治军思想

治军思想是我国古代军事思想的重要组成部分，不同时期的军事理论家都对这个问题进行了专门的论述。

我国古代的军事理论家已经认识到将帅对军队和战争的重要性，他们都提出了自己的选将标准。《孙子》提出“智”“信”“仁”“勇”“严”，《吴子》提出“理”“备”“果”“戒”“约”，《六韬》则提出“勇”“智”“仁”“信”“忠”。这些标准说法不一，但基本原则是一样的：将帅不仅要有良好的政治修养和个人品行，更重要的是要有军事才干，有指挥艺术，即将帅要德才兼备、智勇双全。

对于练兵，我国古代已经提出从严治军的思想和教戒为先的原则。吴起在《吴子》一书中指出，兵“以治为胜”，认为军队的战斗力在于治军上，而“用兵之法，教戒为先”，明确提出把军队的教育训练放在首位。司马穰苴也指出“士不先教，不可用也”，即士兵不先进行训练是不能去打仗的。我国古代这些治军思想的精华对于今天我们加强国防和军队建设仍然具有现实的借鉴意义。

3. 关于战略谋划思想

所谓战略谋划，就是指制定正确的战略方针，以达到运筹帷幄、决胜千里的目的，我国古代称其为“庙算”，即在庙堂之上对战争进行谋划预测。我国古代军事家非常重视战争谋划，孙武在《孙子·谋攻篇》中提出“上兵伐谋”，即指用兵之道，谋划为先，通过制定一个万全之策，实现“不战而屈人之兵”的目的。诸葛亮也说，“用兵之道，先定其谋，然后乃施其事”，即战争要先制定战略，然后才能施行。

但战场的形势是随时变化的，军事家们又提出要根据形势的变化制定权谋。《孙子》提出“因利而制权”，又说“兵无常势，水无常形，能因敌变化而取胜者，谓之神”。正是因为战争的形势是随时变化的，这就要求战争指导者必须根据不断变化的战争形势修正战争指导谋略，正如《草庐经略》所言，战争指导者要时刻“因其形而用其权”，努力做到运筹帷幄之中，决胜千里之外。

4. 关于战争与政治、经济的关系

战争与政治的关系历来是军事家们探讨的问题之一。我国古代军事家尉缭认为政治是根本，只有将政治和战争统一起来，才能取得预期的胜利。在《尉缭子》一书中，他以形象的比喻来说明政治与战争的关系：“兵者，以武为植，以文为种。武为表，文为里。能审此二者，知胜败矣。”《孙子》一书也说，“善用兵者，修道而保法，故能为胜败之政”，明确指出了政治修为与战争胜败的关系。

关于战争与经济的关系，我国军事理论家早就提出了经济是战争的物质基础、富国才能强兵的思想。孙武在《孙子》中提出了“兵马未动，粮草先行”的思想，“内外之费，宾客之用，胶漆之材，车甲之奉，日费千金，然后十万之师举矣”，指出了战争对经济实力的依赖性。战国时期法家的代表人物管仲也认为，“国富者兵强，兵强者战胜，战胜者地广”，这就揭示了战争与富国的辩证关系，富国与强兵是相辅相成的，富国是强兵之本，为强兵提供必要的物质基础。这种认识在今天对于我们仍有借鉴意义。

（二）中国近代军事思想

鸦片战争之后，中国面临西方的严重威胁，中国适用于冷兵器时代的传统军事思想难以应付近代中国所面临的问题。在西方军事侵略和军事文化冲击下，中国军事思想走向近代化。

在战争观念和国防思想上，中国传统的军事思想认为“兵者，不祥之器”，重文轻武、兴文偃武是中国传统的战争观念。但鸦片战争之后，随着西方对中国侵略的加剧，一些中国人开始探讨西方强盛、中国衰弱的原因，他们认为中国传统的“兵者，不祥之器”的战争观念已经过时了，而应主张崇尚武力。中国传统的国防观念是重北轻南、重陆轻海的，鸦片战争之后，西方列强从东南海上和陆上频繁入侵中国，使中国重北轻南、重陆轻海的国防观念受到冲击，由此引发了中国在 19 世纪 70 年代的一场海防塞防的大讨论，有人主张放弃海防，专顾塞防；有人主张放弃新疆塞防，专顾海防；左宗棠提出海防塞防并重、海军陆军发展并重的主张，得到清朝统治者的认可。这是中国历史上第一次把海防提高到与塞防同样高的地位。

在建军思想上也有很大的变化。曾国藩、胡林翼在建立湘军的过程中，非常重视以封建礼教加强对官兵思想的控制，将训练作为提高战斗力的主要措施。到洋务运动时期，李鸿章、左宗棠主张学习西方先进技术、改革中国兵制来提高国家的军事实力，为此他们开办了中国第一批近代军事工业，翻译了部分西方军事书籍。甲午战争之后，中国军队编制体制和作战思想的落后性充分暴露出来，袁世凯提出了用传统思想对官兵进行精神训练，用西方练兵方法对官兵进行技术训练的主张。

在近代，武器装备、建军思想的变化也引起了战略战术的变化。我国军事战略自古就有“兵贵胜不贵久”的说法，但鸦片战争时期，面对强大的对手，近代的兵学家和战争指挥者不得不抛弃速战速决的幻想，以“徐图制夷”之策代之，林则徐、魏源、梁廷枏、臧纡青等都提出过发动群众、坚壁清野、以逸待劳、以守为战的主张，这是持久战思想的最初萌芽。近代中国军队的战术也不断按照发扬火力、灵活机动的原则，积极采用近代西方战法，并与传统的战法相结合，创造出新的战法，如队形由密集队形向散兵队形转化，注意兵力兵器的纵深配置，重视步兵、骑兵、炮兵的战术协调等。

我国古代、近代的军事思想包含很多合理成分，是中华民族文化不可分割的部分，其精华成为后来毛泽东、邓小平军事思想和理论的源泉。

三、中国军事思想家的主要代表著作

中国军事著作浩如烟海，许多经典之作不仅对兵学的发展作出了卓越的贡献，而且至今对世界军事甚至其他领域仍有广泛的影响，成为丰富和发展当代军事理论的思想源泉。

1.《孙子兵法》

《孙子兵法》又称《孙子》或《吴孙子兵法》。作者孙武（约前545—约前470），字长卿，齐国乐安（今山东惠民县）人。春秋末年著名的军事理论家，曾任吴国将军，被称为中国的“兵圣”。

《孙子兵法》被誉为中国的兵经，其内容涉及治军思想、战争观、军事地形学、军事预测学、军事后勤学等。孙子认为，“兵者，国之大事也，死生之地，存亡之道，不可不察也”。他告诫战争指导者，“主不可怒而兴师，将不可愠而致战”。要对双方的情况进行比较，掌握敌情，积极备战，创造有利形势，“先为不可胜，以待敌之可胜”。孙子主张战争中要以最小的代价换取最大的胜利，进而提出“不战而屈人之兵”的思想和以军事实力为后盾“伐谋”“伐交”的非军事手段。孙子还提出了“令文齐武”的治军思想和“重谋尚诈、避实击虚”的战争理论。

《孙子兵法》是人们迄今可以见到的最早的军事理论著作，它的许多理论和见解成为后世用兵者孜孜以求的理想境界，对后世兵学发展产生了巨大的影响，并被翻译成30多种文字在世界范围内广泛传播。

2.《吴子》

《吴子》又名《吴起兵法》。作者吴起（前440—前381），卫国左氏（今山东定陶）人，战国初期著名的军事家、军事理论家和改革家。吴起曾任鲁、魏、楚等国将军，后因改革被楚国贵族乱箭射杀。

吴起认为，战有五因，即“争名”“争利”“积恶”“内乱”和“因饥”。兵（即战争）分五类：“义兵”“强兵”“刚兵”“暴兵”和“逆兵”。他主张“义兵”，反对“强兵”“刚兵”“暴兵”和“逆兵”。吴起提出治国之道修文而不废武，主张对军队实行严格的军事训练，在战争中要“因形用权”，即根据战争中形势的变化采取相应的作战方法。《吴子》一书内容丰富，是继《孙子兵法》之后又一部体系完备、思想精深、具有重要理论价值的兵学论著，后世因之将孙、吴并称。

3.《孙膑兵法》

《孙膑兵法》又称《齐孙子》，以与《孙子兵法》相区别。作者孙膑（生卒年不详），齐国人，是兵圣孙武的后世子孙，战国中期著名的军事家和军事理论家。孙膑青年时曾与庞涓同随鬼谷子学习兵法，后遭庞涓的嫉恨而被魏惠王和庞涓处以膑刑。根据当时的惯例，刑徒是不能为官的，庞涓企图借此断送孙膑的政治前途。后孙膑设计归齐，任军师，公元前354年，指挥了著名的围魏救赵的桂陵之战，13年后，又指挥了著名的马陵之战，使庞涓羞愤自杀。

孙膑认为，战争服从于政治、依赖于经济，只有先富国，才能强兵；认为提高士兵的素质是强兵的关键，主张对士兵进行包括政治教育、队列训练、行军训练、阵法训练和战法训练在内的全面训练。孙膑还发展了孙武的虚实理论，把攻击虚弱作为取胜的关键。《孙膑兵法》是战国时期一部不可多得的重要军事理论著作。

4.《尉缭子》

作者尉缭，生平不详，战国后期著名军事理论家。

《尉缭子》继承并发展了《孙子》《吴子》的军事思想，认为战争有正义和非正义之分，支持正义战争，反对不义之战。在战争与政治、经济的关系上，《尉缭子》提出政治是根本，军事是从属于政治的，经济是治国的根本，是进行战争的物质基础；在治军上，重视将帅的模范作用，主张严刑峻法，注重军队的训练和奖惩制度；在战略和战术上，重视战前准备，指出“凡兴师，必审内外之权……然后兴师伐乱，必能入之”。

《尉缭子》是一部有重要军事学术价值的兵书，问世后，不仅受到中国历代统治者和兵家的重视，还被传到日本、朝鲜等国。

5.《筹海图编》

作者郑若曾（1503—1570），字伯鲁，号开阳，江苏昆山人。郑若曾出身于书香门第，游学于名师门下，注重实学，对地理、军纪素有修养。明朝嘉靖年间，东南沿海倭寇猖狂，于是郑若曾等人收集海防资料，编成我国历史上第一部海防专著——《筹海图编》。

《筹海图编》内容丰富，全书共13卷，图172幅，主要叙述了沿海的地理形势、倭寇的状况、明代的海防设置、海防方略、选兵、择将、治军原则以及当时的武器装备等。书中把一般的军事原则寓于抗倭斗争实际的叙述之中，提出了多层次防御的海防体系，标志着我国海防理论的诞生。《筹海图编》在我国兵学历史上占有重要的地位。

6.《武备志》

作者茅元仪（1594—1640），字止生，号石民，又号东海波臣、梦阁主人、半石址山公等，归安（今浙江吴兴）人，明末杰出的军事家和文学家。茅元仪出身于书香门第，自幼博览群书，尤喜读兵书，曾潜心研究历代兵法韬略和当时的国防形势，编成《武备志》一书。

《武备志》是我国古代最大的一部综合性兵书，被誉为“军事学的百科全书”，全书共240卷，附图730多幅，内容涉及战略、阵练、军资等方面。该书保存了许多珍贵的文献史料，具有重要的研究价值。

7.《海国图志》

作者魏源（1794—1857），原名远达，字默深，湖南邵阳人，道光进士，清代著名的思想家、政治家、文学家。魏源与林则徐相友好，1840年底受林则徐之托作《海国图志》，1842年成书50卷，后又两次增改至100卷。

《海国图志》作于鸦片战争时期，既是一部介绍西方各国地理、历史、政治、经济、文化、军事、科学技术等的外国史地专著，又是一部军事著作和海防大全，具有强烈的反侵略思想和御辱图强的目的。《海国图志》以“师夷长技以制夷”的思想贯穿全书，主张依靠人民群众，反对外国侵略，提出了“守外洋不如守海口，守海口不如守内河”的海防思想和类似游击战的战术。

《海国图志》对后世影响很大，在中国近代思想史和史学史上都占有重要地位，并被翻译成英文、日文等在西方和日本广泛传播，引起了巨大的反响。

8.《国防论》

作者蒋百里（1882—1938），名方震，字百里，号澹宁，出生于浙江一个书香世家，少有神童之誉。青年时代感于时事，投笔从戎，远行日本、德国学习军事，回国后一直从事军事、外交工作，是中国近代著名的军事理论家和外交家。

蒋百里被视为中国近代军事天才，认为战争是交战双方政略冲突的结果，政略又是由国家根本利益、基本国策决定的。他提出中国的国防应以自卫为原则，中国要增强国防力量，必须进行政治改革，实行民主宪政和义务兵役制。

《国防论》集中反映了近代资产阶级军事理论的优秀成果，当时即已驰名海内外，产生很大的社会影响，在中国军事思想史上占有重要地位。

9.《国防新论》

作者杨杰（1889—1949），生于云南，曾在日本陆军大学学习军事，以第一名的毕业成绩获日本天皇赠予宝刀，回国后曾参加北伐战争、抗日战争等，思想上不断进步，20世纪40年代后投身民主运动，反对蒋介石独裁，1949年正准务从香港赴北京参加中国人民政治协商会议第一次全体会议时被国民党特务暗杀。

《国防新论》指出，“国防是政治、经济、文化、社会、军事等各种力量的结晶体”，只要战争存在，就不能没有国防；中国的国防应属战略防御性的守势国防；国防建设必须同国家其他建设同时并举，寓国防于国家建设之中。

《国防新论》的观点结合了中国当时的实际，适应了当时中国反侵略战争的需要，在当时产生了很大的影响，不仅丰富了中国军事思想，对加强国防建设、抗击外国侵略也起到了积极的作用，被誉为民国国防理论的代表作。

第二节 毛泽东军事思想

一、毛泽东军事思想的科学含义

在20世纪40年代，随着“毛泽东思想”这一概念的提出及其在全党地位中的确立，军队系统相应地提出了有关毛泽东军事思想的概念，例如“毛泽东军事路线”“毛泽东军事思想”“毛泽东军事理论”等概念，但这时全党和全军对“毛泽东军事思想”这一概念的提法和使用问题还没有取得完全的统一。1958年，中央召开军委扩大会议，把学习毛泽东军事思想作为决议的一项重要内容，号召全军认真总结和学习我军的宝贵经验，用毛泽东军事思想指导我军的建设和作战。这次会议精神贯彻执行之后，“毛泽东军事思想”这一概念的提法在全军得到了统一。

随着毛泽东军事思想在全军的统一，全军对毛泽东军事思想的定义也越来越清晰，越来越科学。1960年，叶剑英在中央军委扩大会议上指出：“毛泽东军事思想，就是马克思列宁主义的军事思想，它是马克思列宁主义普遍真理与中国革命战争实践紧密结合的产物。毛泽东同志根据中国革命战争丰富的实践经验，灵活地运用辩证唯物主义的立场、观点和方法，创造性地解决了中国革命战争中的一系列的重大问题，制定了一套完整的马克思列宁主义的军事理论。中国革命战争和国防建设的实践，充分证明了毛主席的军事思想是具有普遍意义的真理，它永远是我军建军和作战的根本指导思想。”

1975年，邓小平主持中央军委工作后，明确提出：“要完整地、准确地理解毛泽东思想。”广大理论工作者对毛泽东军事思想进行了深入的研究，提出过不少的定义，毛泽东军事思想不断完善，日益成为科学的思想体系。1982年，《中国人民解放军军语》将毛泽东军事思想表述为：“马克思列宁主义的普遍原理同中国革命战争的具体实践相结合的科学的军事思想体系。”后来，《中国军事百科全书》把毛泽东军事思想定义为：“关于中国革命战争、人民军队和国防建设以及军事领域一般规律问题的科学理论体系，毛泽东思想的重要组成部分，它是马克思列宁主义普遍原理与中国革命战争和国防建设实际相结合的产物，是中国共产党领导中国人民及其军队长期军事实践经验的科学总结和集体智慧的结晶，同时也多方面汲取了古今中外军事思想的精华，是中国共产党领导中国革命战争、军队建设、国防建设和反侵略战争的指导思想。”

随着“毛泽东军事思想”定义的科学化，“毛泽东军事思想”这一概念的科学含义也越来越明确。科学的“毛泽东军事思想”体系应该包含以下四个方面的含义：

（一）毛泽东军事思想是马克思列宁主义军事理论与中国革命战争实践相结合的产物

马克思列宁主义是指导无产阶级革命的科学，马克思主义军事理论是一个完整的科学体系，毛泽东强调，只有这种理论，才是引导中国革命走向胜利的指南。但是，马克思列宁主义所提供的只是一般的革命原理，怎么把马克思列宁主义的原理同中国革命的实际相结合，在占世界人口四分之一又是以农民为主体的半殖民地半封建的中国，无产阶级政党应该怎样组织军队、组织什么样的军队、如何进行革命战争，这在马克思列宁主义中找不到现成答案。以毛泽东为代表的中国共产党人，从中国的客观实际出发，运用马克思主义的立场、观点和方法，探索中国革命战争的特点和规律，正确解决了在半殖民地半封建的中国如何夺取革命战争胜利的一系列问题，实现了马克思列宁主义军事理论与中国革命战争实践的结合，从而创立了具有中国特色的科学的军事思想体系——毛泽东军事思想。因此，毛泽东军事思想是马克思主义普遍原理同中国革命战争实践相结合的产物，是马克思列宁主义军事理论在中国革命战争实践中的创造性运用和发展，它不是马克思列宁主义的简单照搬，而是中国化了的马克思列宁主义军事理论。

（二）毛泽东军事思想是中国革命战争实践经验的科学总结和理论升华

理论来源于实践。毛泽东的军事思想是从中国革命的伟大实践中产生的。中国的革命战争经历了北伐战争、土地革命战争、抗日战争、解放战争；中华人民共和国成立后，又经历了抗美援朝战争，中印、中苏边境等自卫反击战争。中国如此丰富的战争和军事斗争的实践为毛泽东军事思想的产生、形成和发展提供了丰富的源泉。

长期的革命斗争实践，使毛泽东等老一辈无产阶级革命家不仅有可能从参加和指导战争的实践中总结战争的经验，并升华为理论，而且使他们有机会将这些战争的理论运用到战争中去反复检验，通过对战争的不断实践、认识、再实践、再认识，逐步深化和完善对战争规律的认识，经过认真的总结，再上升到理性的高度，形成了毛泽东军事思想。因此，毛泽东军事思想是中国革命战争实践经验的科学总结和理论升华，毛泽东自己也曾说：“我的军事知识主要是从战争实践中来的。”

（三）毛泽东军事思想是毛泽东思想的重要组成部分

毛泽东思想是一个完整的科学理论体系，中共中央通过的《关于建国以来党的若干历史问题的决议》将毛泽东思想划分为六个方面：一是关于新民主主义革命的思想，二是关于社会主义革命和社会主义建设的思想，三是关于革命军队建设和军事战略的思想，四是关于政策和策略的思想，五是关于思想政治工作和文化工作的思想，六是关于党的建设的思想。由此可见，毛泽东军事思想是毛泽东思想的一个重要组成部分。

毛泽东军事思想在毛泽东思想体系中占有重要位置。在中华人民共和国成立之前，在中国共产党独立领导中国革命的20多年的时间里，军事斗争是我们党的工作重心，毛泽东等老一辈无产阶级革命家以极大的精力关注战争，研究夺取武装斗争胜利的战略和策略，因而在毛泽东的著作中，军事著作占有大量篇幅和重要地位。在指导战争中，毛泽东又将政治、军事、经济、文化、哲学和党的建设等工作融为一体，因而在毛泽东的著作中，军事斗争不可避免地要和其他内容联系在一起，毛泽东还经常把军事斗争中的一些原理和策略运用到政治、经济方面的著述和工作中。由此可见，毛泽东对军事实践倾注了大量精力，指导战争是其一生中最光辉的经历，军事思想自然也是其整个思想体系中最重要的组成部分。

（四）毛泽东军事思想是中国共产党人集体智慧的结晶

毛泽东军事思想是一个内容丰富的科学体系，作为我党的军事理论，它不是靠一两个人的天赋或智慧创造的，而是中国共产党人集体智慧的结晶。这是因为，中国革命战争在相当长的一段时间内是在彼此分隔、互不相连的若干地区进行的，从而在不同的地区造就了一大批可以独当一面的领袖人物和军事家，他们对毛泽东军事思想的形成和发展作出了重要的贡献。特别是遵义会议以后，党中央形成了以毛泽东为核心的领导集体，党中央的很多重大路线方针都是经过集体讨论形成的，凝聚了毛泽东和他的战友们的集体智慧。毛泽东善于征询各方面的意见，全党、全军、全国人民在革命战争中迸发出来的聪明才智由毛泽东加以集中概括，成为博大精深的毛泽东军事理论体系。

我们强调毛泽东军事思想是集体智慧的结晶，并不是否认毛泽东在这一军事理论体系形成过程中的作用，而是说在毛泽东军事思想的产生和发展过程中，其他老一辈无产阶级革命家、军事家不断为它提供充足的原料和丰富的营养，毛泽东是这一思想的理论加工者和集大成者。由此可见，毛泽东军事思想既是中国共产党人集体智慧的结晶，又反映了毛泽东个人的智慧和贡献。也正因为如此，中国共产党以毛泽东的名字来命名这一中国化的马克思主义军事理论——毛泽东军事思想。

二、毛泽东军事思想的主要内容

毛泽东军事思想是一个完整的科学理论体系，由毛泽东的战争观、战争认识论与方法论，以及人民军队的建设理论、人民战争理论、国防建设理论等几部分构成。

（一）战争观

关于什么是战争，历来争论不休。马克思、恩格斯、列宁都没有给战争下过明确的定义，毛泽东科学而完整地给战争下了一个明确的定义。毛泽东认为战争是“从有私有财产和有阶级以来就开始了的，用以解决阶级和阶级、民族和民族、国家和国家、政治集团和政治集团之间，在一定发展阶段上的矛盾的一种最高的斗争形式”。毛泽东的这一战争定义继承了马克思列宁主义坚持从战争与私有制和阶级的内在联系上去考察战争的根源，认为战争是私有制和阶级的产物，同时也吸收了德国政治学家克劳塞韦茨在战争与政治关系上的观点。克劳塞韦茨在《战争论》中认为，绝不能离开政治研究战争，否则就不能得出正确的结论，并进一步指出，“战争无非是政治通过另一种手段的继续”。毛泽东从这一观点出发进一步揭示了战争和政治的关系，认为战争和政治具有一致性。一方面，政治决定战争，有什么样的政治就有什么样的战争。毛泽东明确指出，“战争是政治的继续，在这点上说，战争就是政治，战争本身就是政治性质的行动，从古以来没有不带政治性的战争”。在讲到抗日战争时他更明确指出，“战争一刻也离不开政治”。另一方面，战争又为政治服务，反作用于政治。

毛泽东认为，战争与政治之间还具有差别性，他指出，“战争有其特殊性，在这点上说，战争不仅等于一般的政治，‘战争是政治的特殊手段的继续’”。“政治是不流血的战争，战争是流血的政治”，毛泽东的这种认识既道出了战争与政治的关系，又说明了战争的本质特性。

毛泽东认为战争是政治的继续，而政治与经济的关系是互动的，因此战争与经济之间也存在互动关系。一方面，战争依赖于经济；另一方面，战争又对经济具有制约作用。毛泽东不仅从经济角度出发来分析各种战争的原因，还提出了“如果不进行经济建设，革命战争的物质条件就不能有保障”的思想。在革命战争中，毛泽东十分重视经济建设问题，进而提出边战争边搞经济建设的主张；在抗日战争时期，毛泽东发动和领导了大生产运动，使我军克服了严重的经济困难；解放战争一开始，毛泽东就注意解决战争的物质条件问题。毛泽东始终认为，只有注重经济建设，“才能使革命战争得到相当的物质基础，才能顺利地开展我们军事上的进攻”。

毛泽东把战争分为正义战争和非正义战争，“一切进步的战争都是正义的，一切阻碍进步的战争都是非正义的”。凡是符合广大人民群众的根本利益，能够推动人类社会发展的战争都是进步的、正义的；凡是不符合广大人民群众的根本利益，阻碍人类社会进步的战争都是非进步的、反动的，即非正义的。对于战争，毛泽东没有笼统地拥护一切战争或从和平主义者或人道主义者的立场出发反对一切战争。对不同性质的战争，毛泽东有明确的不同态度，他说：“我们共产党人反对一切阻碍进步的非正义的战争，但是不反对进步的正义战争。”而且他主张，对于进步的战争，我们不仅不应反对，而且应该积极地参加；对于非正义战争，我们应积极反对，反对的方法是，“在战争未爆发前，极力阻止其爆发；既爆发后，只要有可能，就用战争反对战争，用正义战争反对非正义战争”。中华人民共和国成立后，甚至在中国最困难的时期，毛泽东都以坚定的无产阶级国际主义精神，对世界各国人民的正义斗争给予积极的支持。抗美援朝和对越自卫反击战，就是毛泽东领导中国共产党和中国人民用正义战争反对非正义战争，并取得了胜利的很好例证。1964 年 6 月 23 日，毛泽东在会见智利新闻工作者代表团时指出：“中国要和平。凡是讲和平的，我们就赞成。我们不赞成战争。但是，对被压迫人民的反对帝国主义的战争我们是支持的。”这进一步表明了毛泽东对不同性质战争的不同态度。由于战争的根源是私有制和阶级，毛泽东认为，要彻底消灭战争，就必须首先消灭私有制和阶级。当人类社会进步到消灭了阶级、消灭了国家时，就什么战争都没有了，反革命战争没有了，革命战争也没有了，非正义战争没有了，正义战争也没有了，“人类一经消灭了资本主义，便到达永久和平的时代，那时候便再也不要战争了”。但私有制和阶级、资本主义的消灭并不能自动实现，私有制是一切剥削阶级赖以生存的基础，因此，一切剥削阶级必然要用暴力手段进行反抗，来维护他们赖以生存的基础，这就决定了革命阶级只有用战争去消灭战争。所以毛泽东进一步指出，“我们是战争消灭论者，我们是不要战争的；但是只能经过战争去消灭战争，不要枪杆子必须拿起枪杆子”。

（二）战争认识论与方法论

毛泽东战争认识论与方法论是指以毛泽东为代表的中国共产党人认识战争及其方法的基本理论。

毛泽东承认战争是使人类互相残杀的“怪物”，作为一种特殊的社会实践活动，有其复杂性和特殊性，但它不是不可捉摸的。在客观世界中，战争作为一种必然的客观物质运动过程，自然要受到其内在的一般规律的支配。因此，战争是有客观规律的。

毛泽东把战争的规律分成一般规律和特殊规律。一般规律指的是一般战争的规律，是指一切战争在其运动过程中都具有共同的本质，揭示的是战争矛盾的普遍性，是战争的共性。特殊规律指的是一定时间、一定地域、一定性质具体战争运动过程中的内在的本质联系。特殊规律揭示的是某一时间、某一地域、某一性质甚至某一次战争过程的个性。毛泽东认为，“我们应该研究一般战争的规律”。只有把握了一般战争的规律，人们才能够了解战争的共同本质及其发展的基本趋势，从而掌握认识和指导战争的一般原则和方法，进一步解释战争的特殊规律。但如果只懂得一般战争的规律，不研究和把握特殊战争的规律，便不能对具体的战争进行正确的具体指导。因此毛泽东也很强调对特殊战争规律的研究和把握，尤其是对中国革命战争特殊性的把握。他说：“我们的革命战争是在中国这个半殖民地半封建的国度里进行的。因此，我们不但要研究一般战争的规律，还要研究特殊的革命战争的规律，还要研究更加特殊的中国革命战争的规律。”毛泽东认为战争的规律是客观的，是可以认识的，只要透过杂乱的战争现象，深入战争现象的背后，就可以认识战争的一般规律和特殊规律。

（三）人民军队的建设理论

在总结中国人民军队建设经验的基础上，毛泽东创立了一整套具有中国特色的人民军队建设理论，包括人民军队的政治建设思想、民主建设思想、教育训练思想等。

1. 政治建设思想

毛泽东对人民军队的政治工作十分重视，他认为，“政治工作是革命军队的生命线”。在毛泽东创建革命军队和进行革命斗争的过程中，政治工作贯穿始终。也正是在创建革命军队和进行革命斗争的过程中，形成了毛泽东的军队政治建设思想。

（1）核心内容是“党指挥枪”。

毛泽东军队政治建设思想的核心内容是“党指挥枪”，即把军队置于党的绝对领导之下，中国人民军队必须完全无条件地置于中国共产党的领导之下，军队的最高领导权和指挥权集中于中共中央和中央军委；军队的一切行动听从党中央和中央军委的指挥，不允许向党闹独立性；不允许其他政党在军队中建立组织和进行活动；不允许任何个人有征兵权；不经党中央和中央军委授权，任何个人不得插手军队，更不得擅自调动和指挥军队。“党指挥枪”的原则是确立和保持人民军队性质的根本保证，中国共产党是在半殖民地半封建的社会历史条件下创建革命军队的，这就使得人民军队的成分相当复杂，军队内部思想混乱，带有农民和小资产阶级的阶级局限性。要消除这些消极的影响，把广大官兵培养成具有共产主义觉悟和富有献身精神的无产阶级战士，就必须把人民军队置于党的绝对领导之下。坚持党对军队的绝对领导，可以使军队具有更高的组织性和纪律性，可以有效地防止其他任何党派和政治团体在军队中的活动，保证人民军队的无产阶级性质，使人民军队始终为无产阶级和广大劳动人民的利益服务。

党在军队中的组织和有效工作是实现党对军队领导的组织保证。我党在建立人民军队之初，就开始了在军队中建立党组织的尝试。1927 年秋收起义后，毛泽东为扭转战争的被动局面，在江西省的永新县进行了我军历史上具有重要意义的“三湾改编”，提出了“支部建在连上”的原则，这是毛泽东在军队中建立健全的党的组织的初步尝试。从这时起，我们党就确立了党对军队的绝对领导。为了“在军队中建立健全的党组织”，毛泽东提出以下几点：①健全军队中各级党的组织。“三湾改编”时毛泽东提出了党在军队中的一整套组织机构形式，后来又发展为党代表制和健全的党的政治机关。②加强党的政治思想教育，克服各种非无产阶级思想。毛泽东认为，只有提高军队中广大党员的政治思想水平和抵御各种非无产阶级思想侵蚀的能力，才能在军队中建立起健全的党组织。③严格入党条件。防止不够资格的人入党，以保证党员思想纯洁。④强化党的组织纪律观念。这是在军队中建立坚强的党组织的重要保证。

（2）宗旨是为人民服务。

毛泽东的军队政治建设思想还回答了“军队为谁而建”和“为什么建”的问题。在人民军队创建之初，毛泽东就意识到了人民军队宗旨问题的重要性。他指出，革命武装是为自己为人民打仗。古田会议对人民军队的宗旨有了更明确的规定，到 1945 年，毛泽东关于人民军队宗旨的理论更为完整，指出人民军队是“为着广大人民群众的利益，为着全民族的利益，而结合，而战斗的。紧紧地和中国人民站在一起，全心全意地为中国人民服务，就是这个军队的唯一宗旨”。毛泽东根据人民军队的宗旨和中国革命战争及军队的实际情况，提出了人民军队“战斗队”“工作队”“生产队”的三大任务。这三大任务是随着人民军队的建立和中国革命的发展而不断完善的。1927 年，在建立茶陵苏维埃政权的过程中，为巩固政权，毛泽东号召部队开展群众工作，开展打土豪的斗争，发动群众建立工农民主政权；同年 12 月，毛泽东明确提出了工农革命军要以“打仗消灭敌人、打土豪筹款子、做群众工作”为主要内容的“三大任务”。抗日战争时期，为打破日伪军和国民党顽固派的封锁，与人民群众共渡难关，毛泽东为抗日军队规定了一面作战、一面生产的任务，加上做群众工作，形成了“打仗、生产和做群众工作”三大任务。中华人民共和国成立之前，面对解放战争的新形势，面对接受和管理城市的新情况，毛泽东又发出“把军队变为工作队”的指示，他说：“军队不但是一个战斗队，而且主要的是一个工作队……严重的时期已经过去了……军队变为工作队，现在已经要求我们这样提出任务了。”但在中华人民共和国成立之际，毛泽东并没有因突出人民军队的工作队任务而忽视战斗队的任务，他指出：“军队还是一个战斗队，在这一点上绝不能松气，如果松气，那就是错误的。”他还说：“人民军队永远是一个战斗队，就是在全国胜利以后，在国内没有消灭阶级和世界上存在帝国主义制度的历史时期内，我们的军队还是一个战斗队。对于这一点不能有任何的误解和动摇。”

2. 民主建设思想

人民军队的民主建设也是毛泽东军队建设的一个重要内容。在建军之初，毛泽东就提出“军队也需要民主”。到抗日战争时期，毛泽东又指出，“军队应实行一定限度的民主化”，他认为，实行了一定限度的民主，可以增加军队的战斗力，如此“长期的残酷的战争就不患不能支持”。1948 年，毛泽东系统地提出了人民军队的民主制度，认为军队民主的基本内容有三点，即政治民主、经济民主和军事民主。政治民主指的是官兵在政治上平等，军队的官兵只有职务和分工的不同，没有人格的贵贱，都应享有同等的政治权利，有权参与军队的建设和管理。经济民主主要指伙食单位公开，官兵有权管理和监督经济生活。军事民主主要指在军事训练时实行官兵互教的练兵方法；作战时，发动官兵出主意，想办法，解决战术、技术难点，讨论如何执行作战命令、作战计划，积极完成作战任务等。同时毛泽东强调，军队的民主是“有秩序、有领导的民主”，注意防止和坚决反对只要民主、不要集中统一的极端民主化，指出高度的集中统一是军队生存的重要保证。

3. 教育训练思想

毛泽东认为，人民军队的建设，在加强政治建设的同时，还要加强军事建设，使军队不断向正规化、现代化的方向发展。加强军队的军事建设，根本上是加强军队的管理工作，逐步实现军队的现代化和正规化，提高军队的战斗力。毛泽东非常重视提高军队的战斗力，他认为，战斗力是衡量军队强弱的主要标志，是决定军队胜败的根本因素。早在 1935 年，毛泽东就提出要使方面军的战斗力提高到很的水平。1938 年，他又发出“提高主力军的战斗力”的号召，而要真正提高军队的战斗力，除了要抓练兵工作、抓整顿，还必须进行军队现代化和正规化建设。毛泽东向来重视军队的现代化和正规化建设，1935 年他就强调，不迅速改变红军的技术条件，要彻底战胜敌人是不可能的。在战争年代，毛泽东提出使我军技术装备改善的途径有三个：一是自己制造，二是从外国输入，三是缴获敌人的武器装备补充自己。毛泽东还看到了军纪的作用，认为管理也可以出战斗力，因为管理可以严肃纪律，去除不良习气，从而提高军队战斗力，所以毛泽东强调要“加强对部队的军事管理工作”，并提出了“带兵即管理”和“以革命军队的管教方法”管理军队及以法管理军队的思想，创立了我军早期的一些规章制度。加强军队的管理工作，为我军的法制化和正规化建设作出了重要贡献。

（四）人民战争理论

人民战争思想就是指人民群众为了反抗阶级压迫和民族压迫而组织起来进行武装斗争的思想。毛泽东认为，革命的战争是群众的战争，只有动员群众才能进行战争，只有依靠群众才能进行战争。

人民战争思想是毛泽东军事思想的核心。它是在中国革命战争的实践中，运用马克思主义基本原理，集中党和群众的集体智慧，对人民革命战争的丰富经验所作的科学理论概括。

人民战争为广大人民群众的根本利益而战。因此，它能够把广大人民群众团结起来，为革命战争胜利而英勇奋斗。人民群众参加战争，政治上能使敌人处于孤立无援之地；军事上使敌人处处遭到抵抗而分散兵力，便于我军集中兵力歼灭之；经济上形成了我军物质供应有可能的来源。如果发挥人的主观能动作用，实行正确的作战指导，就能把胜利的可能性变为现实。

人民战争的特性：人民战争是为广大人民群众的自身解放，依靠广大人民自己的力量进行的战争，不是少数人进行的战争，所以具有群众性；人民战争是反抗阶级或民族压迫的正义战争，而不是侵略或掠夺的非正义战争，所以具有正义性；人民战争从中国经济落后的国情出发，在农村建立革命根据地，把武装斗争与土地革命和建立政权结合起来，使之成为发动群众、扩大武装、发展生产、支持长期战争的基地，符合中国革命战争客观规律，所以具有科学性；人民战争在党的领导下，实行正确的政治路线、军事路线、组织路线，把一切可组织起来的人团结动员组织起来，投入战争，是有严密组织纪律的武装进行的战争，所以又具有组织性。

人民战争的主要内容：首先是依靠人民群众，发动群众参军参战，支援前线；建立一支无产阶级领导下的全心全意为人民服务的人民军队，作为人民战争的骨干；实行三结合武装体制，即主力兵团与地方兵团相结合，正规军与游击队、民兵相结合，武装群众与非武装群众相结合的形式；建立巩固的农村革命根据地；实行灵活机动的战略战术。这样的战争，才是中国共产党领导下的人民战争。

（五）国防建设理论

中华人民共和国成立后，毛泽东对国际形势不断提出新的认识和判断。中华人民共和国成立初期，毛泽东认为，新的世界大战存在爆发的可能性，但可以制止；20 世纪 50 年代中期，他认为，世界大战存在可以避免和不可避免的两种可能性；60 年代中期，毛泽东认为世界大战不可避免，我们要立足于“早打、大打、打核战争”的原则。毛泽东这种对国内外形势的判断对中国加强国防建设起了巨大的推动作用。

早在战争年代，毛泽东就认识到国防对国家安全和民族兴旺的重要性，对国防建设进行了考虑，并提出了一些国防建设设想，经过抗日战争和解放战争，毛泽东的国防思想不断发展完善。1949 年，中华人民共和国成立之际，毛泽东意识到，国内外的帝国主义势力和反对派绝不甘心失败，还会作最后的挣扎，因此，毛泽东向全党、全军、全国发出了建设强大国防的号召，同时指出新的中央人民政府“将加强人民的陆海空军，巩固国防，保卫领土主权完整，反对任何帝国主义国家的侵略”。中华人民共和国成立后，中国处于帝国主义的封锁包围之中，帝国主义和其他敌对势力不愿看到中国崛起，千方百计阻挠中国发展和强大。以美国为首的西方国家把战火烧到了中国大门口，妄图把中华人民共和国扼杀在摇篮里。阴谋被挫败后，美国又联合泰国、新加坡等国形成了对中国的“月牙形”军事包围圈。面对严峻的国际形势和周边环境，毛泽东认为加强国防是抵御外敌侵略的关键，1956 年提出了“国防不可不有”的思想。

中华人民共和国成立后，毛泽东还发出了建设现代化国防的号召，他说，中国要建立强大的经济力量，还要建立强大的国防力量。他指出，面对强大的敌人，我们必须掌握最新的装备和最新的战术，迅速把我军提高到足以在现代化的战争中取胜的水平。在毛泽东的指导下，我军的现代化建设达到了一个新的水平。毛泽东还提出要大力加强民兵和国防后备力量的建设，他认为后备力量是国防力量和国防潜力的重要组成部分，是常备军的补充。1951 年，中央军委发出了关于加强民兵建设的指示。1958 年，毛泽东在北戴河作出了“全民皆兵”的决策。1962 年，毛泽东又对民兵工作提出“三落实”的政策，即民兵工作要做到组织落实、政治落实、军事落实。在毛泽东的指示下，中国的民兵建设得到了蓬勃的发展。20 世纪 60 年代初，全国的工厂、农村、大专院校普遍建立了民兵组织，民兵工作向制度化、普遍化、经常化方向发展。

在建设现代化国防的过程中，毛泽东非常重视国防科学技术的发展，多次强调要下决心发展我国的国防尖端技术。1955 年初，毛泽东在中南海主持召开了中共中央书记处扩大会议，研究我国发展原子弹和核武器的问题，他认为，当时是发展核武器和原子弹的时候了。1958 年，毛泽东明确提出了“要搞一点原子弹、氢弹”的宏伟目标。二十世纪五六十年代，在中国经济严重困难时期，毛泽东以战略家的胆识和气魄，下决心搞尖端技术。1964 年，我国成功爆炸了第一颗原子弹，之后毛泽东又提出发展洲际导弹和人造卫星。事实证明，毛泽东关于下决心搞国防尖端技术的思想和研制“两弹一星”的科学决策，促成了我国国防现代化事业质的飞跃，有效地打破了帝国主义的核垄断。

三、毛泽东军事思想的历史地位和现实意义

毛泽东是中华人民共和国的缔造者，集军事统帅和军事理论家于一身，在数十年的军事实践中，留下了众多非常有影响的军事论著，其军事思想在军事科学发展史上独树一帜，在中国甚至世界军事思想史上都占有极其重要的历史地位。

（一）毛泽东军事思想丰富和发展了马克思主义军事科学，并将中国的军事科学发展到一个新阶段

毛泽东是当代伟大的军事家、战略家和军事理论家，他指挥战争时间之长、规模之大、经验之丰富，在无产阶级革命家中是首屈一指的。在实践的基础上，毛泽东将马列主义原理同中国革命斗争的实践相结合，在一系列重大问题上发展了马克思主义军事理论，如他的战争观和方法论，他开辟的农村包围城市、武装夺取政权的道路，他提出的人民战争思想、适合中国革命特点的战略战术以及关于国防现代化建设的理论等，既是对马克思主义军事思想的继承，又是马克思主义军事思想在中国的创造性运用，是对马克思主义军事理论的丰富和发展。正如基辛格所言，“毛泽东基于大家熟悉的列宁主义学说，即战争是斗争的最高形式，研究出一套军事理论”。

（二）毛泽东军事思想是中国革命战争胜利和国防现代化建设的理论指南

理论来源于实践，又对实践具有指导意义。毛泽东军事思想来源于中国革命的伟大实践，是对中国革命实践的总结，在中国长期的革命斗争实践中，毛泽东等老一辈无产阶级革命家把马克思主义的辩证唯物主义与历史唯物主义同中国革命的实践相结合，通过对战争的不断实践、认识、再实践、再认识，逐步深化和完善对战争规律的认识，并上升到理论的高度，形成了毛泽东军事思想。实践已经证明，中国革命战争的胜利正是在毛泽东军事思想的指导下取得的。

毛泽东军事思想又是一个完整的科学理论体系，揭示了中国革命战争、人民军队和国防建设的客观规律；毛泽东的国防建设思想是在中华人民共和国成立后提出的，是毛泽东军事思想在新的历史条件下的创造性发展，阐明了和平时期国防建设的重要性，提出了国防建设的一系列指导思想、方针和原则。毛泽东军事思想也是我国国防现代化建设的理论指南。

（三）毛泽东军事思想在世界上有着广泛而深刻的影响

毛泽东军事思想是世界军事科学的一部分，其理论价值为世界所公认，在许多国家起着实际的指导作用。

毛泽东军事思想在第三世界国家广泛传播，为这些国家的人民摆脱民族压迫、争取民族独立提供了强大的思想武器。毛泽东军事思想揭示了革命战争的规律，尤其是他在领导中国人民争取胜利的革命战争中创立的以弱胜强的高超战争艺术，为第三世界国家被压迫民族和被压迫阶级实现以小胜大、以劣势装备战胜优势装备之敌提供了成功的范例和理论武器，对这些国家和地区争取民族独立和解放的斗争起到了现实的指导意义。巴基斯坦有报纸指出，“毛泽东作为军事战略家是一位开路先锋，他的人民战争学说，对亚洲和非洲的历史发展的影响是不可估量的”。

毛泽东军事思想是一座博大精深的军事理论宝库，所揭示的军事规律达到了前所未有的深度和广度，对于指导军事斗争和军事建设的实践具有普遍的真理性意义。毛泽东军事思想受到世界各国的重视，许多国家多次翻译和出版毛泽东的军事著作，有的国家成立了专门的毛泽东军事思想研究机构，有的国家将毛泽东的军事著作作为军事院校的必修课，还有的国家则派军官来中国学习，其中一个重要内容就是学习毛泽东军事思想。这些都表明，毛泽东军事思想已经超越国界，成为世界人民的共同财富，对世界和平发挥着巨大的作用，正如尼克松亲自对毛泽东所讲的，“主席的著作推动了一个民族，改变了整个世界”。

第三节　邓小平新时期军队建设思想

一、邓小平新时期军队建设思想的科学含义

（一）邓小平新时期军队建设思想是马克思主义军事理论和毛泽东军事思想在“新时期”“新阶段”的“新发展”

所谓的“新时期”不仅是一个时间概念，更是我党我军现代化建设的标志。十一届三中全会以后，党的工作重心转移，邓小平根据对国际形势的分析，提出世界大战是可以避免的，战争规模趋于有限化、局部化，维护世界和平是有希望的。基于这种对战争与和平问题的判断，为适应党和国家工作重心的转移，军队和国防建设指导思想也实行了战略性转变，从准备“早打、大打、打核战争”状态，转移到和平建设轨道上来，并充分利用大仗打不起来的这段和平时期，在服从国家经济建设大局的前提下，抓紧时间，有计划、有步骤地加强现代化建

设，从根本上实现我军由低级阶段向高级阶段的转化。“新阶段”主要是指我国国防和军队建设指导思想的战略性转变时期，即我军建设进入了一个新的发展阶段。“新发展”主要是指在新的历史条件下，邓小平同志及中央军委对马克思主义军事理论和毛泽东军事思想的继承和发展。毛泽东军事思想是我党我军宝贵的精神财富，并不是过时的军事理论。邓小平新时期军队建设思想正是建立在毛泽东军事思想科学基础之上的，是毛泽东军事思想在我党我军新时期的创造性运用和发展，不论是在深度还是在广度上都是对毛泽东军事思想体系的丰富和发展。

（二）邓小平新时期军队建设思想是对新时期我国国防和军队建设的一系列方针、政策、措施的科学概括和总结

邓小平新时期军队建设思想是着眼于解决新的历史时期所出现的新情况、新问题而提出的。我军进入以现代化为中心的新的历史时期后，面临着许多新情况、新问题。新的军事实践给我们提出了新的要求，如我们该如何全面贯彻和执行我国军队建设指导思想战略性转变的决策；如何在服从国家经济建设大局的前提下，确定我国的国防发展战略，搞好国防建设等问题。这些问题我们都不可能从老一辈无产阶级革命家的军事论著中找到现成的答案，特别是关于高技术条件下的局部战争和我军现代化建设等问题的答案，更不可能在马克思主义军事学说和毛泽东军事论著中找到具体答案。在这种情况下，邓小平同志从我军的现状出发，把毛泽东军事思想同当前我军现代化建设实践统一起来，提出了新时期“必须把我军建设成为一支强大的现代化、正规化的革命军队”的总目标和总任务，并围绕这一目标和任务制定了一系列关于我国国防和军队建设的具体方针、政策和措施，在此基础上，邓小平运用马克思主义的基本原理，对这些方针、政策和措施进行科学概括和总结，将其上升到理论的高度，从而形成了关于我国国防和军队建设的一整套完整的理论。

二、邓小平新时期军队建设思想的主要内容

邓小平军事理论是马列主义军事理论、毛泽东军事思想在新的历史条件下的创造性运用与发展，是中国化的、最具有时代特色的当代马克思主义军事理论，其内容是极其丰富的，概括起来主要有以下几个方面：

（一）战争与和平理论

战争与和平问题是马克思主义军事理论的一个重要内容，是制约军事战略、国防建设和军队建设，影响国家内外政策的基本问题。邓小平依据马克思主义的基本原理，对国际形势进行了全面而深刻的观察、思考和分析，并据此提出了现

代战争的新理论，极大地丰富和发展了马克思主义的战争理论。

1. 和平与发展是当代世界的两大问题

自20世纪70年代后期开始，世界政治和国际关系向更加缓和的方向发展，两种社会制度已由冷战时期的并存、对峙和对抗开始转向和平共处、协作竞争。邓小平根据对国际形势的长期观察和冷静思考，实事求是地分析了时代的主要矛盾和矛盾斗争中的力量对比，到80年代中期，逐渐形成了和平与发展的时代主题观，提出了“和平与发展是当代世界的两大问题”的论断。他认为，“现在世界上真正大的问题，带全球性的战略问题，一个是和平问题，一个是经济问题或者说发展问题。和平问题是东西问题，发展问题是南北问题。概括起来，就是东西南北四个字。南北问题是核心问题”。

邓小平提出的和平与发展的时代主题观真实地反映了当代世界的基本特征。第二次世界大战结束后，维护世界和平始终是世界的头等大事；发展问题在发展中国家政治独立后也成为世界最重要的问题之一，不仅直接关系着130多个国家和地区的繁荣与稳定，而且对发达国家经济再发展的影响也越来越大，实际上已经成为整个人类进一步发展的问题。冷战结束后，世界多极化趋势加速发展，大国之间的关系进行深刻调整，通过建立各种新型伙伴关系，相互借重，相互牵制，爆发世界大战的危险性进一步减弱。世界上大部分国家都把发展作为国家首要的战略任务，包括中国在内的发展中国家都加快了发展的步伐。“和平与发展”作为当代世界主题的地位得到进一步的确认和加强。

2. 世界大战可以避免，但战争危险依然存在

党的十一届三中全会后，邓小平本着实事求是的精神，在总结历史经验的基础上，通过对当代国际形势的分析，对世界大战不会爆发的问题作出了科学的判断。1983年初，邓小平在谈到经济建设时就曾说：“大战打不起来，不要怕，不存在什么冒险的问题。”1985年，邓小平在军委扩大会议上明确指出：“在较长时间内不发生大规模的世界战争是有可能的，维护世界和平是有希望的。”之后，邓小平又进一步指出：“战争是可以避免的，和平是可以赢得的。”“对于总的国际局势，我的看法是，争取比较长期的和平是可能的，战争是可以避免的。”邓小平认为，第三世界是最希望和平的，第三世界力量的增长意味着和平力量的增长；中国的发展也将成为制止战争、维护和平的一支重要力量；在世界上有资格打世界大战的只有美、苏两个超级大国，但这两个国家都拥有能够毁灭世界几次的军事力量，这对世界大战是一种制约；处在美、苏两个超级大国之间的欧洲发达国家也可以成为第三世界国家反对霸权主义的同盟军。因此，和平力量的增长已经超过了战争力量的增长，世界大战是可以避免的。世界形势的发展已经证明邓小平关于世界大战可以推迟或避免的论断是正确的。

大战可以避免，但战争危险依然存在，和平只是相对的。邓小平明确指出，“因为霸权主义者有疯狂性，不知道他们在什么地方制造一件什么小事情，就可能挑起战争。大战虽然可能推迟，但是一些偶然的、局部的情况是难以完全预料的”。对此，我们必须有充分的认识和高度的警惕，绝不能就此认为“天下太平”了。在大战打不起来的情况下，局部战争和地区性冲突依然存在。发达资本主义国家对社会主义国家更多地采用“和平演变”的战略，妄图通过“没有硝烟的战争”达到“不战而胜”的目的，我国安全仍然面临着现实的威胁。因此，在严重的国际斗争中，绝不能丧失警惕，松懈斗志，产生麻痹的思想。

3. 霸权主义是当代战争的主要根源，要维护和平，制止战争，就要反对霸权主义

在二十世纪七八十年代，邓小平根据对国际形势的分析和判断，作出了霸权主义是当代战争主要根源的科学论断。1978 年，邓小平在会见外国领导人时就明确指出：“国际形势的发展越来越证明霸权主义是世界不安宁的根源，严重地威胁着全世界，包括东南亚地区的和平与安全。”之后，邓小平又不止一次地论述了霸权主义与当代战争的关系，“当今世界不安宁来源于霸权主义的争夺”，“战争是同霸权主义连接在一起的”，“霸权主义是战争的根源”。邓小平的这一观点，在探讨现代战争的根源时，没有仅仅停留在社会制度或意识形态的差别上，而是从现实出发，深入考察一个国家是否推行对外扩张政策，国家不论大小，不论是资本主义还是社会主义，只要搞霸权主义，就早晚会成为战争的发动者，所以邓小平认为，对外奉行霸权主义的资本主义国家，是现代战争的根源；某些实行社会主义制度的国家如果奉行霸权主义的对外政策，同样也是现代战争的策源地。中国是一个爱好和平的国家，邓小平强调指出，我们的政策就是“谁搞霸权就反对谁，谁搞战争就反对谁”。为了制止战争的爆发，促进世界和平，邓小平坚持实事求是的思想方法，针对我国和世界上一些国家之间存在争端的实际，经过长时间的观察和思考，创造性地提出了和平解决国际争端的新思路，进而提出了“一国两制”的崭新构想和解决国际争端的新办法。邓小平的战争根源理论及和平解决国际争端的新思路，反映了当代战争的客观现实，推动了世界人民反对霸权主义、维护世界和平、制止战争的斗争。

（二）军事战略理论

在新的历史时期，邓小平依据马克思主义的原理，认真分析国际形势，根据我们党和国家路线、方针、政策的调整，从新的历史条件出发，明确地提出了新时期的军事战略理论，其内容集中体现在以下两个方面：

1. 必须坚持积极防御的战略方针

邓小平全面考察了现代战争的特点和敌我双方所发生的重大变化，从我国的

国情和军情出发，结合当前的国际形势，明确指出，我们的战略方针是积极防御。积极防御的思想是寓攻于防、攻防结合，即“积极防御本身就不只是一个防御，防御中有进攻”。积极防御的战略方针重视备战工作，邓小平指出：“仗总可能有一天要打起来。我们绝不能浪费时间，要加紧备战工作，特别是要训练干部学会指挥现代战争。”邓小平从我国我军的实际情况出发，强调积极防御必须立足于以劣势装备战胜优势装备之敌，指出以劣势装备战胜优势装备之敌是我军的优良传统，未来的反侵略战争仍要立足于以劣势装备战胜优势装备的敌人。我军按照积极防御的战略方针，在边境局部战争中取得了反击地区霸权主义的胜利，有效地捍卫了国家的尊严和领土的完整。事实证明，我军积极防御的战略方针是科学的，是经得起实践检验的。

2. 必须坚持现代条件下的人民战争

人民战争是中国革命战争的指导路线，是毛泽东军事思想的核心，对无产阶级的军事斗争和军队建设具有长远、稳定和普遍的指导意义。邓小平认为，在新的历史条件下，科学技术的发展，武器装备的更新，只是改变了战争的物质条件，只能影响战争的进程，但不能改变战争的性质，也不可能根本改变人民群众在战争中的决定作用。我军有丰富的人民战争经验，有以劣势装备战胜优势装备之敌的光荣历史，现在我军的武器装备较过去已有了很大改善，这就为我们实行现代条件下的人民战争创造了有利条件，使我们的人民战争更具威力。邓小平继承了毛泽东的人民战争思想，他多次强调，我们的战略是毛泽东制定的，毛主席的战略就是人民战争，现在我们还是坚持人民战争；邓小平还创造性地发展了毛泽东的人民战争理论，提出了适应现代技术特别是高技术条件下的人民战争理论。邓小平认为，真正的马克思列宁主义必须根据现有的情况，认识、继承和发展马克思主义，所以他提出，在现代的条件下，坚持人民战争就必须根据发展变化了的实际，努力研究新情况，总结新经验，探讨新战法，概括新理论，发展人民战争的战略战术，使人民战争理论能够随着科学技术的发展和现代战争条件的变化，从内容到形式都获得新的充实和发展，以适应现代条件下人民战争实践的需要。

（三）国防建设理论

在新的历史条件下，邓小平以马克思主义实事求是的科学态度，对国内外形势进行了深远的思考，提出了系统地建设有中国特色的现代化国防的理论。

1. 关于我国国防建设、军队建设指导思想实行战略性转变的理论

党的十一届三中全会以后，我党的工作重心实现了转移，即开始以经济建设为中心。邓小平通过对国际形势的长时间观察和思考，认为国际形势整体上是走

向缓和的，和平力量的增长超过了战争力量的增长，新的世界大战是可以避免的，这就打破了中国长期以来“大战不可避免，而且迫在眉睫”、要立足于“早打、大打、打核战争”的思想观念，是对马克思主义战争观的重大发展。邓小平对国际形势的这一科学判断，为我军建设的重大决策提供了科学的理论依据，使我国国防建设和军队建设的指导思想能够从社会主义建设的全局出发，迅速从立足“早打、大打、打核战争”的临战状态转到和平时期的建设轨道上来，既充分利用相对和平的环境，在服从国家经济建设大局的前提下，抓紧时间，有计划、有步骤地加强以现代化为中心的根本建设，提高军队军政素质，增强我军在现代战争条件下的自卫能力。这一战略性转变使我国的国防建设、军队建设走上了和平时期健康发展的正确轨道。

2. 从国情、军情实际出发，走有中国特色的国防现代化建设道路

邓小平从国际形势出发作出新的世界大战可以推迟或避免的论断，但他并没有忽视国防建设，他指出，“国家的主权、国家安全要始终放在第一位”，“我们自己要保持警惕，放松不得。要维护我们独立自主、不信邪、不怕鬼的形象”。邓小平认为，我们的现代化建设，必须从中国的实际出发，要注意学习和借鉴外国的经验，但不能照抄照搬别国经验和模式，要把马克思主义普遍原理同我国的具体实际相结合，走自己的路，建设有中国特色的社会主义。在国防建设上，邓小平指出，我们要坚持不称霸、不扩张、不结盟，坚持和平共处、独立自主的防卫原则，这就为我国确立了建设防卫型国防的方针。

建设有中国特色的现代化国防就是从中国实际的国情、军情和国力出发，一方面要坚持以国家利益为最高原则，处理一切问题都要从国家自身的战略利益出发，另一方面要坚持独立自主、自力更生的方针，这是我国国防建设的基本经验之一。按照邓小平的构想，我们的国防建设要充分利用世界大战可以避免、国际形势趋于缓和的有利时机，以及国民经济的不断发展，努力加强国防建设，力争到21世纪中叶，即在中华人民共和国成立100周年的时候，使我国的国防综合实力接近或赶上当时世界其他军事强国，在维护国家安全利益和世界和平中发挥更加积极的作用。

（四）军队建设理论

在新的历史时期，以邓小平为核心的党中央、中央军委，根据新时期的历史条件和军事斗争的实际需要，提出了将我军建设成为一支强大的现代化、正规化革命军队的总目标，提出了实现军队建设目标的指导原则，形成了系统的军队建设的理论。

1. 提出了新时期军队建设的总目标和指导原则

邓小平根据新的历史条件，明确提出，中国人民解放军必须建设成为一支强

大的现代化、正规化的革命军队。这是新时期我国军队建设的总目标和任务。邓小平还根据国内外形势的变化、军队建设的规律以及我军的性质和任务，规定了这个目标的基本内容和实现这一发展目标的具体要求。

邓小平在总结我军几十年建设经验的基础上，提出了我军建设的指导原则。他一再强调军队建设必须坚持党对军队的绝对领导，“我们这个军队是党指挥枪，不是枪指挥党”，“党要管军队，因为军队始终是党领导的”。我们的军队建设必须坚持在改革中进行的原则，邓小平认为，改革是解决我军建设主要矛盾和各种现实问题的需要；我军的建设还必须继承和发扬我党我军的优良传统和艰苦奋斗、勤俭节约的原则，这是我军战斗力的源泉，是我军建设的传家宝，必须永远坚持和发扬。

2. 强调新时期军队建设要以现代化为中心

邓小平指出要把我军建设成为一支强大的现代化、正规化的革命军队，这就为我军新时期的建设提出了现代化、正规化、革命化的明确目标和前进方向，其中现代化是中心。不论是革命化，还是正规化，都必须围绕着现代化这个中心来进行。早在20世纪70年代，邓小平就尖锐地指出我军存在的两个弱点：一个是“我们军队打现代战争的能力不够”，另一个是我们军队的各级干部“指挥现代战争，包括我们老同志在内，能力都不够”。这就意味着，我军的现代化建设是现代战争提出的必然要求，正是这个要求，决定了我军建设必须以现代化为中心。实现军队的现代化是中国人民解放军全部工作的中心，也是中国人民解放军向高级阶段发展的必由之路。军队的一切工作和正在进行的一切改革，都要服从和服务于现代化建设，都要紧紧围绕这个中心来进行。

3. 坚持质量建军的根本要求，走有中国特色的精兵之路

进入新的历史时期以后，邓小平根据各国军队建设的普遍规律，从我国的国情、军情出发，明确提出我军的现代化建设一定要注重质量建设，他说：“我们不需要太多，但要精，要真正是现代化的东西。”军队建设只讲数量、不讲质量是不行的，注重质量建军是现代战争的客观要求。现在世界各国都把减少数量、提高质量作为军队建设的基本方针，邓小平把质量建设提到了我军现代化建设的首位。邓小平提出要以精简整编和体制改革为突破口，坚持独立自主、自力更生的方针，加强政治教育，进行严格的教育训练，以提高军队的素质和战斗力，努力开展军事科学技术研究，积极发展和改善我军的武器装备，来实现我军的现代化。邓小平质量建军的思想为我军的质量建设指明了方向，开辟了一条有中国特色的社会主义精兵之路。

三、邓小平新时期军队建设思想的地位和作用

邓小平同志是我党我军第二代领导集体的核心，毛泽东逝世后，他领导全党

全军和全国各族人民，“把毛泽东同志已经提出，但是没有做好的事情做起来”。在领导中国伟大建设的实践中，邓小平根据马克思主义同中国实际相结合的原则，继承、丰富与发展了包括军事思想在内的毛泽东思想，提出了一系列的观点和理论，形成了包括邓小平军事理论在内的邓小平理论。

（一）邓小平军事理论是对毛泽东军事思想的丰富和发展，是最富有时代精神的马克思主义军事理论

在党的十四大报告中，江泽民指出邓小平建设有中国特色社会主义的理论是马克思列宁主义基本原理与当代中国实际和时代特征相结合的产物，是对毛泽东思想的继承和发展，是全党全国人民集体智慧的结晶，是中国共产党和人民最珍贵的精神财富。在党的十五大报告中，江泽民进一步指出，邓小平理论是当代中国的马克思主义，是马克思主义在中国发展的新阶段。

邓小平主持我党我军的工作后，以马克思主义实事求是的科学态度、无产阶级革命家的创新精神和战略家的远见卓识，把毛泽东军事思想与新时期我国我军的客观实际相结合，对国内外大势和新的历史条件进行了深远的思考，提出了我国新时期国防建设和军队建设发展的总体战略，极大地丰富和发展了毛泽东军事思想。

1. 着眼于时代的特点，提出了新的战争观

毛泽东认为战争的根源是私有制和阶级，并把战争划分为正义战争和非正义战争。邓小平发展了毛泽东的军事思想，认为霸权主义是当代战争的主要根源，战争危险依然存在，但和平力量的增长超过了战争力量的增长，国际形势总的趋势是趋于缓和，和平与发展成为当今世界的两大问题，世界战争可以推迟或避免。这就为我军新时期建设的指导思想的战略性转变提供了理论依据，并推动我国国防与军队建设真正走上了和平时期建设的轨道。邓小平还主张要在和平共处五项原则的基础上建立国际政治、经济新秩序，争取用和平方式解决国际争端和国家统一问题。要立足于中国力量的发展，促进世界和平力量的发展，反对霸权主义，制止战争，维护和平。

2. 适应社会主义现代化建设的要求，提出了建设具有中国特色的现代化、正规化革命军队的科学理论

毛泽东将建设强大的国防和经济力量作为中国的两大任务，并发出了建设现代化国防的号召。邓小平考察了现代战争对军队的要求和其他国家军队建设的经验，对我军建设的总目标和实现这一总目标的方针、措施和步骤提出了一系列科学的理论和观点，强调“必须把我军建设成为一支强大的现代化、正规化的革命军队”，确立了国防和军队建设的基本精神是以现代化为中心，以革命化为根本，把建设有中国特色的现代化、正规化革命军队作为新时期军队建设的总任务。

3. 围绕党在社会主义初级阶段的基本路线，制定了国防建设、军队建设要服从国家建设大局的基本原则

中华人民共和国成立之后，毛泽东就提出了和平时期国防建设必须服从国家经济建设的原则。在新时期，邓小平将毛泽东的这一理论加以完善化和系统化，并用以指导我国的国防建设，理顺了国防建设和经济建设的关系。邓小平强调社会主义现代化建设才是最大的政治，代表着人民的根本利益，军队建设要紧紧围绕党的基本路线进行，必须服从国家经济建设的大局，国防建设、军队建设要在大局下行动。只有把经济建设搞上去，才能从根本上增强国力和军力。同时，在国防经费不可能有大的增加的情况下，军队和国防建设要立足现有条件，在服从国家经济建设大局中积极谋求军队和国防建设的发展，逐步实现军队现代化。

4. 探索实现我国国防和军队现代化的全面改革之路

邓小平反复强调，不改革就没有出路。军队的改革必须以战斗力标准为尺度，着眼于提高质量，着眼于全面提高军队的素质，要从自身特点出发，积极稳妥地促进我军的“三化”建设。邓小平还指出，军队改革要与国家改革相协调，要在发扬党对军队的绝对领导、军队的政治工作、全心全意为人民服务的宗旨等优良传统的基础上，依据现代化军队建设的规律，改革和调整军队编制体制、教育训练和管理方面存在的问题。这样才能适应现代战争的需要，保证人民军队的本色，保证它在政治上永远合格。

5. 考察了国际形势的变化和现代科学技术对战争的影响，明确提出我军要继续坚持积极防御和人民战争的战略方针

积极防御和人民战争的战略方针是毛泽东军事思想的重要内容，邓小平考察了现代战争的特点和规律，立足中国的国情和军情，明确提出我军要坚持寓攻于防、攻防结合的战略方针。同时强调要研究战争形态和样式的新变化，适应现代技术特别是高技术条件下局部战争的需要，在继承我军优良传统的基础上，坚持和发展人民战争理论，实行现代条件下的人民战争，使我军在未来的反侵略战争中永远立于不败之地。

邓小平的新时期军事理论进一步揭示了在相对和平时期国防与军队建设的规律，创造性地阐述了新时期我国国防与军队建设的基本理论问题，是毛泽东军事思想在新的历史条件下的重大发展。

（二）邓小平军事理论是新时期我国国防和军队建设实践经验的科学总结，是我国国防和军队建设的指导思想

江泽民在党的十五大报告中指出：“在社会主义改革开放和现代化建设的新时期，在跨越世纪的新征途上，一定要高举邓小平理论的伟大旗帜，用邓小平理论来指导我们的整个事业和各项工作。这是党从历史和现实中得出的不可动摇的

结论。”邓小平理论包括邓小平军事理论，我们的整个事业和各项工作也包括中国的国防和军队建设。邓小平理论是全党的旗帜，是全国人民的旗帜，也是军队的旗帜。高举邓小平理论伟大旗帜，是确保党、国家和军队沿着正确的方向和道路胜利前进的科学指南。

邓小平主持党中央和中央军委工作之后，从我国的国情、军情出发，运用马克思主义的基本原理，科学地分析了国际战略形势，又结合我国国防和军队建设的伟大实践，对新时期的军事战略与作战指导，对国防建设、军队建设及其与经济建设的关系，对军队现代化建设和改革的指导方针与任务，对军队的体制编制、教育训练、政治工作、后勤保障、国防科研、军政军民团结、军事科学理论的发展等各个方面，都作出了一系列重要论述。这些论述深刻分析了我军建设所处的国际环境，认为和平与发展是当今时代的两大主题，世界性的战争一时打不起来，军队建设指导思想要实行战略性转变，即由随时准备“早打、大打、打核战争”的临战准备状态，转到和平时期从长计议地建设军队的轨道上来；分析了我军建设的国内条件，认为在建设有中国特色的社会主义新时期，我们必须坚持以经济建设为中心的方针，确定了国防和军队建设同经济建设协调发展的原则；揭示了现代战争的特点和规律，分析了现代科学技术对战争方式的影响以及对军队建设的要求，强调要以现代化为中心，按照现代和未来战争的客观要求，全面加强军队质量建设，全面提高我军实现现代条件下人民战争的能力。邓小平的军事论述揭示了我国国防和军队建设的基本规律，解决了我国国防和军队建设实践中所遇到的一系列重大现实问题。

邓小平的军事理论实现了马列主义、毛泽东思想的基本原理与新时期我国国防和军队建设实践的结合，是对马列主义军事理论和毛泽东军事思想在新的历史条件下的创造性运用和发展，是当代马克思主义军事理论宝库中的新成果，它为相对和平时期加强我国国防和军队建设指明了方向。

第四节　江泽民论国防与军队建设

一、江泽民论国防与军队建设的主要内容

在跨越世纪的新征途上，以江泽民为核心的党中央、中央军委，根据发展变化了的国内、国际新形势和我军建设与军事斗争的客观实际，从解决新形势下国防建设、军队建设和军事斗争所面临的新情况、新问题出发，对国防建设、军队建设和军事斗争作出了一系列重要论述，是继承和发展邓小平军事理论的新成果。

（一）江泽民的军事战略观点

1. 继承和发扬了我军积极防御的战略方针

江泽民指出，积极防御是后发制人、攻防结合的战略，而不是单纯防守的战略。积极防御是攻守兼备的战略。积极防御的战略方针已经成为指导全军各项建设和一切工作的总的战略方针，全军的各项建设和一切工作包括军事训练、政治工作、后勤保障、国防科研、院校教育、军事理论研究等，都要在积极防御的战略方针的指导下进行。江泽民根据我国军事斗争和军事建设的实际情况，强调指出，要从我军的实际出发，面向现代化、面向世界、面向未来，努力发展军事理论；千方百计把我军的武器装备搞上去；围绕建设一支现代化、正规化革命军队这个总目标，朝着规模适度、结构合理、指挥灵活的方向，按照“精兵、合成、高效”的原则，积极稳妥地推进我军的体制编制改革；要把教育训练摆在战略地位，将我军潜在的战斗力变成现实的战斗力。江泽民还指出，我们积极防御的战略方针是建立在人民战争基础之上的，而我们实行人民战争又要依赖于军事战略方针的指导。军事战略方针和人民战争是相辅相成、不可分割的统一整体，因此，坚持积极防御的战略方针，我们还要坚定不移地坚持和发展现代条件下的人民战争。

2. 提出发展高技术条件下人民战争的战略战术

人民战争是我们克敌制胜的根本法宝。江泽民指出，人民战争的思想任何时候都不能丢。在现代高技术条件下，战争形态变了，但战争的本质没有变，人仍然是战争胜负的决定因素；江泽民强调，我们要坚定不移地坚持和发展现代条件下的人民战争，高度重视对现代条件下人民战争的研究，并指出，现代高技术对人民战争提出了严峻的挑战，也注入了新的活力，必须有针对性地进行研究，必须研究现代人民战争的作战思想、作战指挥、地理环境、作战形式、战法运用、武器运用等，积极寻找和创造适应高技术条件的人民战争战略战术；在加强军队建设的同时，我们还必须重视国防后备力量的建设，努力建设一支强大的民兵和预备役后备力量。我国不断发展的社会主义市场经济，又为我国的军事斗争准备提供了更加雄厚的物质技术保障。正如江泽民所说的，我们有强大的正规军，有民兵和预备役部队，如果有人把战争强加在我们头上，我们是不惧怕的，我们要坚决以正义的反侵略的人民战争来对付它，坚决把敢于来犯之敌消灭在人民战争的汪洋大海之中。

（二）江泽民论军队建设

1. 高举邓小平理论伟大旗帜，把军队建设胜利推向21世纪

我党历来重视理论的指导作用，在新时期，我们要加强军队建设，首先就要

有科学理论的指导。高举邓小平理论伟大旗帜，把军队建设胜利推向 21 世纪，既是江泽民新形势下加强军队建设的总的指导思想，也是根本方略，是江泽民军事论述的基本依据。

江泽民认为，邓小平理论是全党的旗帜，是全国人民的旗帜，也是全军的旗帜，高举邓小平理论的伟大旗帜是确保党、国家和军队沿着正确的方向和道路胜利前进的科学指南。在党的十五大上，我们党把邓小平理论确立为党的指导思想，并明确指出，“在当代中国，只有把马克思主义同当代中国实践和时代特征结合起来的邓小平理论，而没有别的理论能够解决社会主义的前途和命运问题”，“在跨越世纪的新征途上，一定要高举邓小平理论的伟大旗帜，用邓小平理论来指导我们整个事业和各项工作”。这是把建设有中国特色的社会主义事业全面推向 21 世纪的根本保证。

高举邓小平理论伟大旗帜，关系到我军的发展壮大。我军是中国共产党绝对领导下的人民军队，党的旗帜就是军队的旗帜，党的方向就是军队的方向。在新的历史时期，只有坚定不移地高举邓小平理论的伟大旗帜，才能保持我军建设的正确方向，才能保持人民军队的性质和宗旨，才能在正确理论的指导下，把我军现代化建设搞上去，才能确保人民军队的性质，进而确保成功履行其根本职能，为国家改革和建设提供坚强有力的安全保证。为此，江泽民反复强调，要高举邓小平理论的伟大旗帜，就必须用邓小平建设有中国特色的社会主义理论武装全军、指导行动，必须在坚持贯彻邓小平新时期军队建设思想上狠下功夫，这是由邓小平理论的科学性决定的。江泽民指出，邓小平同志关于新时期军队建设的思想，反映了新时期军队建设的基本规律，是我们在新的历史条件下搞好军队建设和进行改革的根本依据和指导思想。因此，我们要下功夫学习好、领会好，切实按照小平同志设计的军队建设蓝图，走有中国特色的精兵之路，全面提高部队的战斗力，履行好维护祖国安全、社会稳定和推进祖国统一的神圣使命。

2. 坚持党对军队的绝对领导是人民军队的军魂

党对军队的绝对领导是我们党三代领导人都十分重视的问题。早在 20 世纪 80 年代末，江泽民就在深刻分析我军建设所面临的新形势、新问题的基础上指出，坚持党对军队的绝对领导，是我们建军的根本原则，是我们党的优良传统，是我们军队特有的政治优势，必须继续保持和发扬。1993 年 9 月，他又强调指出，坚持党的绝对领导是我们军队的军魂。江泽民认为人民军队是在党的缔造和领导下发展起来的。人民军队从创建到发展，从战时作战到平时建设，从建军性质、任务和一系列原则的设立到一系列的革命实践，都是在中国共产党的绝对领导、指挥下进行的。历史证明，只有坚持中国共产党的领导才能缔造彻底革命性、广泛群众性、严明纪律性的新型人民军队，也只有坚持党对军队的绝对领导，才能永葆人民军队的性质。1990 年，江泽民在建军 63 周年的讲话中强调，加强军队建设，最根本的是要坚持党对军队的绝对领导。江泽民更明确指出坚持党对军队的绝对领导是人民军队的军魂，必须把思想政治工作摆在全军各项建设的首位，他说，“我们必须高度重视军队的思想政治建设，必须把它摆在全军各项建设的首位”，而加强军队的思想政治工作要着眼于确保党对军队的绝对领导，这就为我军的思想政治工作提出了指导方针，指明了工作重点。

3. 提出了实现新时期军队建设目标的总要求

江泽民依据邓小平新时期军队建设思想，结合军队建设不断发展的实际，从增强国防实力和履行军队根本职能出发，提出了“政治合格、军事过硬、作风优良、纪律严明、保障有力”的总要求，这个总要求涵盖了新时期我军建设的基本内容，已经成为我国军队建设的行动准绳和纲领。江泽民在党的十五大报告中又进一步强调，要按照这个总要求，积极推进军队的建设和改革，把中国人民解放军的革命化、现代化、正规化建设提高到一个新水平。

人才为军事之本，也是建军治军之本。我军的高级干部是治军的骨干，党中央和中央军委的战略意图首先要通过高级干部去贯彻执行。实现江泽民提出的这五个总要求，关键在于要有一支高素质的干部队伍。江泽民总书记在这个问题上发表了一系列论述，在党的十五大报告又进一步强调，按照革命化、年轻化、知识化、专业化方针，建设一支适应社会主义现代化建设需要的高素质干部队伍，是我们的事业不断取得成功的关键。

4. 注重质量建设，走有中国特色的精兵之路，是一个必须长期坚持的根本方针

江泽民提出，中国的军队建设要从中国社会主义初级阶段的国情军情出发，走有中国特色的精兵之路。“目标是建设一支有中国特色的革命化、现代化、正规化的人民军队。减少数量，提高质量，是军队现代化建设的一条基本方针。中国军队依靠科技强军，实现军队由数量规模型向质量效能型、由人力密集型向科技密集型的转变；按照现代战争的特点，努力提高武器装备现代化建设的水平，改革和完善军队的体制编制，改进部队的训练和院校教育的内容与方法。”走有中国特色的精兵之路，就必须把握军队建设的中国特色，就是从中国社会主义初级阶段的政治、经济、文化、军事、科技、外交等方面的传统、现状和发展趋势的综合情况出发，扬长避短，使军队的革命化、现代化、正规化建设都深深打上中国特色的烙印，反映和体现中国国情的要求。这就要求我国的军队建设和军队现代化以经济建设为依托，同经济发展相协调，服从和服务于我们国家的发展战略。江泽民还指出，现代战争已成为高新技术战争，是电子战、导弹战、立体战，落后就意味着挨打。江泽民非常重视我军的质量建设，一再强调“坚定不移

地贯彻科技强军战略”，全面提高我军的战斗力；加强思想政治工作，加强教育训练，提高军队的军政素质，提升我军以劣势装备战胜优势装备之敌的能力。

（三）加强新时期国防现代化建设

江泽民关于加强新时期国防现代化建设的论述集中体现在三个方面：一是特别强调要正确处理国防建设与经济的关系；二是要求建设具有中国特色的现代化国防；三是要加强全民国防教育，增强全民国防观念。

1. 正确处理国防建设与经济建设的关系

以江泽民为核心的党的第三代领导集体，从国防战略全局出发，根据国家经济不断发展的实际，高度重视国防和军队建设，提出两者既要服从大局，又要相互促进，协调发展。一是必须继续坚持以经济建设为中心，在集中力量进行经济建设的同时，努力加强国防建设，使国防建设在国家财力增加的基础上不断发展。二是必须形成国防建设和经济建设相互促进、协调发展的机制。比如军队要为国家的经济建设积极贡献力量，通用性较强的军事设施要实行军民合用，国防科技工业要能军能民等。而国家在经济特别是基础设施建设中，要充分考虑国防和军队的需求，做到既能促进经济发展，又能增强国防实力。三是要努力提高以经济科技实力、国防实力和民族凝聚力为主要内容的综合国力。传统意义上对国家安全利益的保障，主要凭借一个国家的军事能力，即通过战争手段保卫自己和征服对手的能力。随着人类社会化大生产的日益发展，科学技术的突飞猛进，国家之间单一军事力量的较量与竞争，日益深化为以经济科技实力、国防实力和民族凝聚力为主要内容的综合国力的较量和竞争。加强这三大实力，是实现中华民族振兴的必由之路。

2. 建设具有中国特色的现代化国防

国防现代化是国家战略目标之一。首先，必须建立现代化的军事理论。要建立现代化的军事理论，就必须正确处理继承与创新的关系。军事理论来源于军事实践，科学技术的发展强制性地改变了战争的形态、方式和方法，有了新的战略战术。根据新的时代条件的变化和军队建设、国防建设的现实需要，努力发展具有中国特色的军事指导理论。其次，国防现代化的重要内容是实现武器装备的现代化。要把国防科技发展和武器装备建设放在突出地位，必须坚持国防建设与经济建设相互促进、协调发展，使国防科技发展与武器装备建设适应新时期军事战略以及整个国家现代化建设事业发展的需要。再次，建立具有中国特色的现代化国防工业体系。国防工业在保卫国家主权，反对外国入侵，维护世界和平，反对霸权主义和强权政治的斗争中作出了巨大的贡献，捍卫了国家的尊严。要坚持寓军于民，坚持大力协同，坚持自力更生，加强自主创新，实现国防工业跨越式发展。

3. 加强全民国防教育，增强全民国防观念

国防现代化包括十分丰富的内容，国防精神和国防观念是其中不可忽视的重要方面。在长期的和平环境与发展社会主义市场经济的条件下，一方面，人们容易淡化国防意识，产生和平麻痹思想；另一方面，市场经济的利益主体多元化，容易使局部利益或个人主义倾向得到强化。因此，我们必须针对发展市场经济给人们的思想观念、利益关系、价值取向、精神状态带来的负面影响，切实加强国防教育，大力增强全民的国防观念。江泽民指出，越是在和平时期，越要宣传国防建设的意义，克服和平麻痹思想，增强人们的国防观念。在进行国防教育中，必须全面落实江泽民关于“抓好全民国防教育，广泛深入持久地开展拥政爱民、拥军优属活动，发扬军政军民相互团结、相互支持的大好局面”的指示，树立常备不懈的观念，全面认识我国疆土的概念，要有大国防和海洋国土的意识，深入开展以爱国主义为核心的国防教育，建立国家、军队、社会、学校、家庭“五位一体”的国防教育系统工程网络，促进我国社会主义市场经济的健康发展，捍卫我国社会主义建设的伟大成果。

二、江泽民论国防与军队建设的指导作用

江泽民和以江泽民为核心的党中央和中央军委在深刻分析国际战略格局变化、世界科技和军事发生重大变化以及我国改革开放和现代化建设事业深入发展的新形势的基础上，从解决新形势下我国国防建设、军队建设和军事斗争所面临的新情况、新问题出发，对国防建设、军队建设和军事斗争等工作作出了一系列重要论述，明确提出高举邓小平理论伟大旗帜，按照“政治合格、军事过硬、作风优良、纪律严明、保障有力”的五个总要求，全面推进军队的建设和改革，将我军的革命化、现代化、正规化建设提高到一个新的高度；提出人民军队要把思想政治建设摆在首位，永葆人民军队的政治本色和优良传统；提出贯彻科技强军战略，减少数量，提高质量，走有中国特色的精兵之路，实现军队建设由数量规模型向质量效能型、由人力密集型向科技密集型转变，军事训练要立足于以现有装备战胜优势装备之敌；提出国防和军队建设要以经济建设为依托，要同经济发展相适应，走出一条符合中国国情的国防和军队发展之路等。江泽民的这些重要论述是根据变化了的国内国际新形势、我军建设和现代军事斗争的客观实际提出的，是马克思主义普遍原理与中国社会主义建设实践经验的科学总结，是继承和发展邓小平军事理论的新成果，是继邓小平军事理论之后我国国防和军队建设的最新科学指南。

第五节 胡锦涛论国防与军队建设

科学发展观的提出，深化了人们对社会主义发展规律的认识，向人们指明了实现经济社会又好又快发展的科学道路，也为国防和军队建设的科学发展进一步指明了方向。胡锦涛同志围绕在国防和军队建设中贯彻落实科学发展观所作的一系列重要论述，深刻揭示了新世纪新阶段国防和军队建设发展的特点和规律，是科学发展观在军事领域中的具体运用和生动展开，具有丰富而深刻的内涵。必须把学习贯彻科学发展观作为首要政治任务和长期战略任务，作为贯穿国防和军队建设的主线，不断深化对科学发展观的学习理解，不断增强贯彻落实科学发展观的自觉性和坚定性。

一、科学发展观在党的军事指导理论的重大创新发展

胡锦涛同志把科学发展观作为重要指导方针，实现了党的军事指导理论的与时俱进，根据时代发展和军事实践的新要求，着眼于科学发展观在军事领域的运用，创造性地提出了新世纪新阶段我军的历史使命、贯彻以人为本的建军治军理念、科学统筹军队建设和改革的全局、坚持“三个有利于”标准等一系列新思想、新观点、新论断。这些新思想、新观点、新论断，运用马克思主义军事理论的基本立场、观点和方法，继承中华民族优秀军事文化传统，既坚持了我们党领导军队建设发展的重要原则，又充分吸纳了世界军事理论的先进成果，既同毛泽东军事思想、邓小平军事理论、江泽民国防和军队建设思想一脉相承，又与时俱进，为党的军事指导理论赋予了新内涵，谱写了马克思主义军事理论在中国发展的新篇章。

把科学发展观作为重要指导方针，为推进国防和军队建设又好又快发展提供了强大的思想武器。当前，我军建设在取得巨大成就的同时，也面临着现代化水平与打赢信息化条件下局部战争的要求还不相适应、军事能力与履行我军新世纪新阶段的历史使命的要求还不相适应等问题，部队建设中一些深层次矛盾亟须解决，一些重大关系需要进一步科学把握。解决这些问题，迫切需要以科学发展观为指导，在理乱驭繁中打开新的建设局面，在攻坚破难中开辟又好又快发展的道路。

围绕在国防和军队建设中全面贯彻落实科学发展观，胡锦涛同志作出的一系列重要论述，深刻地揭示了新世纪新阶段国防和军队建设发展的特点和规律。这些重要论述是科学发展观在军事领域中的具体运用和生动展开，是党的军事指导理论的重大创新发展，具有丰富而深刻的内涵。

二、新世纪新阶段我军建设发展规律的集中体现

胡锦涛同志提出我军“三个提供、一个发挥”的历史使命，确立了国防和军队建设的首要目标和任务。我军要为党巩固执政地位提供重要的力量保证，为维护国家发展的重要战略机遇期提供坚强的安全保障，为维护国家利益提供有力的战略支撑，为维护世界和平与促进共同发展发挥重要作用。“三个提供、一个发挥”进一步拓展了军事战略指导的视野，为建设一支同国家安全和发展利益相适应的军事力量指明了方向。

胡锦涛同志强调把国防和军队建设融入国家现代化建设的战略全局，明确了富国与强军相统一的发展方针。国防和军队发展战略应与国家发展战略相适应，积极探索军民结合、寓军于民的发展路子，把国防和军队现代化建设融入国家经济社会发展体系之中，实现国防建设和经济建设相互促进、协调发展。这就为科学统筹国防建设和经济建设提供了基本原则和崭新思路。

胡锦涛同志强调全面加强、协调推进军队革命化、现代化、正规化建设，明确了我军建设发展的重要原则。革命化、现代化、正规化相互联系、相互促进，构成一个有机的统一整体。必须按照革命化、现代化、正规化相统一的原则加强全面建设，科学统筹中国特色军事变革与军事斗争准备、机械化建设与信息化建设、诸军兵种作战力量建设、当前建设与长远发展、主要战略方向建设与其他战略方向建设。这就明确了军队贯彻落实科学发展观的基本要求，为正确把握军队建设的重大关系、合理布局各项建设提供了科学方法。

胡锦涛同志强调以军事斗争准备为龙头带动军队现代化建设整体发展，明确了我军建设发展的战略牵引。军事斗争准备是最重要、最现实、最紧迫的战略任务，也是我军长期的主要战略任务。我军现代化建设要从国情和军情出发，根据维护国家安全统一需要和军事斗争任务的轻重缓急，逐步加以推进。要坚持以军事斗争准备为龙头，抓住发展重点，统筹发展全局，通过局部跃升促进整体提高。这是胡锦涛同志对我军现代化建设提出的明确而具体的要求，同时也为我军现代化建设提供了实实在在的抓手。

胡锦涛同志强调要把以人为本作为重要的建军治军理念，明确了我军建设发展的宗旨和主体。军队坚持以人为本，最重要的是必须始终坚持人民军队的根本性质，坚决维护人民群众的根本利益；要充分尊重官兵的主体地位和创造精神，把推动部队建设与促进官兵全面发展统一起来；要符合军队作为武装集团的特殊性，把爱护官兵生命与培育战斗精神统一起来，把关心官兵个人发展与从严治军统一起来，把尊重官兵权益与确保一切行动听指挥统一起来。这就赋予了人民军队的性质宗旨以新的时代内涵。

胡锦涛同志强调依靠科技进步来转变战斗力的生成模式，明确了国防和军队建设的途径，要求必须进一步实施科技强军战略，推动我军高新技术武器装备自主式、跨越式、可持续发展，造就大批高素质新型军事人才，运用科技成果提高训练质量，实现军队建设由数量规模型向质量效能型、由人力密集型向科技密集型转变。这就指明了实现建设信息化军队、打赢信息化战争战略目标的途径。

胡锦涛同志强调“四个创新”，明确了国防和军队建设的动力。胡锦涛同志把改革创新作为实现国防和军队建设科学发展的根本出路，强调着力推动军事理论、军事技术、军事组织体制和军事管理创新，为国防和军队建设发展提供不竭动力。这就明确了军队改革创新的主要任务以及国防和军队建设的动力所在。

胡锦涛同志强调大力加强科学管理，指明了提高我军现代化建设质量效益的路子。他指出军队科学发展离不开科学管理，要加强现代管理知识学习，更新管理观念，提高管理能力，积极探索具有我军特色的科学管理模式，向科学管理要效益、要战斗力；始终发扬艰苦奋斗精神，贯彻勤俭建军方针。这为我军建设实现又好又快发展提供了重要的方法。

胡锦涛同志强调各领导干部要更加有力、更加扎实、更加富有成效地推进思想政治建设，明确国防和军队建设科学发展的思想政治保证。他还指出要坚持不懈地用党的创新理论武装官兵，深入开展我军历史使命教育、理想信念教育、战斗精神教育和社会主义荣辱观教育；要着眼增强主动性、针对性、实效性，积极推进思想政治工作创新发展；要毫不动摇地坚持党对军队的绝对领导，大力加强党的先进性建设和干部队伍建设，确保党从思想上、政治上、组织上牢牢掌握部队。这为在新的历史条件下正确应对革命化建设面临的挑战和考验指明了方向。

胡锦涛同志强调注重解决体制机制上的深层次矛盾和问题，明确了国防和军队建设科学发展的制度保证。他指出一些体制机制上的深层次矛盾和问题，特别是一些重要政策制度滞后，成为影响军队建设发展和战斗力提高的关键因素。所以必须解放思想、开拓创新，积极推进中国特色军事变革，继续深化体制编制和政策制度调整改革，为军队建设科学发展提供更具活力的体制机制保证。这是实现国防和军队建设科学发展必须解决好的一个重大课题。

胡锦涛同志强调提高各级党委贯彻落实科学发展观的能力，明确了国防和军队建设科学发展的组织保证。他要求军队各级党委下功夫学理论、学科技、学管理，努力提高科学决策、民主决策、依法决策水平，认真转变领导作风和工作作风，不断提高加强部队思想政治建设、把握部队建设正确方向的本领，领导军事斗争准备、带领部队完成信息化条件下作战任务的本领，推进中国特色军事变革、推进部队机械化信息化建设的本领，依法从严治军、加强部队正规化建设的本领。这一要求，明确了在国防和军队建设中贯彻落实科学发展观的关键所在。

胡锦涛同志强调坚持求真务实，明确了国防和军队建设科学发展的作风保证。胡锦涛同志强调，要树立正确的政绩观，坚持战斗力标准，自觉用“是否有利于部队建设的发展进步、有利于部队战斗力的提高、有利于解决官兵的实际问题”来衡量和检验各项工作。要坚持重实际、干实事、求实效，始终把工作重心放在基层。要在加强部队思想政治教育的针对性、实效性上下功夫，在抓基层、打基础上下功夫，在克服形式主义、官僚主义上下功夫，把从严治军真正落到实处。只有切实贯彻这些要求，才能培养促进部队建设科学发展的领导作风和工作作风，打牢部队建设科学发展的坚实基础。

三、坚持用科学发展观指导国防和军队建设

胡锦涛同志关于国防和军队建设的重要论述，是我国国防和军队建设中带方向性、全局性、根本性的重大战略问题。我们必须把学习贯彻科学发展观作为首要政治任务和长期战略任务，作为贯穿国防和军队建设的主线，务求在思想认识上有新提高，在学习理解上有新收获，在能力提高上有新进步，在贯彻落实上有新成效。

胡锦涛同志关于国防和军队建设的重要论述，深化了对科学发展观的学习理解。他指出应把科学发展观放在党的指导理论体系中，与学习毛泽东思想、邓小平理论和“三个代表”重要思想结合起来，与学习毛泽东军事思想、邓小平新时期军队建设思想、江泽民国防和军队建设思想结合起来，紧密联系国防和军队建设的实践，全面理解把握科学发展观的科学内涵、精神实质、基本要求和指导意义，切实掌握蕴含其中的科学世界观和方法论，使党的创新理论在头脑中深深扎根。

胡锦涛同志关于国防和军队建设的重要论述，增强了贯彻落实科学发展观的自觉性和坚定性，是充分认识树立和落实科学发展观、高举邓小平理论和“三个代表”重要思想伟大旗帜的集中体现，是我军推进科学发展、有效履行使命的根本保证。他指出要努力使我们的认识随着学习贯彻的深入而不断深化，信仰随着实践的发展而不断坚定，切实把科学发展观作为科学真理来追求，把贯彻落实科学发展观作为伟大事业来推进，真正把军心意志和智慧力量凝聚到党的创新理论的旗帜下。

胡锦涛同志关于国防和军队建设的重要论述，要求我们把科学发展观贯彻落实到国防和军队建设的方方面面，把科学发展观的普遍要求与部队建设发展的具体实际相结合，与本单位履行使命任务的具体工作相结合，努力转化为谋划发展

的正确思路、促进发展的政策措施、领导发展的实际能力；深入研究把握部队建设的阶段性特点，切实按客观规律办事，科学统筹部队建设和改革全局；把以人为本作为重要建军治军理念，把讲求质量效益作为抓工作搞建设的重要原则，从政策制度调整改革入手，积极推进改革创新，力求在解决影响和制约部队建设发展的突出矛盾和问题上有所突破。各级领导干部应把提高贯彻落实科学发展观的能力作为紧迫任务，自觉做科学发展观的坚定信仰者、模范实践者，并带动部队把学习贯彻科学发展观引向深入。

第六节 习近平新时代强军思想

一、习近平新时代强军思想的主要内容

党的十八大以来，以习近平同志为核心的党中央和中央军委科学判断国际形势，准确把握世界脉搏，科学总结我们党建军兴军强军治军的成功经验，提出了新形势下党的强军目标，明确了加强军队建设的聚焦点和着力点，形成了具有中国特色的新时代强军思想，成为我国国防和军队建设的科学指南与行动纲领。

1. 科学判断国际形势，准确把握世界脉搏

以习近平同志为核心的党中央和中央军委认为，当前世界形势正在发生深刻复杂变化，世界经济复苏乏力、局部冲突和动荡频发、全球性问题加剧，我国发展仍处于重要战略机遇期，前景十分光明，挑战也十分严峻。21 世纪以来，世界发生了深刻复杂的变化，经济全球化、世界多极化深入发展，文化多样化、社会信息化持续推进，国际力量对比朝着有利于维护世界和平方向发展，国际形势保持总体和平稳定的基本态势，和平与发展仍然是当今时代的主题。与此同时，世界仍然很不安宁，霸权主义、强权政治和新干涉主义有所上升，局部动荡频繁发生，热点问题此起彼伏，传统与非传统安全挑战交织互动，国际军事领域竞争更趋激烈，国际安全问题的突发性、关联性、综合性明显上升。尤其是亚太地区日益成为世界经济发展和大国战略博弈的重要舞台，美国调整亚太安全战略，地区格局深刻调整。

改革开放 40 年来，尤其是党的十八大以来，中国抓住机遇，迎接挑战，取得了全方位的、开创性的成就，综合国力大幅跃升，国际竞争力和影响力不断提高。但是，中国仍面临多元复杂的安全威胁和挑战，生存安全问题和发展安全问题、传统安全威胁和非传统安全威胁相互交织，维护国家统一、维护领土完整、维护发展利益的任务艰巨繁重。有的国家深化亚太军事同盟，扩大军事存在，频繁制造地区紧张局势。个别邻国在涉及中国领土主权和海洋权益上采取使问题复

杂化、扩大化的举动，日本在钓鱼岛问题上制造事端。恐怖主义、分裂主义、极端主义“三股势力”威胁上升。“台独”分裂势力及其分裂活动仍然是两岸关系和平发展的最大威胁。重大自然灾害、安全事故和公共卫生事件频发，影响社会和谐稳定的因素增加，国家海外利益安全风险上升。机械化战争形态向信息化战争形态加速演变，主要国家大力发展军事高新技术，抢占太空、网络空间等国际竞争战略制高点。

面对国家安全环境的深刻变化，面对强国强军的时代要求，必须全面贯彻新时代党的强军思想，贯彻新形势下军事战略方针，建设强大的现代化陆军、海军、空军、火箭军和战略支援部队，打造坚强高效的战区联合作战指挥体系机构，构建中国特色现代作战体系，担当起党和人民赋予的新时代使命任务。

面对复杂多变的安全环境，党中央和中央军委要求中国人民解放军坚决履行新世纪新阶段历史使命，拓展国家安全战略和军事战略视野，立足打赢信息化条件下的局部战争，积极运筹和平时期武装力量运用，有效应对多种安全威胁，完成多样化军事任务。

2. 坚持党对军队的绝对领导

坚持党对军队的绝对领导，是我军的优良传统，也是中国人民解放军忠于人民、为人民服务的根本保证。习近平认为，必须毫不动摇地坚持党对军队的绝对领导。保证党对军队的绝对领导，关系我军性质和宗旨，关系社会主义前途命运，关系党和国家长治久安，是我军的立军之本和建军之魂。2013 年3 月，习近平出席第十二届全国人民代表大会第一次会议解放军代表团全体会议时重申：建设一支听党指挥、能打胜仗、作风优良的人民军队，是党在新形势下的强军目标。他还指出“听党指挥是灵魂，决定军队建设的政治方向”。他要求全军准确把握这一强军目标，铸牢听党指挥这个强军之魂，坚持党对军队绝对领导的根本原则和人民军队的根本宗旨不动摇，确保部队绝对忠诚、绝对纯洁、绝对可靠，永葆人民军队的性质和本色，确保全军在任何时候任何情况下都坚决听从党中央、中央军委指挥。习近平要求始终把思想政治建设摆在军队各项建设首位，坚持不懈用中国特色社会主义理论体系武装官兵，持续培育当代革命军人核心价值观，弘扬我军光荣传统和优良作风，使坚持党对军队的绝对领导在官兵思想中深深扎根，进一步打牢官兵高举旗帜、听党指挥、履行使命的思想政治基础。能打胜仗是核心，反映军队的根本职能和军队建设的根本指向；作风优良是保证，关系军队的性质、宗旨、本色。

加强党对军队的绝对领导，要加强军队中党的建设，开展“传承红色基因、担当强军重任”主题教育，推进军人荣誉体系建设，培养有灵魂、有本事、有血性、有品德的新时代革命军人，永葆人民军队的性质、宗旨、本色。

3. 深化国防和军队改革

习近平认为国防和军队改革是全面改革的重要组成部分，也是全面深化改革的重要标志。十八届三中全会提出了我党在新形势下的强军目标，要实现强军目标，就必须深化国防和军队改革。2014 年3 月，在第十二届全国人民代表大会第二次会议会见解放军代表时，习近平强调，实现强军目标，必须抓住战略契机深化国防和军队改革，解决制约国防和军队建设的体制性障碍、结构性矛盾、政策性问题，深入推进军队组织形态现代化。2018 年4 月，在南海阅兵时，习近平明确指出，要坚持政治建军、改革强军、科技兴军、依法治军，坚定不移加快海军现代化进程，善于创新，勇于超越，努力把人民海军全面建成世界一流海军。习近平指出，要正确把握深化国防和军队改革的目标和指导原则，“要坚持改革正确政治方向，坚持贯彻能打仗、打胜仗要求，坚持以军事战略创新为先导，进一步解放思想、更新观念，进一步解放和发展战斗力，进一步解放和增强军队活力，为实现强军目标提供体制机制和政策制度保障。要破除思维定式，树立与强军目标要求相适应的思维方式和思想观念”。要着眼实现强军目标，正确把握深化国防和军队改革的指导原则。要牢牢把握坚持改革正确方向这个根本。深化国防和军队改革是中国特色社会主义军事制度的自我完善和发展，是为了更好地发挥中国特色社会主义军事制度的优势。改革是要更好地坚持党对军队的绝对领导，更好地坚持人民军队的性质和宗旨，更好地坚持我军的光荣传统和优良作风。要牢牢把握能打仗、打胜仗这个聚焦点，坚持以军事斗争准备为龙头，坚持问题导向，把改革主攻方向放在军事斗争准备的重点难点问题上，放在战斗力建设的薄弱环节上，推动信息化建设，不断拓展和深化军事斗争准备，提高以打赢信息化条件下局部战争能力为核心的完成多样化军事任务能力，建设一支召之即来、来之能战、战之必胜的现代化人民军队。

4. 坚持走中国特色军民融合的发展道路

习近平强调，实现强军目标，必须同心协力做好军民融合深度发展这篇大文章。坚持富国与强军的统一，强化统一领导、顶层设计、改革创新和重大项目落实，深化国防科技工业改革，形成军民融合深度发展格局，构建一体化的国家战略体系和能力。完善国防动员体系，建设强大的稳固的现代边海空防。组建退役军人管理保障机构，维护军人军属合法权益，让军人成为全社会尊崇的职业。

走中国特色军民融合的道路，要统筹经济建设和国防建设，努力实现富国和强军的统一，既要发挥国家主导作用，又要发挥市场的作用，坚持需求牵引、国家主导，努力形成基础设施和重要领域军民深度融合的发展格局。军队要遵循国防经济规律和信息化条件下战斗力建设规律，自觉将国防和军队建设融入经济社会发展体系。地方要注重在经济建设中贯彻国防需求，自觉把经济布局调整同国防布局完善有机结合起来。要深入做好新形势下双拥工作，要弘扬拥政爱民、拥军优属的光荣传统，开展军民共建与和谐创建活动。地方各级党委和政府要关心支持国防和军队建设与改革，配合军队完成多样化军事任务，加强国防教育，增强全民国防观念，使关心国防、热爱国防、建设国防、保卫国防成为全社会的思想共识和自觉行动，为实现强军目标提供有力保障。

二、习近平新时代强军思想的重大意义

2013 年 3 月 11 日，中央军委主席习近平在第十二届全国人大第一次会议解放军代表团全体会议上，重申了建设一支听党指挥、能打胜仗、作风优良的人民军队是党在新形势下的强军目标，并作了深入阐述。习近平新时代强军思想从坚持和发展中国特色社会主义、实现中华民族伟大复兴中国梦的战略高度，科学总结了我们党建军兴军强军治军的成功经验，在准确把握当今国际形势的前提下，鲜明回答了我国国防和军队建设面临的重大时代课题。习近平平新时代强军思想是对毛泽东军事思想、邓小平军事理论，以及江泽民、胡锦涛关于国防和军队建设理论的继承与发展，是我党在新形势下强军兴军的伟大战略，是加快我国国防和军队现代化建设的行动纲领，对建设巩固国防和强大人民军队具有重大时代意义。

1. 托起强军梦、中国梦的伟大战略思想

2012 年 12 月，习近平主席视察广州军区，在会见驻穗部队师以上干部时，他指出："实现中华民族伟大复兴，是中华民族近代以来最大的梦想。可以说，这个梦是强国梦，对军队来说，也是强军梦。我们要实现中华民族伟大复兴，必须坚持富国和强军相统一，努力建设巩固国防和强大军队。"富国和强军是实现中华民族伟大复兴梦的两大基石，习近平新时代强军思想顺应时代发展趋势，明确了党和人民实现强军梦的战略任务和根本要求，成为建设强大国防和人民军队的行动纲领，是托起强军梦、中国梦的伟大战略思想。

2. 党在新形势下强军、兴军的科学指南

习近平主席在深入阐述党的强军目标时强调指出：听党指挥是灵魂，决定军队建设的政治方向；能打胜仗是核心，反映军队的根本职能和军队建设的根本指向；作风优良是保证，关系军队的性质、宗旨、本色。习近平新时代强军思想准确把握了世界形势和我军实际，继承了我党国防和军队建设的理论成果，发扬了我军优良传统，抓住了建设强大国防的关键，明确了加强军队建设的着力点和聚焦点，成为我党在新形势下强军、兴军的行动纲领。

坚决听党指挥是强军之魂。习近平指出：我军作为执行党的政治任务的武装

集团，必须把听党指挥作为军队建设的首要。坚持党对军队的绝对领导，是我军立军之本、强军之魂，是我军生命所系、力量所在。在任何情况下，我军都必须铸牢听党指挥这个强军之魂，坚持党对军队的绝对领导和人民军队全心全意为人民服务的根本宗旨不动摇，贯彻执行党的理论和路线方针政策不动摇，确保部队绝对忠诚、绝对纯洁、绝对可靠，始终忠于党、忠于社会主义、忠于祖国、忠于人民。要坚定党对军队绝对领导的政治自信和政治自觉，坚决维护党中央、中央军委的权威，一切行动听从党中央、中央军委指挥。

能打胜仗是强军之要。习近平指出："军队首先是一个战斗队，必须坚持一切建设和工作向能打仗聚焦。"因此习近平特别强调，必须树立军队要能打仗、打胜仗的思想，什么时候都要有带领部队打胜仗的观念，全部心思要向打仗聚焦，各项工作要向打仗用劲；我们必须扭住能打仗、打胜仗这个强军之要，强化官兵当兵打仗、带兵打仗、练兵打仗思想，牢固树立战斗力这个唯一的标准，按照打仗的标准搞建设、抓战备，确保部队召之即来、来之能战、战之必胜。习近新时代强军思想为我们科学把握围绕强军目标开展政治工作和练兵备战指明了出发点和落脚点，提供了重要的思想理论依据。

弘扬优良传统是强军之基。习近平指出："作风优良是我军鲜明特色和政治优势，必须把作风建设作为一项基础性长期性工作抓紧抓实，永葆人民军队政治本色。"我军在长期革命斗争实践中形成了一整套光荣传统和优良作风，是我军完成各项使命和任务的独特政治优势，是我军战斗力构成的重要因素。习近平主席特别强调：依法治军、从严治军是强军之基，必须保持严明的作风和铁的纪律，确保部队高度集中统一和安全稳定，加强作风建设是党的建设、军队建设的一个重要方面，直接关系军队形象和战斗力。这些论述即为实现强军目标开展政治工作指明了方向，又提供了理论依据和着力点。

3．体现中华民族振兴的"大国防观"

"大国防观"是指跳出国防和军队建设本身，站在国家和中华民族发展、振兴的全局高度，甚至以世界眼光来看待国防和军队建设而提出来的重大战略思想。党的十八大以来，习近平主席推动海洋强国建设等关于国防和军队建设的一系列新思想、新观点、新论断，都鲜明地体现了这种"大国防观"。

在中国传统的国家安全观念里，我们对海洋一直是重视不够。过去国防更多地强调守土，有时候甚至把它缩小为守边。而"大国防观"是指在全球竞争的这个新时代，我们国家的边疆利益、安全边疆都急剧扩大。因此我们要适应时代的要求，适应国家利益拓展对国防提出的新要求。习近平主席在南海阅兵时指出，建设一支强大的人民海军，寄托着中华民族向海图强的世代夙愿，是实现中华民族伟大复兴的重要保障，要求要深入贯彻新时代党的强军思想，坚持政治建军、改革强军、科技兴军、依法治军，坚定不移加快海军现代化进程，加快发展新型作战力量，着力构建现代海上作战体系。我军要跟上“大国防观”就是要把十八大以来习近平新时代强军思想的重要观点学习好、领会好，要把习近平主席关于国防和军队建设的重大战略部署把握好、落实好，只有这样，国防和军队建设才能取得历史性进步，才能为中国特色社会主义伟大事业提供坚强的安全保障。①

第七节　外国军事思想

军事思想是一种社会意识形态，可以按照社会历史发展阶段、阶级、国家和不同历史时期主导性兵器进行分类。外国军事思想即是按照国家分类，特指除中国之外的世界各国在不同历史时期在军事实践中形成的关于战争、军队和国防的基本问题的理性认识，考察和回答军事领域的根本性问题，揭示军事斗争的一般规律。

一、外国军事思想的发展历程及主要内容

外国军事思想也是人类社会发展到一定历史阶段的产物，随着社会生产力的发展、人类社会的进步以及军队、战争的产生而逐步孕育、发展，经过军事斗争实践的检验不断走向成熟。按照人类社会的历史发展阶段，外国军事思想的发展可以分为古代军事思想、近代军事思想和当代军事思想。

（一）外国古代军事思想及主要内容

古代是奴隶制生产方式和封建生产方式占主导地位的时期，时间上大约从公元前4 000年到公元17世纪中叶，从军事斗争的主导性兵器上看包括冷兵器时代和冷兵器与热兵器并用的时代；在这长达5 000多年的历史长河里，古埃及、亚述帝国、波斯帝国、古希腊、古罗马、拜占庭帝国、阿拉伯帝国等国家和民族的政治家、军事家和思想家对战争、国防和军队等问题提出了一系列的认识和理论，反映了农牧时代的外国军事思想。

外国古代军事思想最早萌芽于原始氏族解体、奴隶制社会形成时期的古埃及、巴比伦和亚述帝国，大约在公元前4 000年到公元前500年左右。在公元前3 100年前后，古埃及建立历史上第一个统一王国的过程中，形成了把战争作为部落称霸和王国统一主要手段的军事思想；古巴比伦的第六代君主汉谟拉比在统

① 资料来源：中国人民解放军总政治部宣传部。

一两河流域的军事斗争中逐渐形成了“文治”“武功”并重的思想，其丰富的军事思想集中体现在《汉谟拉比法典》中。在随后的数百年中，奴隶制国家逐步发展，延续数十年甚至数百年的战争时有发生，战争规模不断扩大，军事斗争的形式已经从简单的单兵格斗发展为密集队形的攻防，方阵成为主要的作战模式，涌现了一批杰出的军事家和军事统帅，军事思想异彩纷呈，以古希腊、古罗马的军事思想为代表。这一时期，代表性的军事著作有古希腊希罗多德的《历史》、修昔底德的《伯罗奔尼撒战争史》和古罗马恺撒的《高卢战记》以及《内战记》等，这些著作不仅记述了战争的过程，还反映了战争双方的军事思想、战略战术、军队编制、武器装备等。这表明，在丰富的军事实践的基础上，外国军事思想迅速发展，并不断丰富和完善，但这个时期的军事思想散见于各种历史著作中，并没有形成专门的军事著作。直到公元 1 世纪出现了弗龙蒂努斯的《谋略》和公元 5 世纪前后出现了韦格蒂乌斯的《论军事》，才对长期以来各地区各民族的军事斗争和代表性的军事人物的实践活动进行了系统的概括和总结，尤其韦格蒂乌斯的《论军事》系统论述了选兵用将、军事训练、军事组织、战略战术、作战指导原则等，具有深远的理论和实践价值，韦格蒂乌斯也被后人誉为“古典世界最伟大的军事理论家”。

这一时期，受到社会生产力和技术水平的限制，人们对军事斗争规律的认知还相对浮浅和简单，对于军事指导规律的概括也相对感性和不全面，外国军事思想的内容主要体现在三个方面：第一，陆、海并重。古希腊、罗马地处地中海沿岸，人们在战争实践中认识到陆、海力量协调发展的重要性；第二，进攻至上。古希腊、罗马人不论在进攻作战还是在防御中都力求进攻；第三，以力制胜。古希腊、罗马人在战争中主要依靠士兵的体力、忍耐力和技术消灭对方。

进入中世纪，由于教会对思想的钳制，文化上较为封闭，缺乏创造力，外国军事思想长期处于停滞和倒退状态，主要的发展体现在拜占庭帝国收复罗马失地的漫长战争中，涌现了贝利撒留、纳尔赛斯等军事家，出现了毛莱斯的《战略》和里奥的《战术》等军事著作。

（二）外国近代军事思想及主要内容

近代是指资本主义生产方式占统治地位的时期，大约从 17 世纪中叶到 20 世纪中叶，军事上处于火器和机械化兵器时期，生物武器、化学武器已经大规模使用，并开始出现和使用核武器。这一时期，资本主义制度确立，殖民活动遍布全球无产阶级登上历史舞台，世界政治发生重大变化；产业革命导致社会经济的巨大发展，科学技术腾飞，思想文化领域获得解放和进步，军事技术产生质的飞跃，各类战争日益频繁，引起了军事领域的深刻变革。英国、法国、德国、俄国

（苏联）、美国等国家的著名军事家、政治家和思想家对战争、国防和军队的思想、观点大致反映了工业时代的外国军事思想。

从17世纪中叶到18世界中叶的100多年是近代前期，战略理论得到发展，军事战略学逐渐形成，弗里德里希二世、劳埃德和比洛等人为军事思想的发展作出了重大贡献。弗里德里希二世强调铁的纪律、严格的训练和机动能力，首创骑炮兵，将骑兵的高机动性与炮兵的强大火力相结合，创造性地使用先发制人、出其不意、各个击破的战略理论原则。华盛顿则强调散兵战术，主张歼灭敌人有生力量，坚持文官治军原则，善于运用突然袭击、出奇制胜等战术。

从18世纪中后期到19世纪中期是近代中期，战略理论在世界各国尤其欧洲得到迅速发展和使用。拿破仑的军事实践很好地诠释了战略理论的运用，他主张集中优势兵力，各个击破，强调攻防结合，组织步兵、炮兵和骑兵的协同作战，改进军队的编制，注重军队的教育训练，首创设立参谋部等。克劳塞维茨则重点研究了拿破仑战争以及这个时期欧洲的其他战争，对战争实践进行了理论总结，认为“战争是政治的工具”“战争只不过是对外政策的继续”，明确提出了最大限度使用全部兵力，最大兵力集中于主攻方向，强调军事行动的突然性、快速性等战争实施原则，其许多独到见解和精辟思想对后世军事斗争和军事思想的发展产生了深刻影响。

从19世纪中后期到20世纪上半叶，是资本主义发展到帝国主义阶段的时期，以坦克、飞机和军舰等新式武器装备的广泛使用为军事实践基础的战略理论相继问世，外国军事思想进入全面繁荣和发展阶段，影响较大的军事思想家和战略家及其思想包括德国毛奇的速决进攻战略、阿尔弗雷德·冯·施利芬速决歼灭战略和美国的艾尔弗雷德·塞耶·马汉以海权论为核心的海军战略等。两次世界大战期间也是军事思想最活跃的时候，代表性的理论有“总体战”理论、“闪击战”理论、空中战争论、机械化战争论等。这个时期，在思想领域对后世影响最大的是马克思主义的诞生，它为战略理论的发展提供了科学指南。马克思、恩格斯运用辩证唯物主义和历史唯物主义基本原理研究战争问题，用阶级的观点分析战争，认为战争是人类社会发展到一定历史阶段的产物，论证了无产阶级暴力革命的必要性，强调无产阶级必须武装起来，建立自己独立的军队，提出了人民战争的战略，创立了无产阶级军事理论。马克思、恩格斯的军事理论是无产阶级和一切被压迫人民进行武装斗争的科学指南，是人类历史上最优秀的军事理论成果。

（三）外国现代军事思想及主要内容

现代是指从第二次世界大战结束到现在，军事上处于从机械化战争向信息化战争过渡的时期。科学技术的快速发展和武器装备的更新换代，深刻改变着军队的编成方式和作战方式，军事领域不断进行军事变革，也带来了军事思想的创新发展。美国、苏联（俄罗斯）、英国、法国、德国、日本等国家及其政治家、军事家和思想家提出了关于现代战争和国防及军队建设的一系列理论和观点，反映了现代外国军事思想。

第二次世界大战使资产阶级军事思想再一次经受检验。实践表明，机械化部队的大规模使用，“阵地战”理论已经不适应新的战争形势。同时，战争的胜负取决于双方的政治、经济、军事、自然条件以及人的精神因素等各个方面，战争对经济的依赖更大。第二次世界大战的范围和战争的纵深较之人类社会以前的战争有了极大的扩展，使得诸军兵种合同作战成为基本样式，战役理论和合同战术得到全面发展。第二次世界大战后，世界虽然没有爆发大规模战争，但局部战争此起彼伏，帝国主义、霸权主义成为战争的根源，军事科学技术迅猛发展，新装备不断涌现，研制、拥有核武器，最大限度地运用核威慑，成为世界各主要军事强国制定军事战略的首选。美国一直是军事超级大国，战后即提出了“核武器制胜”论，美国政府也相继提出了“包围遏制”战略、“大规模报复”战略、“灵活反应”战略、“现实威慑”战略等，80 年代提出了“星球大战计划”。苏联也坚决执行“核威慑制胜”理论，建立了可以与美国相抗衡的核武库，配备了大量导弹和远程轰炸机。英国和法国也紧随美国之后，拥有核力量，追求核威慑。在作战思想上，现代化的陆、海、空军武器装备大量投入战场，使原来只限于陆地或海上的平面战争向海空一体、陆空一体、陆海空一体化的大纵深立体化发展，美国等国家出现了“空地一体战”等空地联合、诸军兵种合成作战的一体化作战思想和理论。

冷战结束后，世界军事领域迎来了一场以信息技术为核心的军事变革，武器装备信息化，指挥控制智能化，推动战争形态发生重大转变，给军队编制体制和军事思想也带来了深远影响。信息化装备和数据链的运用反映在军事力量运用上就是各主要国家普遍缩小军队规模，一体化作战和训练、诸军兵种融合成为普遍的趋势，提高官兵素质、组建联合部队成为军队建设的重点，“信息战争”“数字化战场”“网络中心站”等概念以及“低强度战争”“第六代战争”“非传统战争”“指挥控制战”“非对称战争”等理论纷纷涌现。海湾战争后，美军在“空地一体战”的基础上，提出了“空地海天联合作战”的思想，侧重科技建军，着眼于非线式战场，强调快速的“兵力投送”、决定性优势和多军种、多国部队联合作战。俄罗斯也不断缩减军队员额，强调要实现军队的军兵种结构合理、编制体制高效、武器装备精良，又能够快速灵活机动的建军目标。

二、外国著名军事思想家

（一）恺撒及其《高卢战记》

恺撒全名为盖乌斯·尤利乌斯·恺撒（Gaius Julius Caesar），约公元前100年—公元前44年，出身贵族，古罗马政治家、军事统帅。公元前78年，苏拉死后，恺撒积极参加反对苏拉体制的斗争，公元前68年至公元前62年出任财政官、市政官、大法官等职，公元前61年出任西班牙行省总督，征服卢西坦人和加拉埃西人，聚敛大量钱财。公元前60年，与克拉苏、庞培结盟，相约“这个国家的任何一项措施都不得违反三人之一的意愿”，史称“前三头同盟”，为巩固联盟，恺撒将仅14岁的女儿嫁给50岁的庞培，随后恺撒当选执政官，独揽大权。公元前58年至公元前53年任山南高卢总督，发动高卢战争，其间带领军队渡莱茵河侵入日耳曼，两次渡海侵入不列颠。高卢战争的9年间，恺撒积累了巨额财产，培植了一支规模庞大、忠心耿耿的精锐部队，为其日后夺权打下了基础。公元前53年，克拉苏战死，恺撒的女儿也难产而死，三头同盟不稳。公元前49年初，古罗马元老院在庞培支持下，要求恺撒交出军权，恺撒拒绝，并进军罗马，庞培携大批元老逃往希腊。公元前48年，恺撒出兵希腊，挥师埃及，追击庞培势力；随后转战小亚细亚。公元前46年，恺撒进军北非，再征西班牙，清剿庞培余党。公元前45年，恺撒回到罗马，经连年征战，获得终身独裁官、执政官、保民官等职，兼大将军、大祭司长头衔，成为无冕之王。公元前44年3月，恺撒在元老院议事厅被刺身亡。恺撒是古罗马著名的政治家、军事家，具有高超的政治和军事才能，著述很多，代表性的军事著作有《高卢战记》《内战记》。这两本书是研究古罗马军事历史的重要文献，其中丰富的军事思想把古罗马军事思想推向了一个新的阶段。

恺撒认为在当时的罗马，想要在政治上有所作为，就必须拥有一支自己能够指挥的军队，主张用暴力建立社会秩序，因此他极力争取到高卢任总督的机会，并利用这一机会聚敛钱财，建立庞大的军队，获取军功，使其拥有了攫取罗马最高统治权的资本和击败对手的军事力量。在军事战略上，恺撒主张综合运用政治、外交和军事等手段达到克敌制胜的战略目的，无论对内还是对外战争，恺撒都注重采取政治怀柔、外交分化和军事打击相结合的手段，一方面可以尽快赢得战争，另一方面有利于之后的政治统治。在战术的运用上，恺撒多谋善断，善于利用出其不意、先发制人的策略，取得“奇袭”的效果，并屡试不爽。在作战指挥上，恺撒善于使用智谋。恺撒是当时最有学问的人之一，是一位学者型的军事家，在军事指挥上注意发挥渊博的学识优势，坚持运用“智慧而科学的指导”，很多大规模战争都显示了他的战争指挥艺术。在治军上，恺撒有丰富的经验，认为严格的纪律是治军的基本条件，纪律的好坏是军队战斗力的标志；同时他又宽以待人，善待士兵，多数时间和士兵在一起。这使他带出了一支纪律严明、战斗力强又非常忠诚于他的军队。

（二）克劳塞维茨及其《战争论》

克劳塞维茨全名卡尔·菲利普·戈特弗里德·冯·克劳塞维茨，1780 年—1831 年，普鲁士军事理论家、军事历史学家。1803 年从柏林军官学校毕业，曾参加奥尔施泰特会战被法军俘虏，后获释。1809 年进入普鲁士军队总参谋部工作，1812 年进入俄国军队任职，1814 年回归普鲁士军队。1818 年 5 月开始任柏林军官学校校长 12 年，潜心研究战史和军事理论，从事著述。克劳塞维茨去世后，其妻子整理出版了《卡尔·冯·克劳塞维茨将军遗著》10 卷，前 3 卷为《战争论》，其余为战史著作。

克劳塞维茨深受康德、黑格尔等德国古典唯心主义哲学家的影响，主要研究 16 世纪中叶至 19 世纪初的 130 多场战争，尝试用辩证方法探讨战争与政治、目的与手段的关系，认为战争是政治的工具，战争无非是政治通过另一种手段的继续。列宁对这一观点给予了极高的评价，称克劳塞维茨为“一位非常有名的战争哲学和战争史的作家”。克劳塞维茨认为战争的目的可以有很多，比如入侵其他国家、占领领土、打垮敌人等，但是手段只有一个，那就是战斗。在军事理论上，克劳塞维茨认为理论不是死板的规定而是一种考察，理论应当帮助指挥官对战争中的事物进行分析和考察，分清各种事物的主次，认识目的与手段的区别与联系，作出正确的判断。他还认为战争理论和作战原则是一定时代的产物，是客观存在的，但不是一成不变的，军事家应在研究战史的基础上形成军事理论。在战略与战术上，克劳塞维茨认为战略包含精神要素、物质要素、数学要素、地理要素和统计要素五大要素，是为了战争目的运用的战斗学问，战术是在战斗中使用军队的学问。克劳塞维茨强调数量优势在战略和战术层面的重大影响，认为在作战中应当尽量争取实现数量优势，即使不能处处形成优势，也要在决定性地点上形成优势。他还强调军事行动出其不意的效果，认为秘密和迅速是出其不意的两个关键因素。克劳塞维茨还认为进攻与防御这两种作战形式是相互联系、相互影响和相互转化的，进攻中含有防御因素，防御中也包含有进攻因素，但他认为防御中有进攻是有益的，进攻中有防御却是有害的，主张进攻应当一气呵成。克劳塞维茨主张应当集中力量打击敌人的“重心”，“重心”指的可能是敌人的军队、首都、同盟国的军队，也可能是主要领导人或人民的情绪，认为指挥官要善于判断敌人的“重心”，并保护好自己的“重心”。

（三）马汉及其“海权论”四部曲

马汉，全名阿尔弗雷德·塞耶·马汉（Alfred Thayer Mahan），1840 年 9 月—1914 年 12 月，美国军事理论家，毕业于美国安纳波利斯海军学校，曾在海军舰艇服役 20 多年，积累了丰富的海上实践经验，有机会深入观察和思考海军战略理论与实践问题。1885 年，马汉进入纽波特海军学院，后出任院长。1906 年晋升为海军少将，1908 年出任海军事务委员会主席。在 1890 年至 1905 年间，马汉相继完成了《海权对历史的影响》《海权对法国大革命和法兰西帝国的影响》《纳尔逊的生平：英国海权的象征》《海权与 1812 年战争的关系》四部著作，系统反映了马汉的海权思想。

马汉是首先把海洋权益与国家、民族的命运和安全联系起来的理论家，他认为，构成海权的要素有 6 个，即地理位置、自然结构、领土范围、人口数、民族特点和政府的性质；制海权特别是与国家利益和贸易有关的主要交通线上的制海权是民族强盛和繁荣的各种物质因素中的主要因素。一个国家要想获得世界的统治地位，就必须先要有制海权，获得了制海权才能掌握历史的主动权，特别是以商业立国的国家，必须拥有优势的海上力量，控制海洋。而海军是取得制海权的力量，海上作战最重要的任务是掌握制海权，掌握制海权就必须有强大的海军。关于海军的建设，他认为一是拥有大量的装备有大口径火炮的重型战列舰，因为战列舰决定海上的一切；二是建立发达的海军基地网，基地是海军的作战根据地，选择海军基地要考虑位置与形势、力量和资源三个因素。马汉还认为集中是海上作战的基本法则，歼灭敌人有生力量是主要目的，集中优势兵力，采取灵活的作战方法是海上制胜的作战指南。海军的存在是为了进攻，防御只是进攻的准备。

马汉的海权论是在美国资本主义开始进入垄断阶段时产生的，首次揭示了海权作为一种国家大战略工具的价值，适应了美国垄断资本主义重新瓜分世界的政治需要，是当时美国制定海洋政策和海军战略的理论依据，也对世界主要海军强国的海洋战略产生了重大影响。

（四）斯大林及其马克思主义军事思想

斯大林（Joseph Vissarionovich Stalin），1879 年 12 月—1953 年 3 月，苏联共产党和国家主要领导人，苏联大元帅，武装力量最高统帅，政治家、军事家、战略家。斯大林于 1879 年 12 月 21 日生于格鲁吉亚一个鞋匠家庭，1894 年开始参加革命活动，1903 年加入以列宁为首的布尔什维克，投身无产阶级解放事业。1913 年 3 月，发表题为“马克思主义和民族问题”的文章，第一次使用“斯大林”（意为“钢铁的人”）这一笔名。从1902年4月至1913年3月，斯大林被捕7次、流放6次，从流放地成功出逃5次。1917年二月革命后，斯大林被选为布尔什维克中央委员会委员；十月革命后，在第二次全俄苏维埃代表大会上当选为全俄中央执行委员会委员，并担任第一届苏维埃政府即人民委员会的民族事务人民委员。1918年—1920年，苏俄内战爆发后，斯大林担任共和国革命军事委员会委员等职，受党中央和国防委员会委托，转战各条战线。1922年4月，在中央全会上当选为中央总书记。1924年1月，列宁去世，斯大林成为苏联党、政、军最高领导人。1941年5月，被任命为苏联人民委员会主席，6月30日被任命为国防委员会主席，7月10日任最高统帅部大本营主席，7月19日兼任国防人民委员，8月8日任武装力量最高统帅。在卫国战争中，以斯大林为首的国防委员会集中了国家一切权力，动员政治、经济、军事、外交等方面一切力量，组织领导反法西斯战争，先后取得了莫斯科会战、斯大林格勒会战、库尔斯克会战等一系列战略决战的胜利，为世界反法西斯战争的胜利作出了巨大贡献。

斯大林继承和发展了马克思主义的战争观，接受了列宁关于帝国主义战争的科学分析和论断，认为在帝国主义阶段，各个帝国主义国家的发展是不平衡的，这种不平衡最终都导致争夺世界霸权的斗争，其实质是以军事冲突和战争的方式周期性地重新瓜分已经被瓜分的世界。而帝国主义争夺世界霸权又必然使帝国主义的各种矛盾激化，这些矛盾包括：各主要帝国主义国家之间的矛盾、帝国主义国家同殖民地及附属国之间的矛盾、帝国主义国家同社会主义国家之间的矛盾、资本主义国家资产阶级与无产阶级之间的矛盾，这些矛盾最终导致帝国主义战争和民族解放战争，因此现代战争源于帝国主义争夺世界霸权的斗争，这就进一步阐述了现代战争的深刻根源。斯大林继承了马克思、恩格斯和列宁关于无产阶级暴力革命的学说，认为旧的社会制度不会自动崩溃，旧的阶级力量也不会自行退出历史舞台，因此新的社会制度替代旧的社会制度的过程不是简单的、自发的和和平的过程，而是复杂的、长期的和暴力的过程，这就指出了无产阶级暴力革命的必要性和必然性。斯大林还认为“战争是政治的表现”，决定战争胜负的主要因素不是偶然因素，而是那些经常起作用的因素，包括政治制度、后方的巩固性、军队的士气、军队的数量和质量、武器装备和指挥人员的组织能力等，他指出，苏联取得卫国战争的胜利，首先是取决于受到人们拥护的苏维埃社会制度和国家制度，而帝国主义德国发动的非正义战争从一开始就注定了其失败的结局。在军队建设上，斯大林重视军队的政治领导，认为政治觉悟和纪律是军队力量的源泉，政治素质是军队战斗力的思想基础，在军队中建立了政治工作机构，开展普遍化、经常化、制度化的政治工作；强调军队要按照实战组织军事训练，并重视武器装备的作用，认为没有现代化的武器，军队是不能作战和胜利的。在国防建设上，斯大林面对薄弱的国民经济，主张尽量推迟战争的发生，优先发展国防经济，加强常备军和全民国防教育，致力于建设巩固的后方，认为没有稳固的、不断提供人力物力支援的战略后方，任何一支军队都难以进行战争，更不要说取得战争的胜利。

【思考题】

1. 中国古代提出过哪些重要的军事思想？对现代军事思想有何启示？
2. 什么是毛泽东军事思想？包括哪些具体内容？
3. 江泽民、邓小平军事思想从哪些方面继承了毛泽东军事思想？
4. 胡锦涛关于国防和军队建设重要论述的核心内容是什么？

第四章　现代战争

第一节　战争概述

战争是一种特殊的社会历史现象，人类历史上的战争连绵不绝，但战争中没有完胜的一方，战争对于任何一方都是灾难。在人类文明进入 21 世纪的今天，我们应该探索战争产生的根本原因，了解战争的发展历程，揭示战争的本质和特征，从而防止战争、遏制战争，维护世界和平。

一、战争的含义

战争是在两个或数个国家、民族、政治组织、派别或者集团之间，为了达到一定的政治、经济和领土完整等目的而相互使用暴力、杀戮和攻击等行为进行的武装战斗。由于触发战争的往往是政治家而非军人，因此战争亦被视为政治和外交的极端手段。

按《中国人民解放军军语》的解释，战争是指“国家或政治集团之间为了一定的政治、经济目的，使用武装力量进行的大规模激烈交战的军事斗争，是解决国家、政治集团、阶级、民族、宗教之间矛盾的最高形式”①。

二、战争的分类

人类历史上出现的战争，按照不同的划分标准，可以分为不同的类别。

按政治属性可分为正义战争和非正义战争。基于自卫、保卫和平、保卫国家主权和领土完整、为了自由和尊严进行的战争，是正义战争。侵略战争、征服战争、出自压迫掠夺目的的战争，是非正义战争。

按规模可分为世界战争和局部战争。局部战争又被称为有限战争，指在一定的地区内，使用一定的武装力量进行的在战争目标、武器使用、参战兵力、作战

---

① 全军军事术语管理委员会：《中国人民解放军军语》，北京：军事科学出版社 2011 年版。

地区等方面有所限制的战争。局部战争往往只波及世界的某一地区，在一定范围内对国际形势产生影响。世界战争也称为世界大战，目前只发生过两次，即第一次世界大战和第二次世界大战。这两次世界大战的参战国家都包括了当时世界上的主要国家，作战范围跨越了欧亚非和北美等主要大陆，战争的结果深刻改变了世界政治、经济和军事力量格局，具有世界范围的影响，改变了世界上众多国家和民族的命运。

按使用的主要武器可分为常规战争和核战争。因为目前人类还没有对付核武器的技术手段和方法，致使在战争中双方是否拥有核武器、是否使用核武器会对战争的进程和结局产生决定性影响，所以战争也被划分为核战争和常规战争。常规战争是相对于核战争而言的，是指使用常规武器所进行的战争，而常规武器又是相对于核武器、生物武器和化学武器等具有特殊杀伤力的武器而言的，换句话说，常规战争即是指使用除了核武器、生物武器和化学武器之外的所有武器进行的战争。在人类战争史上，虽有一些战争使用了化学武器、细菌武器甚至核武器，但规模不大，对战争进程和结局没有产生决定性影响，一般也不认为是核战争，所以，人类历史上发生的战争都是常规战争。核战争就是将具有特殊杀伤力的核武器作为主要作战手段的战争，核武器的使用不仅使战争升级，而且深刻影响战争进程和结局。

按战争起因可分为宗教战争、民族战争、反恐战争、资源战争等。宗教战争是指宗教原因引发的战争，是宗教斗争中的一种形式，常见于宗教社会，既可爆发于不同宗教之间，亦可爆发于同一宗教的不同教派之间。民族战争是指民族间为各自的利益而进行的战争，既包括不同国家间的民族战争，也包括一国内部有关民族间的战争。反恐战争是美国在遭受“9·11”袭击后提出的一个概念，是为打击恐怖主义采取的军事行动，著名的反恐战争是2001年10月7日以美国为首的西方国家出兵阿富汗打击基地组织和塔利班的战争，至2014年12月底，美国总统奥巴马宣布战事结束，但美军并未全部撤回，而是保留了一部分兵力在阿富汗。今天的反恐战争已经不再是一个单纯的军事概念，而是一个包括了军事、政治、经济、外交等多种手段的“综合反恐”活动。资源战争是指由资源的占有、利用和经营管理而引起的战争，回顾人类历史，资源的争夺几乎是所有战争的直接动力。当今时代，资源是国家的核心竞争力，有人预言，如果第三次世界大战爆发，无论理由多么冠冕堂皇，深层次的原因一定是资源争夺引起的。中东地区的长期动荡、西方国家两次入侵伊拉克，无不与中东地区拥有丰富的石油资源有关。

按战争使用的主战兵器属性可分为冷兵器战争、热兵器战争、机械化战争和信息化战争。冷兵器战争是指黑火药发明并广泛使用于战场之前的战争，主要使用依靠人的体能效应发挥杀伤作用的兵器以及与此相应的战法的战争。热兵器战争是指主要利用火药、炸药等热能打击系统和化学推进系统提供能量，发射物体杀伤敌人，或者直接利用火、化学、激光等携带的能量伤人的武器装备所进行的战争。机械化战争是指第二次工业革命开始后大量使用坦克、飞机、潜艇等自动化、机械化装备进行的战争。信息化战争是依托网络化信息系统，使用信息化武器装备及相应作战方法，在陆、海、空、天和电磁等空间及认知领域进行的以体系对抗为主要形式的战争。

按战争双方所处地位可分为侵略战争和自卫战争。侵略战争是指为了自身发展的利益，对其他国家进行武装挑衅、政治奴役、经济掠夺和占领的非正义战争。自卫战争一般是指国家、民族为抵御外来武装侵略而进行的战争。

三、战争的本质与根源

（一）战争的本质

战争的本质是指战争本身所固有的，决定战争性质、面貌和发展的根本属性。战争贯穿于人类发展史，但在马克思主义以前，人类对于战争本质的认识却是悬而未决的。西方近代军事理论家克劳塞维茨在《战争论》中提出了“战争是政治的继续”的著名论断，揭示了战争与政治之间的内在联系，加深了人们对于战争的认识。马克思主义诞生后，一代又一代的马克思主义者运用唯物史观的基本原理，对战争本质的考察不断深入。列宁在马克思、恩格斯关于战争与阶级关系的基础上，进一步分析了战争、政治、经济之间的关系，认为在阶级社会里，政治具有强烈的阶级性，主要表现为各阶级之间的斗争，并根据战争是政治的继续的观点，认为帝国主义时代的战争是争夺世界霸权、重新瓜分殖民地和势力范围的战争，既给社会带来前所未有的灾难，也唤醒民众，开辟了社会主义革命的新纪元。毛泽东在总结中国革命战争经验的基础上，继承“战争是政治的继续”的观点，一方面认为战争是由一定时期内各种错综复杂的社会政治关系引起的，又总是为一定阶级、国家、民族和政治集团的政治目的服务，是政治性质的行为，因此从这个角度来说，战争就是政治。另一方面，毛泽东认为战争有其特殊性，是用来解决阶级和阶级之间、民族和民族之间、国家和国家之间、政治集团和政治集团之间在一定发展阶段上矛盾的一种最高斗争形式，因此，战争不等于一般的政治，战争是政治特殊手段的继续。所以毛泽东说：“政治是不流血的战争，战争是流血的政治”，这一论断深刻阐明了战争与政治的内在联系。

（二）战争的根源

战争的根源问题是战争观的基本问题。自然主义学者认为战争根源于自然环境和人类的生物本性；宗教主义者认为战争是上帝对人的惩罚，用超自然的力量解释战争起因；西方现实主义者把战争的根源归结于权力的无政府状态，认为这种无政府状态导致权力无序进行而引发战争；种族主义者认为战争的起因是优劣民族之间的差别；自由主义者则认为威权主义或极权主义导致战争。近代以来的地缘主义学者认为战争是为争夺一定的生存空间和自然资源，马尔萨斯主义学者认为人口过剩和饥饿是战争的主要起因。马克思主义战争观则从唯物史观出发考察战争的根源问题，认为在阶级社会，战争根源于私有制和阶级利益冲突。马克思、恩格斯在《共产党宣言》中说，“一切阶级斗争都是政治斗争”，自原始社会公有制解体以来，人类社会的“全部历史都是阶级斗争的历史”，而“每一历史时代的经济生产以及必然由此产生的社会结构，是该时代政治的和精神的历史的基础”。在《德意志意识形态》中，他们又说，“一切历史冲突都根源于生产力和交往形式之间的矛盾”，这就揭示了战争与政治、经济之间的关系，认为在阶级社会中，私有制、阶级压迫和经济利益的冲突是发生战争的基本根源。第一次世界大战和第二次世界大战是主要资本主义国家为争夺殖民地和势力范围而引起，是世界主要资本主义国家之间政治、经济发展的不平衡引起的，根源于生产力发展水平和发展速度的不平衡。第二次世界大战后，战争的根源有政治、经济、文化、社会等诸多因素，而帝国主义争夺世界霸权成为战争的主要根源。

四、战争形态的发展历程

按照马克思主义的观点，战争不是从来就有的，也不是永恒的，它是社会生产力和生产关系发展到一定阶段的产物，是伴随着私有制、阶级和国家的产生而出现的。我国古籍中把战争称为争、战、征、伐、兵等，战国时期的兵书《吴子》中就已经出现了“战争”一词。回顾人类历史，战争形态可以分为冷兵器战争、热兵器战争、机械化战争和信息化战争。

（一）冷兵器战争

冷兵器战争是冷兵器时代使用依靠人的体能效应发挥杀伤作用的兵器及其战法进行的战争。冷兵器时代是指从军队和战争在人类历史上出现，到黑火药发明并广泛用于战场这一历史时期，包含了人类社会的石器、青铜器和铁器三个时代，跨越了从公元前21世纪到公元17世纪，历经人类社会发展过程中的奴隶社会和封建社会。

冷兵器战争始于原始社会晚期，在氏族战争中，早期武器如石刀、石斧等手持兵器和弓箭开始从农业生产和狩猎工具中分离出来，战争不仅在部落之间进行，而且扩展到部落联盟或国家之间，战争规模的扩大，使得战争不再是全部族成员都参加，而是有了专门负责征战的成员，即军队出现了。随着冶炼技术的出现和发展，兵器发生了革命性变革，青铜兵器和铁兵器取代石兵器，杀伤力大幅提高，作战性能不断增强，军兵种也随之发生变化，出现了车兵、骑兵等兵种和相应的战法。随着铁器时代的到来，铁兵器取代了青铜兵器，冷兵器战争逐渐发展成熟。与青铜兵器相比，铁兵器不仅质地坚硬而锋利，而且更具韧性，不易折断。古希腊人首先在战争中使用铁兵器，占据了很大的优势。这时军兵种也更加丰富，出现了战车兵、骑兵、攻城兵、工兵、水兵等众多兵种，战法也更加多样，并催生了组织完备的军事指挥系统和成体系的军事思想，各国纷纷建立高度中央集权的军事领导体制。从春秋时期开始，我国出现一个军事理论发展的高峰，产生了《孙子兵法》《司马法》《孙膑兵法》《吴子》《尉缭子》《六韬》等大批兵书，逐步形成比较完善的冷兵器战争理论，影响后世数千年。

冷兵器是人体自然器官主要是手臂的直接延长和增强，是一种传递人的体能的器械，这就决定了冷兵器时代的作战方式只能是以人力为主、集团布阵、短兵相接和近身肉搏，其指挥手段也主要靠摇旗、击鼓鸣金和举火等视听信号。

（二）热兵器战争

火药的发明并用于战争是军事技术的重大革命，开启了人类战争史的热兵器时代。13 世纪，中国人发明的火药和火器经过阿拉伯人传到欧洲，欧洲国家改良了黑火药的配方和制造技术，生产出威力更大、使用安全的火药。再加上欧洲数学、几何学、力学和工业制造等科学和技术的进步，不仅推动了火枪、火炮等武器装备的诞生，也促使射击理论和射击技术的不断发展，推动了火枪、火炮的广泛应用和实战性能的大幅提升，火枪和火炮等热兵器成为欧洲各国军队的主要装备，人类社会历史也从冷兵器时代近战的短兵相接、近身肉搏逐渐过渡到远程的火力对抗。14 世纪中后期，舰船开始使用火炮；15 世纪，火绳枪出现，火炮技术得到迅速发展；17 世纪，欧洲研制出炮管内壁有膛线的火炮，即线膛炮。随着滑膛枪、燧发枪取代长矛成为欧洲各国军队的制式兵器，军队普遍采用线性阵形，到 18 世纪，欧洲各国普遍废除了冷兵器，随着火枪火炮技术的不断改进，铁路、蒸汽机车、电报等用于军事，各国的军制也发生变化，纷纷采用征兵制和预备兵役制，建立了庞大的正规军，采用正规的军、师、旅、团、营、连的编制体制，统一了军队的操典和条令，也带来了军队作战样式和战争理论的变化，出现了散兵战斗队形与纵队相结合的纵深战斗队形以及火力突袭、火力打击等作战样式，火力打击构成了敌对双方作战能力的主导因素，火力优势、火力射程和火力打击的效能成为决定战争胜负的关键因素。

（三）机械化战争

机械化战争以坦克的问世为主要标志。19 世纪末到 20 世纪初，世界各主要资本主义国家先后从自由资本主义发展到垄断资本主义，进入帝国主义阶段。伴随着科学技术的进步和工业革命的发展，人类社会从蒸汽时代进入电气化时代，速射机枪、坦克、飞机、潜艇、航空母舰以及无线电设备等一大批自动化、机械化武器装备相继投入战场，彻底改变了战场的面貌，坦克的问世和运用是开创陆军机械化新时代的里程碑，带来了战争形态的变化，对其他装甲装备的发展、装甲兵的诞生与运用及机械化战争理论的提出与发展都起到了积极的促进作用，人类步入了机械化战争时代。铁路车辆和汽车用于军事运输，使沿用了数千年的人力、畜力运输逐渐被取代，军队后勤补给能力大大增强，机动能力大幅度提高。飞机投入战场，出现了侦察机、轰炸机、歼击机、强击机等，螺旋桨、蒸汽机和装甲技术装备舰艇，出现了战列舰、巡洋舰、布雷舰、扫雷舰等各种舰只，还出现了水下潜艇和水上飞机。机械化、自动化武器装备的大量使用形成了陆、海、空军，战场规模不断扩大，从陆地或海上的平面战场发展为海陆空一体或海空一体、陆空一体的战场，作战方式则由线式作战向纵深作战发展，而无线电通信工具投入战场则使指挥系统的工作效率大大提高，使海陆空一体的大规模战场的作战指挥和纵深作战方式得以实现。

第二次世界大战标志着机械化战争的成熟，第二次世界大战后，随着原子弹和导弹的出现，机械化战争进入新阶段，各主要国家纷纷建立战略导弹部队或火箭部队，常规作战兵器在核威慑条件下获得空前发展，传统的机械化作战平台不断完善，随着科学技术的发展，各军兵种的武器装备不断更新换代，杀伤力、机动性进一步提高，长续航、高机动武器装备成为各大国的主要突击力量。

（四）信息化战争

信息化战争是信息时代的产物，20 世纪 70 年代后，随着以微电子技术为核心的信息技术迅猛发展并在社会各领域被广泛应用，人类社会由工业社会逐步进入信息社会，而信息技术在军事领域的广泛应用，使得信息化战争也悄然登上历史舞台。20 世纪 70 年代，美、苏两个超级大国都加大了电子、计算机、通信、制导、夜视等技术的研究和应用，基本实现了军事指挥的自动化。1972 年，美军在越南战场首次使用了激光制导炸弹，显示了巨大威力。1982 年英国与阿根廷之间的马尔维纳斯群岛战争体现了精确制导炸弹、预警机、电子干扰机等高技术武器装备的重要地位。1991 年的海湾战争成为信息化战争的雏形，制信息权成为世界主要国家公认的继制海权、制空权之后的新的军事争夺制高点。随着信息技术的不断进步和广泛应用，各国信息化武器装备使用比例不断提高，争夺制信息权成为赢得战争主动权的关键。信息技术推动人类战争形态从机械化战争向信息化战争转变，战争呈现出信息主导、网络支撑、体系对抗的特征，战场范围增加了外层空间和电磁网络空间，全天候远程打击成为主要打击手段。各主要国家军事革命的核心是信息化建设和联合作战能力的锻造，传统军队向各种作战要素、各类作战行动融合集成的联合军队转变，具备快速反应和远程投送能力，高精确度和无限制远程打击能力，隐形突防和全面防护能力，传感器到发射器的无缝对接能力，信息优势到决策优势、行动优势、决胜优势的联合作战能力等综合快速灵活反应能力。

第二节 新军事革命

20 世纪 70 年代以来，随着以信息技术为核心的高技术的发展和在军事领域的运用，世界军事领域发生了人类历史上新一轮重大军事变革。这场以信息技术为核心、以信息化为主要特征的军事信息化革命正在席卷全球，成为一场涉及所有军事领域的深刻变革，对战争形态、世界军事形势和国际战略格局都将产生重大影响。

一、新军事革命的基本内涵

新军事革命是指在人类社会从工业时代走向信息时代的过程中，以信息技术为核心的高技术迅猛发展并得到广泛应用，从而引起世界各国在军事领域展开以武器装备信息化和联合部队一体化为核心的根本变革，推动战争形态从机械化战争向信息化战争转变。

新军事革命是科学技术发展和应用推动下军事领域的整体变革，是整个社会变革的重要组成部分，是世界各国综合国力竞争在军事领域的反映。它的出现是内外因共同作用的结果。从外部环境看，新军事革命是国际安全形势的深刻变化引起的。在冷战时期，以美国和苏联为核心的北约和华约的对抗是以军事对抗与威胁为重心的，随着冷战结束，两极格局解体，军事对抗依然存在，但经济贸易、科学技术和外交越来越多地取代军事成为国家间对抗的主要领域。世界大战爆发的可能性越来越小，但局部冲突与战争仍然不断，传统的以应付大战为重心的军事体系已经不适应冷战后“大战不打，小战不断”的新形势。从内因来看，以信息技术为核心的高技术的发展和在军事领域的运用，推动武器装备的信息化、精确化，带来作战方式、战场形态、指挥控制以及军事思想和作战理论的重大变化，促成了新军事革命的到来。

随着世界各国军事变革的深入发展，新军事革命呈现出几个突出的特征：

1. 深刻性

第二次世界大战后，随着以信息技术为代表的高技术群的不断发展，航天技术、生物技术、新能源新材料技术特别是信息技术正在对人类社会产生全方位的深刻影响，它不仅推动着全球化的发展，深刻改变着人们的生活方式、思维方式，改变着人类社会的整体面貌，而且带来军事领域深刻彻底的变革。与人类历史上以往的军事变革相比，当前的军事变革将是人类历史上最深刻的一次军事革命，它不仅带来武器装备的全面更新换代，更使战争形态、作战方式、军队体制编制和人才培养都发生根本性、整体性和系统性的变革，彻底改变工业时代的军事形态和军事体系。

2. 全面性

从世界主要国家军事改革和军事转型的实践来看，新军事革命不仅涉及信息化和精确化的军事技术形态、联合化和一体化的组织形态以及扁平化、高效化的管理形态，而且包括了军事理论形态、作战形态、保障形态、教育形态等各个领域，推动工业时代的军事形态和军事体系整体向信息化时代的军事形态和军事体系转变。

3. 不平衡性

新军事革命的发展呈现明显的不平衡性。这种不平衡表现在两个方面：一是新军事革命内部各构成要素之间的发展不平衡。一般作为军事变革“硬件”的先进技术和武器装备是新军事革命的前提条件和物质基础，是首先进行跨时代变革的要素。被看作军事变革“软件”的新军事理论是在新的技术装备使用后不断追求新技术装备性能最大化的目标这一过程中总结出来的，是军事变革的灵魂。而军队的体制编制是适应新的技术装备和新的作战方式及理论对军队的组织结构进行的调整，是为了实现“硬件”与“软件”的有机结合，并发挥最佳效能。因此，在新军事革命中，各个构成要素的跨时代变革并不是同步的。二是世界各国新军事革命进程的不平衡。由于世界各国经济发展水平和科学技术水平不同，信息化程度有高有低，因此在新军事革命的道路上有先有后。一些经济实力强大、科技水平高尤其是信息技术领先的国家率先开始了新军事革命，不仅大量使用信息化武器装备，并在实践的基础上总结经验，不断改进武器装备，创新作战方式和理论，提出一些新概念、新战法和新理论，引领着世界新军事革命的潮流。但还有部分国家因为经济实力不足、科技水平不高、信息技术落后，在新军事革命的过程中处于劣势，只能充分发挥人的主观能动性，调整经济、科技和军事战略，选好突破口，不断缩小和发达国家的差距。

二、新军事革命的发展演变

从20世纪70年代开始，以信息技术为核心的高技术的不断发展和广泛应用，推动人类社会从工业社会向信息化社会过渡，军事形态也从机械化战争向信息化战争转变，引发了人类有史以来最为深刻的军事革命。回顾近半个世纪的新军事革命发展的历程，可以分为三个阶段，即孕育萌芽阶段（20世纪70年代至80年代末）、全面发展阶段（20世纪90年代至2002年）和稳步发展阶段（2003年以来）。

（一）孕育萌芽阶段（20世纪70年代至80年代末）

人类历史上的军事变革，无一例外都是从军事技术的巨大进步和新武器装备的投入使用开始。20世纪60至70年代，以电子计算机技术为核心的高技术获得迅猛发展，取得一系列技术成果并广泛运用于军事领域，引发了武器装备的质的飞跃，逐渐改变了原来的作战方式和战争形态，美、苏等国率先研究新的军事技术带来的影响及新的战争理论，人类社会开始了一场新的军事革命。1972年5月，在越南战争中，美军首次使用“宝石路”激光制导炸弹，其高命中率引起各发达国家的重视，各国纷纷研制和生产精确制导武器。同时，美、苏两国把计算机技术运用于战场指挥，开始建设军队指挥自动化系统，并在精确制导武器和指挥自动化实践的基础上，提出“军事技术革命”“军事革命”的概念，开始对新的武器装备和作战形态进行理论总结。1973年，苏联出版了《科学技术进步与军事上的革命》一书，算是最早以新武器装备的出现和使用为背景，探讨军事上革命的著作；随后，苏联出现了多篇文章，发表了对新军事革命的认识和理解，苏联前总参谋长奥加尔科夫撰写的《历史教导我们提高警觉》是其中的典型代表。美国也不断总结战争经验，在越南战争和第四次中东战争后，开始全面的军事改革，重点发展信息化武器装备，完善指挥控制自动化系统，提出了“体系战争”“空地一体战”等新的军事理论。

（二）全面发展阶段（20世纪90年代至2002年）

到了20世纪90年代，高技术的进步在军事领域取得了一系列成果，大批高技术武器装备投入战场，在海湾战争中得到了应用和检验。海湾战争持续43天，而地面战役只有100个小时，空中作战已经作为一种独立的作战样式而出现。在空战中，多国部队共出动飞机近10万架次，投弹9万吨，不仅发射了近300枚战斧巡航导弹和数十枚空射巡航导弹，还使用一系列最新式飞机和各种精确制导武器，其中包括了F-117隐形战斗机、F-15E战斗轰炸机、F-15C/D战斗机、

F－111 战斗轰炸机、F－4C 反雷达攻击机、B－52C 战略轰炸机等进攻型空中武器，电子战飞机则包括了 E－3D 空中预警机、EF－111A 电子干扰机、E－8A 联合监视与目标攻击系统飞机、TR－19 战略侦察机、RF－4C 战术侦察机等当时世界上最先进的信息化、电子战机群。由于高技术武器的使用，现代战争的作战思想、作战样式、作战方法、指挥方式、作战部队组织结构以及战争进程与结局等方面都出现了重大变化，各国都感受到了战争形态正在发生的巨大变化，促使世界各国加快发展信息化武器装备，着手军队体制编制的改革，在全世界范围内掀起了研究未来新型战争的热潮。战后，美国进一步总结经验，1996 年 5 月，美国参联会发布《2010 年联合构想》，全面开始新军事变革。4 年后美国又公布《2020 年联合构想》，在《2010 年联合构想》的基础上，认为面对非对称战争威胁、敌我“技术差”缩小等的挑战，美军制胜的关键在于夺取信息优势，提高联合部队的作战能力。短短 4 年，美国出台两个超前 15～20 年的国防和军队建设的纲领性文件，无疑是受到了新军事革命的影响，同时走在了世界新军事革命的前列。

（三）稳步发展阶段（2003 年以来）

2003 年 3 月 20 日，美、英等国联军对伊拉克实施了“斩首”和“震慑”两大行动，3 天内，美国向伊拉克投掷各类精确制导炸弹 2 000 多枚，其中战斧式巡航导弹 500 多枚，人类有史以来技术含量最高、信息化特征最明显、信息化武器装备使用更为广泛的伊拉克战争爆发了。在战争中，美国动用了 90 多颗军事卫星和 70 多颗民用卫星，其中 5 颗导弹预警卫星每 30 秒向地面发送一次伊拉克导弹发射预警信息；6 颗光学雷达侦察卫星每天十多次飞临伊拉克上空，提供分辨率精确到分米级的图像；24 颗全球定位卫星随时捕捉战场上机动目标的位置，准确引导 GPS 制导弹药实施攻击。这不仅为美军的 C^4ISR 系统提供了全天候、全天时信息保障，而且为所有作战行动提供了广泛而直接的支援。这些高度信息化的武器装备和后勤保障，使美军能够采用要素更为齐全、空间更为广阔、速度更为迅捷、结合更为紧密的创新型联合作战方式：“快速决定性作战”和“网络中心战”。在伊拉克战争中，没有出现海湾战争那样的空袭作战和地面作战阶段的划分，而是各种作战行动统一安排和协调实施，特种作战、精确打击、地面推进、信息作战、心理作战等，互相支援，互相作用，互相影响，互相加强。战后，美国联合部队司令巴斯蒂亚尼海军上将在 2003 年 10 月 2 日在美国众议院武装部队委员会举行的听证会上说：“在沙漠风暴行动中，我们的空地作战只有 10% 是一体化的，而在伊拉克自由行动中，这一比例跃升到了 90%，这标志着前所未有的变化。技术与训练的进步也使得我们能够在提高杀伤力的同时，减少空中资源的使用量，如在沙漠风暴行动时，是4架飞机摧毁一个目标，而现在则是1架飞机就能摧毁4个目标了。”中央司令部司令弗兰克斯上将在评论这种联合作战水平时也说道：“伊拉克战争是美国历史上联合与联军程度最高的一次作战。”受伊拉克战争影响，世界各国都在总结伊拉克战争的经验教训，出台推进新军事革命的新举措，一方面调整军队体制编制，缩小规模，优化结构，建设合成度更高、作战能力更强的一体化部队；另一方面总结战争经验，提出、丰富和发展新的军事理论；伊拉克战争后，美国总结“先发制人”战略和“震慑”作战理论，将“震慑”作战理论纳入美军作战条令。俄罗斯也总结21世纪以来战争形态的变化，提出了“混合战争”“精确打击”“特种作战”等理论。2020年3月，美国海军陆战队司令部发布了《2020—2030美国海军陆战队十年建军纲领》的改革规划，针对21世纪前20年暴露出的问题进行集中反思，提出了解决方案，计划裁撤目前麾下大量的重型部队，如坦克、重型火炮等部队，扩编远程火箭炮和无人机部队规模，重点解决步兵规模庞大、合成度偏低、远程投送难的问题，以适应21世纪的高烈度战争和远程投送等任务。美国海军陆战队的转型改革，是美国各大军兵种开始准备新一轮改革转型的重要组成部分，是美国应对所谓的“大国竞争”国防战略目标的重大调整。

当前，新军事革命已经在全世界全面展开，并不断向纵深发展，新军事理论的超前发展，不仅影响世界各国军事力量对比和未来军事斗争，也将影响世界战略格局，引起了世界各国特别是主要国家的高度重视。

三、新军事革命的主要内容

军事革命是军事领域系统而全面的深刻变革。美国国防部前部长威廉·佩里曾说：“军事变革采用新技术同创新的作战理论和组织体制改变相结合，是从根本上改变军事行动特点和进行方式的过程。”美国1997年的国防报告也认为新军事革命包括先进的武器系统、创新的军事理论和新的体制编制三个要素，先进的军事技术及武器装备是军事革命的物质条件，创新的军事理论是军事革命的思想基础，科学的体制编制和训育方法是军事革命的组织保障，这三个要素相互联系，是新军事革命不可或缺的内容。

1. 信息化武器装备大量涌现

目前，信息化武器装备主要有两个来源：一是在原来机械化武器装备的基础上以模块的形式嵌入计算机技术和信息技术，进行信息化改造和提升，满足现代信息化战争的需要，如各种巡航导弹、制导炸药、飞机、坦克等；二是研制新的信息化武器装备，如定向能武器、生物武器、战场机器人等。这些信息化武器装备可以分为两类，即信息化的作战平台和自动化的指挥控制系统。

指挥控制自动化系统是美国军方率先提出的，是指综合运用以电子计算机为核心的各种技术设备，将军事信息技术和信息化战争中至关重要的情报、监视、侦察、通信、计算机、控制、指挥等几个领域有机整合，形成信息获取、信息共享、决策指挥的网络化的人—机—体化指挥体系。目前最先进的指挥控制自动化系统是 C^4KISR 系统，C^4KISR 是指挥（command）、控制（control）、通信（communication）、计算机（computer）、摧毁（kill）、情报（intelligence）、监视（surveillance）与侦察（reconnaissance）的英文单词的首字母缩写。C^4KISR 系统以多媒体的综合技术向战场指挥者提供更为精确的信息，使战场透明化，指挥者能够实时把握陆、海、空、天的战场态势，及时决策，形成侦察、监视、识别、打击和战场评估的无缝网络链接，实现战场的实时指挥控制，达到“发现、识别”即“摧毁”的作战效果。现在，随着卫星技术、航天技术和网络技术的发展，指挥控制自动化系统逐步朝智能化、模块化和多功能化方向发展。

近年，美军又率先提出了全球信息栅格的概念，即由可以链接到全球任意两点或多点的信息传输能力，实现相关软件和对信息进行传输处理的操作使用人员组成栅格状的信息综合体，按照联合作战的要求，实现全球任意点不同需求之间点对点的信息链接，形成覆盖全球的栅格状的信息网络，为全球任意地方的美军提供信息的互联互通，使美军的指挥控制系统跃上一个新的台阶。

信息化作战平台是指装有大量以信息和信息技术为核心的电子信息设备，具有探测、识别、打击和定位等综合性能的坦克、火炮、飞机、舰艇等武器载体，这些信息化作战平台是指挥控制自动化系统的节点，是指挥控制自动化系统发挥打击威力的物质基础。目前，世界各国都非常重视信息化作战平台的研发和升级改造，出现了种类繁多的信息化作战平台。例如飞机方面，美国的 F－15、F－16 战斗机、B－2 战略轰炸机、F－22 战斗机、F－35 舰载机，俄罗斯的米格－29、苏－27、苏－35 等战斗机，法国的幻影 2 000 和“阵风”战斗机，这些空中作战平台都搭载了先进的航电系统和相控阵雷达，飞行仪表电脑化，大大提高了战斗力。

目前，信息化作战平台显示出一些重点发展方向。从技术的角度，因为现代高技术战争中侦察与反侦察的斗争越来越激烈，为了对付各种侦察的威胁，提高战场生存能力，隐形技术和隐身武器应运而生；为了降低伤亡和战争成本，无人机技术等无人化作战平台也获得较快发展。现实表明，隐身化、无人化是今后一段时间信息化作战平台的一个重要发展方向。从空间的角度看，随着航天飞机、载人飞船、空间站、卫星等空间平台取得了突破性进展并广泛应用，空间特别是太空的战略地位日益提高，反导系统、反卫星武器的相继问世，世界各国的军事竞争逐渐向外层空间扩展。可以预见，太空化是信息化作战平台的又一个重要发展方向。

中国也紧跟信息化的步伐，着力推进信息化作战平台建设，取得了举世瞩目的成就。99A式主战坦克是我国真正意义上的第一款信息化坦克，实现了战场态势共享、协同攻防、状态监测、系统重构等功能，而且软件、元器件全部自主可控，具备火力猛、机动力好、防护性强、信息化程度高等鲜明特点。我国的04A履带式步兵战车安装了性能先进的数字化电台以及无线车载宽带和战场敌我识别系统，配套我国自主的"北斗"卫星导航与惯性装置组合的导航系统，融合了计算机控制、数字传输、数据总线等技术，实现了我军装甲步兵战车的一次大的跨越。2014年8月，中、俄、哈、吉、塔五国在内蒙古朱日和训练基地举行的"和平使命—2014"上海合作组织联合反恐军事演习中，99A式主战坦克和04A履带式步兵战车首次亮相，引起世界广泛关注。2015年9月，99A式主战坦克还参加了中国人民纪念世界反法西斯战争暨抗日战争胜利70周年大阅兵，行进在第27方阵的最前面。另外中国还有歼-20等众多作战平台属于世界领先的信息化作战平台。

2. 创新体制编制，军队结构一体化

在军事变革中，技术变革是起点，军队组织形态的演变才是归宿。军队的组织形态是人与武器装备的组合样式，是军队力量的编成结构，是作战人员、武器平台和保障装备等物质要素进行编组配置所采取的组织架构。装备的优势只有融入科学的组织形态，才能创造出最佳战斗力。随着信息条件下新武器装备的熟练使用，战争形态发生改变，要求军队的组织形态随之调整。现在世界各国军队的组织体制正在发生重大变化，一是军队规模小型化。信息化武器装备的大量使用，大大拓展了战场的空间，还缩短了战争的时间，信息化武器装备超时空的精确打击能力可同时对敌实施前后方的全纵深打击，战场的前后方界限模糊，使战术打击可以瞬时直接实现战略目的，引起了战略、战役和战术三个层次的垂直阶梯关系的变化，也使传统的按照战略、战役和战术层次区分的军队规模结构发生改变。作战武器效能的提高，使小规模信息化军队能完成过去大规模军队才能完成的任务，而军队规模越来越难以弥补军队质量上的差距，因此，世界主要国家纷纷缩小军队规模，优化组织结构。各国陆军规模在缩小，海军和空军规模在扩大，同时，战斗部队比例下降，保障部队比例上升，尤其是技术保障部队增加较快。二是部队编成一体化。随着信息技术的进步，尤其是指挥控制自动化系统的使用，使传统的陆、海、空战场联结成为一个统一的作战空间，部队也不能再以传统的武器性能分编各军兵种，而是以信息武器为神经主干，根据不同任务将使用不同武器的部队聚合在一起，成为合成度更高、内部结合更紧、协同能力更强、作战威力更大的一体化部队。三是指挥控制扁平化。工业时代宏大的战争规模和军事斗争战略、战役和战术的垂直阶梯关系，形成了多层次的树状指挥控制体系。随着信息化战争的发展，战略、战役和战术的界限模糊，军队规模的小型化、一体化要求实现各军兵种之间的平行沟通和联络。扁平化、网络化的指挥体制能够缩短信息流程，实现信息共享，既有利于简化指挥层级，提高指挥效率，增强整体作战效能，又有利于充分发挥各作战单元的自主性和能动性。现在，外形扁平、横向联通、纵横一体的网络化扁平指挥控制体制是当前各国军事组织结构发展的主要趋势。

3. 创新军事理论，适应新的战争形态

军事理论是有关军队和战争的概念、范畴、原理、原则等的体系，是战争各要素中最活跃、最重要的一种因素。科学的军事理论也是战斗力。军事理论创新来源于军事实践，又给军事实践以指导，并在不断接受军事实践检验的基础上丰富和发展。在信息化条件下，大量高技术武器装备的发展和投入使用，使传统的战争理论、作战原则以及战略、战役、战术之间的关系都受到挑战，世界各国特别是美国纷纷在新的军事实践基础上探讨全新的战法，提出很多新概念、新观点，不断创新军事理论，引导新军事技术、新武器装备、新体制编制和新人才培养不断发展和完善。在武器装备方面，主要有激光武器、微波武器、粒子束武器等定向能武器新概念，动能拦截弹、电磁轨道炮、电磁线圈炮、电磁重接炮、群射火箭炮等动能武器和军用机器人、气象武器等新概念；在战争形态方面，主要有信息战争、非对称战争、第四代战争、高技术局部战争、网络中心战、混合战争等新概念；在作战方式方面，新概念更多，主要有信息战、网络战、空间战、信息火力战、新联合作战、空海一体战、电子战、计算机战、指挥中枢瘫痪战、太空战、特种战、战争结构破坏战、战争潜力削弱战等。与这些武器装备及作战方式新概念、新观点相对应，形成了多种新的战争理论，主要有信息战理论、精确打击理论、网络中心战理论、行动中心战理论、空间作战理论、非对称作战理论、信息心理战理论、新联合作战理论、战略瘫痪战理论、快速决定性作战理论等。其中快速决定性作战理论强调作战行动必须充分利用信息化装备的优势，采取远程精确打击加小规模地面快速突击的新战法，尽快由有限规模的战役行动达成战略目的。在伊拉克战争中，美军即采用了这一作战理论，以战斧式巡航导弹开路，空中打击三天，发射各类型导弹2 000多枚，战斧式巡航导弹数百枚，然后地面部队突击，凭借压倒性的军事优势，速战速决，在一个多月的时间内占领伊拉克全境，推翻了萨达姆政权。另外，随着新式武器装备的不断出现和军事实践的推动，有关武器装备和作战方式、方法的新概念新观点以及新的军事理论还在不断涌现，天基无人战、天地一体网络战、量子信息战、全域信息战等新的概念和作战理论正在被提出并逐渐产生影响，为各国军事实践提供了理论指导，为世界各国军事技术更新和武器装备的发展以及体制编制的调整和人才培养指明了方向。

第三节 机械化战争

随着人类社会生产力水平的提高，战争的形态在不断地改变。机械化战争是工业革命的产物。18 世纪以来，随着近代科技革命所导致的工业革命的兴起，以蒸汽机和内燃机为代表的一系列发明创造，为人类社会进入机械化战争时代提供了物质和技术基础，引发了以机械化为核心的军事革命，开始了人类机械化战争的时代。

一、机械化战争的基本内涵

机械化战争是主要使用机械化武器装备及相应作战方法进行的战争，具有机动速度快、火力毁伤强、战场范围广、战场消耗大等特点，火力、防护力和机动力是决定战争胜负的因素。机械化战争是工业化时代战争的基本形态。

机械化战争是人类战争发展史上的特定阶段。机械化战争从热兵器战争发展而来，传承了热兵器战争中火力占据突出地位的特点。第一次世界大战是机械化战争的初步应用，坦克投入战场，机关枪和火炮大规模集中使用，地面火力空前提高；第二次世界大战标志着机械化战争的成熟，火力和机动力成为机械化战争的关键要素。工业时代大规模的能源开发、机器生产和人口增长成为支撑机械化战争的物质基础，自然地，通过消耗对手的物质和能量来削弱对手的战争潜力成为战争的主要战略选择；装甲集群的闪电突袭、航母舰队的远程奔袭和大机群的战略轰炸成为主要的作战方式。在 20 世纪上半叶，两次大规模的机械化战争——第一次世界大战和第二次世界大战深刻地改变了世界政治和经济格局，也改变了一些国家和民族的命运。战争的两面性也决定了规模空前的机械化战争在给人类带来深重灾难的同时，也推动着科技的进步和创新，推动了世界经济的发展。

二、机械化战争的基本形态与基本特征

（一）机械化战争的基本形态

坦克、飞机、装甲车、两栖登陆舰等机械化装备投入战场，使战争形态发生改变，特别是第二次世界大战期间，世界主要军事强国纷纷卷入战争，强大的军事实力和现代化的武器装备为战争形态的创新提供了基本前提，不论是陆战还是海战都出现了新的作战样式，主要表现为闪击战、空袭战、空降战、封锁战和登陆战。

1. 闪击战

闪击战又名闪电战，是第二次世界大战时纳粹德国使用的一种战术。它充分利用了现代化战争工具飞机、坦克、装甲车、摩托车的速度优势，以突然袭击的方式、超出对手反应的速度对敌人实行闪电般的打击，因此称为闪电战。闪击战通常是用机械化部队的突击能力快速切割敌军主力，以最小的损失来达到预期效果。闪击战的主要特点是空地协同，行动快速，作战突然，打击致命，完美诠释了“兵贵神速”的战争理念。闪击战的前提是要保有制空权，没有了制空权，闪击战便无法实施。闪击战的缺点是对后勤补给要求很高，容易导致补给线过长和兵力的分散，一旦汽油、弹药和粮食供应不上，就会带来致命后果。

闪击战理论是德国陆军将领古德里安提出来的，在第二次世界大战中取得了势如破竹的战果。德军采用闪击战的方式，27 天内征服波兰，1 天内征服丹麦，23 天内征服挪威，5 天内征服荷兰，18 天内征服比利时，39 天内征服欧洲陆军强国法国……闪击战确实取得了惊人的成功，堪称战争史上的一大经典。

2. 空袭战

空袭战是指为达成战争目的，使用航空器从空中用炸弹、导弹、火炮和火箭等对地面、地下、水面、水下等目标实施轰炸和射击的战争行动。空袭战分为战略空袭、战术空袭和战役空袭，战略轰炸是实施战略空袭的主要方式。空袭战具有突然性大、破坏力强、范围广泛等特点，要求计划周密、准备充分、兵力集中、重点突击，各种飞机合理编组配置，发挥整体威力，目的是破坏、摧毁敌方的重要目标，削弱其军事实力和战争潜力，压制、消灭敌战场上的兵力兵器，支援己方军队作战。

空袭战在第一次世界大战时就已经被广泛采用，第二次世界大战时得到较大发展，争夺制空权成了交战双方都极其重视的问题。

3. 空降战

空降战是指作战部队从空中突然降落到预定地域对敌实施攻击的行动，是诸军种、兵种合同作战的组成部分，是现代战争中的一种重要作战样式。空降作战以伞兵与机降步兵为主要形式，按照任务性质、使用兵力数量和空降纵深的不同，可以分为四类，即战略性空降作战、战役性空降作战、战术性空降作战和特种空降作战。

空降战在第一次世界大战时开始出现，但并未形成有规模的空降作战。第一次世界大战后，各国纷纷重视空军建设和跳伞、滑翔训练，开始组建空降部队。到 20 世纪 30 年代，空降作战逐渐成为一种作战方式。大规模的空降作战出现在第二次世界大战初期，1940 年 4 月，德国入侵挪威、比利时、荷兰等国时，都曾采用空降战配合地面作战。第二次世界大战后，空降战凭借其高度的机动性、强烈的突击性和广泛的适应性，能够迅速达到快速机动、出敌不意、择要突击的战争目的，受到各国的重视。

4. 封锁战

封锁战是指在一定空间和时间内，为阻断、限制和孤立敌方对外交通、经济、军事联系或阻拦、限制其机动而实施的战争行动。按照实施空间和领域，封锁战分为地面封锁战、海上封锁战、空中封锁战和信息封锁战。因为封锁战可以不用冒很大的战争风险，既可对敌方军事、经济造成严重破坏，削弱敌方战争潜力，又可对敌军士气、国民心理形成强大的心理压力，实现本国的政治目的或者军事战略，达到以较小代价换取较大胜利的目的，因而在第二次世界大战中被多次采取。第二次世界大战后，美、苏也多次对其他国家进行封锁，在古巴导弹危机中，美国对古巴采取了海空封锁战，迫使苏联从古巴撤出导弹。

5. 登陆战

登陆战又称两栖作战，是指对据守岛屿、海岸之敌发起的渡海进攻行动，目的是夺取敌占岛屿或海岸等重要目标，或突破敌人防御，在敌岸建立登陆场，为之后的作战行动创造条件。登陆战按不同的标准可分为不同的类别：按作战规模分为战略、战役和战术性的登陆作战；按地理条件分为对开阔海岸和岛礁区的登陆作战；按航渡距离分为近距离（一般航程一昼夜，并在岸基歼击航空兵作战半径以内）和远距离（航程两昼夜或以上）的登陆作战。

登陆战是极其复杂、艰巨的军事行动，主要根据作战意图、战斗规模、目的任务、敌防御情况和作战地域的自然条件等因素，按照一定的要求把参战的诸军、兵种兵力编成统一的、整体联合的登陆兵团。登陆作战的兵力输送方式分为由舰到岸、由岸到岸和综合到岸等几种。组织实施登陆作战的一般原则是：精心计划，充分准备；隐蔽突然，出敌不意；集中绝对优势兵力，实施连续突击；掌握制空权、制海权，保障作战行动自由；实施高度集中统一的指挥，严密组织陆、海、空军协同动作；组织可靠的后勤保障等。

登陆战早在古埃及、古希腊时期就已经出现。机械化登陆作战则在第一次世界大战时出现。第一次世界大战后，登陆战获得较大发展，形成两栖作战理论。美国、日本都建造了大量登陆舰艇和两栖登陆车。1944 年 6 月，英、美盟军组织的诺曼底登陆战，是迄今为止规模最大也是最著名的一次登陆战役。

（二）机械化战争的基本特征

机械化战争相比过去的热兵器战争和冷兵器战争，其所依赖的物质基础和作战方式都发生了根本的变化，具有了一些不同于以往战争形态的特征。

1. 机械化装备占主导

随着人类社会进入工业化时代，坦克、装甲车、飞机、潜艇、舰船和化学武器的发明与投入战场，立即改变了延续了数百年的人类手持兵器和马拉枪炮的历史，人类迈入了主战兵器自动化、装甲化、机动化和战争立体化的机械化战争时代。随着主战兵器和战争形态的改变，军队的组织结构随之改变，陆军规模空前庞大，主要军事国家开始组建集团军群，出现了空军、装甲兵、化学兵等新兵种，并出现了坦克战、步坦协同、空地协同等大纵深快速突击的闪击战和战略轰炸、空降战、登陆战、潜艇战等新的作战样式。

2. 战争规模扩大，消耗不断增加

机械化战争的目标并不是有限目标，而是大规模消灭敌人的有生力量，彻底打垮敌人。为了实现这一目标，战争双方在兵力投送上，往往使用“大兵团”作战，投入几十万甚至上百万的军队，力争取得人员数量的优势，一举消灭敌人。同时，庞大的军队规模需要配备数量庞大的武器装备，尤其是坦克、飞机和舰艇等更加需要巨大的能源驱动，机械化时代的战争已经成为人力、物力和财力以及资源和能源消耗战，双方都企图在人力、物力和财力上拖垮对方，坚持到最后才能获得胜利。著名的斯大林格勒保卫战，历时半年多，德军先后投入200万人，苏军投入近300万人。仅从1942年11月开始的苏军反攻阶段至战争结束，苏军投入兵力110多万，火炮、迫击炮15 000多门，坦克和自行火炮近1 500门，作战飞机1 300多架；德军投入兵力100多万，火炮、迫击炮10 200多门，坦克和自行火炮近700门，作战飞机1 200多架，双方伤亡人数达数百万人。在斯大林格勒战役中，在顿河、伏尔加河和斯大林格勒地区，德军共损失150多万人，损失的主要武器装备包括坦克3 500多辆、火炮和迫击炮12 000多门、飞机3 000架，另外还有其他巨大的战略物资的消耗；苏联的人员和装备损失也非常巨大。斯大林格勒保卫战成为近代史上规模最大的战役之一。

3. 战争毁伤无限增强

机械化战争大规模消灭敌人有生力量的作战目标和武器装备的高度机械化以及大兵团作战的战争模式，必然对人员和物质带来巨大的毁伤。在著名的索姆河战役中，英军投入54个师，法军投入32个师，组成联军，对抗德军67个师；英军坦克首次投入战场，德国马克沁机枪大出风头，双方使用近3 000门火炮和近2 000门迫击炮，战争一开始就进行了7天的炮击。这次战役历时5个月，英法联军伤亡人数60多万，仅1916年7月1日这一天就伤亡6万人，德军也伤亡近60万人，成为第一次世界大战中作战双方投入兵力和武器装备最多的一次战役。进入机械化战争时代，战争造成的人员伤亡、装备消耗及城市的破坏是冷兵器战争和热兵器战争所无法比拟的。

三、机械化战争的发展演变及代表性战例

机械化战争从20世纪初基本形成，第二次世界大战时走向成熟，至20世纪80年代逐渐过渡到信息化战争时代，历时近一个世纪，其发展演变可以分为初步形成时期、走向成熟时期和日趋完善时期三个历史时期。

（一）初步形成时期（20世纪初至第一次世界大战结束）

1. 概况

19世纪末20世纪初，在科技革命的推动下，速射机枪、坦克、飞机、潜艇、航母和无线电等一大批机械化、自动化武器装备相继问世，带来了作战样式、军队编成的巨大变化，人类进入机械化战争时代。

从20世纪初至第一次世界大战结束，一系列新型武器出现并装备部队、投入战争。1917年底，英国改装“暴怒”号巡洋舰，前后甲板分开，用于飞机起降；随后英国又将一艘商船改装为航母，使其具有全通甲板，具有了现代航空母舰的雏形，命名为“百眼巨人”号，并于第一次世界大战结束前投入战场。1915年9月，英国海军把汽车、拖拉机和枪炮结合，制成坦克样车，1926年9月，在索姆河战役中投入战场。为迷惑敌人，将其取名为“水箱”，英文Tank，音译为坦克，沿用至今。坦克开辟了陆军机械化的新时代，是地面作战的主要突击兵器和装甲兵的基本装备，现在仍是各国陆军、海军陆战队和空降兵的主要作战武器。潜艇的出现非常早，16世纪时，真正意义上的潜艇就出现了。历经数百年的发展，到20世纪初，潜艇逐步完善，性能显著提高，采用双壳体，柴电双推进系统，排水量达数百吨，并配备了火炮、鱼雷和水雷，在第一次世界大战一开始就投入战场。1914年9月22日，德国潜艇在一个多小时内，击沉英国3艘巡洋舰，显示了巨大的战斗力。马克沁重机枪于1884年在英国问世，因1894年英国军队在非洲罗得西亚与麦塔比利人的一场战斗中声名鹊起，后经不断改造，在第一次世界大战中被广泛应用，并大出风头。这一时期，随着众多机械化装备的使用，新的军兵种（新兵种如航空兵、装甲兵、防化兵等）进入战斗序列，也出现了步兵与坦克兵协同、步兵和坦克兵与炮兵协同的作战样式；空中力量得到发展，空中火力支援等作战方式已经形成。但这一时期是机械化战争初始阶段，许多武器是首次应用于战场，使用经验尚待总结，因此，比较权威的机械化战争理论尚未形成。

2. 代表性战例：凡尔登战役

1916年初，第一次世界大战已进行了2年，为了打破僵局，德国决定将战略重点西移，准备夺取凡尔登。凡尔登是法国东北部的一座小城市，是德国通往巴

黎的主要交通要道，有“巴黎钥匙”之称。如果德军夺取了凡尔登就打通了进攻巴黎的通道，再进一步占领巴黎，法国即可不攻自破，英国和俄国也就不足为惧了。

为了制造战争的突然性，1916 年 1 月，德军佯装进攻香贝尼，却悄悄往凡尔登方向集结兵力。法军在凡尔登只有两个师的兵力，守卫着正面宽 112 千米、纵深 15～18 千米的筑垒区域。随着德军意图逐渐暴露，法军急忙向凡尔登调集兵力，但为时已晚。2 月 21 日，德国统帅威廉亲率 17 个师的德军，共 21 万人，调集 160 多架飞机，配备 1 200 多门火炮，其中重型火炮 683 门，向凡尔登发起了冲锋。德军动用所有 1 200 多门大炮对宽 40 多千米的战线进行了 8 个多小时的炮击，发射了 100 多万发炮弹，航空兵也首次对法军阵地进行轰炸，摧毁部分阵地，造成法军大量人员伤亡。随后，德军投入三个军的步兵发起攻击，采用纵深战斗队形以散兵线分拨次推进，用火焰喷射器清扫战壕。德军的进攻迫使法军后撤，几天之内，德军推进 5 千米，摧毁了凡尔登的三道防御阵地，占领重要支撑点杜奥蒙堡。

法军统帅部任命第二集团军司令 H. P. 贝当为凡尔登前线指挥官（5 月 1 日起由罗贝尔·尼维尔继任），并调集一切可以动用的部队，决心在凡尔登地区与德军决战。自 2 月 27 日起，法军利用唯一一条与后方保持联系的巴勒迪克—凡尔登公路（法国人称为“圣路”），抓紧时间向凡尔登运送人员和补给，一周内组织了卡车 3 900 辆，运送人员 19 万和物资 2. 5 万吨，这是人类战史上首次大规模的汽车运输。法军的大批援军及时赶到，加强了纵深防御，扭转了战役开始阶段的不利局面，使战役陷入拉锯战。

6 月初，德军再次发动大规模攻势，6 月下旬，德军首次使用光气窒息毒气弹和催泪弹猛攻苏维耶堡，在 4 千米宽的正面上发射 11 万发毒气弹，给法军造成重大伤亡，一度进抵距凡尔登不足 3 千米处，但终被击退。因为索姆河战役爆发，德军分兵北面对付英法联军，在凡尔登方向未再投入新的兵力，尔后的进攻行动只是为了牵制当面法军。1916 年 10 月 21 日法军发起反攻，使用了新式 400 毫米口径的大炮和徐进弹幕射击技术，10 月 24 日夺回杜奥蒙堡，12 月 11 日德军完全退到战役开始时的战线。

凡尔登战役是典型的阵地战、消耗战，在 10 个月的交战中，双方共投入 200 万兵力，发射了 4 000 万发炮弹，伤亡人数近百万，法军损失 54. 3 万人，德军损失 43. 3万人，创造了新的战争史纪录，故有“绞肉机”之称。在这场战役中，双方都用了当时的先进武器，法国使用了大口径巨炮，德军使用了喷火器、毒气弹和轰炸机。这次战役改变了火炮在此之前多数用来防守，或是在发动进攻前进行轰击的战法，在这次战役中，德军集中大量火炮用于进攻，开创了火炮的新战法，属于严格意义上的炮火支援。此后，火炮支援被其他国家效仿，并得到新的发展。凡尔登战役中组织防御的经验，也成为第一次世界大战后各国修建要塞工事的依据。

凡尔登战役中，轰炸机杀伤步兵、火炮协同步兵和坦克作战显示了各军兵种协同作战的威力，而具有鲜明机械化战争特点的阵地战、消耗战都是机械化战争产生的显著标志。

（二）走向成熟时期（第一次世界大战结束至第二次世界大战结束）

1. 概况

第一次世界大战结束后，各国积极总结第一次世界大战的经验，坦克等机械化装备被广泛使用，军队机械化程度迅速提高，机械化军事体系走向成熟和完善，大规模机械化合同作战、联合作战被充分实践，并在实践基础上形成了体系完整的机械化战争理论。在机械化武器装备及作战平台上，各国都在战争实践基础上实现坦克、飞机、潜艇的升级换代，火炮也通过改进弹药、增大射角、加长身管等方式增加了射程，提高了机动性；美国、英国、法国、日本、俄国等主要军事国家纷纷建造吨位越来越大的航母；随着各军事强国陆、海、空军和各种具有高机动性、强突击力的机械化武器装备投入战场，各主要军事国家的军队完成了机械化、摩托化进程，海军、空军成为独立军种，地位不断上升，战争从传统的陆地、水面发展到陆空一体、海空一体、陆海空一体和大纵深的立体战争；战争的实践推动了战争理论的总结与创新，形成了空军制胜论、坦克制胜论、闪击战、总体战等新理论。在第二次世界大战中，各国最现代化的具有高度机动力、强烈突击力的机械化武器装备投入战场，推动了机械化战争的高速发展，并不断走向成熟。

2. 代表性战例：波兰战役

波兰战役即1939年9月德国闪击波兰的战役，波兰称其为“1939年保卫战”，而西方国家称其为“波兰战役”，是第二次世界大战欧洲战区的起点，是世界战争史上著名的“闪击战”。

为了突袭波兰，德国在波美拉尼亚和东普鲁士集合了21个师，在西里西亚和捷克斯洛伐克境内集结了33个师，共54个师，其中7个装甲师，4个轻装甲师，4个摩托化师，共88万多人，装备1 900多架飞机、2 800多辆坦克。波兰和英、法结盟后，为了应对德国威胁，制订了“西方计划”，调集39个步兵师，11个骑兵旅，3个山地步兵旅，2个装甲摩托化旅，近80个民防营，计有轻型坦克220辆、超轻型坦克650辆、火炮和迫击炮4 300门、飞机900余架，加上十余艘舰艇，总兵力约100万。

1939年9月1日凌晨，德军不宣而战，大批轰炸机飞向波兰境内，数千门大炮如雨点般发射炮弹，集中轰炸波兰的部队、军火库、机场、铁路、公路和桥梁等重要军事目标，约1小时后，德军陆军部队从北、西、西南三面发起了全线进攻。德军以其6个装甲师、4个轻装甲师和4个摩托化师为主要突击力量，在一马平川的波兰西部势如破竹般击破了波军由6个集团军约80万人组成的防线。随后，德军以每天50~60千米的速度向波兰腹地推进，德国装甲部队与空军构成的快速纵深挺进力量，将数量庞大但装备陈旧的波军迅速撕裂、合围，10月5日，波兰战役结束。仅一个多月，波兰这个拥有3 400多万人口、100多万军队、30多万平方千米领土的国家就灭亡了。德国闪击波兰后，英、法对德宣战，第二次世界大战全面爆发。

波兰战役是人类战争史上第一次“闪击战”，是人类战争史上空前规模的机械化部队大进军。在这场战役中，波兰军队对德军大量使用坦克和航空兵的“闪击战”毫无准备，德国装甲兵创始人古德里安成功地实践了他的装甲兵理论，显示了坦克兵团在航空兵协同下实施大纵深快速突击的威力。这次战役成为机械化兵团碾压传统军队的经典战例，也是机械化战争走向成熟的标志。

（三）日趋完善时期（第二次世界大战结束至20世纪80年代）

1. 概况

第二次世界大战后，部队机械化程度不断提高，导弹技术受到各国重视。20世纪50年代以后，科学技术取得了飞跃发展，近代力学、高能燃料、特种材料、无线电技术、电子计算机技术、自动控制、精密仪表等的发展推动了导弹技术的进步，同时也为卫星的问世提供了技术基础。1957年10月，苏联成功发射了第一颗人造卫星和洲际弹道导弹。继美国拥有原子弹以后，苏联、英国、法国相继成功爆炸第一个原子弹。导弹以其威力大、射程远、精度高、突防能力强的显著特性，再加上原子弹等新型武器的问世，改变了现代战争的作战样式，出现了全新的战争理论，包括核战争理论和常规战争理论等。到80年代中后期，随着以信息技术为核心的高技术的飞速发展及其在军事领域的运用，加上精确制导武器、电子战武器、军队指挥控制自动化系统及卫星技术、隐形技术迅速发展，推动机械化战争平台逐渐走向模块化、信息化，武器装备的性能有了质的飞跃，促进军队体制编制、作战方式和战争理论的变革，推动机械化战争向新的信息化战争形态转变。

2. 代表性战例：马岛战争

马岛战争即马尔维纳斯群岛战争，又称为福克兰群岛战争、福克兰海战，简称为福岛战争或马岛战争，指1982年4月到6月间，英国和阿根廷为争夺马岛

（阿根廷称“马尔维纳斯群岛”，英国称为“福克兰群岛”）的主权而爆发的一场战争。1982 年 4 月 2 日，阿根廷进攻马尔维纳斯群岛，战争爆发，英国随即派出以“竞技神”号和“无敌”号航空母舰搭载数十架海鹞式垂直起降战机和一支潜艇舰队参战，英国皇室第三顺位的王位继承人安德鲁王子作为直升机驾驶员在“无敌”号上服役。另外还有 40 多艘英国货柜船和油轮组成了一支提供燃料、弹药等战略物资的船队，形成了一条往来于英国至南大西洋的八千海里的后勤补给线。双方进行了激烈的海空战和登陆与反登陆的两栖作战，阿根廷贝尔格拉诺将军号巡洋舰和英国皇家谢菲尔德号导弹驱逐舰双双被击沉，但最终英国取得了战争的胜利。

马尔维纳斯群岛战争被视为冷战期间规模最大、战况最激烈的一次海陆空联合作战，显示了制海权、制空权在战争中的极端重要性，是世界首次空舰导弹击沉敌舰、首次岸舰导弹实战、首次核潜艇使用重型鱼雷击沉巡洋舰、首次直升机发射导弹击伤敌舰、首次使用垂直起降飞机、首次反潜直升机使用鱼雷攻击潜艇的具有里程碑意义的战争。这场战争同时创造了海上战略投送的经典战例，也是两栖作战的典型战例，为后来世界各国的两栖作战提供了经验和借鉴。

第四节　信息化战争

一、信息、信息化与信息化战争的基本内涵

“信息”作为科学术语最早出现在哈特莱（R. V. Hartley）于 1928 年撰写的《信息传输》一文中。随后，不同领域的研究者从自己的研究领域出发，给出了不同的定义。20 世纪 40 年代，信息的奠基人香农（C. E. Shannon）给出了信息的明确定义，认为“信息是用来消除随机不确定性的东西”，美国信息管理专家霍顿（F. W. Horton）给信息下的定义是：“信息是为了满足用户决策的需要而经过加工处理的数据。”简单地说，信息是经过加工的数据，或者说信息是数据处理的结果。我们今天也常把消息中有意义的内容再加工成新的信息，现代科学所说的“信息”是指事物发出的消息、指令、数据、符号等所包含的内容，是对客观世界中各种事物的运动状态和变化的反映，表现的是客观事物的运动状态和变化的实质内容。信息具有可量度、可识别、可转换、可储存、可处理、可传递、可再生、可压缩、实效性和可共享的特性。

信息化是指培养、发展以计算机为主的智能化工具为代表的新生产力，并使之造福于社会的历史过程。它代表了一种信息技术被高度应用、信息资源被高度共享，从而使得人的智能潜力以及社会物质资源潜力被充分发挥，个人行为、组

织决策和社会运行趋于合理化的理想状态。

目前，中外学者对信息化战争并没有一致的观点。美国国防大学校长塞尔姜中将认为，“信息化战争是以夺取决定性军事优势为目的，以实施信息管理和使用为中心而进行的武装斗争，具体内容包括：夺取信息优势，反信息获取，利用信息优势摧毁、破坏、瘫痪敌信息基础设施等”；而俄罗斯著名军事理论家斯里普琴科从战争所使用的武器装备发展的角度，将信息化战争称为“第六代战争”，即“非接触战争”。也有人认为信息系统支持下的信息化战争，是指在物理域、电磁域和信息域谋求“看得远、反应快、打得准”，以信息武器打击体系、电磁武器打击体系以及导弹武器打击体系形成的三位一体作战，从而谋求全域优势的战争形态。2011 年 12 月出版的《中国人民解放军军语》认为，信息化战争是依托网络化信息系统，使用信息化武器装备及相应作战方法，在陆、海、空、天和电磁、网络等空间及认知领域进行的以体系对抗为主要形式的战争。

信息化战争是信息时代的必然产物。20 世纪 80 年代，人类社会开始由工业时代向信息时代迈进，战争形态随着军事领域的深刻变革也在发生重大变化，信息化战争悄然登上战争舞台。一般认为，信息化战争是指发生在信息时代，以信息为基础并以信息化武器装备为主要战争工具和手段，以系统集成和信息控制为主导，在全维空间内通过精确打击、实时控制、信息攻防等方式进行的作战。简要地说，信息化战争就是广泛运用信息、信息系统及其物化的武器装备，通过夺取信息优势和控制信息权来取得胜利的战争，是信息时代战争的基本形态。

传统的战争是双方在物质力量基础上整个国家大工业生产能力的全面较量，而信息化战争则是除了物质力量的较量之外，更主要的是创新能力和创新速度的较量。

二、信息化战争的主要形态和基本特征

（一）信息化战争的主要形态

传统战争的作战行动侧重于以物质力量为中心展开，而信息化战争则是以信息的获取权、控制权和使用权为核心进行的争夺，与过去传统战争的作战样式不同，而且更加异彩纷呈。

第一，制信息权争夺战。制信息权又叫制电子权，就是在一定时空范围内控制战场信息的主导权。在信息化战争中，争夺制信息权的信息作战通常先于其他作战行动展开并贯穿于整个战争的全过程，甚至有可能构成独立的作战阶段。作战中要掌握战场的主动权进而实现行动的自由，首先必须夺取战场的制信息权。因此，制信息权争夺战将是未来信息化战争中的基本作战样式之一。夺取制信息

权包括通过各种手段实时获取或准时获取己方和敌方的有效信息，确保己方所传送的信息不被敌方获取以及破坏敌方的信息传递通道等。

第二，指挥中枢瘫痪战。指挥中枢瘫痪战是在信息化战争的战场环境中，以指挥决策者为主体，以破坏和瘫痪敌战场认识系统、信息处理系统和指挥控制系统为主要作战目标，综合运用以信息技术为核心的武器装备、作战系统和作战手段，剥夺敌战场信息获取权、控制权和使用权，使敌决策者和指挥机关难以下定正确的决心和进行有效的作战指挥。

第三，战争结构破坏战。战争结构破坏战是着眼战争全局，综合运用各种作战方法和手段，从破坏敌方维系整体作战能力的系统与联系入手，通过设谋用巧、避实就虚，打击敌方作战协调行动的关节，造成敌方作战力量结构的紊乱和作战行动程序结构的脱节，致使敌方整体作战能力迅速降低，进而集中力量各个击破，达到瓦解、歼灭敌军的目的。

第四，心理系统瓦解战。信息化战争中的作战主要包括三个层次的作战内容：一是以物质摧毁和消灭有生力量为主要内容的物理层面的作战；二是以控制信息基础设施和电磁频谱为主要内容的信息层面的作战；三是以瓦解人的意志和情感为主要内容的心理层面的作战。这三个层面的作战相互制约、相互联系、相辅相成，共同构成信息化战争形态各异的作战样式。

心理系统瓦解战是信息化战争中的重要作战样式之一。它是以改变个体和群体心理状态为目标，运用各种形态的信息媒介，从认识、情绪和意志上打击瓦解敌人的一种作战样式。它着眼于对人的精神上、心理上的征服，利用人在对抗环境中的心理变化规律，通过大量的信息传递，干扰破坏敌方的决策过程和决策结果，瓦解敌方士气，削弱其抵抗意志，使其作出错误的决定，放弃抵抗、逃避战斗乃至缴械投降，从而不战而胜。

第五，战争潜力削弱战。战争潜力是指在一定时期内，国家或政治集团通过动员能够用于扩充武装力量、满足战争需要的一切物质力量和精神力量的总称。具体地讲，就是经过战时动员能为战争服务或使用的人力、物力、精神和科学技术等诸多要素构成的潜在的军事实力，它寓于国家综合国力之中。由于科学技术的发展及其在军事领域的广泛运用，信息化战争已经活跃于战争舞台，战争潜力的构成发生了很大的变化，科技要素明显突出，战争比以往更加需要高素质的人才和高科技的物质支持。战争潜力削弱战就是综合运用硬摧毁与软杀伤的手段，削弱对方为战争服务或使用的人力、物力、精神和科学技术等诸多要素构成的潜在的战争力量，破坏对方将战争潜力转为战争实力的转换机制，动摇对方的战争基础，使对方无法继续进行战争，从而达到迅速战胜对方的目的。

（二）信息化战争的基本特征

人类社会和战争历史的发展表明，社会的经济形态是战争形态的母体，有什么样的经济形态，就会孕育出什么样的战争形态，这是不依人的意志为转移的客观规律。因此，不同时代的战争有不同的特征。信息化战争中，战争能量从传统的体能、化学能、电能、电磁能、机械能、核能等物理能量转变为智能。智能是信息化战争中的主导能量，它通过对其他物理能量的控制而产生效能。同时，新战争形态的特征往往是与传统战争形态相比较才凸显出来的。通过世纪之交的几场战争及其与传统机械化战争形态的比较，我们可以看到信息化战争具有以下基本特征：

1. 战争目的有限

在农业时代和工业时代，战争的根本动因是政治斗争掩盖下的经济利益之争，战争往往以占领或收复领土和获得资源而告结束。在信息时代，经济利益仍然是导致战争的重要原因。但国际国内各种经济力量和政治力量之间的联系与交往增多，同时，各个国家、民族、社团之间由政治、外交、文化等方面引发的冲突会有增无减，其间的民族、宗教恐怖活动，暴力行动，走私贩毒等都成为引发战争的因素。信息时代与农业时代和工业时代相比，战争的目的将更加有限。通常情况下不再将追求攻城略地、歼灭敌方军事力量等作为“终极目标”，而是适可而止，在取得对抗主导权、获得一定的经济利益、提高国际地位，或达成惩罚、教训、报复敌国的目的后就停止战争，这主要是因为，在经济全球化和政治多极化的信息时代，如果追求过高的战争目标，在征服对方的同时也必然会极大地削弱自己，这样即使赢得了战争的胜利，也会在战后国际竞争中丧失优势和主动地位。另外，信息化时代战争的可视化使全世界都能看到战场上的情况，这也使战争指导者不得不对战争规模和目的严加限制。信息化武器装备既具有高效性，又具有很强的可控性，也为达成战争有限的政治目的提供了更为有效的手段。

2. 战争与和平界限模糊

信息化战争的作战行动在性质上可分为软打击和硬打击两类。随着信息化战场的形成，电子领域、网络领域、心理领域的斗争更加激烈，交战双方主要运用信息和信息系统在电子空间和网络空间进行“软”攻防对抗，这种“不流血的战争”蕴含着巨大的破坏和毁伤能力，这就是软打击。信息化战争并不排斥传统的硬毁伤方式，但传统的硬毁伤往往与信息化的软打击相配合，使得硬打击的效果更佳。硬打击就是信息调控下的火力战行动。从近期几场局部战争可以看出，信息化战争往往是以信息攻击为先导，暴风骤雨般的电子压制通常是战争开始的序幕，然后伴随着强大的火力打击和硬杀伤。由于信息攻击的目标既可能是军事信息系统，也可能是国家信息基础设施，而且很难判断这种攻击究竟是一场战争的前奏，还是一般的黑客、病毒等信息攻击行动。如果是敌国有组织的信息进攻，并且随之实施火力攻击，那就是一场战争的开始；否则就是和平状态下的个人攻击行为。况且，国家和国家之间在和平时期也存在“不流血的斗争”，即软打击，这就使得信息化战争时代战争与和平的界限越来越模糊。

3. 对抗手段多样，战争主体多元

在农业时代和工业时代，战争主要表现为敌对双方的军事力量在有形战场上的厮杀与较量。进入信息时代，社会信息化、网络化以及武器装备信息化的实现，为战争提供了多样化的对抗手段，战争将表现为敌对双方军民一体多元化的战争主体同时在有形和无形战场上进行整体的综合对抗与较量。因此，信息化时代的战争不仅对抗手段多样，而且战争主体多元，进行战争将不再是军队的专利，除了国家主体、政府组织外，非国家主体、非政府组织、跨国公司，甚至恐怖集团和“信息勇士”都能在信息空间实施或帮助实施信息作战行动。

随着科学技术日益发达，人类进入科技不断融合的信息化时代，以往传统的通信、雷达自成体系的对抗形式已经成为历史。“网电一体战”成为新的战争方式和对抗手段。所谓网电一体战，就是在信息化战场上，综合运用电子战和网络战手段，为破坏敌方战场网络化信息系统并保证己方战场网络化信息系统的正常运行而采取的一系列作战行动，其目的是夺取战场制信息权。在信息技术条件下，“电子战”不仅涉及通信、雷达、光电、隐身、导航、制导等系统，而且遍及空间、空中、地面、水面和水下，覆盖了米波、微波、毫米波、红外线和紫外线所有电磁频谱，涉及各军兵种和各个作战领域。电子战也已经由以往单一设备、单项领域的对抗，发展为系统对系统、体系对体系的综合较量。特别是随着电子计算机网络战的出现和成功运用，传统的电子战概念已无法涵盖所有高技术“软”杀伤手段，从而推动了信息战概念的提出和信息战理论的发展，形成了以网络战与电子战为核心和支柱的信息战，进而实现了电子战向信息战的过渡和升华。“网电一体战”这一集中体现高技术战争本质特点和规律的作战方式，其演进和发展的历史轨迹在马岛战争、海湾战争中清晰可见，并在科索沃战争中得到了充分验证。

在信息化战争时代，心理作战也是对抗多样化的重要表现。心理作战是指运用心理学原理，通过宣传、威慑和欺骗等方式从精神上和心理上瓦解敌方军民的斗志，同时消除敌方宣传、威慑和欺骗所造成的影响，巩固我方军民心理防线的对抗活动。目前，心理作战已经成为现代战争不可或缺的组成部分并且发挥着极其特殊的作用。随着心理科学和信息技术的不断发展，心理作战将逐渐发展成未来信息化战争的基本作战样式，并且对战争胜负产生重大甚至是决定性的影响。

4. 战争节奏加快，持续时间变短

时间是战争的基本要素。不同的时代由于技术条件的不同，战争的节奏和进程也完全不同。在农业时代的冷兵器战争中，主要采用语言、书信、锣鼓、旌旗、号角、烽火等方式来传递军事信息，信息传递速度非常缓慢。因为使用弓箭和刀枪剑戟等冷兵器进行作战，作战效能非常低，需要经过长期作战才能达成攻城略地和夺取资源、人口等战争目的，战争必然呈现出旷日持久的特点。在工业时代的机械化战争中，由于采用了有线通信和无线通信等现代通信技术手段，信息传递的速度大大加快；同时，坦克、飞机、大炮、导弹、军舰、原子弹等热兵器和热核兵器的使用，极大地提高了作战效能，所以能够在比较短的时间内达成战争目的，因此，战争持续时间相对较短。一场战争从发起到结束一般需要数月至数年的时间。在信息时代的信息化战争中，数字信息技术广泛应用于侦察、通信和指挥控制等领域，实现了军事信息的实时获取、传递、处理和运用，使得信息流动的速度空前加快，在作战空间扩大的同时，也实现了时间效能的大幅提升。在网络化的战场上，虽然同样要经过发现目标、作出决策、下达命令和实施作战行动等战争环节，但各种信息化武器装备具有快速的作战能力，这些环节几乎是实时同步进行的，因此能够在极短的时间内完成作战行动，实现“发现即摧毁”的作战效能，战争的突然性增大，时效明显提高，作战行动的周期大大缩短。此外，由于广泛使用信息化武器弹药和作战平台实施精确作战，极大地提高了对目标的毁伤效能，能迅速达成作战目的。这样一来，整个战争活动就被压缩在很短的时间内。一场信息化战争的持续时间可能只有数小时、数天或者数月。如海湾战争其实只持续了一个多月，而伊拉克战争则被精确控制在 42 天的时间内。

在信息时代，因为计算机、电子通信、卫星技术和信息化武器装备的发展，信息化战争的作战节奏和作战速度将比机械化战争大大提高，持续时间明显缩短，呈现出迅疾短促的特征。

5. 作战手段信息化，作战空间多维化

信息化战争的首要标志是作战手段的信息化。在信息化战争中，信息是核心资源，是决定战争胜负的关键因素。信息化战争是以夺取战场制信息权为主要行动的战争。信息是部队战斗力的核心要素。传统的武器装备坦克、装甲车、火炮、导弹、作战飞机、作战舰艇等载体加装多种信息系统并连为一体，能为作战行动提供及时而有效的帮助，成为信息化作战平台。信息化作战平台不仅装备有多种可探测敌方目标的信息传感设备，为实施精确的火力打击提供目标信息，而且还有足够的计算机系统及联网能力，能及时有效地为各种作战行动提供辅助信息，把各军兵种连为一体。从世纪之交的几场局部战争看，装有信息系统的飞机、潜艇和军舰都是在数百千米甚至数千千米外发射巡航导弹，并精确命中和摧毁目标，显示了信息化作战手段的作战能力和效果。

作战空间多维化是信息化战争一个显著特征。作战空间多维化包括物理空间的超大无限和信息空间的多维广阔。从历史上看，作战空间随着科学技术和武器装备的发展而不断变化。例如，由于飞机和航空技术的发展，由陆、海平面战场发展为陆、海、空三位一体的立体战场；由于航天技术的发展，又由陆、海、空战场发展为陆、海、空、天四位一体的战场；由于信息技术的发展，现代战场又由陆、海、空、天战场发展为陆、海、空、天、电等多维空间一体的战场。信息化战争战场呈现出大纵深、高立体、全方位的特征，除了传统的陆、海、空、天战场不断扩大外，还将会出现由网络战场、数字化战场、虚拟战场等组成的信息空间的新战场，电磁空间是信息空间的重要组成部分，电磁战场被称为继陆、海、空、天之后的"第五维战场"，是信息化战争的重要作战空间，电磁空间的电子战将会成为"兵马未动，电子战先行"的作战首选行动。美军前参谋长联席会议主席托马斯·穆勒曾预言："如果发生第三次世界大战，获胜者必将是最善于控制和运用电磁频谱的一方。"网络空间是人类进入信息社会的必然产物，计算机和计算机网络技术的发展使得网络空间也成为信息化战争的主要战场。例如，在科索沃战争中"黑客"攻击白宫的网络服务器并使之瘫痪数小时；北约空袭南联盟后，北约总部的网站每天受到数以万计携带病毒的电子邮件的攻击。心理是控制和决定人的行为的重要因素，现代信息化战争不断向人的心理空间延伸，非常重视打心理战，特别是决策者的思维空间。在伊拉克战争中，美军成功实施了心理战，在巴格达战役中，相当数量的伊拉克高级军官被美军策反或重金收买，导致共和国卫队瓦解，美、英联军轻易攻下巴格达，进而取得了战争的全面胜利。战争的实践表明，心理空间已经成为信息化战争作战空间的重要组成部分，显示出了其巨大作用。

6. 作战形式非接触非线式化

作战形式非接触非线式化是信息化战争的一个鲜明特征。在全方位、多层次、全时空的情报、侦察和监视网络的支持下，整个战场甚至全球都是"透明"的，信息化战争使用的大量精确制导武器，使各种作战行动的精确化程度越来越高。再加上信息化技术条件下，各种武器装备的打击距离和范围急剧扩大，使实施非接触的作战方式成为可能。传统战争的火炮只能打击几十千米的距离，飞机的作战半径也不过数百千米至一千多千米，而信息化条件下，飞机可以跨越数千千米越洋远程奔袭，导弹、火炮的射程也大幅提升。在阿富汗战争中，美军从距离阿富汗 5 000 千米外的迪戈加西亚基地，使用 B－52 和 B－1B 轰炸机远程奔袭阿富汗，B－2轰炸机甚至从美国本土起飞实施作战。这种以信息技术为核心的高技术武器装备打击距离远、精确度高、作战平台远程机动能力强，再加上C^4KISR系统的高度一体化指挥控制，使得敌对双方在不接触的情况下，利用信息系统和远程作战武器在防区外即可实施打击，并在短时间内达成作战目的。信息化战争具有明显的非接触的特征，在科索沃战争中，美军之所以能实现零伤亡，实际上是非接触作战的必然结果。

在信息化战争中，由于兵力兵器分布在陆、海、空、天、电这些战场上，由信息网络连为一体，精选目标，远距离打击，打击的目标覆盖敌方全纵深，这就使得战场的界限不明显，没有明显的前线和后方，因而很难像以往战争那样划出清晰的战线，作战空间、作战形式呈现出非线性特征。非线式作战是远程精确打击、非接触作战的必然结果，是信息化战争所表现出的一种客观形态。

信息化战争中的非接触非线式作战与机械化时代的战争重点不同。机械化战争时期的战争重点在于消灭敌人有生力量，采取集中重兵、前沿突破、梯次攻击、逐步推进的作战程序和“节节抵御”的防御方式。而非接触非线式战争则着重于使敌方作战体系瘫痪。非接触非线式作战精心选择支撑敌方作战体系的“节点”进行打击，主要特征是“全纵深展开、多方向多手段实施、远程攻击、精确打击”，具有全纵深作战、震慑力大、易攻难守、攻主动防被动、伤亡代价小等优点。这种作战形式是指挥人员依靠天空和太空等远距离侦察信息系统和远程作战武器，在遥远的战场之外指挥控制战争，以远程航空兵和巡航导弹部队为作战的主体力量，对敌方军事指挥控制系统及政治经济等目标进行打击。海湾战争、科索沃战争都是以远距离空中打击为主要作战手段，是真正的非接触非线式作战的典范。

7. 作战力量一体化

在传统的机械化战争中，作战力量主要由陆、海、空军和导弹部队组成，作战基本以军种为单位进行，虽有各军兵种的协同作战，但战争中的各军兵种还是在各自的阵地上各自指挥并单独作战。到了信息时代，信息技术的发展和应用日益把各个作战单位和系统连为一个整体，信息时代战争的突出特征就是作战力量的整体化和一体化。“一体化”就是通过信息化、网络化把人的智能、软杀伤和硬打击融为一体，是在战争中利用信息技术把作战力量的各个部分、各个层次、各种要素快速、便捷、高效地连成一体，使作战力量成为一体化的整体对抗力量与敌作战，从而决定战争的胜负。因此，未来的作战不是单个作战兵器的对抗，也不是作战单元之间的对抗，而是将各种作战兵器、各种作战单元、各种作战要素综合为一体的体系对抗。作战力量的大小，不再以作战能力的强弱和人员、武器的数量决定，而是以高技术的武器装备同高素质的战斗人员相结合所发挥出来的最大效能论高低。信息技术条件下一体化作战的特征为：一是作战的决策指挥和战略、战役、战术行动高度融合；二是人与武器装备的结合空前紧密；三是战斗部队、支援部队、勤务保障部队紧密合成、协调行动；四是诸军兵种高度合成、联合作战；五是指挥、控制、通信、计算机、摧毁、监视和侦察紧密结合成 C^4KISR 系统。

信息化战争就是把信息技术、武器装备、情报侦察、指挥控制、后勤保障等形成一体化作战体系。在信息化战争中，作战力量将由战场感知系统、网络通信系统、指挥控制系统、打击系统、支援保障系统五大分系统构成，这五大分系统是根据不同的作战任务，按照五个大系统的要求进行模块化编组，形成高效、精干的整体力量进行作战，这就打破了军种的界限。

在信息化条件下，只有一体化的联合作战，才能实现各军兵种功能上的优势互补，形成最大的整体合力。一方面是军政军民一体化，军事斗争与政治、经济、外交战线上的斗争相结合；另一方面是主要作战力量的一体化，将参战的诸军兵种的力量通过信息网络和指挥控制系统进行有机结合，各模块系统合理编组作战军团、兵团或联合部队，构成诸军兵种一体化力量结构体系。在一体化作战力量中，军种参战力量都只是联合作战的一部分，任何一个军种或兵种单元都难以单独发挥作用，只有大联合和深度联合才能形成强大而有效的战斗力。还有各种作战行动的一体化，战略、战役、战术多层次作战行动融为一体，非接触、非线式、非对称作战行动融为一体，信息战、网络战、心理战融为一体，“硬打击”与“软杀伤”相结合，火力打击和特种作战相结合，全纵深立体作战与精确打击相结合，构成多元一体的作战行动体系结构。

目前，世界各国中，军队信息化程度最高的是美国。美国不仅是世界上最早开始军队信息化建设的国家，而且在数次战争中进行了信息化战争的实践，获得了大量实践经验和科学数据，美军正致力于建设“全球信息栅格”（GIG），计划将上百万个节点连接成网，实现从传感器到射手、从军事统帅到散兵坑的“无缝信息链接”，并强调运用“网络中心战”，使以武器平台为中心的联合作战发展为以信息网络为中心的一体化作战。

三、信息化战争发展历程及代表性战例

信息化战争是伴随着信息技术的出现和不断进步而出现的。一般认为，人类历史上共发生了五次信息革命，前四次分别是语言的产生、文字的出现、印刷和造纸术的发明、无线电技术的发明，第五次是指微电子技术与现代通信技术和计算机技术的结合，被认为是现代意义上的信息革命。计算机技术不仅用于经济，也用于国防，推动着战争体系向信息化方向发展。20 世纪 90 年代的海湾战争被

一些人认为是信息化战争的萌生期，之后，美国开始了全面的国防和军队的信息化建设。20 世纪末 21 世纪初，随着社会信息化程度和军队信息化程度的提高，信息化战争不断走向成熟。

（一）信息化战争的萌芽阶段（第二次世界大战之后至 20 世纪 80 年代）

第二次世界大战后，社会主义国家由一个发展到多个，社会主义革命力量的增强使得以美国为代表的资本主义势力受到严重威胁。以美国为首的西方国家对苏联和其他社会主义国家采取了“包围遏制”的政策，并加紧对世界各地的控制和渗透，苏联则帮助东欧国家组建军队，加强国防建设，巩固东欧社会主义国家的民族解放运动。这样，以美国为首的西方国家与苏联和其他社会主义国家以及希望争取独立的广大殖民地半殖民地国家形成了尖锐的对立，以美、苏两个超级大国对峙为基础的两极格局形成。

以美国为首的西方国家对苏联和其他社会主义国家的遏制与对抗，导致这一时期爆发了百余次的局部战争和武装冲突。当时，科学技术还不够发达，这些战争中使用的武器还是以常规武器为主，但信息化战争的一些端倪已经开始出现。如在朝鲜战争、越南战争中，美国为了战争的需要，加大了在电子、计算机、通信、制导、激光以及夜视等方面的技术研究力度，并且将这些技术融合到武器装备中。

随后，美国由于越南战争的影响，调整军事战略，收缩战线，从越南撤军。而苏联则抓住美国深陷越战泥潭的机会，扩军备战，采取了对美国咄咄逼人的态势。美、苏双方在 20 世纪 70 年代形成了战略上的均势。到 80 年代，双方争夺的重点仍然是欧洲，并把争夺的范围扩展到欧洲以外的地区。这时第三次科学技术革命迅猛发展，激烈竞争的美、苏两个超级大国都把新的科学技术成果首先用于军事领域，一方面加紧研制新式武器装备，另一方面积极改造原有的武器装备，并把卫星技术运用于战争，这一时期的一些局部战争和武装冲突具有更为明显的高技术的特征。1982 年 4 月爆发的英国和阿根廷之间的马岛战争被称为以海军为主、诸兵种协同作战的现代化战争，揭开了高科技战争新时代的序幕。在战争期间，双方投入使用的各类战术导弹、制导鱼雷和激光制导炸弹等高科技武器多达 17 种，并取得了惊人的效果。制导武器从发现目标到完成攻击的整个过程，都由精确的制导系统控制，使武器装备的攻击距离、命中精度和破坏威力远远超越传统火炮。另外，双方都大量使用空中力量，在控制战区，对海、陆攻击、侦察，兵力投送和后勤补给等方面发挥了关键作用。马岛战争开始改变传统的“巨舰大炮”相对抗的海战模式，也正因为如此，马岛战争被称为对精确制导武器进行实战检验的一场战争。

（二）信息化战争的初步发展阶段（20 世纪 90 年代）

进入 20 世纪 90 年代，国际战略格局发生巨大变化。苏联解体使得两个超级大国对抗的局面不复存在，国际格局从两极向多极化方向发展。美国作为唯一的超级大国，积极谋求建立单独领导世界的所谓国际新秩序，但由于经济的衰退而力不从心。一些地区性强国也蠢蠢欲动，加速发展军事力量，谋求地区霸主地位，与美国争夺世界领导权。地区强国的野心和军事行动与谋求世界霸主的美国的利益发生冲突，成为新的对抗和局部战争的重要原因。这个时期，随着高技术取得突破并应用于军事领域，新的信息化武器装备不断投入实战，战争的信息化程度不断提高，其中较有代表性的战争和冲突有海湾战争和科索沃战争等。

海湾战争爆发于 1991 年 1 月，至 1991 年 2 月底结束。这场战争是人类有史以来现代化程度最高、使用新式武器最多、投入军费最多的一场战争。在 40 多天的战争中，美军集结、投送了超过 43 万的陆海空军的兵力，派驻了 9 艘航母战斗群，动用了作战飞机 1 700 多架，包括了美国 F－117A 隐形战斗机 59 架，B－52 轰炸机 40 架；美国还投入了大量电子战飞机，包括 E－3D 空中预警机、EF－111A 电子干扰机、E－8A 联合监视与目标攻击系统飞机、TR－19 战略侦察机、RF－4C 战术侦察机等，是当时世界上最先进的信息化电子战机群。在海湾战争中，以美国为首的多国部队有大量高科技武器是首次投入使用，并运用了新型作战理论，取得了压倒性制空、制电磁优势。海湾战争开创了以空中力量为主体赢得战争的先例，大量精确制导武器的使用提高了空袭的准确性，减少了平民的伤亡。大量信息化武器使得作战行动朝高速度、全天候和全时域方向发展，也使得作战空域空前扩大，战场向大纵深、高度立体化的方向发展，不存在明显的前方和后方。海湾战争不仅对冷战后的国际新秩序产生深刻影响，其所展示的高技术条件下战争的新特点也深刻影响了世界各主要国家的军事战略、战役战术和军队建设。

1999 年 3 月爆发的科索沃战争是以美国为首的北约国家打着“人权高于主权”的旗号对南联盟发动的战争。在科索沃战争中，夺取信息优势、控制机动和精确打击成为战争的主导，北约多次增调 EA－6B 电子干扰战机和能发射“哈姆”反辐射导弹的战斗机，就是为了夺取制信息权。北约国家通过信息系统实现了全球网络化、信息化和一体化，具备了跨军兵种、跨地域的无缝连接和实时的指挥控制能力，首次使用了电磁脉冲炸弹、计算机病毒和石墨炸弹等信息化武器，使用了大量“JDAM”等精确制导弹药。通过这场战争，美军验证了信息战理论和联合作战理论，创新了非对称作战理论和非接触作战理论，信息化战争得到了初步的发展。

（三）信息化战争走向成熟阶段（21世纪以来）

进入21世纪，国际形势继续发生深刻变化，多极化趋势更加明显，美国追求世界霸权，推行单边主义外交政策，根据形势的变化提出了新的建军原则，由原来的"打赢两场几乎同时爆发的局部战争"的战备标准改变为"尽快打赢一场高烈度战争"。而世界主要国家在加速发展，与美国之间的实力差距逐渐缩小。另外，世界各国面临着更加复杂的安全威胁，恐怖主义成为全人类的公敌。阿富汗战争、伊拉克战争和利比亚战争等几场局部战争成为信息化战争发展成形的标志。

2001年10月7日，在遭受恐怖袭击之后不久，美国就以"反恐"为名发动了阿富汗战争，至12月29日战争结束。这场战争规模不大，战争强度也不高，但信息化程度和联合作战水平却很高。在战争中，美军首次使用了侦察攻击型无人机、全球信息栅格，首次使用了单兵数字通信系统、掌上电脑、光电侦察设备、地面传感器和全球卫星导航等系统，首次使用了GBU－28钻地炸弹、BLU－118B燃料空气炸弹等新型武器，美军还首次使用了C^4ISR作战指挥系统。通过这次战争，美军验证了网络中心战理论、信息化战争中的特种作战理论、大规模杀伤性武器的可控性理论和全球一体化作战指挥系统。

2003年3月20日，美军以伊拉克藏有大规模杀伤性武器和支持恐怖主义为由，发动了伊拉克战争。在战争伊始，美军就发动了"斩首行动"和"震慑行动"的大规模空袭和地面攻势，向巴格达、巴士拉等地发射了2 000多枚精确制导炸弹，其中包括500余枚战斧式巡航导弹。战争中，数字化部队、轻型打击旅等新部队进行了部署和作战，来试验如何应对低强度的游击战、城市战，美军的种种战术战法、武器装备在伊拉克不断地进行试验、测试、修改和优化。美军实现了作战力量高度一体化和作战样式的高度融合，创新了夺取信息优势、实施全频谱作战、联合对地攻击、精确闪击战等作战理论，后来形成了应对多元安全威胁的"混合战争"理论。伊拉克战争成为美军新战术、新武器的试验场。

同人类历史上所有大的社会变革都需要反复实践一样，当前世界范围的军事变革也需要反复实践的推动和检验。作为特殊的实践，战争不仅检验军事变革的物质成果和思想成果，而且是对参战国家在军事变革中的观念、机制、行动和成效的客观检验和评价。经过21世纪初的几场战争，美军的信息化战争理论得到了充分论证，信息化武器得到了战争实践的检验，加快了美国信息化建设的步伐。另外，由于美国的耀武扬威，遭受美国打击和战争威胁的国家逐渐放弃幻想，致力于大规模杀伤性武器的研发和生产，加快国防和军队的信息化建设。可以预见，今后相当长一段时间里，信息化建设都将是各主要军事国家国防和军队建设的重要内容。

四、信息化战争的发展趋势

信息化战争的发展趋势会随着信息化技术的发展和武器装备的进步继续发生变化。从信息化战争几十年的发展来看，其主要的发展趋势有：

（一）信息优势成为战争胜负的重要因素

信息化战争与以往战争最大的不同点，就在于信息的地位和作用发生了变化。信息作为一种新型资源，改变了物质和能量的作用方式，进而改变了作战制胜机理，无可争议地成为生成战斗力的新的主导资源。随着信息化社会的发展，信息作为战略资源的地位将变得更高，信息技术将愈加主导政治、经济、金融、环境、文化、生活、生产等所有领域，围绕信息资源获取和占领信息优势高地的竞争将愈演愈烈。在军事领域，各国将加大和加快信息化军队建设的力度和速度，不断革新军队的武器装备、军事理论、编制体制、人员培训等，尽量拉大本国与他国军队信息化能力的距离。黑客部队、天军、网军、机器人军团、世界舰队、太空星军、斩首部队、媒体部队、隐身部队、精细手术刀部队、机器昆虫等新型部队将层出不穷，迷你型、全能型、智能型等信息化部队不断创新。现在，世界各主要军事国家在信息技术和信息力量建设方面的竞争日益白热化。

（二）人类的战争能力不断提升

科学技术的每次进步都使人类的战争能力大大提升。从冷兵器时代的面对面作战到热兵器时代的远距离狙杀，人类的战争能力已经大为提高。到了信息技术时代，人类的战争能力更是发生了划时代的变化：一是战场感知能力的提升。传统战争中，人类的战场感知能力只能借助雷达和望远镜，感知能力虽然已经大为提高了，但仍然有限。21 世纪以来，借助雷达、声呐、传感器、飞机、卫星以及观瞄仪、测距仪、夜视仪、火控雷达等技术和平台，人类的战场感知能力实现了一次飞跃。到了信息化时代，人类的战场感知能力还会继续提高，从声频、电频到光频，从水下、地面到太空的全频谱、全方位、全时空的侦察体系，这些都将会出现在战场上，各种作战目标的形状和变化无不处在严密的监控之中。对于处于信息优势的一方，战场将更为透明。这也是世界各国纷纷竞争信息优势的重要原因。二是战场反应速度更快。由于现代信息技术的应用，各军兵种、各种武器装备都被连为一体，从发现目标、跟踪目标、计算射击诸元，到气象修正、偏差修正和最终发射，信息化装备在这些方面都实现了一体化、电子化和自动化，射击准备时间已经缩短到几十秒甚至几秒。信息化技术条件下的指挥控制自动化系统实现了情报、通信、指挥、控制、兵器和信息处理的一体化，构成了数字化的战场，战争系统的整个反应速度都加快了。据悉，一个由计算机控制的火炮系统，对同时发现的不同方向的30多个目标，只需90多秒的时间就能将其全部摧毁，比15年前的战场反应时间缩短了两个多小时。三是精确打击能力不断增强。在第二次世界大战时，飞机投掷炸弹的误差达到几百米甚至几千米。随着现代信息技术的发展，信息化战争中的精确打击能力将不断增强，导弹和精确制导武器成为战场攻击武器的主角。从过去几年几场现代战争的实践来看，现代突击兵器的命中率都在80%以上。到伊拉克战争时，飞机投掷炸弹的误差已经缩小到了几米的范围内。由于信息技术的支持，目标的识别、选定和摧毁将更加精准，打击误差可能缩小到厘米，甚至更小。例如，在海湾战争中，美国一枚"斯拉姆"空地导弹从90千米以外的地方攻击伊拉克的一个发电厂，第一枚导弹在外墙上打了一个洞，第二枚导弹则从这个洞口飞进去，摧毁了内部的设施。现代信息技术的应用，使人们有可能对上万千米外的一台电脑、一部手机、一名将军、一只侦察苍蝇或者某个士兵的眼睛实施精确打击。而且精确打击不仅限于物质层面，还将涉及人的精神、心理层面，将来可能会对某个人或某些具有共同特性的群体实施定性、定量、精微准确的心理突击和精神手术。四是作战空间和作战时间持续延伸。现代信息技术的应用使得现代信息化装备的打击能力和范围大大延伸，使信息技术条件下战争的时空得到了延伸。目前，人类的战场已经延伸到了陆、海、空、天以及电磁空间，作战时间也得到了延伸。从21世纪初的几场战争实践来看，现代战争无一不是光、电、磁、声交织，陆、海、空、天融合的多维战场，人类战场已经延伸到了无限浩渺的太空，充分体现了信息化战争的空间和时间的延伸。五是作战效能持续提高。信息化技术的应用，使得当今时代武器弹药的准确率大为提高，威力成倍增长，从而不断提高作战效能。在第二次世界大战时数千架次的飞机才能摧毁的一个铁路枢纽，今天只需几枚激光制导炸弹就可以实现。越南战争中，美军用600多架次飞机加上200多吨普通炸弹都未能炸毁的一座桥梁，而换成激光制导炸弹后只需12架次飞机就能将其摧毁。随着信息技术的发展，战场的作战效能还会继续提高。信息技术将使战争要素得到最优化组合，战争力量将在最关键的地点、时机、方向上，以最佳的攻击手段、攻击强度和最小的损耗，对与政治目标关联最密切的关键目标实行精确、集中、有效的打击，从而产生非常高的战场效能。正是信息技术的发展使得信息化战争手段多元化、空间多维化、行动一体化，提高了战争能量释放的针对性和一致性，增加了战争能量释放的通道，减少了无效释放，大大提高了战争效能，达到了一种战争能量在极短时间内集中、有效地流向最关键、最重要空间的战场境界。

（三）新概念武器大量使用，毁灭性武器高技术化

新概念武器是指以新的毁伤机理为目的、以高新科技手段和信息技术为依托设计的不同于传统武器的全新作战单元。这些新概念武器具有与其他武器完全不同的杀伤和破坏机理。它不以大规模杀伤对方人员的生命为目标，而是通过使对方的作战人员和武器装备丧失作战能力和功能，或通过改变敌国的生态和自然环境来达成战争目的。目前具有代表性的新概念武器包括定向高能粒子武器、动能电磁武器、微机电纳米武器和机器人等。随着科学技术的进一步发展，大量新概念武器将会不断出现并应用于战争。

另外，在信息技术条件下，由于科学技术的进步和应用，大面积毁灭性武器经过高技术手段改造后，作战意图更明显，针对性更强。如核武器中的三相弹就是经过高技术改造的氢弹。普通氢弹是在原子弹的基础上，外面包一层热核材料（氘、氚），由裂变反应放出热量导致聚变反应，进而释放出更多的能量。因为它是通过重核裂变触发轻核聚变，所以，在物理学上又将氢弹称为双相弹。三相弹是在普通氢弹外再包一层贫铀（铀238）材料。三相弹的核变原理是核裂变—核聚变—核裂变三个过程，所以叫三相弹。它使普通双相弹的威力得到了成倍提高。

新概念武器的大量使用和毁灭性武器的高技术化会改变敌对双方的力量对比，使战争突破传统战法，影响战争进程，从而决定战争胜负。

（四）军队向小型化、一体化和智能化发展

军队是进行战争的主要力量，它的组织结构和编制体制是随着军事技术、武器装备和作战理论的发展而不断发展的。自从世界上出现战争以来，军队的组织结构和编制体制经历了一个从简单到复杂、从粗放到精密的发展过程，也就是从农业时代的步兵、车兵、骑兵和水兵发展到现在的陆、海、空三军合成化军队。在人类社会由工业时代向信息时代发展的过程中，伴随着信息技术发展和军事变革的步伐，军队将朝小型化、一体化和智能化方向发展。

1. 军队的规模将加速小型化

在冷兵器战争和机械化战争中，由于受到武器装备和军队作战能力的限制，军队规模成为制胜的关键因素，“韩信点兵，多多益善”即是冷兵器时代战场用兵的首选原则。到了工业化社会，坦克、装甲车、飞机的大量使用，虽然改变了战场作战的方式，但单兵操控的兵器数量依然有限，军队规模和武器数量依然是战场决胜的关键。在未来信息化战争中，信息化武器装备的广泛使用将极大地提

高军队的合成化程度和作战能力，再加上大量无人机、无人坦克等的使用，使得未来战争中军队的规模朝小型化方向发展，特别是战场上的人员将大量减少，未来可能会出现无人战场。所以，未来的信息化军队在组织体制上将向两个方面发展：一方面，军队的总体规模将大幅度缩小。目前，世界各主要军事强国都在裁减军队员额，压缩军队规模，以提高军队质量和信息化水平。美国军队已从 20 世纪 90 年代初期的 200 万人减少到现在的 130 多万人，俄罗斯军队也从原来的 280 万人减少到现在的 70 万人左右。另一方面，作战部队的建制规模将更加小型灵巧。传统的方面军、集团军等战略和战役军团将被按照作战职能编成的小型作战群，或者能够同时在陆、海、空、天等多维空间遂行作战任务的一体化小型作战联合体所取代。

2. 军队的编成将高度一体化

在农业时代，军队根据作战的需要和运输工具的不同编成步兵、车兵、骑兵和水兵，各兵种之间以军阵的方式互相配合，协同非常简单。在工业时代，军队主要按照作战空间和作战职能进行编制，形成陆、海、空三军三足鼎立的军种体制，军种内又分若干兵种。由于兵种不断增多，军种内部组织结构和相互关系日趋复杂，各军种之间以及军种内部各兵种之间的协同变得非常复杂和困难，成为制约军队整体作战能力的瓶颈。进入信息时代，军队编制将根据系统集成的思想，建立“超联合”的一体化作战部队。这种“超联合”的部队打破了传统的军种体制，一个作战单元包含负责侦察监视、指挥控制、精确打击和支援保障等系统作战职能的人员和设备，并构成一体化作战系统。按照这个思路构建起来的信息化军队，将使各种作战力量真正实现相互融合，从而实施真正意义上的“超联合”一体化作战。

3. 军队的指挥和作战手段将高度智能化

不同于农业时代击鼓鸣金的指挥、人工的信息传递方式和冷兵器搏杀的作战手段，也不同于工业时代机械化装备直接对抗的作战方式和金字塔式复杂的指挥机构，在信息时代，军队的指挥和作战手段将高度智能化。计算机技术是作战指挥智能化的基础，随着计算机技术的发展，未来的计算机将从今天的代替和延伸人手的功能向代替和延伸人脑的功能转化，能够对获取的信息进行存储和运算，并进行推理和判断，为战场的指挥和控制提供更先进的智能化手段，实现战场指挥控制的智能化。另外，越来越多的无人机、无人坦克、战场机器人等智能化装备和弹药投入战场，使未来战争的作战手段也越来越智能化。

（五）对抗空间从低维向高维转移，太空争夺将空前激烈

在农业时代的冷兵器战争中，由于受武器装备和交通运输工具的限制，作战

行动主要是在陆地上进行。战争双方争夺的焦点是地理上的制高点和具有战略意义的要地，如山头、交通要道和城镇等。到了工业时代，战争实现了机械化，枪炮、导弹等热兵器和汽车、火车、军舰、飞机等运输工具大规模运用于战争，作战行动从陆地扩展到海洋和天空，交战双方争夺的焦点也从陆上逐渐转移到海上和空中，夺取并且有效保持制空权和制海权不仅关系战场和作战行动的主动与否，更关系着战争的胜败。

在信息时代，随着信息网络的普及和信息系统以及信息化武器装备的广泛使用，信息逐渐成为战争制胜的第一要素，因此，作战行动将围绕信息的获取权、控制权和使用权而展开和进行。此外，随着航天技术的飞速发展，太空信息系统已经成为整个信息网络的重要组成部分，信息的获取、传递和预处理都离不开卫星等天基信息设备。因此，在未来信息化战争中，交战双方争夺的焦点将向外层空间和信息空间转移，能否夺取并且有效保持制天权和制信息权将成为战争胜败的关键。由此可见，在信息时代，随着人类活动的领域从陆地扩展到海洋，再扩展到空中，并且进一步向外层空间和电磁空间扩展，战争活动的焦点也相应地从陆上、海上等低维空间向空中、太空和电磁空间以及心理空间等高维空间转移。

随着航空航天技术和信息技术的飞速发展，人类进入太空早已成为现实。太空探测、太空通信、太空导航和定位已经在战争中发挥了极为重要的作用。战争实践证明，占据太空这个制高点，将获得巨大的优势和利益，它可以不受国界、地理和气象条件的限制，实现全球实时探测、预警，进行高质量的远程洲际通信，实现远程精确作战。21 世纪以来，太空已经成为各主要军事国家竞争的重要空间，随着太空作战武器装备的不断发展和太空作战能力的不断增强，美、俄等主要军事国家都在研究和实践太空信息作战、太空反卫星作战和太空反导作战以及攻击大气层内目标等主要的太空作战方式。一方面，大力发展和部署用于太空作战的武器系统，如美、俄正在竞相研制和开发的动能反卫星系统、激光反卫星系统、机载反导弹和反卫星系统等陆基、空基和天基武器，并加紧研制空间作战飞行器和空天飞机等空间武器平台。另一方面，加快太空战场建设，组建太空部队。美国前总统小布什提出的导弹防御系统的真正目的就是建立太空战场，美国还在阻止其他国家发射卫星的同时，加快本国卫星的发射速度，力图尽快建立庞大的太空侦察和作战系统，并开始组建用于空间攻击和控制的“天军”，俄罗斯也于 21 世纪初组建了独立兵种——航空兵，专门执行太空作战任务。美、俄还加强太空作战理论研究，为即将到来的太空作战作战争理论准备。

（六）非军事因素对战争的影响更加直接

信息化战争的感知系统、指挥控制系统和武器系统、保障系统等都是基于高技术装备而建设的，随着信息化战争的发展，信息化战争对科技实力和经济实力的依赖大为增加，信息化武器的研制、生产、使用、维护都离不开科技力量和经济力量的支撑。另外，信息化武器装备的高技术含量，无疑提高了信息化装备对人才的要求，信息化战争也大大增强了对整个国家的教育水平和实力的依赖。在信息化战争中，高素质人才的培训、昂贵设备的购置和较长的研究周期，都需要耗费巨资。而科研成果产业化的投资费用比研究开发还要高出数倍甚至数十倍。再者，由于信息技术更新换代很快，相比机械化战争，信息化战争中武器装备的使用周期大为缩短，一款信息化武器投入使用后不久可能就面临升级或更新换代的问题，而武器的升级改造和更新换代都要耗费大量资源。信息技术发展越快，武器装备的升级改造和更新换代就越快，信息化战争对经济科技的依赖性也就越强，非军事因素对战争的影响也会更加直接。

（七）战争的不对称性表现更具多样性

不对称作战是指用不对称手段、不对等力量和非常规方法所进行的作战。虽然大家对不对称战争的理解不同，但简单来说不对称战争就是实力悬殊的战争，它是一种从古以来就有的战争类型，并非现代战争的产物。但从农业社会到工业时代，战争的不对称主要表现为军队的规模及武器装备的优劣，到了今天，“不对称”的含义有了很大的变化。

现代战争中“不对称”概念是由美军首先提出来的，仔细研究美军的相关文件，我们会发现美军所谓的“不对称”其实是从美军利益出发的，而不是真正的不对称。美军《2020年联合构想》中指出：“今天，我们拥有无可匹敌的常规作战能力和有效的核威慑能力，但这种有利的军事力量对比不是一成不变的。面对如此强大的力量，潜在对手会越来越寻求诉诸不对称手段……发展利用美国潜在弱点的完全不同的战法。”美军所说的对手的“不对称手段”，指的是对手会着力发展大规模杀伤性武器、高技术武器和网络武器，而这些恰是美国都拥有的，对手拥有了这些武器应该是将战争变成了对称战争，而不是非对称，所以，我们认为美军说的“不对称”是从美国的利益出发的，而不是科学意义上的不对称。

21世纪以来，随着信息技术的发展，战争的不对称表现在很多方面，具体包括战争目标、作战手段、作战方式、作战效果、作战主体和作战空间等方面的“不对称”。目前世界上拥有核武器的国家屈指可数，有能力打高技术战争和信息化战争的国家也寥寥无几，再加上美国的军事高科技相对其他国家而言处于遥遥领先的地位，这就注定了美国在战争体系、战争力量、战略资源、作战方式、军事理论和战争结局等方面均占有较大优势，这既与战争主体在政治、经济、军事、科技、文化、自然等各方面的差距有关，也与信息技术和信息化社会发展的特点有关。随着信息化战争的发展，战争的信息化特点将更加凸显，其不仅表现为战争的对抗途径越来越多，作战手段越来越丰富，也表现为战争的不对称性也会继续存在，并且更具多样性。

【思考题】

1. 战争的本质是什么？
2. 战争的根源是什么？
3. 战争形态的演变经历了哪几个阶段？

第五章　信息化装备

“人类用什么生产就用什么作战。”20 世纪 70 年代以来，随着以信息技术为核心的高技术的发展，人类社会从工业时代逐渐过渡到信息时代，信息化武器装备与信息化生产工具都登上历史舞台，推动战争形态从机械化战争向信息化战争转变，并在新军事革命中不断丰富和发展。

第一节　信息化装备概述

随着人类社会向信息化社会迈进，机械化战争平台经过信息化改造，成为信息化作战平台；世界各主要国家也在根据信息化战争的需要努力打造新的信息化作战平台，信息化装备种类越来越多，对现代战争产生了巨大影响，并在战争实践中显示了清晰的发展趋势。

一、信息化装备的内涵与分类

信息化装备是指以机械化为基础，充分运用计算机技术、信息技术、微电子技术等现代高技术，具有信息获取、传输、处理、控制、制导与对抗等单一或多种信息功能的作战装备和保障装备，是现代信息化战争的物质技术基础，具有智能化、精确化等特点，如战斧式巡航导弹等精确制导武器、C^4KISR 战场指挥控制系统和加装数据链及相关信息系统的飞机、舰船等。

信息化装备是一个庞大的体系，按照不同的标准可以分为不同的类别。按照装备的性质，可以分为进攻性信息化武器装备、防御性信息化武器装备和支援性信息化武器装备；按照是否具有杀伤作用，可分为杀伤性信息化装备和非杀伤性信息化装备两大类，杀伤性信息化装备又可根据杀伤效应分为“硬杀伤”（摧毁实体）类信息化武器装备和“软杀伤”（系统失能）类信息化武器装备，还有兼具软硬杀伤效能、正在研制中的新概念武器；根据武器装备的功能，还可以分为信息系统、信息化作战平台、信息化弹药（即精确制导弹药）和新概念武器等。

二、信息化装备对现代作战的影响

(一) 战场空间无限扩大，战争前线与后方界限模糊

由于信息化装备在陆、海、空、天、电等多维空间的广泛使用，外太空已经成为军事大国竞争的军事制高点，使得信息化战争的战场空间无限扩展。特别是随着航空航天技术、卫星技术、探测技术等高科技的进步，从地球表面的大洋深处到地球外的茫茫太空，侦察监视系统无处不在，水下的声呐、地面的传感器、空中的侦察飞机和太空的侦察卫星监视着水下、地面和空中的各种目标，电子侦察系统则监视着电磁网络空间，未来战争可以在一个或几个空间内展开，不论是大规模战争还是小规模冲突都要依赖覆盖全球和外太空的大体系进行支撑，使得战争的前线与后方界限模糊，战争的爆发与结束、战争状态与非战争状态不清晰。

(二) 战争效能提高，节奏加快，时间缩短，进程可控

信息化装备的广泛使用使获取战争目标信息更加及时、准确，再加上信息化作战平台强大的信息处理能力、指挥控制能力，能够对作战目标实施精确打击，成倍提高作战效能。同时，信息化装备和指挥控制系统使“发现即摧毁”成为现实，以往需要大规模部队和大量常规炸弹才能击毁一辆坦克，在信息化战争中只需要1～2枚反坦克导弹即可实现既定目标。以往战争中使用的“地毯式”轰炸虽可达到战争目的，但其附带伤害也常常让轰炸一方遭受人道主义危机，而使用精确制导的信息化弹药却能够在摧毁目标的同时，极大地减少附带伤害。这一切不仅使得战争节奏加快，时间缩短，而且进程可控。2003年，在美国出兵伊拉克之前，美国国防部部长拉姆斯菲尔德就声言：战争不会是6个月，也不会是6天，只能是6个星期。果然，从3月20日下午战争爆发到5月1日美国总统小布什在“林肯”号航母上宣布主要战事结束刚好6个星期。

(三) 作战方式更加多样，指挥控制更加智能

信息化装备的大量投入战场极大地提升了军队的机动能力、远程打击能力和精确毁伤能力，加上战场的全维立体和小规模大体系的战争模式推动现代作战样式不断发生变化，信息的控制与反控制、导弹打击与导弹拦截越来越成为主要作战方式，而太空战、网络战等新作战样式也开始出现。同时，战场空间的无限拓展和大体系的战争模式也使得战场信息不仅瞬息万变而且数量庞大，而战机转瞬即逝，战场信息的获取与掌握、分析与利用必须瞬间完成，才能及时作出决策。

这些活动单靠人工已经根本不可能完成，必须依托智能化的指挥控制系统，利用计算机汇集和处理各种信息，协助分析和作出决策。所以，在信息化的时代，没有计算机就不可能有“信息化战争”，没有智能化的指挥控制系统就不可能实现战场信息的分析研判和决策指挥。

三、信息化装备发展趋势

进入21世纪，科学技术发展以锐不可当的气势冲击着人类社会的各个领域。信息技术在军事领域的应用和不断发展，推动着武器装备的信息化水平不断提高，也推动了全新的武器装备的问世，武器装备的发展呈现出前所未有的新特点、新趋势。

1. 一体化、集成化

20世纪90年代以来，武器装备的一体化程度已经成为评价一个国家军队“现代化”的标准，各国都非常重视武器装备的一体化建设，美国更是把信息化武器装备的一体化建设摆在战略地位。当前，信息化武器装备的一体化主要是两个方面，一个是指单个信息化装备多种功能的集成化，另一个是指多个信息化装备运用的体系化。

首先，利用横向一体化技术，将分立的武器装备或系统连接成一个新的更高层次的系统，可以大大提高现有武器装备群的信息化作战能力，这种不同武器系统功能的集成化是当代信息化武器装备“一体化”发展的一大趋势。如传统空战中，侦察机负责空中侦察的“发现”功能，轰炸机负责空中轰炸的“打击”功能，而现在的察打一体无人机则把侦察机的侦察功能和轰炸机的打击功能集成化，实现从侦察行动到打击行动即“发现即摧毁”的一体化无缝连接。

其次，以信息网络为基础，依托综合电子信息系统，将各军兵种分散、独立发展的多种武器装备进行系统集成，实现互通、兼容，形成主战武器与支援保障装备、硬杀伤武器与软杀伤武器、进攻性武器与防御性武器合理配置的多系统组成的大体系，如美军提出“全球信息栅格”的设想和有关的行动计划，旨在使多种作战力量和武器装备合理集成，形成一个集指挥控制、火力打击、力量集成与部署、勤务保障等作战功能为一体，且各武器装备系统之间能够实现互联、互通、互操作，耦合成整体功能远大于各部分功能之和的有机体系，实现作战行动高度协调甚至实时同步。

2. 无人化、智能化

在信息技术的推动下，信息化战争的基本特征是“非接触”“非线式”“非对称”，战场更加透明。为了能在信息化战争中保持主动和优势地位，尽量减少作战人员直接介入高风险战斗，在这种军事需求变革的牵引和高技术飞速发展的推动下，无人作战平台的发展突飞猛进，作为未来战争物质基础的武器装备呈现出向无人化、智能化方向迅猛发展的新趋势。无人化是指无人装备和无人作战系统将大量成建制地走上陆、海、空、天多维战场，并可能取代有人装备成为战场主角。使用无人武器装备，可以避免人员伤亡，特别是在有核生化威胁和其他对人员特别危险的环境中，无人武器装备更是大有作为。现在无人侦察机已多次在局部战争中使用，被证明是一种有效的战场侦察装备。更先进的长航时高空无人侦察机、太阳能无人飞机已经能够部分取代有人侦察机和侦察卫星用于战略或战术侦察；另外，无人作战飞机、无人侦察车、无人潜航器等都可部分甚至完全取代有人装备完成既定任务。

同时，随着计算机及其智能技术向武器装备渗透，越来越多的武器装备具有了高度智能化的特征。无论是智能化的制导武器还是无人作战系统，都是“会思考”的武器系统，具备“有意识”地自主搜索、发现、识别、攻击高价值目标的能力，还能够区分真假目标，并进行筛选、判断，有选择地攻击敌方目标的薄弱环节和易损部位，提高命中率和战场生存能力。目前，美国和俄罗斯列入研制的智能军用机器人已达数十种甚至上百种。在可以预见的未来，人类将在战争中从台前退向幕后，形成人类只是设计战争、控制战争，而由人类设计、控制的智能机器人去冲锋陷阵、执行战斗任务的局面。

3. 隐身化、多功能化

侦察与反侦察历来是交战双方对抗的焦点。由于各种新型探测系统和精确制导武器的相继问世以及电子干扰技术的发展，陆、海、空战武器装备面临严重威胁，为提高战场生存能力，打击敌人，武器装备的隐身化成为必然选择。隐身即通过研究利用各种不同的技术手段来改变己方目标的可探测性信息特征，也称为“低可探测技术”。不同的武器装备采取的隐身技术是不同的，首先采用隐形技术的是隐形飞机，主要通过降低雷达截面和自身的红外辐射实现隐形，目前的隐形技术以美国最先进。现在美国等主要军事国家都在积极把隐身技术推广到导弹、舰艇、直升机、战车，甚至弹药、地面设备、服装和机场等领域，出现了隐形坦克、隐形装甲车、隐形火炮、隐形巡航导弹等多种隐形武器装备，有的已经投入战场。另外，因为战场情况复杂多变，为适应不同的战场环境，机动灵活地打击随时出现的不同目标，武器装备的多功能化也是大势所趋。

4. 高速化、远程化

在高技术条件下，现代作战正朝高速、远程、高能方向发展。随着未来战场对抗越来越激烈，敌方防御火力越来越强，为了提高突防能力，避免己方人员伤亡和武器装备损失，进一步发展射程更远、速度更快、精度更高、毁伤力更强，并能从敌防区外发射的精确制导武器将是一个重要的趋势。世界各主要大国都在积极发展远程打击力量，美国、俄罗斯都已经拥有了在世界任何一个地方都能打遍全球的巡航导弹，美国的 B－1 和俄罗斯的图－160 战略轰炸机都是起飞重量超过 200 吨、航程超过 12 000 千米的远程轰炸机。近年来，由于世界主要国家军事防御体系的不断完善，特别是拦截技术的发展，推动各国竞相发展超声速武器，美国、俄罗斯在超声速武器的研制上仍然走在世界前列。

第二节　信息化作战平台

信息化作战平台是指装有大量电子信息设备，以信息和信息技术为核心，集成光电技术、新材料技术、新能源技术等高技术，可通过指挥自动化系统联结，具有综合作战能力的坦克、火炮、飞机、舰艇等武器载体，是自动化指挥系统的节点，是自动化指挥系统发挥打击威力的重要物质基础。信息化作战平台可以分为陆上信息化作战平台，如坦克、步兵战车、自行火炮、直升机等；海上（水下）信息化作战平台，如航空母舰、驱逐舰和潜艇等；空中信息化作战平台，如轰炸机、战斗机、预警机、侦察机、武装直升机等；太空信息化作战平台，如载人航天器、军用卫星等。

一、陆上信息化作战平台

陆上信息化作战平台主要是指大量使用了信息技术的陆军实施战斗所采用的各类武器平台，如各类坦克、步兵战车、自行火炮和导弹发射装置等。目前，世界各国主要的陆上信息化作战平台都是把指挥控制、通信、侦察监视、敌我识别、导航定位和预警与电子对抗等信息化模块，嵌入原有的机械化作战平台，从而实现了作战效能的大幅提升，将机械化作战平台提升为信息化作战平台。

（一）主要类型

1. 坦克

坦克是现代陆上作战的主要突击兵器和装甲兵的基本装备，是具有直射火力、越野能力和装甲防护力的履带式装甲战斗车辆，是陆地武器中唯一一种重要性高于轮式装甲车的战斗装备。现代坦克普遍装备了导航系统、敌我识别系统、综合电子战系统、指挥控制系统、三防系统（即防核、防化学、防生物）以及以电子计算机为中心的火控系统等。火控系统包括数字式火控计算机及各种传感器、炮长和车长瞄准镜、激光测距仪、微光夜视仪或热像仪、火炮双向稳定器和瞄准线稳定装置、车长和炮长控制装置等，主要用来与对方坦克或其他装甲车辆作战，也可以压制、消灭反坦克武器，摧毁工事，歼灭敌方陆上力量。坦克按照战斗全重和火炮口径可以分为轻型坦克、中型坦克和重型坦克，按照功能及用途可以分为喷火坦克、扫雷坦克、空降坦克、两栖坦克、步兵坦克、巡航坦克、主战坦克。

目前世界上最先进的主战坦克主要是20世纪80年代以后研制的，比较著名的有美国的M1A2、俄罗斯的T－90、英国的“挑战者－2”、德国的“豹－2”、法国的“勒克莱尔”、中国的99A等。这些坦克通常采用复合装甲或贫铀装甲，战斗全重一般为40～60吨，越野速度每小时35～55千米，最大速度每小时48～72千米，最大行程300～600千米，载有3～4名乘员，主要武器是一门105～155毫米口径火炮，直射距离一般为1 800～2 000米，射速为每分钟7～10发，弹药基数为42～65发。

2. 步兵战车

步兵战车是供步兵机动作战用的装甲战斗车辆，车内布置大都是驾驶舱和动力舱在前，战斗舱居中，载员舱在后，装备有数字式火控系统、定位导航系统、综合电子战系统、指挥控制系统、战场管理系统和威胁预警与对抗系统等，车载武器由火炮、反坦克导弹和并列武器等组成，和步兵携带的各种轻便武器一起，构成一个既能对付地面目标，又能对付低空目标，既能对付软目标，又能对付硬目标的远、中、近程相结合的火力搭配体系。步兵战车主要用于协同坦克作战，其任务是快速机动步兵分队，消灭敌方轻型装甲车辆、步兵反坦克火力点、有生力量和低空飞行目标。步兵战车按结构可分为履带式和轮式两种，履带式步兵战车越野性能好，生存能力较强，是现在各国装备的主要车型。轮式步兵战车造价低，耗油少，使用维修简便，公路行驶速度高，还有国家少量装备。目前，比较著名的步兵战车有美国的M2A2、M2A3，德国的“黄鼠狼”，法国的AMX－10P，中国的ZBD－04等。

3. 自行火炮

自行火炮是同车辆底盘构成一体，能够靠自身动力高速运动的火炮，主要由武器系统、底盘部分和装甲车体组成。现在世界主要军事国家的自行火炮都装备有专用火控系统、定位定向系统、数字通信系统和自动瞄准系统等信息化装备。自行火炮按火炮种类可分为自行加农炮、自行榴弹炮、自行高射炮、自行反坦克炮、自行无后坐力炮、自行迫击炮等；按行驶方式可分为轮式和履带式两种；按装甲防护分为全装甲式（封闭式）、半装甲式（半封闭式）和敞开式。全装甲式车体通常是密闭的，具有对核武器、化学武器和生物武器的防护能力。自行火炮越野性能好，进出阵地快，多数有装甲防护，战场生存力强，有些还可浮渡，有利于不间断地实施火力支援，使炮兵和装甲兵、摩托化步兵的战斗协同更加紧密。世界最著名的火炮是美国陆军装备的M109A6“帕拉丁”155毫米自行榴弹炮，它采用半自动装填机构，其自动化火控系统包括炮载弹道计算机、导航和定位系统、单信道地面和空中无线电通信系统等，通过战术射击指挥系统和先进的野战炮兵战术数据系统同其他目标探测系统以及其他武器系统建立密切联系，从而实现战场信息资源实时共享，具有“打了就跑”的特点。另外，法国的AVF1式155毫米自行榴弹炮，英国、德国和意大利联合研制的SP70式155毫米自行榴弹炮，意大利的“帕尔玛瑞”155毫米自行榴弹炮等也是著名的自行火炮，它们的设计、制造都受到美国的M109A6“帕拉丁”155毫米自行榴弹炮的影响。

4. 直升机

直升机是相对于固定翼飞机而言的，是指依靠发动机带动旋翼产生升力和推进力的一种航空器，是现代陆战的重要武器装备之一。世界主要军事国家的直升机多装备卫星导航定位系统、火控及飞行控制系统、敌我识别系统等信息化装备，并利用中央计算机对通信、导航、飞行控制、敌我识别、电子对抗、系统监视、武器火控的信息进行集成处理从而进行集成控制，改善了直升机的性能。直升机的军事用途从物资运输、人员输送、战场投放、敌后侦查与渗透，到移动迅速的飞行坦克、通信、救护、战场监视等不一而足。随着直升机技术的不断进步和应用的成熟，逐渐发展有运输直升机、救护直升机、武装直升机、搜救直升机、反潜直升机、通信直升机、电子战直升机等专用直升机。其中，现代武装直升机是装有导弹、火箭弹、机炮/机枪、多种主被动雷达（搜索雷达、火控雷达、导航雷达等）、光电传感器、军用数据链，具有较强的抗攻击防护能力（装有多处装甲和反雷达、反红外诱饵弹等多种主被动防护设备和装备），可执行多种作战任务的直升机，具有机动灵活，反应迅速，适于低空、超低空抵近攻击、在运动和悬停状态开火等特点，多配属陆军航空兵，是航空兵实施直接火力支援的新型机种。世界上比较有代表性的直升机有美国的AH64即阿帕奇武装直升机、RAH-66“科曼奇”隐形武装直升机和中国的直-10、直-19、直-20等。

（二）发展趋势

进入21世纪，信息技术的发展成果快速运用于军事领域，带来了陆上信息化装备的飞速发展，各国加快了装备的升级改造和更新换代。

1. 信息技术综合运用

信息技术的发展使车辆综合电子技术、战场管理技术、数字化电台技术、多功能无线电通信技术等更加成熟，并广泛应用于现代战场。作为陆战主要平台的坦克、装甲车、火炮和直升机等都将成为以网络为中心、互相连接、互相支援和配合的作战系统，这一系统集侦察、监视、跟踪、火力打击和保障于一体，如法国的VBCI步兵战车即是安装了数字化战场管理系统的陆战平台，能够实现车辆和部队指挥人员之间的数字数据交换。

2. 生存能力不断增强

随着信息化装备的打击和毁伤能力不断提高，相应提高陆战平台的防护和生存能力成为必然趋势。一方面，坦克、装甲车、直升机等开始采用隐身技术，包括使用隐身材料、隐身涂料，也包括安装烟幕施放装置等；另一方面，陆战平台特别是坦克和装甲车大量采用复合装甲以提高防护能力，并加装主动防护系统，通过光电对抗，及时探测、定位敌方导弹、激光和核生化武器，并采取相应对抗措施。

3. 战场机动性持续提高

战场机动能力是武器装备生存能力的关键因素之一，各国都在通过改进和研发新的发动机、减轻重量、降低油耗、采用先进的综合推进系统等方式，提高陆上信息化作战平台快速、远程的越野机动能力，并适应大规模、长距离空投、空运的要求，提高战略机动能力。

4. 结构开放通用

为了满足未来升级改造、多变的战场作战需求和战场上装备快速维修的需要，现代各国陆上信息化作战平台不论车辆、武器系统还是信息网络都朝着开放式、模块化、通用的方向发展，可以根据战场的作战需求改变信息化平台的装备构成，如坦克、装甲车、侦察车、保障车的底盘通用，坦克装上不同的武器就可以变成主战坦克、步兵战车或其他车辆。

二、海上（水下）信息化作战平台

海上（水下）信息化作战平台指大量使用信息技术，在海上（水下）活动的海军作战舰艇和潜艇等作战平台，主要包括航空母舰、驱逐舰、潜艇、护卫舰、导弹快艇、登陆舰和水下无人潜航器等。

（一）主要类型

1. 航空母舰

航空母舰，简称“航母”，是一种以舰载机为作战武器、可以供舰载机起飞和降落的大型水面舰艇。航母有“海上霸主”之称，通常拥有巨大的飞行甲板和舰岛，装备有作战指挥系统、电子对抗系统、雷达、导航设备和综合通信系统等信息系统。现代航空母舰通常按满载排水量的大小分为大型航空母舰（6 万吨以上）、中型航空母舰（3 ~6 万吨）和小型航空母舰（3 万吨以下）；按动力装置可分为核动力航空母舰和常规动力航空母舰。

航空母舰是目前世界上最庞大、最复杂、威力最强的武器之一，主要用于攻击敌舰艇，袭击基地、港口设施和陆上目标，夺取作战海区的制空权和制海权，支援登陆和抗登陆作战等。但航空母舰本身防御力量薄弱，往往与驱逐舰、巡洋舰、潜艇等组成航母编队。整个航母编队在航空母舰的整体控制下，可同时使用多兵种、多舰种、多机种，能开辟独立的海空战场，对数百千米范围内的敌对目标实施搜索、追踪、锁定和攻击，真正做到全天候、大范围、高强度、长时间的连续战斗，实现中远海的一体化联合作战。航空母舰发展至今，已经是一个国家综合国力的象征。依靠航空母舰，一个国家可以在远离其国土的地方、不依靠当地机场的情况下对当地施加军事压力和进行作战。目前，世界上拥有航空母舰的国家主要有美国、俄罗斯、法国、英国、中国、印度、澳大利亚、意大利、泰国，日本也拥有数艘直升机航母，并准备改建为固定翼飞机航母。

2. 驱逐舰

驱逐舰是一种可以装备对空、对海、对潜和对陆攻击的武器，具有一定综合作战能力的中型水面舰艇，排水量一般在 2 000 ~ 12 000 吨不等，装备有作战指挥系统、电子对抗系统、雷达、声呐探测系统、导航系统和武器射击指挥控制系统等电子信息设备，是各国海军舰队中突击力较强的军舰之一，其主要职责以护航为核心，既能在海军舰艇编队担任进攻性的突击任务，又能承担作战编队的防空、反潜护卫任务，还可在登陆、抗登陆作战中担任支援兵力，担任巡逻、警戒、侦察、海上封锁和海上救援任务以及提供无人舰载机的起飞和降落。现代驱逐舰广泛的作战职能使得驱逐舰成为现代海军舰艇中用途最广的舰艇。目前世界上有代表性的驱逐舰有美国的“阿利伯克”级驱逐舰、朱姆沃尔特级驱逐舰和中国的055 型驱逐舰等。

3. 潜艇

潜艇又称潜水船、潜舰，是能够在水下运行的舰艇，主要由艇体、操纵系统、动力装置、武器系统、导航系统、探测系统、通信设备、水声对抗设备、救生设备和居住生活设施等构成。潜艇能利用水层掩护进行隐蔽活动和对敌方实施突然袭击；有较大的自给力、续航力和作战半径，可远离基地，能在较长时间和较大海洋区域甚至深入敌方海区独立作战，有较强的突击威力；能在水下发射导弹、鱼雷和布设水雷，攻击海上和陆上目标。潜艇的功能包括攻击敌人军舰或潜艇、近岸保护、突破封锁、侦察和掩饰特种部队行动等。

潜艇按作战使命分为攻击潜艇、战略导弹潜艇和特种潜艇；按武器装备划分为导弹潜艇和鱼雷潜艇；按动力分为常规动力潜艇与核动力潜艇；按排水量分，常规动力潜艇有大型潜艇（2 000 吨以上）、中型潜艇（600 ~ 2 000 吨）、小型潜艇（100 ~ 600 吨）和袖珍潜艇（100 吨以下），核动力潜艇一般在 3 000 吨以上；按艇体结构分为双壳潜艇、一壳半潜艇和单壳潜艇。潜艇是公认的战略性武器，特别是弹道导弹核潜艇更是核三位一体的关键一极。目前，有能力自主设计、生产先进潜艇的国家非常少，有代表性的潜艇包括美国的弗吉尼亚级攻击核潜艇、俄亥俄级战略核潜艇，俄罗斯的基洛级潜艇、955 级（北风之神级）战略核潜艇，中国的094 型、096 型战略核潜艇等。

（二）发展趋势

在全球化趋势不断发展的今天，各国的海外利益都在增加，海上（水下）信息化作战平台成为各国维护海外利益的重要依托，也成为一些国家海外干涉和谋求霸权、维护霸权的主要力量，是各主要国家国防建设的重点。

1. 航空母舰和潜艇仍然是海上攻守的主要作战平台

航空母舰被称为“大国利器”，一方面因为航空母舰结构复杂，技术要求高，建造和养护耗资巨大，是大国才能够拥有的装备，是一个国家综合国力的象征；另一方面，依靠航母，一个国家可以在远离国土的地方，在不依靠当地机场的情况下对当地施加军事压力和进行作战。航母是目前世界上最庞大、最复杂、威力最大的武器之一，从航母的发展历史和当前发展趋势看，航母仍然是今后相当长一段时间各主要军事国家梦寐以求的远洋进攻武器。另外，随着潜艇隐身、降噪技术、核技术、耐压材料等技术的发展，潜艇的隐蔽性会不断提高，再加上作战半径大、突击威力大、独立作战能力强等因素，潜艇也将是今后很长一段时间内国际公认的战略性武器。

2. 高效互联，提高综合作战能力

未来战争是体系对体系的陆、海、空、天、电多维空间一体化的联合作战，海上（水下）信息化作战平台不仅执行海上和水下攻防作战，而是更多地参与争夺制信息权、联合防空、对陆地纵深目标的精确打击以及为地面作战提供火力支援等作战行动，因此未来海上信息化作战平台将会实现以平台为中心向以网络为中心的转变，通过互联互通的信息化模块或者端口，与其他作战单元或作战要素链接起来，实现联合部队各系统的有机联系，达到数据共享、系统指挥、联合作战的目的。如美国海军的协同作战能力（CEC）系统是一种实时传感器网络系统，通过把航母编队中的舰艇、预警机等各平台搭载的目标探测系统、指挥控制系统和武器系统链接起来，利用在地理上分散的传感器网络获取的信号，合成并提供统一的综合空中图像，依赖超高频通信装置，各舰船使用同一战术画面进行作战，实现高质量的战场态势感知和综合火力控制能力，显著缩短战术决策时间，提高综合作战能力。

3. 隐身快速，提高突防和反潜能力

探测技术的进步对海上作战平台带来巨大威胁，因此发展能够“瞒天过海”的隐身技术成为提高海上（水下）信息化作战平台生存能力的必然选择。一些发达国家在现有的技术基础上，积极研制完全隐身的舰艇、局部隐身的舰艇和隐身潜艇，并改进舰艇外形和推进技术，提高舰艇速度，进而提高舰艇突防和反潜能力。如美国海军的“阿利伯克Ⅱ”通过改进总体外形设计，更多采用流线型舰体，降低敌方雷达接收的回波强度，从而使敌方雷达近乎“致盲”。当前，美、俄都在研制新一代攻击型核动力潜艇，美国的“海狼”级战略核潜艇在噪音控制、下潜深度等方面都领先于任何一级攻击核潜艇。可以预料，在不久的将来，具有良好的机动性、耐波性、续航力和攻防力的隐身潜艇，将成为海战的主力军，它标志着海上隐身作战时代的到来。

4. 智能、通用、多功能化

现代战争作战空间多维，战场空前扩展，武器弹药高速化，使得战场形势瞬息万变，战场信息数量庞大，单单依靠人工已经不可能对各种情况进行综合分析并及时作出正确判断，因此以计算机为核心的智能系统的广泛应用和无人化将是新一代海军武器装备的发展趋势。同时，由于武器装备的研发周期较长、费用较高，一些海军强国普遍重视武器装备的模块化和基本设备（如军舰）的通用化和多功能化，一艘军舰能够完成多种作战任务，或者可以根据不同的任务组装派生型号，从而减少研发型号，缩短研发周期，节省研发费用。如美国的“朱姆沃尔特”导弹驱逐舰就是美国新一代多用途主战舰艇，可以搭载“宙斯盾”系统进行防空，也可以发射“战斧”巡航导弹对陆攻击，还具有一定的反潜能力。现在很多国家尤其是美国的新型舰艇都朝着通用和多功能化方向发展。

三、空中信息化作战平台

空中信息化作战平台是指大量使用信息技术的各类作战飞机和直升机等空中作战平台，包括轰炸机、战斗机、预警机、侦察机以及武装直升机等。

（一）主要类型

1. 轰炸机

轰炸机是以空地导弹、航空炸弹、巡航导弹、航空鱼雷为基本武器，具有轰炸能力的作战飞机，是战略空军的机种。轰炸机装备有自动驾驶仪、地形跟踪雷达、领航设备、电子干扰系统和全向警戒雷达等电子设备，用以保障其远程飞行和低空突防。武器系统包括各种炸弹、航弹、空对地导弹、空舰导弹、巡航导弹、深水炸弹等。火控系统可以保证轰炸机具有全天候轰炸能力和很高的命中精度。现代轰炸机还装有受油设备，可进行空中加油，具有突击力强、航程远、载弹量大、机动性高等特点。轰炸机按起飞重量、载弹量和航程的不同大致分为战术、战役、战略轰炸机三类。如果说航空母舰是海军的代表，那么轰炸机则是空军特点的代名词。轰炸机是“三位一体”战略核力量之中不可缺少的一部分。现在世界上比较先进的轰炸机有俄罗斯的图－160战略轰炸机、美国的B－2隐形战略轰炸机。

2. 战斗机

战斗机又名歼击机，是指主要用于空中拦截和摧毁敌空中目标、进行空战以夺取制空权的飞机，装备飞行控制系统、通信导航系统、火控系统和电子对抗系统等电子信息设备，现代战斗机的航空火力控制系统可与通信导航识别综合系统、电子对抗系统交联，大大提高了战斗机的信息化水平和战场适应能力，是航空兵空中作战的主要机种。战斗机是战术空军的机种，主要任务是与敌方歼击机进行空战，夺取空中优势（制空权）。其次是拦截敌方轰炸机、强击机和巡航导弹，还可携带一定数量的对地攻击的武器，执行对地的攻击任务。目前世界各国装备的先进战斗机有美国的F－22、F－35和F－117隐身战斗机，俄罗斯的T－50，中国的歼－20和歼－31等。

3. 预警机

预警机即空中指挥预警飞机（Air Early Warning，AEW），是指拥有整套远程警戒雷达系统，用于搜索、监视空中或海上目标，指挥并可引导己方飞机执行作战任务的飞机。预警机装备有雷达探测系统、敌我识别系统、电子侦察和通信侦察系统、导航系统、数据处理系统、通信系统、显示和控制系统等。预警机实际上是把预警雷达及相应的数据处理设备搬到高空，借由飞行高度，自空中搜索各类空中、海上或者是陆上目标，以克服地面预警雷达的盲区，能够有效降低敌机低空突防概率，不仅可以及时发现和监视低空入侵目标，还可以指挥己方战斗机进行拦截和攻击。预警机集指挥、情报、通信和控制等系统功能于一身，具有监视范围大、指挥自动化程度高、目标处理容量大、抗干扰能力强、远离战线、纵深部署、执勤时有歼击机掩护、工作效率高等优点，成为军事领域的新宠。一位军事专家曾说过：“一个国家如果拥有较好的预警机，即使战机数量只有对手的一半，也一样可以赢得战争。”预警机的缺点也很明显，主要是飞机体型较大，雷达反射截面积大，易被发现和跟踪；机动幅度小，机载雷达只有在飞机转弯坡度小于10度的条件下，才能保证对空的正常搜索，且下视能力弱于上视能力；巡航速度慢，机上没有攻击武器，自卫能力弱；电子防护能力弱，工作功率较大，极易被对方探测、电子干扰和反辐射导弹攻击；技术复杂，作战操纵不便等。目前，世界上拥有预警机的主要国家和机型有中国的空警－2000、空警200，美国的E－2系列、E－3“望楼”预警机、E－8“联合星”、MC2A预警机等，俄罗斯的A－50“中坚”预警机、图－126预警机，英国的“猎迷”－MK3预警机，日本的E－767预警机和E－2C“鹰眼”预警机等。

4. 侦察机

侦察机（reconnaissance aircraft）是专门用于从空中进行侦察、获取情报的军用飞机，是现代战争中的主要侦察工具之一，通常装有航空照相机、前视或侧视雷达和电视、红外线侦察设备，有的还装有实时情报处理设备和传递装置及最先进的合成孔径雷达。侦察机一般不携带武器，主要依靠其高速性能和加装电子对抗装备来提高其生存能力，执行侦察任务。侦察机可进行目视侦察、成相侦察和电子侦察，其中成相侦察是侦察机实施侦察的重要方法，包括可见光照相、红外照相与成相、雷达成相、微波成相、电视成相等。

侦察机按遂行任务范围，可分为战略侦察机和战术侦察机。战略侦察机一般具有航程远和高空、高速飞行性能，用以获取战略情报，多是专门设计的。战术侦察机具有低空、高速飞行性能，用以获取战役战术情报，通常用歼击机改装而成。目前，世界主要国家装备的侦察机有：美国的 U－2 高空战略侦察机、SR－71 超音速侦察机、RF－4C 型侦察机、RC－135 战略电子侦察机、EP－3 型电子侦察机，俄罗斯的图－214R、伊尔－38 反潜巡逻机、伊尔－20 电子侦察机，中国的运－8 电子侦察机等。

5. 武装直升机

武装直升机是装有武器、为执行作战任务而研制的直升机，装备有机载武器系统、夜视系统、目标识别系统、通信导航系统、火控系统和电子对抗系统等电子信息系统。按照用途与功能，武装直升机可分为普通武装直升机、隐身直升机与高速武装直升机。

现代武装直升机实质上是一种超低空火力平台，可携带反坦克导弹、航炮、火箭、机枪、空空导弹、火箭弹以及炸弹、地雷、鱼雷、水雷等武器，具有飞行速度快、反应灵活、机动性好、隐蔽性好、生存力强、杀伤威力大等特点，可攻击坦克、装甲车辆、雷达站、炮兵阵地、通信枢纽、前沿哨所、简易工事、滩头阵地、水面舰船、水下潜艇、地面有生力量以及低空飞行目标等，执行反坦克装甲、近距离支援、安全护卫、夺取超低空制空权、反潜等任务。直升机特有的飞行特点是可在野外未经任何准备的场地起降，能在空中稳定悬停，不受地形、地物限制，可敏捷地改变航线、飞行高度、速度和姿态，因此可在战区的任一指定地点迅速集中或展开，可选择有利的地点或状态，对敌进行攻击或作机动规避。其强大火力与特殊机动能力的有机结合，最适应现代战争“主动、纵深、灵敏、协调”的作战原则，可有效地对各种地面目标和超低空目标实施精确打击，使之成为继火炮、坦克、飞机和导弹之后又一种重要的常规武器，在现代战争中具有不可替代的地位与作用。现在世界各国装备的著名武装直升机有美国的 AH－64、H－60 黑鹰系列以及俄罗斯的米－24、米－28、卡－50 等。

（二）发展趋势

1. 隐身化

卫星技术和现代侦察技术的进步，使空中作战平台面临巨大威胁，能躲避雷达等探测设备的发现与追踪的隐身技术成为各国新一代作战飞机普遍采用的技术手段。这些隐身技术包括现代化的传感器、先进的复合材料技术以及各种吸波材料涂层等。美国的 F－22A 和 F－35 都采用了雷达和红外隐身技术，相对于未使用隐身技术的战机具有明显的空战优势。

2. 超高速化

空气动力学和内燃机技术、新材料技术的发展，使空中作战平台的超高速化成为可能，目前美国和俄罗斯都在研制速度达到甚至超过 5 马赫，即时速达到 10 000多千米的作战飞机。同时，推力矢量发动机的发展和成熟，实现了推力矢量控制，也为作战飞机在实现超高速的同时，通过改变尾喷管方向，能够完成常规推动力下所不能完成的复杂机动动作，从而使作战飞机机动性更强，近距格斗性能更优。

3. 无人化

21 世纪以来，随着电子技术、发动机技术和人工智能技术的发展，再加上现代探测、跟踪技术和导弹技术给作战飞机带来的巨大威胁，推动了空中作战平台朝着无人化的方向发展。无人机正由以侦察为主朝察打一体化、多用途的方向发展，并因为其低成本、易操作、突防性强以及不会带来人员伤亡等优势，成为未来一段时间内空战不可或缺的作战平台。

四、太空信息化作战平台

太空信息化作战平台是指能够对敌方卫星和空中、海上、地面目标实施攻击的太空作战平台。随着军事高技术的发展，世界各主要大国之间的军事竞争趋势逐渐指向太空，可以预见，在今后很长一段时间内，太空将成为世界主要军事强国军事竞争的焦点，世界主要国家都加紧了太空信息化作战平台的研制和列装，以夺取未来信息化战争的“制高点”。

（一）主要类型

太空信息化作战平台主要包括两大类：一是各类军用载人航天器；二是尚处于研发阶段、可用于装载攻击对方航天武器的拦截歼击卫星系统，以及可实施对地、对空攻击的卫星。

1. 载人航天器

载人航天器是在绕地球轨道或外层空间按受控飞行路线运行的载人飞行器。

载人航天器与无人航天器的区别在于载人航天器具有保障人生存的生命保障功能，舱内有适合人生存的大气压和大气成分，有适合的温度和湿度，具有一定的活动空间，并提供饮水和食物及生活设施，具有人工作所需的操作和实验设备，具有天地通信功能，使航天器中的人能够与地面控制中心进行语音通信。根据飞行和工作方式的不同，载人航天器可分为载人飞船、航天飞机、空天飞机、空间站四类。

（1）载人飞船。

载人飞船（manned spacecraft）又称宇宙飞船，是指借助运载火箭发射进入太空，绕地球轨道运行或进行轨道机动飞行，能保障航天员在外层空间短期生活和工作，完成航天任务后返回大气层，用降落伞或缓冲装置实现软着陆的航天器。载人飞船可以独立进行航天活动，也可用作往返于地面和空间站之间的“渡船”，还能与空间站或其他航天器对接后进行联合飞行。载人飞船按照不同的飞行任务，分为卫星式载人飞船、登月载人飞船和行星际载人飞船。载人飞船容积较小，所载消耗性物质数量有限，不具备再补给的能力，而且不能重复使用。但在载人飞船、航天飞机、空天飞机、空间站这四种载人航天器中，载人飞船规模最小、技术简单、费用较低，因此被首先用于突破载人航天的基本技术。1961年苏联发射了第一艘“东方”号飞船，后来又发射了“上升”号和“联盟”号飞船。美国也相继发射了“水星”号、“双子星座”号、“阿波罗”号等载人飞船，其中“阿波罗”号是登月载人飞船。中国自1999年11月在酒泉卫星发射中心成功发射自主研制的无人实验飞船“神舟一号”后，已完成了多次发射任务，2003年10月15日，中国“神舟五号”载人飞船顺利发射，绕地球14圈后返回地面，实现了中国人的载人航天梦。

（2）航天飞机。

航天飞机（space shuttle）是一种载人往返于近地轨道和地面间的有人驾驶、可重复使用的运载工具。航天飞机由轨道器、外贮箱和固体助推器组成，是一种兼有飞船与运载双重功能的载人航天器，既能像运载火箭那样垂直起飞，又能像飞机那样在返回大气层后在机场着陆，经过整修，可以再次发射上天。航天飞机是当前唯一可以部分重复使用的航天器/运载器。载人飞船、航天飞机、空天飞机、空间站的用途各有侧重，可以相互补充，但就技术难度而言，航天飞机技术复杂，功能齐全，代表着当代航天技术的领先水平。

航天飞机为人类自由进出太空提供了很好的工具，是航天史上的一个重要里程碑，可执行部署卫星、检修卫星、回收卫星、太空营救、空间运输、空间实验和生产、空间探测等任务，迄今只有美国与苏联曾经制造能进入近地轨道的航天飞机，并曾实际成功发射并回收，而美国是唯一曾以航天飞机成功进行载人任务的国家。著名的航天飞机有美国的“哥伦比亚”号、“挑战者”号、“发现”号、“亚特兰蒂斯”号和“奋进”号，以及苏联的“暴风雪”号。

（3）空天飞机。

空天飞机又称空太飞机，是航空航天飞机的简称，是一种新型及大部分国家的航天运输系统。它集飞行器、太空运载工具及航天器于一身，是航空技术与航天技术高度结合、既能航空又能航天的新型载人飞行器。空天飞机是一种未来的飞机，同时有飞机发动机和火箭发动机，起飞时也不使用火箭助推器，可以像飞机一样从飞机场跑道上起飞，以每小时1.6万~3万千米的高超音速在大气层内飞行，直接进入太空，在30~100千米高空的飞行速度为12~25倍音速，而且可以直接加速进入地球轨道，成为航天飞行器，降落时亦可以像飞机一样在飞机场跑道上降落，成为自由地往返天地之间的运输工具。

空天飞机的最大优点是运输费用只有航天飞机的十分之一，并且不需要规模庞大、设备复杂的航天发射场；空天飞机突防力强，既可作为航天运载工具，实现全球高超音速运输，又可作为战略轰炸机、战略侦察机和远程截击机使用，轻易突破敌人的防御系统，实现洲际轰炸和战略侦察，空天飞机将来可能成为一般轰炸机、战斗机和导弹所“不可比拟”的攻击和防御力量。进入21世纪，空天飞机已经成为世界各国争夺制空权和制天权的关键武器之一。目前美国、俄罗斯、中国、日本及德国都在研究空天飞机，但没有国家取得实质的成功。

（4）空间站。

为满足人类日益增长的开发太空资源的需求，载人飞船的技术逐渐成熟后，空间站应运而生。空间站（space station）又称太空站、航天站，是一种体积大，能在近地轨道长时间运行，具备一定试验或生产能力，有人类能够生活的一切设施，可以供多名航天员巡访、长期工作和生活的航天器。空间站不具备返回地球的能力。它在轨运行期间由飞船或航天飞机接送航天员、运送物资和设备。空间站可分为单舱段空间站和多舱段空间站两大类。前者是指用航天运载器一次发射就能送入太空轨道运行的空间站，后者则是由多个舱段在轨道上组装而成的空间站。空间站特点是体积比较大、结构复杂，在轨道飞行时间较长，有多种功能，能开展的太空科研项目也比较多。

目前有能力研制和建立空间站的国家主要是美国和俄罗斯，欧洲国家和日本、加拿大等国积极参与美国的航天活动，中国作为后起国家，正在奋起直追。俄罗斯的“和平”号空间站是一个典型的多舱段空间站，于1986年2月20日发射，由一个多功能对接舱、一个工作舱和一个推进舱所组成，一直工作了15年。由美、俄、日本等16国共同建造的“国际空间站”是一种更先进的多舱段空间站，1998年正式开始建站，2010年完成建造任务并转入全面使用阶段，代表了当代空间站技术的最高水平。中国于2011年9月发射了独立设计制造的“天宫一号”目标飞行器，2012年6月和2013年6月分别成功实现了与“神舟九号”“神舟十号”的对接，航天员进入“天宫一号”工作和生活；2016年9月，我国又发射了“天宫二号”空间实验室，于10月与“神舟十一号”对接成功，航天员进入“天宫二号”工作、生活了30天。中国计划在2022年建成“天宫”号空间站并投入运转。

2. 军用卫星

军用卫星指的是用于各种军事目的的人造地球卫星。军用卫星按用途一般可分为侦察卫星、军用通信卫星、军用导航卫星、军用气象卫星和拦截歼击卫星。战时，一些民用卫星也可用于军事用途。

（1）侦察卫星。

侦察卫星又称间谍卫星（reconnaissance satellite），是指用于获取军事情报的军用卫星。侦察卫星利用所载的光电遥感器、雷达或无线电接收机等侦察设备，从轨道上对目标实施侦察、监视或跟踪，以获取地面、海洋或空中目标辐射、反射或发射的电磁波信息，用胶片、磁带等记录器存储于返回舱内，在地面回收或通过无线电传输方式发送到地面接收站，经过光学、电子设备和计算机加工处理，从中提取有价值的军事情报。

侦察卫星按任务和设备的不同分为成相侦察卫星、电子侦察卫星、海洋监视卫星、导弹预警卫星和核爆炸探测卫星。侦察卫星具有侦察面积大、范围广、速度快、效果好，可以定期或连续监视，不受国界和地理条件限制等优点，再加上如今的领空尚未包含地球周遭的轨道空域，利用卫星搜集情报避免了侵犯领空的纠纷；而且因为操作高度较高，遇到的挑衅性攻击较少等优势，侦察卫星受到各国重视，美国和苏联以及今天的俄罗斯等国发射了大量的侦察卫星，如美国的SBIRS HEO－1和HEO－2卫星等。

（2）军用通信卫星。

军用通信卫星是作为空间无线电通信站，担负各种通信任务的人造地球卫星。军用通信卫星可以分为提供全球性战略通信的战略通信卫星和提供地区性通信以及军用飞机、舰船和车辆乃至单人背负终端机动通信的战术通信卫星。因为卫星通信具有通信距离远、容量大、质量好、抗干扰性好、可靠性高、保密性强、生存能力强、灵活机动等特点，深受各国重视。目前拥有军用通信卫星的国家及国家集团有美国、俄罗斯、英国、北约集团等，著名的通信卫星主要包括美国的国防卫星通信系统（DSCS）、“军事星”、“舰队卫星通信”、“特高频后继星”（UFO）、“租赁星”、“卫星数据系统”、“跟踪与数据中继卫星”（TDRSS）等数十颗卫星，还有俄罗斯拥有的“闪电”“虹”“地平线”等通信卫星，英国的“天网”系列卫星，以及北约的“纳托”卫星等。

（3）军用导航卫星。

军用导航卫星是通过发射无线电信号，为地面、海洋和空中的军事用户提供精确的位置、时间和速度等导航定位信息的人造地球卫星。军用导航卫星具有定位精度高、全天候、全方位及设备简单等特点。世界上第一军用颗导航卫星是美国海军的“子午仪”-7A号卫星，它于1959年9月17日发射升空，第一颗实用导航卫星是1960年4月13日发射的“子午仪”-1B号。随后，美国共发射了约30颗“子午仪”卫星，于1964年7月组成导航卫星网并正式投入使用。目前世界上只有中、美、俄拥有独立的导航卫星系统，分别是中国的“北斗”导航系统、美国的“导航星”全球定位系统（GPS）和俄罗斯的“全球导航卫星系统”（GLONASS）。

（4）军用气象卫星。

气象卫星（meteorological satellite）是从太空对地球及其大气层进行气象观测的人造地球卫星，它通过运载的各种气象遥感器，接收和测量地球及其大气层的可见光、红外线和微波辐射以及卫星导航系统反射的电磁波，以电信号的形式传送给地面站，地面站将接收的电信号复原，绘制成各种云层、风速风向、地表和海面图片，再经进一步处理和计算，得出各种气象资料。军用气象卫星是为军事需要提供气象资料的卫星，实质上是一个高悬在太空的自动化高级气象站，是空间、遥感、计算机、通信和控制等高技术相结合的产物。军用气象卫星按不同轨道分为太阳同步轨道气象卫星和地球同步轨道气象卫星，主要提供全球范围的战略地区和战场上的气象资料，包括气温、湿度、风、云、大气气溶胶、地表和海面温度等，具有观测范围广、次数多、时效快、保密性强、图像分辨率高以及不受自然条件和地域条件限制的特点。国外主要的气象卫星有美国国防部拥有的专用太阳同步轨道气象卫星系列“国防气象卫星计划”（DMSP）、俄罗斯的“流星”号气象卫星系列、欧洲的地球静止轨道气象卫星“气象卫星系列”（Meteosat）、日本的“静止气象卫星”（GMS）以及印度的多用途卫星“印度星”（Insat）等。

（5）拦截歼击卫星。

拦截歼击卫星是指用于攻击敌方卫星或其他航天器的人造卫星。拦截歼击卫星具有变轨能力，装备有跟踪识别装置和杀伤武器。根据攻击的不同方式，拦截歼击卫星分为武器载体型卫星、自爆摧毁型卫星和捕获型卫星。武器载体型卫星是指配置有导弹、火箭、激光武器、粒子束武器和微波武器等杀伤性武器，以损伤或摧毁目标卫星的卫星；自爆摧毁型卫星是指移动到目标卫星附近，利用自身爆炸产生的金属颗粒、碎片等摧毁目标卫星的卫星；捕获型卫星是指可以用捕获设备“捕获”目标卫星的卫星。拦截歼击卫星完成预定任务依赖于由远程预警雷达、精密测量雷达和光学观测设备组成的空间目标监视系统，用于探测跟踪卫星，确定和分析处理卫星的轨道以及质量、形状、功能和其他光学特征信息。目前世界上只有美国和俄罗斯有能力部署拦截歼击卫星。美国在 2007 年 3 月进行了“轨道快车”系统实验，一颗卫星利用机械臂将另一颗卫星拉回身边，展示了美国的“太空掳星”技术。

（二）发展现状与趋势

随着信息技术和航天技术的发展，外层空间成为军事竞争新的制高点，能否占领这个制高点不仅关系制信息权的优势，也关系整个战争的胜负。世界主要国家加大了对太空信息化作战装备的投入，太空信息化作战平台正在迎来大发展时期，呈现出新的发展趋势。

1. 各国纷纷组建太空军，太空争夺日趋激烈

2015 年 8 月，俄罗斯总统普京签署命令，俄罗斯空军和空天防御军合并，成立俄罗斯空天军，使俄罗斯有了统一的空天防御组织管理机构，为空天作战奠定组织基础。2017 年 6 月，特朗普签署命令，正式组建（其实是重建）国家太空委员会，恢复美国在太空的领导力；2018 年 6 月，特朗普又宣布美国将建立太空军，成为美国的第六支独立武装力量。各国太空部队的称谓不同，印度称为“空天一体空军”，韩国称为航空宇宙军，以色列仍称为空军，不论称谓如何，它们的任务与使命都是在大气层与太空一体化活动，负有制空制天使命，作为军种，是与陆、海军并列的战略军种。

2. 新平台的研制如火如荼，防御系统受重视

随着太空争夺的日益激烈，各国纷纷研制新的太空作战平台，美国秘密测试 X－37B 空天飞机，美国的 X－37B 空天飞机集航空器与航天器的优势于一身，升空后可迅速到达全球任何目标的上空，对敌国卫星和其他航天器采取控制、捕猎和摧毁等行动，甚至可以向地面目标发起攻击。2018 年 2 月，俄罗斯总统普京签署了开发下一代巨型火箭的命令。印度、日本等国加大了对空天技术的投入，印度计划于 2020 年实现载人登月。中国从维护自身安全出发，积极参与太空开发与利用，成功实现了载人航天飞行，正在积极筹建空间站。

为了防御来自空天的进攻，防御系统为各大国所重视。美国加紧推进导弹防御系统在全球范围的部署，在欧洲主要是在罗马尼亚和波兰等国部署反导系统，在亚洲主要是在韩国部署“萨德”，在中国台湾地区部署“铺路爪”大功率雷达，并与部署在日本的 X 波段雷达联网，将在日本部署“宙斯盾”系统（据说 2020 年 6 月被日本政府否决），同时加紧进行反导拦截试验。近两年，俄罗斯空

天军也加紧部署远程地对空反导系统 S－500，这一系统不仅可以抗击各类飞机，还可以拦截摧毁弹道导弹、巡航导弹、地球低轨道卫星和高超声速新式武器，反隐身探测能力大大增强，是真正实现空天一体防御的利器。

3. 卫星的生存能力将进一步提高

由于大部分太空系统以军用人造卫星为平台提供服务，因此，对敌方卫星的打击是太空作战的基本战术。目前，从地面或者空中发射导弹击毁敌方卫星的技术已经可以用于实战。美国早在 1985 年 9 月就用 F－15A 战斗机发射了一枚 ASM－135 反卫星导弹，在红外传感设备的引导下，以撞击的方式摧毁了靶星 P78－1;2008 年 2 月，美国军舰发射了一枚用于拦截中短程弹道导弹的标准－3 型导弹，再次以动能破坏的方式在距地面 240 千米的在轨高度击毁了美军 USA－193 侦察卫星。俄罗斯军方在 2016 年高调宣布进行新的反卫星武器试验，国际社会发现俄罗斯于 2015 年 3 月发射的宇宙－2504 卫星在发射后 4 个月内进行了 11 次变轨，认为这是一颗拦截卫星，正在进行反卫星试验。

摧毁卫星实验的成功和技术进步，使得人造卫星面临巨大威胁，推动各国不断提高卫星生存能力。一是变轨技术，卫星在战时利用星上发动机推力灵活的特点改变自己的轨道高度、倾角等关键参数，使敌方之前的测量结果失效，无法准确瞄准并击中自己；二是释放诱饵，卫星也可以像战斗机抛热焰弹作诱饵一样，释放出诱饵卫星和杀手卫星，使对方的反卫星武器偏离正确目标；三是轨道隐蔽措施，主要是将卫星部署在离地面数万千米的高轨道上，提高敌方的侦测难度；四是电磁隐蔽措施，主要是在轨道上运行时尽可能不发射或少发射无线电信号，降低被侦测的概率。除此之外，卫星还可以采用加固技术，采取形状隐蔽措施，装载威胁识别预警系统等，提高其生存能力。

第三节 综合电子信息系统

综合电子信息系统是现代战争的“力量倍增器”，是实施信息作战并打赢信息化条件下局部战争的必备手段。

一、综合电子信息系统的含义

综合电子信息系统又称为指挥信息系统，是以计算机网络为核心，由指挥控制、情报、通信、预警探测、信息对抗、综合保障等分系统组成，具有指挥控制、侦察情报、预警探测、通信、安全保密、信息对抗等功能的军事信息系统，在美国习惯上称为 C^4ISR 系统。目前，综合电子信息系统已发展为集指挥、控制、通信、计算机、摧毁、监视和侦察为一体的 C^4KISR 系统，是现代战争的神经中枢，可对作战信息进行实时的获取、传输、处理，能将所有信息数据库和数据汇集起来，达到信息共享、共用、共调，从而确保各军兵种与指挥部之间交换信息和数据，保障各级指挥机构对所属各部队和武器实施科学高效的指挥控制与管理。按照指挥层次，综合电子信息系统分为战略指挥控制系统、战役指挥控制系统和战术指挥控制系统；按照军兵种，这一系统又可分为陆军指挥控制系统、海军指挥控制系统、空军指挥控制系统和火箭军指挥控制系统。

二、综合电子信息系统的组成部分

综合电子信息系统是现代战争的神经中枢，主要包括指挥控制系统、情报侦察系统、预警探测系统、军事通信系统和综合保障系统等几个分系统。

（一）指挥控制系统

指挥控制系统是为实施作战指挥使用的信息处理、辅助决策和命令发布等的信息系统。它是以军事指挥体系为构建框架，以指挥人员为核心，以电子计算机等技术设备为物质保障，通过以计算机为核心的技术设备与指挥人员相结合，把指挥、控制、通信、情报和信息紧密联系在一起，对部队和武器实施指挥与控制的高效指挥系统，是各级指挥员和指挥机构对部队及武器平台实施指挥控制的重要手段，主要包括指挥所信息系统、作战单元指挥和武器平台控制系统、指挥信息网、数据链系统。

指挥所信息系统是指由首长指挥室、作战室、情报综合室、通信室、机要室、测绘室、气象室、后勤保障室、装备保障室、军务动员室、勤务保障室、文电收发室、安全管理室和软件管理室等指挥要素和网络设备、计算机硬件设备、应用软件与数据库设备、显示控制设备和安全保密设备等技术设备构成的，配置在各级各类指挥所内，完成作战指挥与保障业务处理的电子信息系统。

作战单元指挥和武器平台控制系统是用于武器平台控制或营以下作战分队及单兵指挥控制的信息系统，可分为携行式和嵌入式。携行式指挥控制系统主要由便携式手持终端及其应用软件和相应的计算机网络、通信传输系统组成，如美军的“陆地勇士”士兵系统是一种典型的携行式指挥控制系统。我国军队装备的高炮营指挥控制系统是一种嵌入式指挥控制系统。

指挥信息网是指挥人员及其指挥机关实施指挥所依托的具有收集、传输、存储、处理、显示等功能的军用信息网络。

数据链系统是以无线传输为主，按特定或统一的消息格式和通信协议，链接传感器、指挥控制系统和武器平台，可实时自动地传输、处理和分发战场态势、指挥引导、战术协同、武器控制等格式化数据的信息系统，其本质是一种高效传输、实时分发格式化消息的信息链路。

（二）情报侦察系统

情报侦察系统是指支持情报侦察指挥机构和情报人员实时收集、处理、存储、分发、传输各类情报的信息系统，其目的是实现军事情报信息的定向、收集、传递与处理的自动化、实时化和精确化，是指挥员获取战场环境、部队动态、打击效果等战场信息的重要物质基础。在现代信息化战场上，情报侦察系统遍布陆、海、空、天等战场的各个角落，世界各国大力发展和运用各种情报侦察手段获取情报信息，其经过处理后成为情报成果，满足国家安全、国家利益和军事斗争的需要。

情报侦察系统根据不同的分类标准可进行不同的分类，根据搭载平台的不同，可以分为地面侦察系统、海上及水下侦察系统、航空侦察系统和航天侦察系统。

1. 地面侦察系统

随着航天技术和航空技术的发展，空天侦察技术发展迅速，在现代作战中作用不断增强，但地面侦察仍然具有不可或缺的地位和作用。世界各国在采取重大军事行动时，都十分重视地面侦察获取的情报信息。地面侦察系统主要包括侦察车、侦察站和地面战场侦察传感系统等，利用电子信号侦收装置、战场监视雷达等技术侦察装备对敌军各种军事目标进行侦察、监听、记录、分析，并对目标进行精确测向和迅速定位，及时判明敌方具体兵力部署、阵地编成及主要军事设施的具体位置、数量和性质等。地面侦察系统主要用于战役战术侦察，不仅能够进一步充实战场指挥官所需的战役战术情报，而且还可以及时校正卫星和航空情报在分辨真假目标时产生的偏差。

2. 海上及水下侦察系统

海上及水下侦察系统主要以舰船、潜艇和其他海上交通工具作为平台，使用各种无线电侦察设备、雷达侦察机、预警探测雷达、声呐探测设备以及相应的情报处理设备，在海上进行情报获取、传输和处理等的侦察系统。海上及水下侦察系统主要有侦察船、舰载侦察系统和无人侦察艇等。在信息化战争中，各种先进的雷达系统、光学系统、无线电侦察系统、水声探测系统和相应的情报处理系统，以及无人潜航器和无人水面舰艇等新式装备，使海上及水下侦察平台的活动区域不断增大，可以远航持续抵近目标侦察，侦察能力、机动能力、抗干扰能力、情报传输及处理能力和生存能力都大幅提高，弥补了空中侦察和地面侦察的不足。

3. 航空侦察系统

航空侦察系统是指利用固定翼飞机、直升机、无人机和动力侦察飞机等，装载各种侦察传感器，从空中侦察各种有价值军事目标的侦察系统。航空侦察主要由侦察飞机完成，包括有人驾驶侦察机、无人驾驶侦察机和侦察直升机等，相对于地面侦察系统和海上及水下侦察系统具有飞行速度快、升限高的优势，搭载红外线照相、雷达、微波成像、电视摄像等机载侦察设备，主要执行战役、战术侦察任务，具有获取信息时效性强、准确度高、目标影像直观、侦察范围宽广、机动灵活等特点。

4. 航天侦察系统

航天侦察系统是随着航天技术、遥感技术等高技术的发展而发展起来的一种情报侦察系统，它以航天器为平台，携带侦察设备对地面和空中目标进行军事侦察。航天侦察系统多执行战役侦察和战术侦察任务，因为其获取情报具有时效性强的特点，现代战争对航天侦察的依赖性越来越强。

按平台是否载人，航天侦察可分为卫星侦察和载人航天侦察。目前，卫星是数量最多、应用最广泛的航天侦察系统，卫星侦察也是航天侦察和监视的主要方式。根据任务和侦察设备的不同，侦察卫星通常分为成像侦察卫星、信号情报侦察卫星、导弹预警卫星、海洋监测卫星、核爆炸探测卫星等，具有侦察面积大、范围广、速度快、效果好、可以定期或连续监视、不受国界和地理条件限制等优点。载人航天侦察通常以载人飞船、航天飞机、空间站等载人航天器为平台，搭载侦察设备，执行各种侦察任务。

（三）预警探测系统

预警探测系统是通过一系列传感、遥控探测手段，提早发现、定位、跟踪和识别带来军事安全威胁的陆、海、空、天目标，确认其具体威胁对象，监视其当前行动路线，预测其未来运动方向，发出警报信号，为防御或抗击来袭目标提供相应情报和反应时间保证的系统。在现代信息化战争中，预警探测系统的基本任务是在尽可能远的警戒距离外，尽可能早地准确探测来袭目标，判断真伪，测定有关参数和处理情报信息，并迅速报知军事情报指挥机构或传递给打击兵器，为国家决策机构和高级军事指挥部门提供决策支持的准确情报或为打击兵器提供准确的操控参数。预警探测系统由预警卫星、预警机、地面远程警戒雷达、弹道导弹预警雷达、空间探测与跟踪设备、无线电技术侦察和电子对抗设备等各种预警技术装备和预警通信系统及预警指挥控制中心组成。

预警探测系统是掌握战争主动权、避免被动挨打的重要手段和必备前提，是防备突然袭击的第一道防线，是国家防御体系的重要组成部分，世界各主要国家都非常重视陆、海、空、天结合的预警探测系统的建设。

1. 陆基预警探测系统

陆基预警探测系统是国土防空预警系统的重要组成部分，是弹道导弹防御系统的陆基中段防御系统，主要由各种地面固定或机动式雷达、电子侦察设备、光电探测设备等组成。因陆基预警探测系统安装在地面，对其重量和体积没有严格的要求，是远程、超远程预警的最佳选择。陆基预警探测系统的主要设备包括地面弹道导弹相控阵雷达、超视距雷达、监视雷达、战场传感器侦察系统等各种侦察设备，用于探测空中、地面、水上及水下目标。典型的陆基预警探测系统有美国的“铺路爪”相控阵雷达、苏联的“鸡笼”雷达预警系统等。“铺路爪”相控阵雷达是美国20世纪70年代为应对洲际导弹威胁而研制的远程预警系统，主要担负战略性防卫任务，采用双面阵天线，探测距离可达到5 000千米以上，至今仍是相当先进的战略预警雷达。

2. 海基预警探测系统

海基预警探测系统是将预警探测雷达、预警探测声呐等预警探测设备装载在海基平台上的预警探测系统，主要用来对付来自海上、水下和空中的威胁目标。海基预警探测系统主要由各种舰载雷达系统、声呐系统、电子侦察设备、水声侦察仪、潜望镜等观察设备以及红外线、微光、激光、电等光电侦测设备组成。海基预警探测系统具有前沿部署、公海作战、预警范围广、机动灵活等特点，主要用于拦截处于上升阶段的近、中程导弹。著名的海基预警探测系统如美国“宙斯盾”预警作战系统，它是世界上最先进的舰载防空和反导系统之一，采用四面阵舰载相控阵雷达，能实施全方位360度搜索，搜索距离达400千米；缺点是对低空掠海目标搜索能力稍低，搜索距离只有40千米。

3. 空基预警探测系统

空基预警探测系统是将预警侦察雷达等预警探测设备装载于固定翼飞机、直升机、无人机以及高空系留气球等空基平台上的预警探测系统，主要对低空和超低空飞行威胁目标做预警探测并拦截来自多方面的威胁。世界著名的空基预警探测系统如美国的E－3A“哨兵”预警机，主要机载设备包括雷达、敌我识别、数据处理、通信、导航与导引、数据显示与控制等系统，它是世界上最好的全天候远程大型预警机，具有指挥、控制、通信与情报功能，其机载雷达可探测高空、低空、地面及海上的各种活动目标。

4. 天基预警探测系统

天基预警探测系统是将预警探测雷达和红外线探测器等预警探测设备装载在卫星等天基平台上的预警探测系统，主要用于对战略弹道导弹和空间飞行器的预警探测。天基预警探测系统主要由装载于卫星的探测系统、地面信息处理系统和地面信息发布系统等组成。目前主要的天基预警探测系统是导弹预警卫星，载有红外线探测器、X射线探测器和电视摄像机等探测设备，可探测弹道导弹发射和飞行方向，并将探测数据通过卫星传送至地面进行处理。地面站对收到的数据进行处理后向受到威胁的部队发出预警。世界最为先进的天基预警探测系统是美国的“天际战略预警系统”和“天基红外系统”，其“天基红外系统”由高轨道卫星和低轨道卫星组成，号称既能对洲际导弹进行探测，也能对敌方的战术导弹进行探测，近地空间及大气层的任何异常红外信号都能被跟踪和探测。

（四）军事通信系统

军事通信系统简称通信系统，是指根据作战指挥和行动的需要，运用通信手段进行信息存储、传输、处理和管理的通信系统。军事通信系统按照应用范围可以分为战略通信系统、战役通信系统和战术通信系统，其主要装备有传输设备、交换设备、用户设备、保密设备、安全设备、供电设备和维护测试设备等，现代军事通信系统把指挥控制、情报侦察、预警探测等联结成一个有机的整体。

军事通信系统的构成要素包括通信枢纽、传输信道和用户终端三类。通信枢纽是汇接、调度通信线路和传递、交换信息的通信中心，是通信系统的基础，配有相应的通信人员和各种通信终端设备、线路设备、交换设备、监控设备、供电设备及其他通信工具，并在组织上、技术上构成一个有机整体。根据配置情况，通信枢纽分为固定通信枢纽和野战（移动）通信枢纽。安装在地面建筑物或坑道、永备工事内遂行通信任务的，为固定通信枢纽；安装在地面工事或各种车辆、飞机、舰船上，或以其他方式运载、携带，在野战条件下遂行通信任务的，为野战通信枢纽。根据通信保障任务的不同，通信枢纽分为指挥所通信枢纽、干线通信枢纽、辅助通信枢纽及大型台站、转信台等。传输信道是将各通信枢纽、通信节点及通信用户终端有机连接而形成的保障各种信息传递的网络，主要有短波通信、超短波通信、微波接力通信、长波通信、卫星通信、散射通信、流星余迹通信等无线电传输信道和光纤通信、电缆通信等有线传输信道。激光通信和毫米波通信也正朝军事传输信道方向发展。用户终端是指由通信用户直接操作使用，并为其提供通信业务的各类设备，主要包括接收语音、数据、文字、电报、传真、静态图像、活动视频等的终端设备。

（五）综合保障系统

综合保障系统是指在部队作战训练中，为指挥机构、作战部队和武器平台提供物资、装备、运输、工程保障能力和战场环境保障能力的军事信息系统，是实现“精确保障”的基础，是综合电子信息系统的重要组成部分。综合保障系统包括气象水文保障信息系统、测绘保障信息系统、卫星导航定位系统、后勤保障信息系统、装备保障信息系统以及防险救生、工程、防化保障信息系统和教育训练保障信息系统等，这里只介绍卫星导航定位系统。

卫星导航定位系统是以人造地球卫星为基准的无线电导航与定位系统，由空间部分、地面控制部分和用户装置三个部分构成，用户通过接收多颗卫星的导航信号，测量并计算出自己的三维位置、速度、时间等导航信息，实现定位、导航和授时等功能。目前，世界上使用的卫星导航定位系统有美国的GPS系统、俄罗斯的GLONASS系统、中国的“北斗”导航系统以及欧洲的“伽利略”系统。美国的GPS系统由24颗卫星组成，1994年成为覆盖全球98%地区的实时、全天候、全球性的导航定位系统。“北斗”导航系统是我国自行研制、自主运行的全球卫星导航系统，以为全球用户提供连续、稳定、可靠的服务为目标，2020年6月，我国成功发射北斗系统第55颗卫星，提前半年完成了北斗三号全球卫星导航系统的星座部署。2020年7月31日，习近平总书记宣布北斗三号全球卫星导航系统正式开通。“北斗”导航系统具有抗遮挡能力强、服务精度高的特点和实时导航、快速定位、精确授时、位置报告和短报文通信等功能，是为全球用户提供全天候、全天时、高精度的定位、导航和授时服务的国家重要空间基础设施。

三、综合电子信息系统的发展趋势

综合电子信息系统于20世纪70年代起源于美国，随后伴随着信息技术的发展，在新军事思想和作战理论指导下，在美国、俄罗斯等军事强国的实战检验中不断发展、完善。进入21世纪，世界各主要国家都把综合电子信息系统建设摆在重要位置，作为发展信息化武器装备体系的核心。从各国的实际情况看，综合电子信息系统的发展呈现出以下趋势：

一是继续大幅提升信息获取、处理和使用能力。在未来的信息化战争中，信息的获取、传输和处理能力将是决定战争胜负的重要因素。随着量子通信、激光卫星通信和计算机技术的发展，未来的综合电子信息系统将是一体化的情报监视侦察系统，能通过量子通信、激光卫星通信等先进技术手段迅速将陆、海、空、天等空间的传感器获取的情报信息传输到情报处理中心，经过具有大数据处理能力的智能化计算机快速处理后，立即向指挥员提供决策信息，并由认知计算机协助指挥员完成决策，再通过新一代数据链、太赫兹通信系统等把指挥员的决策信息传输到作战部队和武器平台，实现情报信息的实时传输、处理与使用，缩短情报信息的处理时间，加快作战进程。

二是加快系统一体化建设，实现各军兵种、各层级平台一体化无缝链接。未来的战争将是各军兵种协调的系统对系统、体系对体系的联合作战，故而快速、灵活、高效地组织协调各种作战力量，形成整体的优势就成为制胜的关键。而各军兵种、各级武器平台的高效协调只能依赖一体化的综合电子信息系统来实现，因此，统一规划、统一标准和统一管理，通过系统软件和硬件的标准化，解决各军兵种、各武器平台之间系统的兼容性问题，加快综合电子信息系统一体化建设，是当前综合电子信息系统发展的趋势之一。

三是提高生存能力。由于军事指挥信息系统在现代作战中发挥着中枢神经的作用，已不可避免地成为各种软杀伤和硬摧毁的首选目标。随着信息化装备的发展和大量使用，军队对综合电子信息系统的依赖越来越大，在战争中，一旦综合电子信息系统的关键节点被干扰或破坏，后果将不堪设想，因此各国在加强进攻型信息化武器的同时，也在想方设法采用多种先进技术来提高军事指挥信息系统在雷达、通信、计算机网络和情报密码等方面的综合对抗能力，以免遭敌方的侵扰和破坏。

第四节　信息化杀伤武器

信息化杀伤武器是技术复杂、杀伤力巨大的武器系统，是当前武器装备发展的高级装备形态，一般具有杀伤作用特别巨大、毁伤范围大的特点。

一、精确制导武器及其发展趋势

（一）精确制导武器概述

精确制导武器是指采用高精度探测、控制及制导技术，可以有效地从复杂背景中探测、识别并跟踪目标，能够选择攻击对象并高精度命中，最终摧毁目标的武器装备。精确是相对的概念，一般认为，制导武器装备对射程内的坦克、装甲车、飞机、舰艇、桥梁、雷达和建筑等点目标的命中概率高于50%才可称为精确制导武器。精确制导武器主要分为精确制导导弹和精确制导弹药两大类。精确制导导弹是依靠自身的动力装置推进并由精确制导系统探测、导引，控制其命中目标的武器装备，是精确制导武器中类别最多、使用量最大的一种现代化武器。精确制导弹药根据不同的作用原理可分为末制导弹药和末敏弹药。末制导弹药是指装有寻的制导装置的弹药，如制导炮弹、制导炸药、制导地雷等；末敏弹药是指装有敏感器的弹药。因为末敏弹药自身无动力装置，须借助大炮、飞机投放，敏感器不能控制弹药的飞行弹道，本不属于制导武器，但因为敏感器能在飞行末段通过与战斗部的巧妙结合，达到较高的命中精度，习惯上也被归入精确制导武器中。

（二）主要精确制导武器

随着科学技术的进步，精确制导武器种类越来越多，主要包括巡航导弹、战略弹道导弹、地对地战役战术导弹、防空导弹、空对空导弹、反坦克导弹、反舰导弹等。

1. 巡航导弹

巡航导弹是指依靠喷气发动机的推力和弹翼的气动升力，主要以巡航状态在稠密大气层内飞行的导弹。巡航状态是指导弹在火箭助推器加速后，主发动机的推力与阻力平衡，弹翼的升力与重力平衡，导弹以近于恒速、等高度的状态飞行。巡航导弹可从地面、空中、海上和水下发射，由助推器推动导弹起飞，随后助推器脱落，主发动机（巡航发动机）启动，以巡航速度进行水平飞行。当接近目标区域时，由制导系统导引导弹，俯冲攻击目标。其飞行弹道通常包括起飞爬升段、巡航段和俯冲段，主要用于打击陆上、海上的固定或活动目标，是实施中、远程打击的重要武器。目前，世界上装备了巡航导弹的国家只有美国、俄罗斯和中国，有些国家如英国、法国和印度等正在研制中。

世界著名的巡航导弹是美国的“战斧式”巡航导弹。“战斧式”巡航导弹自20世纪70年代开始研制，80年代装备部队。“战斧式”巡航导弹是系列导弹，不同型号的“战斧式”巡航导弹的外形尺寸、重量、助推器和发射平台基本相同，主要区别在于弹头、发动机和制导系统。该巡航导弹飞行速度快，采用惯性制导加地形匹配或卫星全球定位修正制导，可自动调整高度和速度进行高速攻击，导弹表层还有吸收雷达波的涂层，具有隐身飞行性能，是一种从敌防御火力圈外投射的纵深打击武器，能够从陆地、空中、水上和水下发射，攻击舰船或陆上目标，主要用于对严密设防区域的目标实施精确打击，是美国最主要的巡航导弹和远程打击力量之一。

近20年来，中国的巡航导弹技术取得了长足的进步，目前装备部队的“东风”-21D是著名的“航母杀手”；长剑-10陆基巡航导弹具有超低空突防、多模式复合制导、多角度连续攻击能力，能够精确打击有价值的地面目标。

现代巡航导弹的主要特点是：体积小，重量轻，便于隐蔽和机动发射；雷达波有效反射面小，可低空机动飞行，突防能力强；命中精度高，毁伤能力强；发射方式灵活，是一种比较理想的多用途进攻性武器。未来巡航导弹的发展趋势是：使用高性能和高推重比的发动机，进一步增加射程；发展超音速和高超音速巡航导弹，提高突防能力和快速打击能力；选择性能好的结构材料和吸收材料，以减轻导弹的重量，减小雷达波有效反射面，进一步提高导弹隐身性能和突防能力；采用新的制导技术，提高命中精度；采用新的计算机算法和通信链路，缩短任务规划时间，具有重新选择攻击目标的能力。

2. 战略弹道导弹

战略弹道导弹是指由火箭发动机推送到一定高度并取得一定速度及弹道倾角

后，发动机关闭，弹头沿着预定弹道飞向目标，飞行轨迹大部分为自由抛物体轨迹，射程较远的导弹，一般超过3 000千米，洲际导弹射程可达10 000千米以上。按照发射点和目标位置的不同，战略弹道导弹可以分为地对地战略弹道导弹、潜（舰）对地战略弹道导弹和空对地战略弹道导弹等。

战略弹道导弹与战术弹道导弹的主要区别在于：第一，攻击目标不同。战略弹道导弹攻击战略目标，如敌方大型城市、大型军事基地以及政治、经济、文化中心等，战术弹道导弹主要攻击战术目标，如战场上的敌方指挥所、前线机场以及人员和物资集结地等；第二，射程不同。战略弹道导弹射程较远，一般在3 000千米或以上，涵盖所有类型的中程、远程以及洲际弹道导弹，部分飞行过程突破大气层，战术弹道导弹射程一般在1 000千米内，全程在大气层内飞行。第三，装备的弹头不同。战略弹道导弹以使用核弹头为主，发挥战略威慑作用，战术弹道导弹通常装备常规弹头或者核生化弹头，发挥战术摧毁作用。

目前，世界上战略弹道导弹技术最强的国家是美国、俄罗斯和中国。美国的“民兵3”、“和平卫士”（地对地）、“三叉戟”（潜对地），俄罗斯的“白杨”，中国的东风－31（地对地）、“巨浪－2”（潜对地）导弹等是世界典型的战略弹道导弹。“民兵3”研制于20世纪60年代，弹长18.26米，弹径1.67～1.88米，重约34.5吨，采用固体燃料，三级推进，射程可达13 000千米，1970年正式服役，目前为美国现役的主要陆基战略弹道导弹。

目前，各国战略弹道导弹具有体积大、运输困难、机动性差等问题，未来，战略弹道导弹的发展趋势是：简化发射装置和设备，提高机动性；采用新的制导方式，提高命中精度；发展高性能分导弹头，提高摧毁能力；研制机动、小型的单弹头战略弹道导弹，提高可靠性等。

3. 地对地战役战术导弹

地对地战役战术导弹是指从地面发射，携带核弹头或常规弹头，用于攻击敌战役战术纵深内重要目标的导弹。地对地战役战术导弹尺寸小、质量轻、机动性好、射程近，通常在1 000千米以内，可用汽车、火车、飞机、舰船运输，可以陆地固定阵地或机动发射，也可用于直接支援地面部队作战，是地面部队的重要武器。典型的地对地战役战术导弹有俄罗斯的“伊斯坎德尔”导弹和中国的“东风”系列导弹等。

“伊斯坎德尔”导弹诞生于冷战结束后，俄罗斯为应对来自美国和北约的压力，支持原来“奥卡”导弹的科研团队复活“奥卡”导弹，到2005年，“伊斯坎德尔”导弹开始在俄罗斯陆军中装备。“伊斯坎德尔”导弹采用惯性制导、卫星导航加景象匹配制导等多种制导方式，具有命中精度高、毁伤能力强、突防性能好、使用条件低、反应速度快的特点，出口型射程为280千米，自用型射程为

480 千米。采用单独惯性制导时，在 280 千米射程上的命中精度 CEP 为 30 米；采用惯性制导加景象匹配制导时，命中精度 CEP 为 2 米。

目前世界上能够研制地对地战役战术导弹的国家较多，一些国家开始研制反地对地战役战术导弹的武器，但地对地战役战术导弹仍然是大多数国家陆军的重要装备，甚至是“杀手锏”。未来，地对地战役战术导弹的发展趋势是：第一，采用多重手段，提高命中精度和突防能力。命中精度和突防能力是各种类型导弹作战效果的关键，各国都在努力提高导弹的命中精度。俄罗斯 SS－21 导弹已经研制了 3 种型号，即原型、改型和最新型号，这 3 种型号导弹的射程一个比一个远，但精度却一个比一个更高。最新型号 SS－21 导弹的射程已达 185 千米，命中精度 CEP 则小于 30 米。另外，随着各国开始研制反地对地战役战术导弹的武器，未来地对地战役战术导弹被拦截的概率大为增加，提高地对地战役战术导弹的突防能力成为各国改进和发展地对地战役战术导弹的重点。第二，缩短反应时间，提高机动能力和隐蔽性。机动、隐蔽的发射方式是地对地战役战术导弹生存能力的关键。海湾战争中，在多国部队空中地毯式的轰炸下，伊拉克固定的和预先准备的“飞毛腿”导弹阵地很快就被全部摧毁。而隐蔽、机动发射的“飞毛腿”导弹及其发射系统大部分都保留了下来，这也说明缩短反应时间、提高机动能力和隐蔽性的重要性。第三，发展多种战斗部，提高作战能力。从目前世界各国地对地战役战术导弹的发展情况看，战术导弹战斗部的发展重点将是子母弹战斗部，其中包括双用途子母弹战斗部、反装甲车辆战斗部和反坦克布雷战斗部等，实现一弹多用。如美国计划为“陆军战术导弹”配用的 5 种战斗部，即反装甲型、反硬目标型、反跑道型、布雷型和美军装备的双用途型几乎都是子母弹型战斗部。第四，与现代通信手段结合，提高作战效果。

4. 防空导弹

防空导弹是指由地面、舰船或潜艇发射，利用精确制导技术，对来袭敌机和导弹等空中目标实施拦截的导弹。因为防空导弹拦截的目标速度高、机动性大，因而防空导弹多为轴对称布局的有翼导弹，多采用固体火箭发动机，也有采用液体火箭发动机、冲压式空气喷气发动机和火箭冲压发动机的。防空导弹型号众多，全世界共有 120 多种，装备部队的有 90 多种，著名的有美国的“爱国者”导弹，俄罗斯的“S－300”“S－400”防空导弹，以及中国的“红旗”系列导弹。

俄罗斯“S－400”防空导弹是“S－300”防空导弹的全新升级版本，可用于从超低空到高空、从近距离到超远程的全空域对抗密集多目标空袭，可对付侦察机、战略战术飞机、战术导弹、中程弹道导弹、超音速目标、巡逻机等各种目标，并针对第五代战斗机和复杂的干扰与对抗环境进行了特别优化，据说能够探测隐形飞机，可以发射不同类型的导弹，远、中、近程都可兼顾，最大射程达400千米，是俄罗斯陆基移动式中远程防空导弹系统，属俄罗斯防空军第四代地对空导弹系统。其特点是采用先进的相控阵雷达，抗干扰能力强，探测和跟踪距离远，能同时完成搜索跟踪目标、制导导弹、反电子干扰等任务，可同时制导多枚导弹，攻击多个目标，尤其适合在强烈的电子干扰环境下作战。

今天，因为精确打击、防区外发射、隐身与饱和袭击已经成为现代空袭的主要作战方式，防空武器面临多层次、多目标、隐身与反隐身、干扰与反干扰、真假目标混合饱和攻击的考验，相应地，防空导弹的发展趋势就必然是具有反隐身、抗干扰、实现精确打击、高速度、高过载、快速响应、机动灵活、网络化的特点，能够多通道自主对付多个目标。同时，随着激光武器等定向能武器投入实战，防空导弹将只是反空袭的武器之一，发展激光武器等定向能武器将是防空武器发展的重要方向。

5. 空对空导弹

空对空导弹是指从飞行器等空中平台上发射，用于攻击空中目标的导弹，其结构一般由制导装置、战斗部、引信、动力装置、弹体与弹翼等组成，与机载火力控制、发射装置等构成空对空导弹武器系统。空对空导弹一般采用红外制导、雷达制导和复合制导等方式，战斗部一般装有高能常规炸药，能直接毁伤目标，其引信多为红外线、无线电和激光等近炸引信，多数导弹还同时装有触发引信，动力多为固体燃料火箭发动机，现在也有些新型空对空导弹采用冲压喷气发动机，机动性更好。空对空导弹与地对地导弹和地空导弹相比，具有尺寸小、重量轻、反应快、机动性好、使用灵活方便等优势，与航空机关炮相比具有射程远、命中精度高、威力大等优点。按照战斗任务的不同，空对空导弹可以分为格斗型和拦射型。一般采用红外线寻的制导，射程在30千米以内的，以攻击目视距离内的目标为主，发射后可以不管的导弹，为近距格斗导弹；射程在30千米以上至400千米左右的被称为中远程拦截导弹，一般采用半主动雷达寻的制导，具有下视、下射能力，能攻击超低空飞行的飞机和巡航导弹，可全高度、全方向、全天候作战。比较典型的空对空导弹有美国的AIM－120D中程空对空导弹、俄罗斯的A－11远程攻击导弹和中国的“霹雳”系列空对空导弹。

AIM－120D导弹是美国AIM－120中距离空对空导弹的最新改进型。AIM－120采用固态燃料火箭发动机，装有高爆破片式定向弹头，分为A、B、C、D四个型号，AIM－120D型经过改进，射程增加50%，抗干扰能力、导弹的精度、杀伤力和生存能力都得到提高。美国于2015年开始部署，可装备于F－14D、F－15、F－16、F/A－18C以及F－22、F－35等机型，是美国第四代空对空导弹。

从空对空导弹的发展历程以及目前形势看，空对空导弹仍然是当前和未来空战的主要武器，先进的飞机若没有配套的空对空导弹，也不可能夺取制空权。从作战需求和技术进步来看，空对空导弹的未来发展趋势主要是：第一，射程更远。空中格斗时，超过对手射程的空对空导弹能取得相对的优势。第二，攻击包线更大。未来的空对空导弹将实现“全向发射”，不仅可以向后发射，攻击后方目标，也可以向前发射，从载机上部飞过，攻击方目标。第三，抗干扰能力不断提高，空战中干扰与反干扰的对抗使空对空导弹的抗干扰能力不断增强。第四，机动能力更强。推力矢量技术和雷达火控技术的发展与应用，提高了导弹的机动能力。

6. 反坦克导弹

反坦克导弹是专门用于击毁坦克和其他装甲目标的导弹，一般由战斗部、动力装置、弹上制导装置和弹体组成。反坦克导弹经过半个多世纪的发展，已成为世界各国对付坦克的最有效手段，在海湾战争中，伊拉克的 3 700 多辆坦克中，被多国部队用各种反坦克导弹和精确制导炸弹击毁的达 3 000 辆。目前正在服役的反坦克导弹属于第二代和第三代，不仅可以击毁坦克，还可以打击防空阵地、地面指挥所和防御工事等坚固目标，现役著名的反坦克导弹有美国的“陶 -2B”和“标枪”、俄罗斯的“短号”系列、德国的 PARS 3 LR 导弹以及中国的“红箭”系列，第四代反坦克导弹正在研制中。

PARS 3 LR 导弹也被称为“崔格特”远程反坦克导弹，是德军“虎”式直升机配备的主要武器，长 1.6 米，重 49 千克，采用被动式红外导引头，可携带一个聚能装药串联战斗部，其最大射程为 7 千米。其武器系统可在 10 秒之内齐射 4 枚导弹，具有直接攻击和末端俯冲攻击两种攻击方式，是一款装备于直升机上的“发射后不管”导弹。该导弹不仅可以用于摧毁坦克、装甲车辆、直升机，还可以攻击掩体和指挥所。

在现代战争中，坦克和装甲车仍然是陆军的核心突击装备，随着信息技术、新材料技术的发展，坦克多采用模块化复合装甲，性能不断提高，推动反坦克导弹技术不断发展，展现出新的趋势：第一，采用新的制导技术，提高抗干扰能力；第二，采用新的攻击方式，提高反坦克的破甲能力；第三，采用新型、多功能战斗部，提高杀伤力和“一弹多用”能力；第四，装备高性能发动机，提高速度，增大射程；第五，发展新型动能反坦克导弹。

7. 反舰导弹

反舰导弹是指从空中、海上、水下及陆基平台上发射，攻击水面舰船的导弹，由弹头段、导引段和推进段组成，一般以固体火箭发动机为动力装置，采用半穿甲爆破型战斗部，以自主式制导、自控飞行，进入目标区域后，导引头自动搜索、捕捉和攻击目标。按照发射平台的不同，反舰导弹分为飞行器上发射的空射型、地面发射的陆射型、水面舰船发射的舰射型和潜艇发射的潜射型。典型的反舰导弹有美国的“战斧式”空对舰巡航导弹、“鱼叉”舰对舰反舰导弹，俄罗斯的“日炙”超音速反舰导弹，中国的“鹰击”系列反舰导弹。

美国“鱼叉”反舰导弹于1979年装备部队，采用涡轮发动机推进，由主动雷达制导，从前至后分为导引段、战斗部、推进段和尾舱，能在各种气候条件下搜索远方海上小型目标，具备优秀的电子反对抗能力，是美国海空军现役最主要的反舰武器。“鱼叉”导弹可以由飞机、各类水面军舰以及潜艇发射，分别称为空射型、舰射型和潜射型，基本结构相同。“鱼叉”反舰导弹不仅被美国海军使用，还被30多个美国盟国大量装备，是西方国家最普遍的反舰导弹，现在已经研制出远程对地打击的型号。

舰载雷达、反弹道导弹、干扰器以及舰载近防武器系统的发展和投入使用，推动反舰导弹的发展呈现新的趋势：第一，降低飞行高度，掠海飞行。降低反舰导弹终端制导的飞行高度，可以有效降低接近目标时被雷达察觉的可能，提高突防能力。第二，提高抗干扰能力。电子干扰设备的装备和使用，迫使反舰导弹提高抗干扰能力和稳定性。第三，提高航速，增加射程。提高航速，缩短目标舰艇反应时间，可以有效避免反制武器的干扰和攻击，提高作战效果。增加射程则使导弹具备攻击更远距离目标的能力，可能实现二次寻找目标。

二、核生化武器及其发展趋势

（一）核武器

1. 核武器概述

核武器是指包括氢弹、原子弹、中子弹、三相弹、反物质弹等在内的，利用原子核裂变或聚变反应，瞬时释放巨大能量而产生爆炸，具有大规模毁伤破坏效应的武器。因为一般类型的化学武器爆炸时释放的能量来自化合物的分解反应，这些化合物里的碳、氢、氧、氮等的原子核都没有变化，只是原子之间的组合状态发生了变化，而核裂变或者核聚变则是参与反应的原子核都发生了变化，转变为其他原子核，从而原子也发生了变化。换句话说，核武器的能量来源实际上是原子核的反应与转变，所以，这类武器被称为核武器。

核武器的威力即核武器爆炸时释放的总能量，其大小常用释放相同能量的TNT炸药量来表示，即核武器爆炸释放的总能量相当于多少吨TNT炸药爆炸释放的能量，称为TNT当量。核武器按照爆炸威力可以分为百吨级、千吨级、万吨级、十万吨级、百万吨级和千万吨级。苏联曾试爆炸过5 000万吨当量的氢弹。

按照用途，核武器可以分为战略核武器和战术核武器。战略核武器是指用于执行战略任务，打击敌方战略目标或保卫己方战略要地的核武器，作战距离可超过一万千米，爆炸威力较大，多数达到或超过数十万吨当量，甚至达到上千万吨当量，包括陆基、核潜艇发射的弹道导弹、远程飞行运载导弹和巡航导弹等。战术核武器是指主要用于直接支援陆海空战场作战，打击敌方战役战术纵深内重要目标的核武器，一般当量较小，射程较近，技术复杂程度却超过战略核武器。战术核武器主要包括核大炮、核地雷、核鱼雷、核水雷以及地面、海上和空中发射的中短程弹道导弹、巡航导弹和核航弹等。

核武器有广义核武器和狭义核武器之分。狭义核武器是指由核战斗部与制导、突防等装置装入弹头壳体组成的核弹，其主体是核爆炸装置，简称核装置。广义核武器是指除了核爆炸装置外，还包括投掷或发射系统在内的具有作战能力的核武器系统。

2. 核武器的杀伤破坏作用

核武器爆炸的方式，按照爆炸位置的不同，分为空中爆炸、地面爆炸、地下爆炸、水上爆炸和水下爆炸等几种，不同的爆炸方式产生的破坏作用不尽相同。核反应过程非常快，在微秒级的时间内即可完成，瞬间释放巨大的能量，因此，在核武器爆炸的一定范围内会形成极高的温度，加热并压缩周围的空气，使之急速膨胀，产生高压冲击波。同时，核反应还会产生各种射线和放射性物质碎片，向外辐射的强脉冲射线与周围物质相互作用，造成电流的增长与消失，又会产生电子脉冲。当核武器在空中和地面爆炸时，还会形成巨大的火球，发出很强的光辐射。核反应这些不同于化学炸药爆炸的特征，使核武器具备特有的强冲击波、光辐射、早期核辐射、放射性沾染和核电磁脉冲等杀伤破坏作用。

（1）强冲击波。

强冲击波是指核爆炸时，爆炸中心压力和温度急剧升高，形成的高温高压气团以极高的速度向外膨胀，猛烈压缩和推动周围的介质（空气等）所产生的高压脉冲波。强冲击波以超音速的速度从爆炸中心向周围冲击，对人员和物体造成巨大的破坏。这种破坏可以分为直接杀伤和间接杀伤两类。直接杀伤主要是冲击波直接作用于人体，高出正常大气压数倍的冲击波可造成冲击伤，可导致全身多个器官损伤，高速气流形成的动压也可使人跌倒受伤，甚至肢体断离。冲击波直接作用于物体可造成建筑等物体的破坏甚至倒塌。间接杀伤是指被冲击波破坏的物体或抛射的物体对人或其他物体造成的伤害，如建筑物的倒塌使人体受到伤害等。所以，当遇到核袭击时，应就近选择低洼处卧倒，避免躲到建筑物后，以免受到间接伤害。

（2）光辐射。

光辐射是指以电磁波形式或粒子（光子）形式传播的能量及其传播过程。核武器爆炸时带来的光辐射是核武器的重要毁伤方式。核爆炸的光辐射虽只有短短数秒，但暴露于光辐射下的物体吸收热量后温度迅速升高，以致燃烧或熔化。核爆炸的光辐射对人体的伤害主要是烧伤，人体的裸露部位会因为直接的光辐射而引起烧伤，强光可把人的眼底烧伤，使人暂时失明甚至致盲。光辐射也会带来间接伤害，如因为其他物品燃烧而导致间接烧伤，人员吸入核爆炸产生的高温气流、热烟尘或热蒸气等会造成呼吸道灼伤。

（3）早期核辐射。

早期核辐射也叫贯穿辐射，是指核爆炸在最初的十几秒钟辐射出来的人眼看不见的伽马射线和中子流对生物体、电子器件和其他物体的杀伤破坏作用及其效果，是核爆炸的主要毁伤因素之一，也是核爆炸特有的杀伤破坏作用。早期核辐射以接近光速的速度呈直线传播，能穿透人体和物体，也能穿透数千米的大气层，主要对生物体和电子器件造成毁伤。当射线照射到人体，杀死细胞达到一定程度时，人员就会得放射病。

（4）放射性沾染。

放射性沾染指核爆炸产生的放射性物质所造成的沾染，是出现较晚而起作用时间较长的一种杀伤因素。在核爆炸时，来不及发生反应的核材料和反应生成的放射性物质，都会附在尘埃上慢慢沉降，在爆炸区附近地面上造成放射性沾染。这种沾染作用时间较长，严重地区可持续数周甚至数月。它通过体外照射、体内照射和皮肤灼伤等途径直接或间接对人员和生物造成危害，像早期核辐射一样引起放射病，并且较难治愈。

（5）核电磁脉冲。

核电磁脉冲是核爆炸瞬间产生的一种强电磁波，其毁伤半径随爆炸高度升高而增大，具有幅度大、作用时间短、频谱宽和范围广的特点。百万吨当量的核弹在数百千米的高空爆炸，核电磁脉冲造成的危害半径可达数千千米，使计算机内储存的信息消除、自动控制系统失灵、无线通信器和家用电器受到干扰和破坏，但其他杀伤破坏作用范围不大，对人员的杀伤作用也相对较小。当核武器在大气层外高空爆炸时，因为缺乏空气，不能产生冲击波，也不能形成热辐射，放射性碎片也随距离而减弱，电磁脉冲几乎成了唯一的核爆炸毁伤方式。

3. 世界主要拥有核武器的国家及核武器发展趋势

核武器是人类有史以来发明的威力最强大的武器，赋予拥有核武器的国家巨大的战争潜力和显赫的国际地位。目前，世界上拥有核武器的国家包括美国、俄罗斯、英国、法国、中国、印度、巴基斯坦、以色列、伊朗、日本和朝鲜。其中美国、俄罗斯、英国、法国和中国是世界公认的拥有核武器的国家。以色列虽未公开进行核爆试验，但它与印度、巴基斯坦被国际社会公认为拥有核武器的国家，属于事实上拥有核武器的国家。朝鲜已经进行了数次核爆试验，其核武器正在朝小型化方向发展，一步步实现实战能力。伊朗也在积极进行核武器试验，它和朝鲜是积极谋求拥有核武器的“核门槛”国家。另外，日本虽未进行过核武器爆炸试验，但因为拥有大量核电站，并拥有大量的铀，已经完全掌握了核武器技术，拥有核武器只是时间问题，被称为准核国家。除此之外，哈萨克斯坦作为苏联解体后的拥有核武器的大国，因为深受核武器之害，独立后主动放弃核武器，关闭了苏联建立的核试验设施。白俄罗斯和乌克兰在美国的压力之下，签署条约，销毁了核武器。南非也为了和平，放弃了核武器或核武器发展计划。哈萨克斯坦、白俄罗斯、乌克兰和南非属于曾经拥有核武器的国家。

自核武器诞生以来，人类战争就进入了一个新的时代，一个以核武器为基础的时代。历经近 80 年的发展，核技术不断进步，核武器的发展也出现一些新的趋势：第一，核武器的低威力化、实战化。核武器的巨大威力使得国际社会其使用设置了诸多的限制，提高了使用门槛，核武器的作用更多地用于威慑，而非实战；一些核大国不满足于核武器的威慑作用，力图降低核武器的毁伤威力，从而降低核武器的使用门槛，实现实战化、实用化。第二，拥有核武器的国家缩小核武器规模，提高质量。目前，随着核武器的威力不断增大，世界各国的核武器可以把地球摧毁数百次至上千次，这不仅使核武器的维护、保养成本高昂，也无用武之地，所以，一些拥有核武器的国家开始逐渐缩小核武器规模，同时提高核武器质量，减少数量的同时，保持同等规模的威慑和毁伤能力。第三，发展微型化、多样化的核武器。随着科学技术的发展，通过设计和调整核装置的性能，研制出增强或者削弱其中某些杀伤破坏因素的核武器，如增大高能中子辐射的中子弹以及将剩余放射性减到最少，突出冲击波、光辐射的热核武器等。第四，提高核武器命中精度和突防能力。随着侦察探测技术的发展，一些国家在寻求有效防御核袭击的技术和手段，也推动各有核国家发展和改进运载技术，部署多种发射平台，使核武器朝着命中精度更高、突防能力更强、反应能力更快的方向发展。

为了打破核大国的核垄断和核讹诈，防止核战争，中国在 20 世纪 50 年代开始研制核武器，并在 1964 年 10 月成功试爆了第一颗原子弹。中国政府多次发出声明：在任何时候、任何情况下，中国都不会首先对其他国家使用核武器。

苏联解体后，1992 年，美国进行了最后一次核武器试验，与俄罗斯及北约国家谈判，达成《开放天空条约》，签署国之间可以在彼此领土上进行非武装空中侦察，目的是增强军事透明度，减少误判。2001 年 5 月，俄罗斯批准了这一条约。2002 年 1 月，条约生效。但据美联社消息，2020 年 5 月 21 日，美国以俄罗斯破坏条约为由，向国际合作伙伴宣布退出《开放天空条约》，并宣布重启核武器试验。国际社会普遍担忧美国重启核武器试验可能会导致新一轮的核军备竞赛，对世界和平与稳定带来极大危害。

（二）生物武器

1. 生物武器概述

生物武器是以生物战剂杀伤有生力量和破坏动植物生长的各种武器、器材的总称，属于大规模杀伤性武器。由于早期生物武器多以病菌为战剂，以小动物如老鼠、蚊子、苍蝇、跳蚤等为施放载体，所以又称为“细菌武器”。

生物武器的制造和使用比化学武器更为方便，只需少量菌种，在特制的容器里培养，规模不大的实验室即可生产足够军事用途的生物武器；而且生物武器保存简单，只需将少量菌种冷藏，必要时即可在短时间内生产出大量生物武器，因此受到各主要国家的重视。为了降低或消除生物武器对人类带来的巨大威胁，1972 年 4 月，国际上签订了《禁止细菌（生物）及毒素武器的发展、生产及储存以及销毁这类武器的公约》，但一些国家始终没有停止生物战剂的研制和生物武器的制造。

2. 生物战剂及其分类

生物战剂是军事行动中用来杀死人、牲畜和破坏农作物等的致命微生物、细菌毒素及其他活性物质的统称，是构成生物武器杀伤威力的决定因素，具有可致病性或高传染性、高毒性、可致高失能或高死亡、无有效预防制剂或特异性治疗方法、在外环境中稳定、不易检测、容易生产和储存等特点。据报道，目前可以作为生物战剂的致命微生物有 160 多种，但能引起疾病和传染的却为数不多。

生物战剂按照不同的分类方法，可分为不同的类别。按照生物学划分，可分为细菌类，包括鼠疫杆菌、霍乱弧菌、炭疽杆菌、土拉杆菌、野兔热杆菌、布氏杆菌、伤寒沙门氏菌等；立克次体类，包括普氏立克次体、Q 热立克次体、恙虫热立克次体；衣原体类，主要有鸟疫衣原体；病毒类，包括黄热病毒、委内瑞拉马脑炎病毒、天花病毒、非洲猪瘟病毒、禽流感病毒等；真菌类，包括粗球孢子菌、荚膜组织胞浆菌等；毒素类，包括肉毒杆菌毒素、葡萄球菌肠毒素、河豚毒素等；植物致病菌类，包括稻瘟病菌、禾柄锈菌等。按照生物战剂对人的危害程度，可分为致死性战剂和失能性战剂。致死性战剂的病死率在 10% 以上，甚至达 50% ~90% ，炭疽杆菌、霍乱弧菌、野兔热杆菌、伤寒杆菌、天花病毒、黄热病毒、东方马脑炎病毒、西方马脑炎病毒、斑疹伤寒立克次体、肉毒杆菌毒素等都属于致死性战剂；病死率在 10% 以下，使人暂时失去战斗能力的生物战剂为失能性战剂，如布鲁氏杆菌、Q 热立克次体、委内瑞拉马脑炎病毒等。

3. 生物战剂的投放及伤害作用

生物战剂主要通过飞机、军舰或其他运载工具直接喷洒固体或液体生物战剂微粒，在空气中形成生物战剂气溶胶；或用火炮、飞机、火箭投掷生物战剂弹以及派特种部队用生物战剂污染水源、食物或公共场所，也可散布或遗弃带战剂媒介如昆虫等动物、其他物品、传染病死者遗体等。生物战剂投放后，以经过呼吸道吸入为主，也可通过昆虫叮咬、误食等方式侵入人体，或经伤口、破损皮肤进入人体，在组织、器官或血液中大量繁殖，产生多种毒素，克服人体防御机能，不断扩散，破坏人体细胞、组织、器官及生理平衡，引起正常功能障碍，甚至导致人员患病乃至死亡。

4. 生物武器的发展趋势

生物武器具有生产易、费用低、施放突然、不易发现、杀伤面广、杀伤途径多、扩散快、危害时间长的优势，但也具有不易长期储存、施放存活率低、受自然因素影响大的弱点，一些国家对生物武器的重视和持续投入，特别是基因技术的进步，使生物武器的发展出现新的趋势：第一，研制生物—化学战剂。随着生物化学和有机合成化学等技术的发展，从蛇、蝎、蜘蛛等的毒液中提取或人工合成的生物毒素和毒性生物多肽可能成为未来重要的生物战剂。第二，多种生物战剂混合使用。研究表明，两种以上的生物战剂或生物战剂与化学武器混合施放，可使人畜发病快、病情重、死亡快、死亡率高，且不易诊断。第三，改进或采用新式运载工具及投放设施。随着新材料和电子技术的发展，生物战剂的施放工具也在不断改进，或采用隐身飞机、隐身导弹等运载工具，具有更强的隐蔽性。第四，研制新型基因武器。随着遗传工程、发酵工程、酶工程和细胞工程等生物工程技术的发展，生物武器研究进入一个新的阶段，即基因武器阶段。利用基因重组技术，将一种生物细胞中的基因，在体外分离、剪切、组合后，拼接到另一种生物细胞中，就可使致病微生物的遗传基因转入宿主细胞中。再经过复制，就可以培养出新的杀伤危害极大的生物战剂，并制作成生物武器。例如艾滋病病毒传播途径有限，尚且在世界范围内有如此大的感染人群，如果其致病基因与新冠病毒相结合，那么人们正常呼吸都可能感染艾滋病了。

（三）化学武器

1. 化学武器概述

根据《关于禁止发展、生产、储存和使用化学武器及销毁此种武器的公约》（简称《化学武器公约》或《禁止化学武器公约》）的相关规定，化学武器是合指或单指除预定用于本条约不加禁止的目的之外的有毒化学品及其前体、经过专门设计通过使用后而释放上述有毒化学品的毒性造成死亡或其他伤害的弹药和装置，以及经过专门设计，其用途与上述弹药和装置的使用直接有关的任何设备。《化学武器公约》中所指的“有毒化学品”是指“通过其对生命过程的化学作用而能够对人类或动物造成死亡、暂时失能或永久伤害的任何化学品。其中包括所有这类化学品，无论其来源或其生产方法如何，也无论其是否在设施中、弹药中或其他地方生产出来”。通俗一点说，化学武器是指军事行动中用来杀伤敌人有生力量，牵制和扰乱敌军事行动，装有能够毒害人、畜的化学物质的各种炮弹、航弹、火箭弹、毒烟弹、手榴弹、地雷和施放装置等的统称，包括化学战剂、化学弹药及其施放器材。由两种以上可以生成毒剂的无毒或低毒化学物质构成的武器称为二元化学武器，这两种化学物质分装在弹体中，由隔膜隔开，在投射过程中，隔膜破裂，通过旋转或搅拌，使两种化学物质实现混合，迅速生成毒剂。

化学武器按照装备对象可以分为步兵化学武器，炮兵、导弹部队化学武器和航空兵化学武器；按照毒剂分散方式可以分为爆炸分散型、热分散型和布洒型。

一般认为，在第一次世界大战中，德国于 1915 年 4 月在比利时伊普雷与英法联军对峙时，使用氯气造成英法联军 15 000 人中毒、5 000 人死亡的事件，是人类战争史上第一次使用现代化学原料作为杀伤武器。化学武器问世后，世界各国竞相发展，对人类构成了巨大威胁。为了全面禁止、彻底销毁这一对人类社会构成巨大威胁的大规模杀伤性武器，国际社会于 1993 年签订了《关于禁止发展、生产、储存和使用化学武器及销毁此种武器的公约》，两天之内签署国达到 130 多个。这一公约是世界上第一个全面禁止、彻底销毁一整类大规模杀伤性武器并具有严格核查机制的国际军控条约，至 2018 年 10 月，世界上已有 190 多个缔约成员国。美、俄也已基本销毁了缔约前拥有的化学武器，但保有强大的化学战能力，不断研制和发展新的化学武器毒剂。

2. 化学战剂及其分类

化学战剂是指用于战争目的，具有剧烈毒性，且能大规模毒害或杀伤敌方人畜和植物的各种化学物质，一般具有毒性强、作用快、毒效持久、施放后易达到杀伤浓度或战斗密度的特点，是构成化学武器的基本要素。目前，化学战剂主要是军用毒剂，简称毒剂。

化学战剂可以根据不同的标准划分为不同的类别。按照毒理作用，化学战剂可以分为神经性毒剂、糜烂性毒剂、全身中毒性毒剂、窒息性毒剂、失能性毒剂和植物杀伤剂等。

（1）神经性毒剂。

神经性毒剂主要是指沙林（sarin）、梭曼（soman）、塔崩（tabun）和维埃克斯（VX），都是有机磷酸酯类化合物，又称含磷毒剂，因人员中毒后表现为神经系统胆碱能神经功能紊乱、呼吸衰竭，因此称为神经性毒剂。这类毒剂主要通过呼吸道、皮肤、眼睛、消化道等途径使人员中毒，如沙林毒剂使用时呈蒸气态，通过呼吸道进入人体；梭曼和塔崩使用时呈液滴态，可造成地面和装备等染毒，通过皮肤、眼睛、消化道进入人体。神经性毒剂是一种速杀性毒剂，只需要很小剂量或很低浓度在很短时间内即可致人死亡，在军事上常用于杀伤敌方有生力量、封锁交通枢纽、阻滞军事行动等。

（2）糜烂性毒剂。

糜烂性毒剂又称起疱剂，是指能够直接损伤人体组织细胞，引起皮肤黏膜炎症、糜烂坏死，全身吸收后可造成全身中毒甚至致死的毒剂，主要代表性毒剂有芥子气、氮芥气和路易氏剂。这类毒剂施放后呈液滴态和蒸气态，造成地面、水源、装备和空气染毒，并通过皮肤、眼睛、呼吸道、消化道使人员中毒，战争中多用于杀伤敌方有生力量，牵制敌人方军事行动。

（3）全身中毒性毒剂。

全身中毒性毒剂属于暂时性毒剂，主要是指经呼吸道吸入人体后与细胞色素氧化酶结合，使机体能量代谢产生障碍，组织不能充分利用血液输送氧气，造成全身性组织缺氧的毒剂，其主要代表是氢氰酸和氯化氰，因此又称为氰类毒剂。这类毒剂主要通过呼吸道吸入中毒，也可通过消化道误食中毒，症状以缺氧、窒息为特征，表现为呼吸困难、惊厥、皮肤黏膜呈鲜红色、意识丧失、全身肌麻痹等，军事上多用于集中突袭，杀伤敌有生力量。

（4）窒息性毒剂。

窒息性毒剂又称肺刺激剂，是指主要伤害人员肺部，引起急性中毒性肺水肿，导致缺氧和窒息甚至死亡的毒剂，是唯一仅能通过呼吸道吸入中毒的毒剂，其主要代表是光气和双光气。窒息性毒剂中毒后，早期症状表现为有短暂眼睛及上呼吸道的刺激症状，随后会有数小时自觉良好的潜伏期，然后出现呼吸困难、发绀、血压下降、频繁咳嗽，会咳出粉红色泡沫痰，严重时导致昏迷，乃至死亡。这类毒剂毒性相对较小，作用较慢，也较易于防护。

（5）失能性毒剂。

失能性毒剂是指能造成人员暂时丧失战斗力的化学毒剂，也叫失能剂，代表性毒剂有毕兹（BZ）、四氢大麻醇等，目前应用于实战的只有华兹一种。失能性毒剂可装填于炮弹、航空炸弹等弹体内使用，形成气溶胶使空气染毒，通过呼吸道等途径使人中毒，主要引起精神活动异常和躯体功能障碍，但一般不会造成永久性伤害或死亡，中毒症状表现为口干、瞳孔放大、视力模糊、注意力下降、记忆力下降、反应迟钝、嗜睡、行动不便，有时有幻觉、兴奋、狂躁等症状。失能性毒剂毒性较小，防毒面具可有效防护；人员中毒 12 小时后，中毒症状逐渐减轻，数天后可恢复。

刺激性毒剂是以对眼、鼻、喉、皮肤及上呼吸道等造成强烈刺激的非致死的失能性毒剂，主要有西埃斯、亚当氏气等，中毒症状有流泪、喷嚏、流涕、咳嗽、恶心、皮肤有烧灼感等。我国未将刺激性毒剂列为化学战剂，军队有装备，一般用作“抗暴”剂，用来骚扰敌方军事行动。

（6）植物杀伤剂。

植物杀伤剂是指能使植物枝叶凋落、枯萎和不育，导致植物损伤、生长反常或死亡的化学药剂，代表性的有毒莠定、二甲胂酸、除草定和灭草隆等，通常采用飞机喷洒等方式施放。按照对植物的作用，可以分为脱叶剂、干燥剂、除莠剂等，对人体也有一定的伤害作用，有的植物杀伤剂有强烈的致癌作用，有的会导致胎儿畸形。

3. 化学武器的发展趋势

化学武器有“无声杀手”之称，具有毒性作用强、中毒途径多、持续时间长、杀伤范围广、易渗透等特点，同时化学战剂的扩散本身就是一种“搜索”能力，不需要高度精确的施放装置就可以实现高效杀伤，又因为化学战剂易生产、性质稳定、便于储存且价格低廉，化学武器也被称为“穷国原子弹”，受到很多国家的重视。虽然有《化学武器公约》的限制，但仍有一些国家在研究新型化学武器和反制化学武器的方法。从目前的国际形势看，随着现代化学和生物技术等的进步，生化武器正处于技术转型期，生化武器相关技术也是极具竞争力的军事高科技前沿，化学武器的发展出现新的趋势：第一，研制新的化学战剂。提高化学武器威力的主要途径就是研制新型化学战剂，现代化学和生物技术的发展以及新合成方法的发现为新型毒剂的研发提供了多种途径，如利用生物工程技术、现代化学技术合成各种高级生物活性的生物化学物质——小分子量的生物毒素、细菌蛋白质素和肽类生物调节剂等，这种战剂的毒性将是现有化学战剂的数百倍。一些国家特别是发达国家完全具备研制新型化学战剂的能力。第二，分散技术的高效化。化学战剂的有效分散一直是化学武器的关键技术，相关技术的进步为化学战剂提供了新的使用方法，如微包胶技术、超细分散技术等，都会使化学战剂的分散更加高效。第三，与高技术兵器的结合。未来战场上，生化武器将与弹道导弹、巡航导弹等制导武器结合，成为制导生化武器，可以作为战略威慑和战术打击手段，既提高生化武器的精确性和杀伤率，也可以提高高技术兵器的打击范围和威力效应。

三、新概念武器

各种高技术的发展，正在引起军队武器装备的巨大变革，为研制新一代攻防武器开辟了广阔的前景，于是新概念武器应运而生。特别是美国，一直致力于加快军事技术的创新，加速新概念武器的发展。不久的将来，新概念武器的装备和投入实战，将对未来信息化战争带来革命性的影响。

（一）新概念武器的概念

新概念武器是指与传统武器相比，在基本原理、杀伤破坏力和作战方式上都有本质区别，目前尚处于研制或探索之中，投入使用后往往能大幅度提高作战效能与作战消费比，取得出奇制胜的作战效果的高技术武器群体。新概念武器是创新思维与高新技术相结合的产物，具有创新性、高效性、时代性、探索性等特点，从目前各国研究的现状看，新概念武器在设计理念、系统构造、总体优化、材料应用、工艺制造、部署方式、作战样式、毁伤效果等方面，都与传统武器有很大不同，具有明显的突破和创新。

（二）典型的新概念武器及运用

当前典型的新概念武器主要包括定向能武器、次声武器、动能武器、地球物理武器、人工智能武器、基因武器和非致命武器等。

1. 定向能武器

定向能武器又叫“束能武器”，是指利用定向发射的电磁波束、高能激光束、高能粒子束等在物体表面产生极高的能量密度，从而使敌方的人员和电子设备、武器等受到伤害，产生强大杀伤力的武器。按照发射能量的不同载体，定向能武器可以分为激光武器、微波武器、粒子束武器、声波武器、射频武器等，不同的定向能武器对物体造成毁伤的机制是不同的。

（1）激光武器。

激光武器是指利用高能激光束对远距离目标进行精确打击或使其失效的定向能武器，主要由激光器和跟踪、瞄准、发射装置等部分组成。其破坏机理包括热破坏、力学破坏和辐射破坏，具有快速、灵活、隐蔽、精确、抗电磁干扰、毁伤效果好、费用低等优点，可做成激光枪、激光炮和激光致盲器等，被认为可拦截处在任意发射阶段的弹道导弹，且瞄准即意味着击中目标，在光电对抗、防空和战略防御中可发挥独特作用；其缺点是需要消耗大量电能，不能全天候作战，受限于大雾、大雪和大雨天气，激光发射系统属于精密光学系统，受大气影响严重。但激光武器发射成本低廉，一枚导弹动辄数十万美元，少则数万美元，而激光武器发射一次仅数千美元，随着技术的进步和成熟，激光武器的使用成本还会进一步降低。美国、俄罗斯、以色列、德国等国家早就开始了激光武器的研究，据 2013 年 4 月媒体报道，美国首次在军舰上部署激光武器，2015 年开始测试机载激光武器。

（2）粒子束武器。

粒子束武器是指利用加速器把质子和中子等粒子加速到接近光速的高速度，并通过电极或磁集束成非常细的密集粒子束流，发射出去以攻击目标，使目标毁坏或功能失效的定向能武器。定向能武器由粒子加速器、能源系统、预警系统、目标跟踪与瞄准系统、指挥与控制系统等部分组成。按照粒子是否带电，粒子束武器可分为带电粒子束武器和中性粒子束武器，带电粒子束武器通常在大气层内使用，中性粒子束武器通常在大气层外使用，主要用于拦截助推段和中段飞行的洲际弹道导弹。粒子束武器的优点是快速、灵活，可同时拦截多个目标，能连续作战，不受气象条件限制；其缺点是耗能高，衰减快，带电粒子在大气层传输时，不仅散焦，而且带电粒子与空气分子不断碰撞，粒子束能量衰减很快，中性粒子束在外层空间传输时也有扩散。美国和俄罗斯等国家早在20世纪70年代就开始粒子束武器的研究，出于空间作战和防御的需要，对粒子束武器的研究一直没有停顿，但因为存在一系列技术难题，截至目前尚处于基础理论研究和实验室的实验阶段。

（3）射频武器。

射频武器也称微波束能武器，是指利用强微波发生器和高增益定向天线，定向发射高功率微波波束，杀伤有生力量或破坏电子设备的定向能武器，其作用原理是微波与照射目标之间的分子相互作用，将电磁能转化为热能，瞬间让照射目标材料中的分子运动起来，使其内外同时受热，致高温烧毁。射频武器对人员的杀伤分为热效应和非热效应，热效应包括灼伤和烧伤等；非热效应包括心理和各种微妙的功能减退现象，如烦躁、头痛、神经混乱和记忆力减退等。射频武器对其他武器的破坏主要是破坏飞机、导弹目标内部的电子设备，使其丧失作战效能，即以高强度辐射场包围目标，在电子和电器线路中产生致命的电压和电流而达到破坏作用，又称为非核电磁脉冲效应。射频武器具有能量集中、传输快、方向单一、杀伤力大等优点，比激光武器、粒子束武器的作用距离更远，受天气影响更小，能够攻击隐身武器，被军事专家誉为高技术战场上的“无形杀手”，具有巨大的战争潜力。

2. 次声武器

次声武器是指以发射频率低于20赫兹的次声波，通过与人体共振使人体器官或部位发生位移、变形甚至破裂，从而造成损伤以至死亡的高技术武器，一般由次声发生器、动力装置和控制系统组成，其中次声发生器是关键。

频率为0.000 1～20赫兹的声波，人的耳朵听不到，称为次声波。而人体各部位都存在细微而有节奏的脉动，这种脉动频率一般为2～16赫兹。次声武器的杀伤原理便是由于次声波的频率与人体各主要器官的固有频率十分接近，当大功率的次声波作用于人体时，固有频率与次声波频率接近的器官会不由自主发生共振，从而造成毁伤。

次声波与人体发生共振的频率和强度不同，对人体的各种器官和部位损伤程度也不同。如次声波为 4 ~ 8 赫兹时，与内脏发生共振，毁伤内脏。强度相同、频率不同的次声波则可对不同器官和部位都造成损伤。因此按照感官刺激分类，次声武器可分为两种，即神经毁伤型和器官毁伤型。神经毁伤型次声武器的发射频率与人脑的阿尔法节律（8 ~ 12 赫兹）相近，当次声波产生作用时，引起的共振会不同程度地损害人的神经系统，使人晕眩头痛、精神沮丧或神经错乱。器官毁伤型次声武器的发射频率与人体内脏固有频率（4 ~ 8 赫兹）相近，当次声波产生作用时，发生的共振会不同程度地毁伤人的内脏，可使人出现恶心呕吐、胃痛等症状，轻者肌肉痉挛、全身颤抖、呼吸困难，重者可导致血管破裂、内脏毁伤而迅速死亡。

次声武器具有隐蔽性强、传播速度快、传播距离远、穿透力强、不污染环境、不破坏设施等特点，虽然次声波不易聚焦成束，定向困难，容易误伤，但其对环境、自然生物和人员所带来的巨大破坏和杀伤作用，仍吸引世界各国军方争相研制，可以预见，次声武器将成为未来战争中非常重要的新宠利器。

3. 动能武器

动能武器是指能发射出超高速运动的非爆炸弹头，利用弹头的超高速运动带来的巨大动能直接碰撞并摧毁目标的武器，主要由拦截弹头和高速发射装置两大部分组成。动能武器的作用原理是：任何一个运动的物体都具有“动能”，动能的大小与该物体的质量和速度的平方成正比。物体的动能可以通过直接碰撞传递给另一个物体，并使之遭受损伤。动能武器不像常规弹头或核弹头那样，靠爆炸能量去杀伤破坏目标，而是靠自身超高速运动带来的巨大动能，在与目标短暂而剧烈的碰撞中杀伤目标。

超高速通常是指 5 马赫以上的速度。根据动能武器为弹头加速所采用的推进系统的不同，动能武器有三个不同系统：火炮系统、火箭系统、电磁系统。一般采取火箭加速和电磁发射技术，主要有动能拦截弹、电磁炮和群射火箭等，用于拦截和攻击导弹、卫星、飞机、舰船、坦克等运动目标。而当以反空间卫星和拦截高速飞行中的巡航导弹、战术导弹和弹道导弹等为主要军事需求时，要求有非常高的速度，以确保有足够的动能摧毁目标，还要求有非常高的精度，实现零脱靶，确保直接碰撞到目标。

与定向能武器相比，动能武器具有技术简单成熟、价格低廉、毁伤能力强、毁伤效果易判断等特点，受到各国重视。20 世纪 70 年代，澳大利亚率先成功研制出电磁发射装置，美国也是世界上最早开始电磁炮研究的国家之一，技术领先世界，在20世纪末就已经进入了靶场实验阶段。

4. 地球物理武器

地球物理武器是运用现代科技手段，通过人为地制造地震、海啸、暴雨、山洪、山崩等各种自然灾害来控制或改变环境，以实现军事目的的一系列武器的总称。地球物理武器是有意识地将自然力用于军事目的，包括海洋环境武器、化学雨武器、海啸风暴武器、人工海幕武器、吸氧致命武器、寒冷武器、高温武器等种类。这些武器一般在攻击点外数百甚至数千千米的地下进行，可冲击地球上任何一个地方，其杀伤力由其诱发的自然灾害来体现，给人类带来的危害可能达到或超过任何一次大规模核爆炸造成的破坏。

5. 人工智能武器

人工智能武器是指利用人工智能技术研制的，能够实现高效指挥、精确打击、自动操作的新型武器系统。人工智能武器可以“有意识”地寻找、辨别需要打击的目标，被认为是一种“会思考”的武器系统，主要有智能弹药和智能机器人两大类。据说，美国列入研制计划的军用机器人达100多种，有些已经开始小批量装备部队。

智能弹药是因为增加了智能计算机和图像处理设备而具备了一定人工智能的弹药，具有“自我思维能力”，可以“发射后不管”，实现自主捕捉、智能识别和精确打击目标。目前已经投入使用的著名智能弹药如美国空军的“黄蜂”反坦克导弹，不仅能够自动追踪热辐射物体，且能够区别伪装物与坦克，并自己选择一辆坦克跟踪，当自己选择的坦克被别的导弹击毁时，也能自动飞向另一辆坦克，真正实现弹无虚发。

智能机器人是一种安装有中央处理器，可以按目的进行工作的机器。智能机器人具有内部信息处理器和外部信息处理器，具备感觉、反应和思考功能，能够分析出现的情况，调整自己的动作以完成操作者提出的任务和要求。智能机器人在军事上应用很广，可以直接遂行战斗任务，可以进行侦察和观测，也可以执行工程保障任务。如美国军方研发的“骡子”就是一种可以替代人在复杂环境下进行运输和机动的智能机器人。

人工智能武器的缺点就是容易被软件工程师修改程序，成为滥杀无辜的杀人机器，因此有人认为可怕的不是机器本身，而是任何人尤其是黑客能够以很低的成本，通过修改程序做出杀伤力不亚于化学武器、生物武器的杀人机器。因此，国际上不少著名科学家如史蒂芬·霍金等都联名对人工智能武器进行抵制，要求禁止制造和使用人工智能武器。

6. 基因武器

基因武器是指利用先进的遗传基因工程技术，用类似工程设计的方法，按照需要进行基因重组与拼接，研制出新型生物战剂，投放后在军事上达到有选择地消灭敌方有生力量的武器。

基因武器建立在对基因信息的载体——脱氧核糖核酸进行重组的基础之上，利用基因工程的方法实现基因分离和重组，形成复合脱氧核糖核酸，再借助微生物学实现基因转移，获取毒害人、动物和植物的剧毒毒素，制成可改变遗传器官的生物武器。利用基因武器杀人，可以达到灭绝种族的目的，因此被称为种族基因武器，也称“人种炸弹”，是针对某一特定民族或种族群体的基因武器，例如用基因武器可以只杀高个子或矮个子，也可以只杀黑头发或黄头发的人。基因武器可以通过人工、飞机、导弹、气球或火炮等把经过遗传工程处理的细菌、带菌昆虫、带致病基因微生物等投入特定河流、城市等，让病毒自然扩散、繁殖，使人畜感染而致病，具有杀伤力极强、成本极低廉、使用方便、运用灵活、敌我分辨能力强、使用过程隐蔽、影响时间长等特点和优势，一旦投入战场，将极大改变现代战争的作战方式，模糊战争的前线与后方，因而引起国际社会的广泛关注。目前，美国、俄罗斯等国都有研制基因武器的计划，并取得了一定的成果。

7. 非致命武器

非致命武器是指为达到使人员或装备失去功能的军事目的，利用声、光、电、电磁、化学制剂等进行专门设计不致人死亡或产生不必要的物质损害及环境危害的武器。按作用对象，非致命武器可以分为反人员非致命武器和反装备非致命武器。目前，国外已经发展的反装备非致命武器包括超级润滑剂、材料脆化剂、超级腐蚀剂、超级粘胶以及动力系统熄火弹等；反人员非致命武器有化学失能剂、黏性泡沫、刺激剂等。

超级润滑剂是采用含油聚合物微球、表面改性技术、无极润滑剂等原料复配而成的摩擦系数极小的化学物质，主要用来攻击机场跑道、航母甲板、铁轨、高速公路、桥梁等，达到阻止飞机起降或列车、军车前进的军事目的。

材料脆化剂是指能引起金属结构材料、高分子材料等迅速解体的特殊化学物质，主要用于对敌方装备的结构造成严重损伤并使其瘫痪，攻击敌方飞机、坦克、车辆、舰艇等武器装备以及铁轨、桥梁等基础设施。

超级腐蚀剂是指对特定材料具有超强腐蚀作用的化学物质，主要用于攻击飞机、坦克、装甲车辆等，如腐蚀坦克的装甲，使其变软等。

超级粘胶是一些具有极强黏性的化学物质，用来破坏装备的传感装置或使发动机熄火等。如果将超级粘胶与材料脆化剂、超级腐蚀剂复合使用，将会大大提高作战效能。

化学失能剂其实是化学战的组成部分，指能够通过造成人员精神障碍、躯体功能障碍而丧失作战能力的化学物质，分为精神失能剂和躯体失能剂。

黏性泡沫是一种喷射在人身和设备上立刻凝固，束缚人员和设备行动的化学药剂，这种药剂可以在短短数秒内凝固，使人员和车辆无法动弹，同时沾满泡沫的跑道、路面会变得光滑如冰，飞机和汽车在上面只能无奈地左冲右突、横冲直撞。

刺激剂是以刺激眼、鼻、喉和皮肤为特征的失能性化学药剂，这种药剂起效快，短时间暴露就会出现中毒症状，但一般毒性不会持久，脱离接触几分钟至几小时后症状逐渐消失，但如果长时间大量吸入也会造成肺部严重伤害，甚至死亡。

【思考题】

1. 试论信息化武器装备对现代战争的影响。
2. 试分析核武器的发展趋势。
3. 什么是综合电子信息系统？
4. 什么是精确制导武器，其发展趋势是什么？
5. 信息化装备的发展趋势是什么？
6. 什么是新概念武器？

第六章　轻武器与射击学理

轻武器是我军最常用的单兵武器，轻武器射击是最基本的军事技能。目前我军装备的轻武器主要有81式班用枪族、95－1式步枪、64式手枪等。本章重点介绍武器的基本常识、简易射击学理、射击动作和方法以及实弹射击等内容。

第一节　轻武器常识

一、81－1式自动步枪

（一）战斗性能和主要诸元

1. 战斗性能

81－1式自动步枪与81式轻机枪组成班用枪族，活动机件和弹匣、弹盒可以互换，并能发射枪榴弹，使射手具有全面杀伤和反装甲的能力，是近战中消灭敌人有生力量的自动武器和步兵分队反装甲目标的辅助武器。对单个目标在400米内射击效果最好，集中火力可射击500米内敌人的飞机、伞兵以及集团目标，在290米内使用枪榴弹可杀伤敌人有生力量和击毁敌装甲目标。

射击方法：可实施短点射（2～5发）、长点射（6～10发）和单发射。

战斗射速：点射每分钟90～110发，单发射每分钟40发。

理论射速：每分钟680～750发。

2. 主要诸元

口径	7.62毫米
枪全重	3.5千克
枪全长	1.105米
不装刺刀	0.995米
枪托折叠状态	0.730米
普通弹的初速	715米/秒
弹头最大飞行距离	约2 000米

（二）各部机件的名称和用途

自动步枪由刺刀（匕首）、枪管、瞄准具、活塞及调节塞、机匣、枪机、复进机、击发机、弹匣和枪托十大部机件组成（见图6－1），另有一套附品。

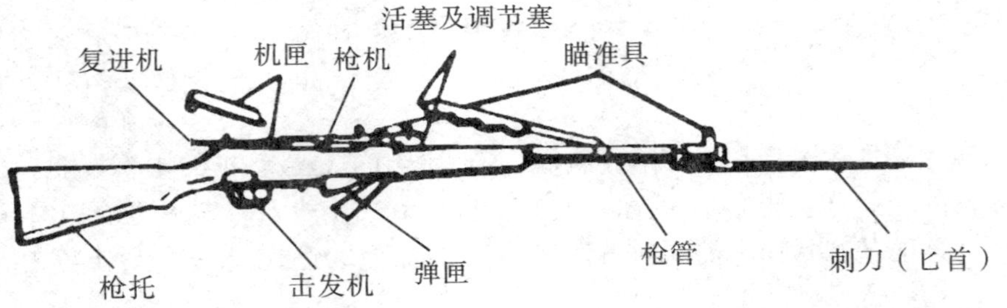

图6－1　半自动步枪的大部机件

（1）刺刀（匕首）。

刺刀（匕首）用来刺杀敌人。刺刀上有刺刀柄、连接环、限制凸笋及卡笋，平时作匕首用，并装入刀鞘中。战时结合在枪上。

（2）枪管。

枪管用以赋予弹头及枪榴弹飞行方向。

枪管内是枪膛，枪膛分为弹膛和线膛。弹膛用以容纳子弹，线膛能使弹头在前进时旋转运动，以保持飞行的稳定性。线膛有四条右旋膛线（阴膛线），两条膛线间的凸起部分叫阳膛线，两条相对的阳膛线间的距离是枪口径。

枪管前端有枪榴弹发射具。发射具前端下方有凹槽，用以限制刺刀的安装位置。枪管外有导气箍，用以引导火药气体冲击活塞。导气箍上刻有“0”“1”“2”的数字，用以表示火药气体冲击活塞的大小。下护木，便于操作和携带。枪管外还有刺刀座和通条头槽。

（3）瞄准具。

瞄准具由表尺和准星组成，用以瞄准。表尺板上有缺口和护铁，缺口用以通视准星向目标瞄准，护铁用以保护缺口。表尺转轮，用以装定所需要的表尺分划和固定活塞护盖，转轮上刻有0～5的分划，0分划用以分解结合，表尺分划为1～5码，每一分划相对应可命中目标中央距离为100米。表尺座侧面圆点为表尺定位点，用以指示所装定的分划。

准星可拧高、拧低，准星移动座可左右移动，准星移动座和准星座上各刻有一条刻线，用以检查准星位置是否正确。准星座上还有护圈。

（4）活塞及调节塞。

活塞及调节塞用以承受火药气体的压力，推压枪机向后。活塞簧用以使活塞回到前方位置。护盖上有上护木和活塞定位凸笋。导气箍上的“1”“2”分别表示调节塞上的小孔和大孔，通常装定在“1”上，当武器过脏来不及擦拭或在严寒条件下射击时装定在“2”上。变换调节塞位置时可用弹壳底部卡入弹底槽。

当发射枪榴弹时，必须将调节塞转动到“0”的位置，以防损坏活动机件。

（5）机匣。

机匣用以容纳枪机、复进机，固定击发机和弹匣。机匣外有机匣盖，用以保护机匣内部免沾污垢。机匣外还有握把、扳机护圈和弹匣卡笋。

机匣内有闭锁卡槽，能保证枪机闭锁枪膛。枪机阻铁，当弹匣内无子弹时，能使枪机停在后方位置。凹槽用以容纳复进机导管座。拨壳凸笋用以拨出弹壳（子弹）。机匣下方还有弹匣结合口，用以结合弹匣。

（6）枪机。

枪机由机栓和机体组成，用以送弹、闭锁、击发和退壳，并能使击锤向后成待发状态。

机栓上有圆孔和导笋槽，用以容纳机体，并引导机体旋转形成闭锁和开锁。机栓上还有解脱凸笋、机柄和复进机巢。

机体上有：击针，用以撞击子弹底火；抓弹钩，用以从膛内抓出弹壳（子弹）。此外，还有导笋、送弹凸笋、闭锁凸笋和弹底巢。

（7）复进机。

复进机由导管、导杆、导管座、复进簧和支撑环组成，用以使枪机回到前方位置。导管座上有机匣盖卡笋。

（8）击发机。

击发机用以与枪机相互作用形成待发和击发。

击发机上有：击发控制机，能在枪机闭锁枪膛前防止击发；保险机，用以保险和控制单发射、连发射（“1”“2”“0”分别为单发射、连发射、保险）。此外，还有击发阻铁、单发阻铁、击锤和扳机。

（9）弹匣。

弹匣用以容纳和送子弹，可装30发子弹。弹匣由弹匣体、托弹钣、托弹钣簧、固定钣、弹匣盖组成。弹匣体上有凹槽和挂耳，用以将弹匣固定在枪上；检查孔，当看到子弹时，则表示子弹已装满。

（10）枪托。

枪托便于枪支的操作。

枪托由枪颈、托底钣、附品盒巢和枪托卡笋组成，平时成打开状态，必要时可折叠。

附品：用以分解结合、擦拭上油、携带和排除故障。附品包括擦拭杆、鬃刷、冲子、附品盒、通条、油壶、背带和弹匣袋。

（三）自动原理和分解结合

1. 半自动原理

扣扳机后，击锤打击击针，撞击子弹底火，点燃发射药，产生火药气体，推送弹头沿膛线向前运动；弹头经过导气孔，部分火药气体通过导气孔，涌入导气箍，冲击活塞，推动推杆，使枪机向后，压缩复进簧，完成开锁、抛壳，并使击锤成待发状态；枪机退到后方时，由于复进簧的伸张，枪机向前运动，推动下一发子弹入膛，闭锁；此时，由于击锤已被击发阻铁卡住，不能向前打击击针。若再次发射，必须松开扳机，再扣扳机（见图6－2）。

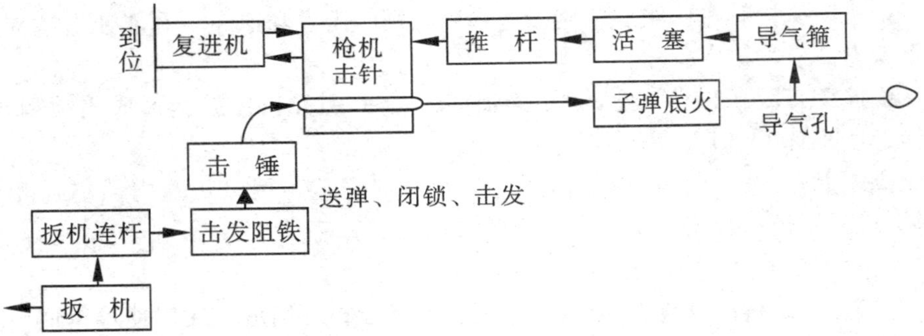

图6－2　半自动原理示意图

2. 分解结合

（1）分解结合的目的和要求。

目的：分解结合是为了擦拭、上油、检查和排除故障。

要求：

①分解前必须验枪。

②分解结合应按顺序和要领进行，不要强敲硬卸。

③分解下来的机件应按次序放在干净的物体上。

④除所讲的分解内容外，未经许可，不准分解其他机件。

⑤结合后，应拉送枪机数次，检查机件结合是否正确。

（2）分解。

①卸下弹匣。

左手握护木，枪面稍向左、右手握弹匣，拇指按压弹匣卡笋（也可右手掌心向上握弹匣，以手掌肉厚部分推压弹匣卡笋），前推取下。

②拔出通条和取出附品盒。

左手握护木，右手向外向上拔出通条。然后用中、食指顶压附品盒底部，使卡笋脱离圆孔，取出附品盒，并从附品盒内取出附品。

③卸下机匣盖。

左手握枪颈，以拇指按压机匣盖卡笋，右手将机匣盖上提取下。

④抽出复进机。

左手握枪颈，右手向前推导管座，使之脱离凹槽，向后抽出复进机。

⑤取出枪机。

左手握枪颈，右手拉枪机向后到定位，向上向后取出，左手转压机体向后，使导笋脱离导笋槽，再向前取出机体。

⑥卸下护盖。

右手握上护木，左手将表尺转轮定到“1”上，再向左拉转轮装定在“0”上，然后左手握下护木，右手向上向后卸下护盖。

⑦卸下活塞及调节塞。

左手握下护木，右手将活塞向右（左）转动到定位，压缩活塞杆、簧，使调节塞前端脱离导气箍，向前卸下活塞及调节塞，并将活塞与调节塞分开。

（3）结合。

结合时，按分解的相反顺序进行。

①装上活塞及调节塞。

将调节塞套在活塞上，左手握下护木，右手将活塞杆插入表尺座的圆孔内，压缩活塞簧，使调节塞前端进入导气箍，并向左转动调节塞，使解脱凸笋进入凹槽。

②装上护盖。

左手握下护木，右手将护盖前端两侧卡在导气箍上，按压护盖后部到定位。左手转动表尺转轮使分划“1”对正定位点。

③装上枪机。

右手握机栓，使导笋槽向上。左手将机体结合在机栓，使导笋进入笋槽并转到定位。左手握枪颈，右手将枪机从机匣后部装入机匣，前推到定位。

④装上复进机。

左手握枪颈，右手将复进机插入复进巢内，向前推压，使导管座进入凹槽内。

⑤装上机匣盖。

左手握枪颈，右手将机匣盖前端对正半圆槽，使后部的方孔对正机匣盖卡笋，向前下方推压机匣盖，使卡笋进入方孔内。

⑥装上附品盒和通条。

将附品装入附品盒内，左手握护木，右手将附品盒装入附品盒巢内，用中、食指顶压附品盒底部，并使附品盒卡笋进入圆孔。然后，将通条插入通条孔内，并使通条头进入通条头槽。此时，拉送枪机数次检查机件的结合是否正确，扣扳机，关保险。

⑦装上弹匣。

左手握护木，枪面稍向左，右手握弹匣并将匣口前端插入结合口内，扳弹匣向后，听到响声停止。

（四）子弹、枪榴弹

1. 子弹

（1）子弹的各部分名称及用途。

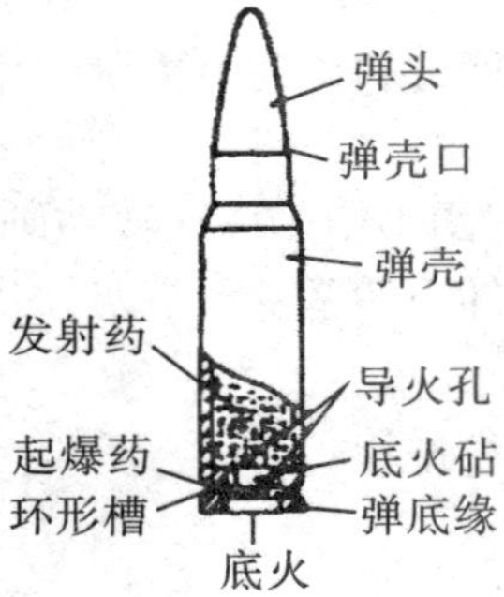

图6－3　子弹

子弹（见图6－3）由弹头、弹壳、底火和发射药组成。弹头，用以杀伤敌人的有生力量；弹壳，用以容纳发射药，安装弹头和底火；底火，用以点燃发射药；发射药，用以燃烧后产生火药气体，推送弹头前进。

（2）子弹的种类、用途及标志。

①普通弹：用以杀伤敌人的有生力量。

②曳光弹：主要用以试射、指示目标和作信号用。命中干草能起火，曳光距离可达800米。弹头头部为绿色。

③燃烧弹：主要用以引燃易燃物体。弹头头部为红色。

④穿甲燃烧弹：主要用以射击飞机和轻装甲目标（在 200 米距离上穿甲厚度为 7 毫米），并能在穿透装甲后引燃汽油。弹头头部为黑色并有一道红圈。

另外，还有空炮弹、教练弹、空炸弹等辅助弹。空炮弹主要用以演习，没有弹头，弹壳口收口压花并密封；教练弹主要用以练习装退子弹、击发等动作，外形和重量与普通弹相似，弹壳上有三道凹槽，无发射药，底火为橡皮制成；空炸弹主要用以对空射击训练，弹头在 500 米内性能与曳光弹相同，超过 500 米时，弹头自动分离为三部分，能降低对射击地域的危险程度。

子弹箱外均标有弹种、数量、批号和年号等。领用子弹时应看清标志，以免弄错。

（3）战斗中子弹的使用。

战斗中射手通常应根据指挥员的口令和指示实施射击。必要时，射手可根据情况自行射击。在战斗中严禁丢失和浪费子弹、枪榴弹。对子弹、枪榴弹的消耗情况，应适时向班长报告，射手应保留一定数量的子弹、枪榴弹，以备在紧急情况下使用。

2. 枪榴弹

（1）枪榴弹的各部分名称和用途。

①弹头，用以杀伤敌人有生力量和破坏敌装甲目标。弹头由风帽、防滑帽、连接环、药形罩、炸药和弹壳组成。

②弹尾，由尾管、稳定环及翼片组成，用以保证弹在飞行中的稳定性。此外，在尾管内还可以放两发专用空炮弹，并用防潮塞固定以供发射时使用。

③引信，由引信室、引信、尾管组成，用以引发弹头内的火药。根据弹的不同用途，装用不同引信，通常为瞬发引信和延期引信。

（2）枪榴弹的种类和用途。

①杀伤榴弹，用以消灭地面活动目标。

②破甲榴弹，用以摧毁敌装甲目标和坚固工事。

③发烟弹，用以迷惑敌人。

④化学弹，用以杀伤敌人有生力量。

（五）爱护、保管和检查

1. 爱护武器的要求

爱护武器、子弹（枪榴弹）是干部、战士的重要职责，是一项经常性的战备措施，也是预防武器故障的有效方法。为此，必须做到勤检查、勤擦拭，不碰摔、不生锈、不损坏、不丢失。如发现机件损坏、丢失，应及时送修或请领，使武器保持完好状态。

2. 保管使用规则

（1）武器和子弹应放在安全、干燥和通风的地方。在营房内，应松回击锤，关上保险，表尺转轮定在表尺“3”上，并放在枪架上。刺刀（匕首）应装在刀鞘内。在居民地宿营时，不得将武器和子弹（枪榴弹）放在门窗附近。

（2）行军作战和训练时，应尽量避免武器发生碰撞和沾上污物。长时间射击后，应及时在枪机上涂油。乘车（船）时，应妥善保管武器，防止碰撞和丢失。

（3）在潮湿和沿海地区，应特别注意防止机件和子弹（枪榴弹）生锈。在风沙较多的情况下，应防止灰沙进入枪内。在炎热季节，应尽量避免武器长时间曝晒。

3. 擦拭上油

（1）擦拭上油的时机和要求。

实弹射击后，应用浸透油或碱水（肥皂水）的布，将武器的烟渣、污垢擦洗干净，并用干布擦干后再上油，在以后三四天内应每天擦拭一次；训练演习后，应适时地用干布和油布进行擦拭；不经常使用枪支时，每周至少擦拭一次。在严寒的室外将枪带到室内时，应待出水珠后再擦拭上油。枪被海水浸过或遭受毒剂和被放射性物质沾染后，应先用淡水冲洗后再擦拭，擦拭上油后，应放在通风干燥处晾干，严禁火烤和曝晒。

（2）擦拭上油的方法。

擦拭前，应分解武器，准备擦拭用具。结合通条时，将两节通条结合好，再将通条从附品盒上的大孔穿过小孔，拧紧擦拭杆，然后用冲子穿过盒体和通条头上的圆孔，将通条和附品盒连接在一起。

①擦拭枪膛时，把布条缠在擦拭杆上，并插入枪膛，沿枪膛全长均匀地来回擦拭（弹膛应从后面擦拭）直到擦干净为止。再用布条或鬃刷涂油。

②擦拭导气箍、调节塞时，用通条或竹（木）杆缠布擦拭，擦净后涂油。

③擦拭其他机件时，应先擦净表面的烟渣和污垢，对孔、槽、缝隙等部分，可用竹（木）签缠上布进行擦拭，再薄薄地涂上一层油。

4. 检查

（1）检查外部。

检查外部时，看金属部分是否有污垢、锈痕和碰伤；木质部分有无裂缝和碰伤；各部机件号码是否一致；准星是否弯曲和松动；刻线是否与矫正结果一致；表尺转轮是否自如并能固定在各个分划上。

（2）检查枪膛。

检查枪膛时，看是否有污垢、生锈和损伤。

(3) 检查机能。

检查机能时，将装有教练弹的弹匣装在枪上，拉枪机向后到定位松开，枪机应有力地向前并推送一发教练弹入膛；关上保险扣扳机时，击锤不应向前；将保险机定在单发位置上扣扳机时，应能听到击锤打击击针的响声；扣住扳机，拉枪机向后到定位，膛内的教练弹应被抛出，松开枪机应推送一发教练弹入膛，击锤应停在后方位置；此时，松开扳机，再扣扳机时，应能听到击锤打击击针的声音。将保险机定在连发位置时，扣住扳机，拉枪机向后到定位并慢慢送回，应听到击锤打击击针的声音。当弹匣内无子弹时，拉枪机向后到定位松开，枪机应被枪机阻铁卡在后方位置。

(4) 检查附品和子弹。

检查附品和子弹时，看附品是否齐全完好，子弹（枪榴弹）有无锈蚀、凹陷、裂缝、结合部松动等现象。

(六) 预防和排除故障

1. 预防故障的措施

(1) 严格按规则爱护保管和使用武器、子弹（枪榴弹）。有毛病的机件应及时送修或更换，有毛病的子弹（枪榴弹）不准使用。

(2) 战斗中应抓紧战斗间隙擦拭武器。来不及擦拭时，应向活动机件注油，或调整调节塞增大火药气体的压力。

(3) 在寒冷的条件下使用武器时，不能过多地上油，以防冻结，影响机件活动。在寒冷地区，入冬后应换用冬季枪油，并彻底清除夏季枪油。在装子弹前，应将枪机拉送数次或向活动部分注少量汽油（煤油或酒精）。

2. 排除故障的方法

射击中，若发生故障，通常拉枪机向后，重新装弹继续射击。如仍然故障，应迅速查明原因予以排除。如排除不了，应迅速向指挥员报告。可能发生的故障现象、原因和排除方法见表 6－1。

表 6－1 可能发生的故障现象、原因和排除方法

故障现象	故障原因	排除方法
不送弹	(1) 弹匣过脏或损坏 (2) 机件过脏、枪机后退不到定位	(1) 更换机匣 (2) 擦拭过脏机件

（续上表）

故障现象	故障原因	排除方法
不发火	（1）子弹底火失效 （2）击锤簧弹力不足或击针损坏	（1）更换子弹 （2）更换击针或击锤簧
不退壳	（1）子弹、枪机、机匣、弹膛及火药气体通路过脏，枪机后退不到定位 （2）抓弹钩过脏或损坏	（1）捅出膛内弹壳 （2）擦拭过脏机件 （3）更换抓弹钩 （4）调整调节塞的位置
断壳	（1）子弹有毛病 （2）弹膛过脏	（1）将取壳器放入弹膛，送枪机到定位，猛拉枪机取出断壳 （2）擦拭弹膛并涂油
枪机未前进到定位	（1）弹膛、机匣、枪机和复进机过脏或机油凝结 （2）子弹或弹匣口变形	（1）推枪机到定位 （2）擦拭过脏机件 （3）更换子弹或弹匣
不抛壳	（1）火药气体通路过脏 （2）机件过脏，枪机后退不到定位	（1）卸下弹匣，取出弹壳 （2）擦拭过脏机件
不连发	（1）调节塞装定不正确 （2）导气箍、枪机和机匣过脏	（1）正确装定调节塞 （2）擦拭过脏机件

二、95 式 5.8 自动步枪

（一）概况

（1）杀伤400米内暴露的有生目标，能发射枪榴弹，在近距离内攻击轻型装甲车火力点等。

（2）使用弹种：87 式 5.8 毫米普通弹，必要时可使用 5.8 毫米机枪弹及机枪曳光弹等特种弹，也可使用 87 式 5.8 毫米普通弹直接发射 40 毫米系列枪榴弹。

（3）有可卸式多功能刺刀，既可装在枪上，又可作为格斗匕首和野战工作用刀，携带方便。

（4）可配白光瞄准镜和微光瞄准镜，并有简易夜瞄装置。

（5）大量采用工程塑料及铝合金，有较高的防腐性能。重量轻、长度短、携行和操作方便。分解结合不用专用工具。

（6）结构特点：无托结构缩短了枪长，气体可调导气式；机头回转闭锁；平移击锤式击发机；杠杆式枪机缓冲器；机构动用确实可靠。

（二）主要诸元（对比 81 枪族）

表 6－2 95 式 5.8 步枪和 81－1 式 7.62 步枪的对比

主要诸元	95 式 5.8 步枪	81－1 式 7.62 步枪
口径	5.8 毫米	7.62 毫米
初速	920 米/秒	715 米/秒
有效射程	400 米	400 米
表尺射程	500 米	500 米
表尺分划	1、3、5	1、2、3、4、5
瞄准基线长	325 毫米	315 毫米
全枪重	3.3 千克	3.5 千克
全枪长（不装刺刀）	746 毫米	955 毫米
弹匣容量	30 发	30 发
理论射速	730～770 发/分	680～750 发/分
使用寿命	10 000 发	15 000 发

（三）全枪主要构件

全枪主要构件有枪托、上护盖、击发机、复进簧、机体、活塞簧、活塞、气体调节器、机头、枪身、弹匣、下护手、刺刀、刀鞘、下护手销和附件。

附件筒内有通条把、通条接杆、通条接头、油毛刷、冲子、准星扳手、铰刀、活动接杆。

（四）分解结合

1. 目的

（1）平时或射击后的擦拭与保养。

（2）检查和排除故障进行修理。

（3）分析研究武器的构造性能。

2. 规则

（1）分解前必须进行安全检查，严禁枪口对人，并在检查膛内枪弹后，再扣扳机，操作时，枪口应朝上方。应对教练弹进行检查，严防教练弹中混进实弹。

（2）做好工具准备。要按照顺序和要领进行分解结合，严禁乱打蛮干。

（3）零部件的放置要整洁有序，特别在野外尽可能防止沾染灰沙。

（4）分解结合的过程中要注意安全，防止伤人以及损坏和丢失武器零件。

（5）枪支结合后要进行动作灵活性的可靠性检查，然后使武器处于保管状态。

3. 不完全分解结合

（1）安全检查：卸下弹匣，拉枪机向后，检查枪膛内是否有子弹。

（2）卸枪托：压住枪托底，顶出枪托销，右手握住枪托慢慢后拉。

（3）取出击发机（快慢机必须指在发放位置）。

（4）取出复进簧。

（5）卸下枪机，前拉左旋取下机头。

（6）卸下上护盖：将上护盖向后退 5～8 毫米，上提上护盖后部，即可卸下上护盖。

（7）卸下气体调节器：按调节器卡榫，转动气体调节器，水平位置时抽拉卸下。

（8）取出活塞和活塞簧。

结合：按分解的相反顺序进行。

4. 完全分解

（1）不完全分解。

（2）卸下下护手：下拉护手，使扳机和拉杆脱开，前推下护手。

（3）卸下快慢机：将快慢机尾端旋至上方位置，右手下压发射机座内的卡片，使其退出快慢机上的卡片定位槽，左手即可将快慢机拔出。

（4）取出发射机：将发射机沿机匣内槽向后拉出，并解开与扳机拉杆的扣合，即可取出发射机。

（5）抽出扳机拉杆。

（6）取出附件筒：打开握把盖，即可取出附件筒。

结合：按分解的相反顺序进行。

5. 要点领会及注意事项

（1）装发射机时，一定要将扳机拉杆和扳机体扣合后再推入。

（2）推入发射机快到位时，一定要将连发阻铁压在不到位保险上面。

（3）装下护手时，先将下护手后部插入机匣相应的配合部，然后再前推后拉。

（4）扳机拉杆不要装反，确保扳机与扳机拉杆扣合。

（五）气体调节器的使用

“0”为闭气位置，发射枪榴弹时使用；“1”为小气孔，正常条件下使用；

“2”为大气孔，恶劣条件下枪机后坐能量不足时使用。

使用时，卡榫一定要卡在刺刀座相应的定位槽内。

（六）刺刀的装卸方法

装刺刀时，先将刀环套入膛口装置前端，“T”形槽对准刺刀座的“T”形突起，然后插到位。卸刺刀时，先按压刀柄侧面的左右卡榫，然后向枪口方向抽出。

（七）附件的使用

（1）通条把、通条接杆、活动接杆、通条接头（或毛刷）拧在一起，清除枪管脏物及涂油。

（2）冲子：拆卸击针销、拉壳钩轴和充当力臂拧紧、拧松通条各件接件。

（3）准星扳手：校枪时调节准星高低。

（4）铰刀：清除枪管导气孔的火药残渣。

（八）维护保养

（1）新枪使用前，要先除掉防锈油，然后再正常涂油。

（2）使用和保存时，避免沾上污物及酸碱盐类物质，如沾上应及时清洗，擦拭干净。

（3）凡经过射击或受雨、浸水后必须分解、擦拭、涂油，以防止零件锈蚀。

（4）导气孔、导气箍上的活塞孔在必要时可用专用铰刀铰孔，以保证枪机有足够的后坐能量及活塞运动的灵活性。

（5）在平时保管状态下，气体调节器定于“1”位置，表尺定于“1”位置，快慢机定于“0”位置，不经常使用时，每周及时用干布和油至少擦拭一次（作平时擦拭的分解或不分解，视情况而定）。

（6）实弹射击后，应连续两三天对射击用武器进行擦拭（作射击分解）。

（7）各单位卸下一个附件筒，留在外面，擦拭进卸附件筒用。

（8）军械员应对兵器室武器数量、质量情况和维护情况进行经常性检查，发现问题应及时向连（中队）长汇报。

（九）安全注意事项

（1）在行军、操练、提枪行进及枪支保存中应关闭保险，以防意外走火、伤及手指及发生其他意外事故。

（2）清洗擦拭后，射击前，须检查气体调节器是否装在正确的位置。

（3）射击时，不得违章操枪，手不得伸入上护盖提框内，以防机柄打手。

（4）射击后，卸下弹匣，拉机柄，排除膛内枪弹。

（5）发射枪榴弹时，气体调节器必须在“0”位置，快慢机在单发位置并单发装填枪弹。

（6）严禁用击锤打复进簧座圈，以免扳机折断。

（十）瞄准与射击

本枪设置机械夜瞄装置，采用觇孔式表尺，“1”“3”“5”三个码分别表示射程为100米、300米、500米的射击距离。瞄准时，采用相应表尺，准星上沿置于觇孔圆中心，与射击瞄准点成一直线；使用简易夜瞄装置时，荧光点连线中心、准星上沿与射击瞄准点成一直线。

（十一）常见故障现象及排除

表6-3　常见故障现象及排除

故障类型	故障现象	故障原因	排除方法
顶弹	枪弹不能顺利推下一发弹进膛，弹尖顶在枪弹端	（1）节套导弹斜面有损伤	送修
		（2）弹匣抱弹口损伤或有异物	检查弹匣
		（3）弹匣后挂磨损	更换弹匣
空膛	枪机后坐不能推下一发弹进膛	（1）机匣、机体导轨损伤或有异物	擦拭或送修
		（2）弹匣内有异物，造成供弹不及时	擦拭或送修
		（3）导气孔有脏物或火药残渣	铰刀清洗导气孔
		（4）导气孔堵塞	
不击发	枪弹进膛后，扣扳机不能推下一发弹进膛	（1）扳机与扳机拉杆未扣住	重新结合
		（2）扳机拉杆与扳机本体挂销滑脱	
		（3）单、连发阻铁过高未能解脱击锤	送修
		（4）扳机本体凸台磨损	
不发火	扣扳机解脱击锤枪弹不能射出	（1）击针断或击针磨损过大	送修更换
		（2）击锤簧失效，打击击针力度不够	
		（3）枪弹失效过期	换一发弹
不抽壳	射击过程中弹壳滞留膛内	（1）弹膛损伤或有异物	先用通条从枪口捅出弹壳
		（2）拉壳钩损伤	
		（3）拉壳钩簧失效	
备注	枪支出现故障，不能排除时，应及时上报送修，绝不允许乱打蛮干。射击过程中出现故障，应先关上保险，卸下弹匣		

三、64 式手枪

（一）战斗性能和主要诸元

1. 战斗性能

64 式手枪是单发射的短枪，是近距离歼敌的自卫武器，体积小、重量轻，便于隐蔽携带，受地形环境制约小，反应快，便于在狭小空间对敌实施隐蔽、迅速、突然的攻击。64 式手枪在 50 米内射击效果最好，弹头飞到 305 米仍有杀伤力。战斗速度每分钟约 30 发。64 式手枪使用 64 式手枪弹，在 25 米的距离上能射穿 2 毫米厚的钢钣、7 厘米厚的木板、4 厘米厚的砖墙、25 厘米厚的土层。

2. 主要诸元

口径	7.62 毫米
枪全重	0.56 千克
装满子弹的弹匣重	0.09 千克
枪全长	155 毫米
弹头最大飞行距离	800 米
瞄准基线长	117.2 毫米
子弹重	7.5 克
弹头重	4.8 克
初速	305 米/秒
弹匣容量	7 发

（二）各部机件的名称、用途和半自动原理

1. 各部机件的名称和用途

64 式手枪由枪管、套筒、复进簧、套筒座、击发机和弹匣六大部机件组成（见图 6－4）。另有附品。

（1）枪管。

枪管：用以赋予弹头飞行方向。

枪管的内部是枪膛，枪膛分为弹膛和线膛。弹膛用以容纳子弹，弹膛内有四条左旋凹线，用以利用弹壳膨胀密闭弹膛。线膛能使弹头在前进时旋转运动，以保持飞行的稳定性，线膛内有四条右旋转膛线（阴膛线），两条膛线间的凸起部分是阳膛线，两条相对阳膛线之间的距离是枪的口径。

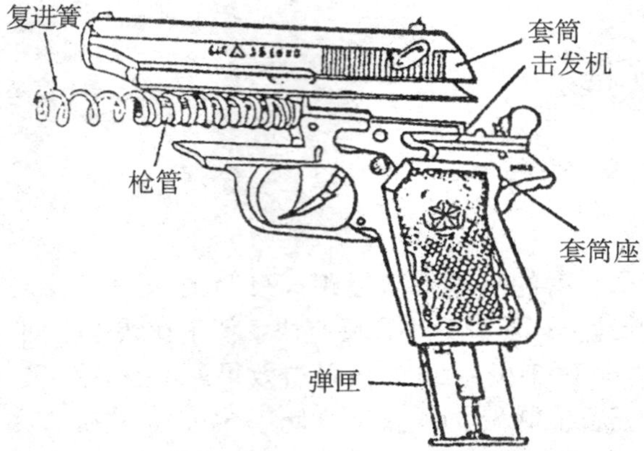

图 6－4　64 式手枪的大部机件

（2）套筒。

套筒：用以容纳枪管和复进簧。

套筒外有：准星和缺口，用以瞄准；保险机，限制击锤打击针，扳到上方位置为保险。

套筒内有：枪机，用以送弹、击发和退壳，并能使击锤向后成待发状态；枪机上有击针、弹底巢、抓弹钩和膛内指示器；导棱，用以与套筒座相连接；复进簧巢，用以容纳和规正复进簧。

（3）复进簧。

复进簧：用以使套筒回到前方位置。

（4）套筒座。

套筒座：用以连接套筒和枪管，容纳击发机和弹匣，使用时便于握持。

套筒座上有：套筒阻铁，能使套筒停在后方位置；套筒阻铁上有拨壳凸笋，射击时用以抛出膛内子弹或弹壳；导槽，用以连接套筒，套筒座上还有枪管固定座、弹匣卡笋、扳机护圈和握把。

（5）击发机。

击发机：用以与套筒相互作用形成待发和击发。

击发机上有：击锤，用以打击击针；击发阻铁，用以使击锤成待发状态；击发阻铁上有解脱钩，在击锤成待发状态时，关上保险能使击锤向前成保险状态；扳机，用以击发。

扳机拉杆上有拨动子，用以使击发阻铁向上脱离击锤形成击发，或当击锤位于前方位置时拨动击锤向后到一定位置再向前形成击发，以及在枪机的作用下若不松开扳机，就不能再次实施击发。

（6）弹匣。

用以容纳和托送子弹。由弹匣体、弹匣盖、托弹钣簧、托弹钣、侧齿等组成。托弹钣上的凸齿或侧齿能在弹匣内无子弹时顶起套筒阻铁，使套筒停在后方位置。

附品：用以分解结合、擦拭上油和携带。附品包括通条、保险带和枪套等。

2. 半自动原理

扣扳机后，击锤打击击针，撞击子弹底火，点燃发射药，产生火药气体，推送弹头沿膛线向前运动；同时通过弹底将动量传给套筒，套筒后坐，完成开锁、压倒击锤、压缩复进簧、抛壳并后坐到位。由于复进簧的伸张，推套筒向前运动，推送次一发子弹入膛并完成闭锁。此时，由于击发阻铁限制，击锤不能向前打击击针。若再次发射，必须先松开扳机，再扣扳机。

3. 分解结合

（1）分解结合的目的。

分解结合是为了擦拭、上油、检查和排除故障。

（2）分解结合的要求。

①分解前必须验枪。

②分解结合应按顺序和要领进行，不要强敲硬卸。

③分解下来的机件应按次序放置在干净的物体上。

④除所讲的分解内容外，未经许可，不准分解枪支的其他机件。

（3）分解。

①取出弹匣。

右手握握把，拇指按压弹匣卡笋，左手取出弹匣。

②卸下套筒。

右手握握把，左手将扳机护圈前端向下拉出并稍微推向一侧，抵在套筒座上。然后，左手握套筒向后推到定位，再将套筒后部向上抬起，借复进簧的伸张力，向前卸下套筒。

③取下复进簧。

右手握握把，左手取下复进簧。

（4）结合。

①装上复进簧。

右手握握把，左手将复进簧较小的一端套在枪管上，并向后推到定位。

②装上套筒。

先检查扳机护圈是否拉出，套筒阻铁是否到位，然后右手握握把，左手握套筒，先使复进簧进入复进簧巢内，用力推套筒向后到定位，稍压套筒后部，使套筒座的导棱进入导槽，借复进簧的伸张力，使套筒回到前方位置。然后右手拉起扳机护圈前端放入缺口内。

结合后，拉送套筒数次，检查机件结合是否正确。

③装上弹匣。

右手握握把，左手握弹匣，使弹匣口向上，弹匣盖平面向后，装上弹匣，关上保险。

4. 子弹

子弹（见图6－5）由弹头、弹壳、底火和发射药组成。弹头，用以杀伤敌人的有生力量；弹壳，用以容纳发射药，安装弹头和底火；底火，用以点燃发射药；发射药，用其燃烧后产生的火药气体推送弹头前进。

教练弹：主要用以练习装弹、退弹、击发等动作，其外形、重量与实弹相似，无发射炸药，底火为橡皮制成（底火为黄铜色时，其底部向内凹陷）。

图6－5　64式手枪子弹

5. 爱护、保管和检查

（1）爱护武器的要求。

爱护武器、子弹是军官、士兵的重要职责，是一项经常性的战备措施，也是预防故障的有效方法。为此，必须做到勤检查、勤擦拭，不碰摔、不生锈、不损坏、不丢失，使武器、子弹经常保持完好状态。

（2）保管使用规则。

①手枪平时应关上保险，放在枪套内。在一般情况下，弹匣内不装子弹。

②行军、作战和训练时，应尽量避免武器沾上污物，严禁使用武器击、碰、砸、撞、顶其他物体。

③在潮湿和沿海地区应特别注意防止机件和子弹生锈。

④射击练习时，应安装教练弹，以防损坏击针和击针销。

（3）擦拭上油。

①擦拭时机和要求。

手枪射击后，应用浸透油或碱水（肥皂水）的布擦（洗）净烟渣、污垢，并用干布擦净后再上油，在以后三四天内应每天擦拭一次；作战训练后，应适时地用干布、油布进行擦拭；不经常使用时，每周至少擦拭一次。在严寒的室外将枪带到室内时，应待出水珠后再擦拭，枪被海水浸湿或遭受毒剂、放射性物质沾染后，应先用淡水冲洗后再擦拭上油。

②擦拭上油的方法。

擦拭前，应分解武器并准备好擦拭用具。

擦拭枪膛时，先在通条孔内穿上布条，然后，由枪管后端插入枪膛，沿枪膛全长来回擦拭，擦净后再涂油。

擦拭其他机件时，应先擦净表面的烟渣和污垢，对孔、槽、沟等细小部位可用竹（木）签缠上布进行擦拭，然后涂上一层薄薄的油。

（4）检查。

①检查外部。

金属部分是否有污垢、锈痕和碰伤；各部机件号码是否一致；缺口上的刻线与矫正结果是否一致。

②检查枪膛。

认真检查枪膛是否有污垢、生锈和损伤。

③检查机能。

装上数发教练弹，拉套筒数次，检查送弹、击发、退壳及保险时各部机能是否正常。

④检查附品和子弹。

检查附品是否完好齐全，子弹有无生锈、凹陷、裂缝，弹头是否松动。

6. 预防和排除故障

（1）预防故障的措施。

①严格按照规定使用和保管武器、子弹，对有毛病的机件应及时送修，有毛病的子弹禁止使用。

②战斗中应抓住时机擦拭武器，并向活动部分注油。

③在寒冷的条件下使用武器时，不能过多上油，以防止冻结，影响机件活动。在寒冷地区，入冬后应换用冬季枪油，并彻底清除夏季枪油。在装弹前，应先将套筒拉送数次或向活动部分注少量汽油、煤油或酒精。

（2）排除故障的方法。

射击中，若发生故障，通常应拉套筒向后，重新装弹继续射击，如仍然有故障，应迅速查明原因，及时排除。可能发生的故障现象及原因和排除方法（见表6－4）。

表6－4 故障发生的现象、原因及排除方法

故障现象	故障原因	排除方法
不送弹	（1）弹匣过脏或损坏 （2）子弹变形	（1）擦拭或更换弹匣 （2）更换子弹
套筒未前进到定位	（1）弹膛、套筒、复进机过脏或复进簧弹力不足 （2）子弹或弹匣口变形	（1）推套筒到定位重新射击 （2）擦拭过脏机件或更换复进簧 （3）更换子弹或弹匣
不发火	（1）子弹底火失效 （2）击针损坏，击针簧弹力不足	（1）重新击发，如仍不发火则应更换子弹 （2）修理或更换击针和击针簧
不退壳	（1）子弹、套筒或弹膛过脏 （2）抓弹钩、抓弹钩簧过脏或损坏	（1）取出弹匣，拉套筒向后用通条捅出弹膛内的弹壳 （2）擦拭过脏机件或子弹 （3）修理或更换抓弹钩、抓弹钩簧
滑机	击发阻铁磨损，击发阻铁簧弹力不足或损坏	修理或更换击发阻铁和击发阻铁簧

第二节 简易射击学理

一、发射和后坐

（一）发射及其过程

火药气体压力将弹头从膛内推出去的现象，叫发射。其过程为：击针撞击子弹底火，使起爆药发火，火焰通过导火线引燃发射药，产生大量火药气体，在膛内形成很大的压力，迫使弹头脱离弹壳，沿膛线旋转加速前进，直至推出枪口。

（二）后坐

发射时，武器向后运动的现象，叫后坐。

1. 后坐的形成

发射药燃烧时，产生的气体同时作用于各个方面，作用于膛壁周围的压力被膛壁所抵消；向前作用于弹头后部的压力推送弹头前进；向后作用于弹壳底部的压力经过枪机传给整个武器，使武器向后运动，形成后坐。武器的后坐和弹头的

运动是同时开始的。在弹头脱离枪口的瞬间，大量的火药气体随弹头后部从膛内向外喷出，形成了反作用力，使武器后坐更加明显。

2. 后坐对命中的影响

后坐对单发（连发首发）射击的命中影响很小。因为弹头在膛内运动的时间极短（约四分之一秒），而枪比弹头重得多（冲锋枪、半自动步枪是弹头重叠的400倍以上），所以弹头在脱离枪口以前，枪的后坐距离只有一毫米，而且是正直向后运动的，加之衣服和肌肉的缓冲，射手是感觉不出来的。射手能感觉到的后坐，主要是在弹头脱离枪口的瞬间，火药气体猛烈向枪口外喷出，从而形成的反作用力造成的。此时弹头已脱离枪口，因此，后坐对单发（连发首发）射击的命中影响极小。后坐对连发射击的命中有一定影响。因为连发射击时，第一发子弹发射后，枪的后坐明显变动了原来的瞄准线，所以对第二发以后的射弹命中有一定影响。但只要射手据枪要领正确，适应连发武器射击时后坐的规律，就能减小后坐对连发命中的影响，提高射击精度。

3. 枪管的堪抗力和寿命

（1）膛壁承受枪膛内一定火药气体的压力而不变形的能力，称为枪管堪抗力。枪管的堪抗力取决于膛壁的厚度和枪管所用材料的质量。

枪管都具有一定的备用堪抗力，这使它能承受比最大膛压多半倍到一倍的压强。如半自动步枪的最大膛压为275 565 千帕（2 810 千克/平方厘米），而枪管堪抗力为539 330 千帕（5 500 千克/平方厘米），其备用堪抗力为263 765 千帕（2 600 千克/平方厘米），超过最大膛压近一倍。

射击时，枪管内如塞有杂物（如布条、沙子、泥土、弹头等），就会影响弹头的运动，使膛压超过枪管的堪抗力，这时枪管就会产生膨胀或炸裂现象。

（2）枪管的寿命。枪管能正常发射一定数量子弹的能力，称为枪管寿命。超过此数量，枪膛就会磨大，而使射弹散布显著增大，初速减小，弹头飞行不稳定。步机枪管寿命为：56 式半自动步枪 6 000 发，冲锋枪 15 000 发，班用轻机枪 25 000 发，53 式重机枪 12 500 发（一根枪管）。

为防止枪管膨胀或炸裂，延长枪管的寿命，必须注意爱护枪膛，做到射击前认真检查枪膛内有无杂物，射击后及时将膛内的烟渣擦拭干净。

二、弹道的形状及实用意义

（一）弹道

1. 弹道及其形状

弹头运动过程中，其重心所经过的路线，叫弹道。弹头脱离枪口后，如果没有地心引力和空气阻力的作用，它将保持其所获得的速度，沿着发射线进行无止境的匀速直线飞行。

实际上，弹头脱离枪口在空气中飞行时，同时受到了地心引力和空气阻力的作用，因此弹道不可能成为一条直线。由于上述两个原因，弹头在空气中飞行，一方面受到地心引力的作用，逐渐下降；另一方面受到空气阻力的作用，越飞越慢，因此形成一条不均等的弧线。升弧较长较直，降弧较短较弯曲（见图6-6）。

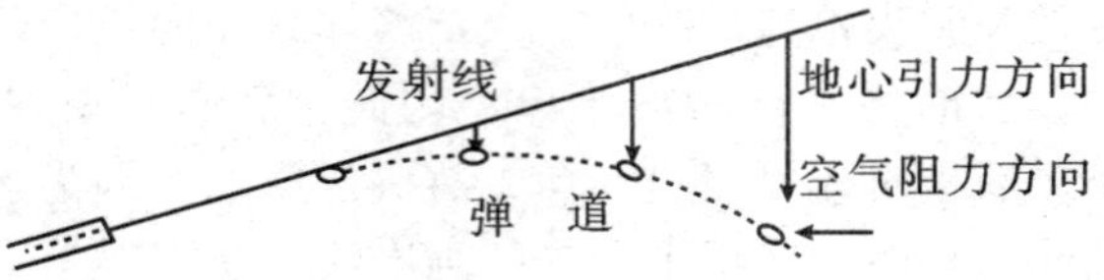

图6-6　弹道的形状

2. *弹道基本要素*

弹道基本要素见图6-7。

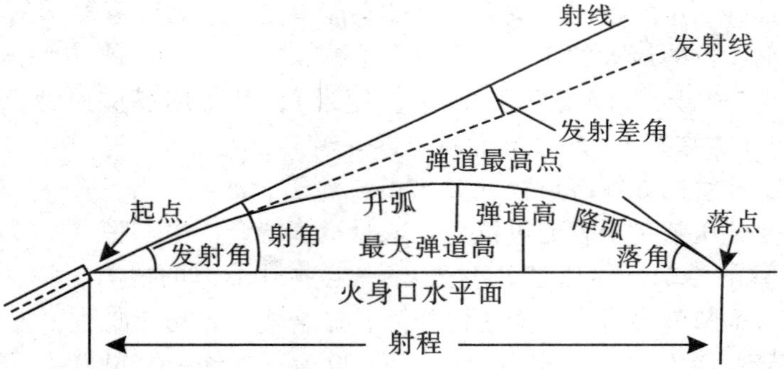

图6-7　弹道基本要素

弹道：弹头运动中，其重心所经过的路线。

起点：火身口中心点（外弹道开始点）。

火身口水平面：通过起点的水平面。

射线：发射前火身轴线的延长线。

射角：射线与火身口水平面所形成的夹角。

发射角：发射线与火身口水平面所形成的夹角。

发射差角：射线与发射线的夹角。

发射线：发射瞬间火身轴线的延长线。

落点：弹道降弧与火身口水平面的交点（射表落点）。
弹道最高点：火身口水平面上弹道最高的一点。
升弧：由起点到弹道最高点的弹道。
降弧：由弹道最高点到落点的弹道。
弹道高：弹道上任何一点到火身口水平面的垂直距离。
最大弹道高：弹道最高点到火身口水平面的垂直距离。
弹道切线：弹道上任意一点的切线。
落角：落点的弹道切线与火身口水平面的夹角。
射程：由起点到火身口水平面落点的水平距离。

（二）直射

1. 直射和直射距离

瞄准线上弹道高在整个表尺距离上不超过目标高的射击，叫直射。这段距离，叫直射距离。

2. 直射距离的求法

直射距离的大小，取决于目标的高低和弹道的低伸程度。目标越高，弹道越低伸，直射距离就越大；目标越低，弹道越弯曲，直射距离就越小（见表6－5）。

表6－5　各种枪对主要目标射击的直射距离（概略值）

枪种	人头目标高（30厘米）	人胸目标高（50厘米）	半身目标高（100厘米）	跃进目标高（150厘米）
冲锋枪、半自动步枪、班用机枪	200米	300米	400米	500米
重机枪	300米	400米	500米	600米
附注	40火箭筒对坦克射击的直射距离为300米			

3. 直射的实用意义

对在直射距离内的目标进行射击时，瞄准目标下沿，不变更表尺分划即可进行连续射击，以增大战斗射速，提高射击效果。

直射可以弥补测量距离的误差对命中的影响。如人胸目标距离250米，冲锋枪手误测为300米，装定表尺“3”射击，离在250米处的弹道0.21米，没有超过目标高，目标仍能被杀伤。

指挥员利用直射的原理，组织侧射、斜射、短停射击和夜间标定射击，均能获得良好的效果。例如短停射击是以人胸目标的直射距离为依据的。因此短停射击的距离不超过300米（重机枪400米），目标在此距离内都可被杀伤；侧射是以跃进目标为依据的，因此侧射的距离不超过500米（重机枪600米），在此距离上可杀伤向自己冲击的跃进目标。

反坦克火器在直射距离内对敌装甲目标进行射击，效果更好。

（三）危险界、遮蔽界和死角

1. 危险界

危险界分为表尺危险界与实地危险界。瞄准线上的弹道没有超过目标高的部分，称为表尺危险界；在实际地形上弹道高没有超过目标高的一段距离，称为实地危险界。

决定危险界大小的条件：

（1）弹道低伸程度。对同一地形上的同一目标进行射击时，弹道越低伸，实地危险界越大；反之越小（见图6－8）。

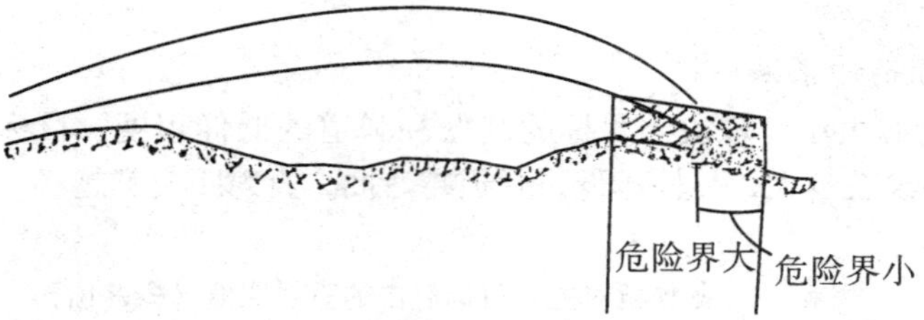

图6－8　弹道形状与实地危险界的关系

（2）目标的高低。用同一武器对同一地形上的不同目标射击，目标越高，实地危险界越大；反之越小。

（3）目标所在位置的地貌。用同一武器对同一种目标射击，目标所在的位置的地貌与弹道形状越相一致，实地危险界越大；反之越小。

2. 遮蔽界和死角

从弹头不能射穿的遮蔽物顶端到弹着点的一段距离，叫遮蔽界；目标在遮蔽界内不会被杀伤的一段距离，叫死角。遮蔽界内包括死角和危险界（见图6－9）。

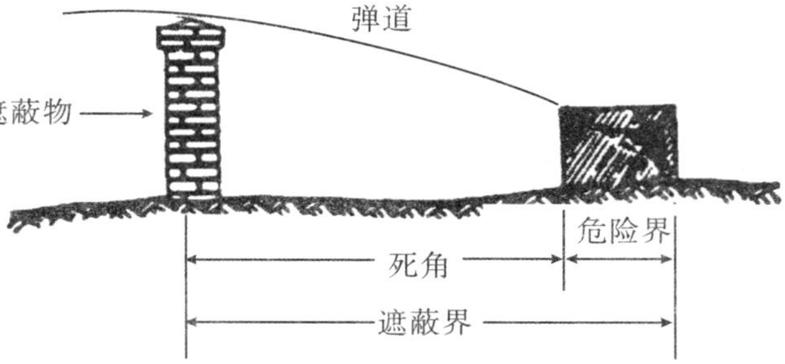

图6－9 遮蔽界和死角

遮蔽界和死角的大小是由遮蔽物的高低和落角的大小决定的。死角的大小还取决于目标的高低（见图6－10、图6－11、图6－12）。

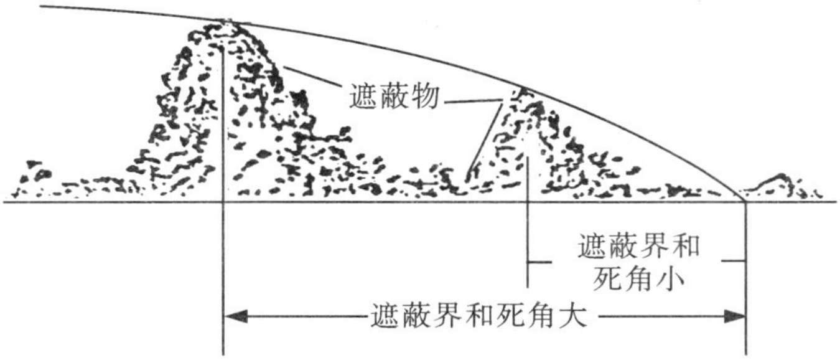

图6－10 遮蔽物高低与遮蔽界和死角的关系

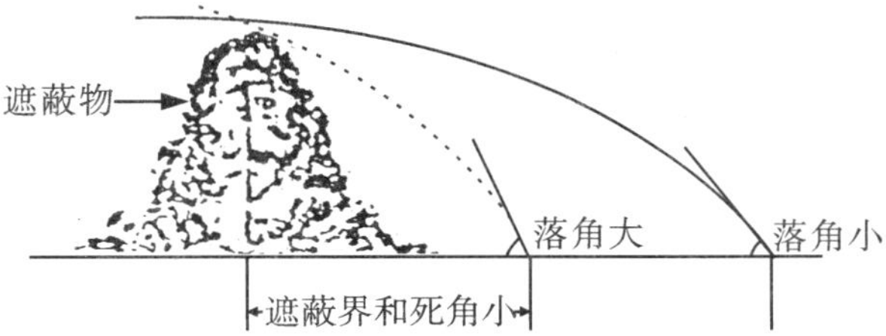

图6－11 落角大小与遮蔽界和死角的关系

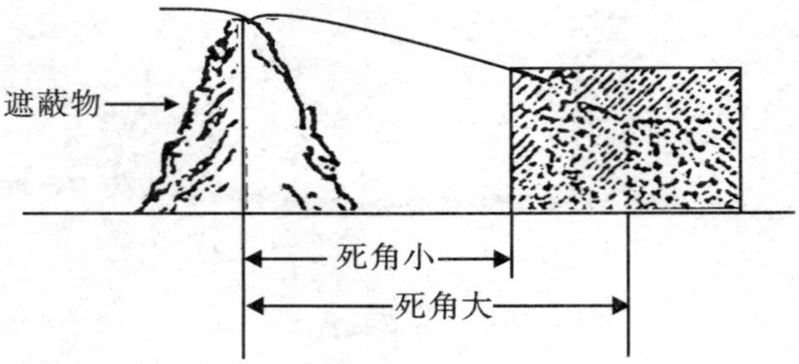

图 6－12　目标高低与死角的关系

同一弹道，同一目标，遮蔽物越高，遮蔽界和死角就越大；反之越小。

同一遮蔽物，同一目标，落角越小，遮蔽界和死角就越大；反之越小。同一遮蔽物，同一弹道，目标越高，死角越小；反之越大。

了解危险界、遮蔽界和死角的实用意义，是为了能在战斗中更好地隐蔽身体，发挥火力，灵活地利用地形地物隐蔽地运动、集结和转移，以避开或尽量减小敌人火力的杀伤；在组织火力联系时，就能正确选择射击位置和组织火力，千方百计地增大敌人的危险界和减小地带内敌人的遮蔽界和死角，并善于运用弯曲弹道和各种武器的侧射、斜射火力消灭隐蔽在遮蔽界和死角内的敌人。

三、选定表尺分划和瞄准点

（一）瞄准具的作用

由于地心引力和空气阻力的作用，如果用枪管瞄向目标射击，射弹就会打低打近。

为了命中目标，必须将枪口抬高，使火射轴线与瞄准线之间形成一定的角度，即瞄准角（见图 6－13）。

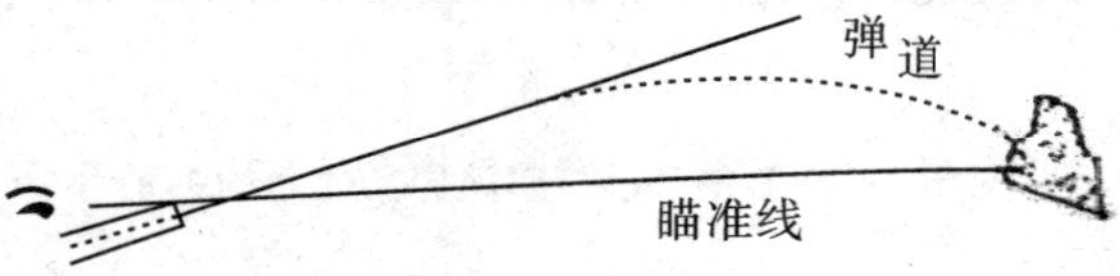

图 6－13　抬高枪射击的景况

瞄准角的大小，是根据射弹在不同距离上的降落量来确定的。距离越远，降落量越大，所需的瞄准角也就越大；距离越近，降落量越小，所需的瞄准角也就越小（见图 6－14）。

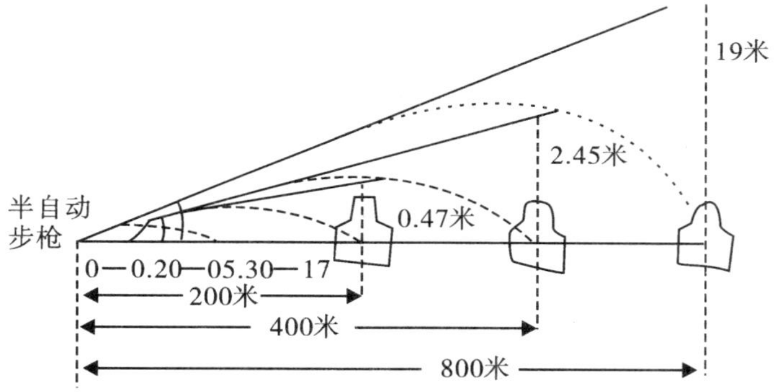

图 6－14　射击距离与瞄准角的关系

瞄准是根据上述原理设计而成的。由于缺口沿到火身轴线的高度大于准星尖到火身轴线的高度，射击时，是通过缺口上沿中央和准星尖的平正关系来对目标进行瞄准的。因此，用瞄准具瞄准时，就抬高了枪口，使火力轴线与瞄准线之间构成了一定的瞄准角（见图 6－15）。表尺位置高，瞄准角就大，相应的射击距离就近。各种枪的表尺都刻有不同的表尺（距离）分划，改变表尺（距离）分划，就是改变表尺的高低位置，实际上也就是在确定瞄准角。

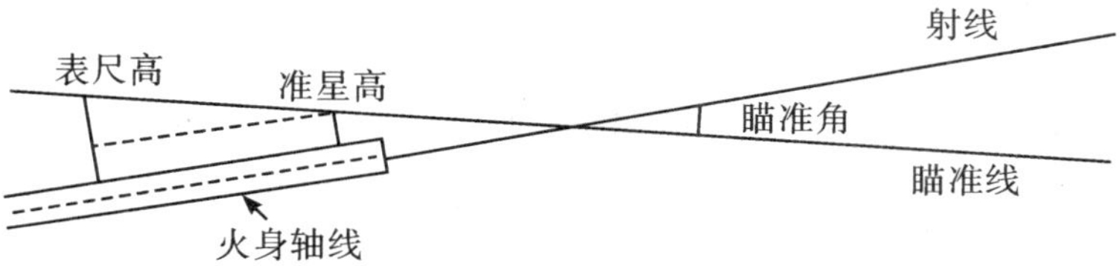

图 6－15　瞄准角的构成

由此可见，瞄准具的作用，就是对一定距离上的目标进行射击时赋予武器相应的瞄准角和射向。射击时，只要按照目标的距离装（选）定相应的表尺分划瞄准射击，就能命中目标。因此，正确地选定表尺分划，对准确命中目标有着决定性的意义。

（二）瞄准要素（见图6－16）

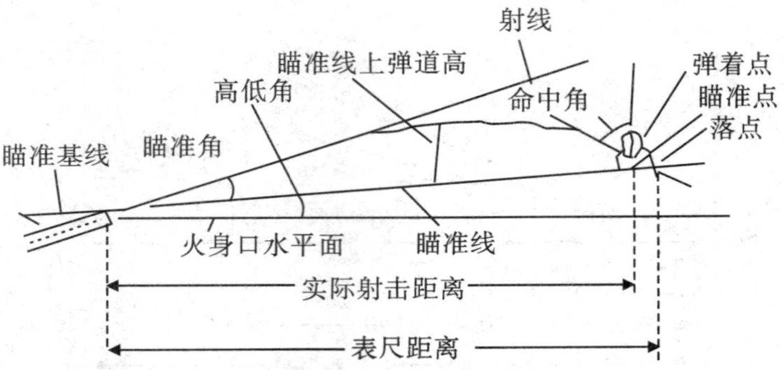

图6－16　瞄准要素

瞄准基线：缺口的上沿中央到准星尖的直线。

瞄准线：视线通过缺口上沿中央和准星尖的延长线。

瞄准点：瞄准线所指向的一点。

瞄准角：射线与瞄准线的夹角。

高低角：瞄准线与火身口水平面的夹角（目标高于火身口水平面时，高低角为“＋”，目标低于火身口水平面时，高低角为“－”）。

瞄准线上弹道高：弹道上任何一点到瞄准线的垂直距离。

落点：弹道降弧与瞄准线的交点。

弹着点：弹道与目标表面或地面的交点。

命中角：弹着点的弹道切线与目标表面或地面所夹的角。命中角通常以小于90度的角计算。

表尺距离：起点到落点的距离。

实际射击距离：起点到弹着点的距离。

（三）选定表尺分划和瞄准点

为了使射弹准确地命中目标，射击时，射手应根据目标距离的大小和武器的弹道高，正确地选用表尺分划和瞄准点（见表6－6），其方法如下：

1. 定实距离表尺分划，瞄准目标中央

目标距离为百米整数时，可根据目标的距离装定相应的表尺分划，瞄准点选在目标中央。如81式自动步枪（56式冲锋枪）对100米距离上人胸目标射击时，定表尺“1”；56式班用轻机枪对150米距离上半身目标射击时，定表尺

"1.5"。此时，瞄准目标中央射击，即可命中目标中央。

2. 定大于或小于实距离表尺分划，适当降低或提高瞄准点

目标距离不是百米整数时，通常选用大于实际距离的表尺分划。根据武器在该距离上的弹道高，相应降低瞄准点射击。如 81 式班用轻机枪在 250 米距离上对人胸目标射击时，定表尺"3"，在 250 米处的弹道高为 19 厘米，这时，瞄准目标下沿中央射击，即可命中。

表 6－6 瞄准线上的平均弹道高

枪种	表尺	距离（米）与弹道高（厘米）														
		50	100	150	200	250	300	350	400	450	500	550	600	650	700	800
自动步枪	1	1	0	－7												
	2	6	11	9	0	－18										
	3	14	27	33	31	21	0	－33								
	4	24	47	63	72	72	61	38	0	－55						
	5	38	73	103	125	138	140	130	105	63	0	－86				
班用轻机枪	1	1	0	－7												
	2	13	24	30	28	19	0	－30								
	3	22	43	57	65	65	55	34	0	－50						
	4	34	66	93	112	124	126	117	94	56	0	－78				
	5		100		170		220		210		150		0		－250	
	6		130		240		320		360		330		220		0	－340

四、风、阳光、气温对射弹的影响及修正

（一）风对射弹的影响及修正

风是一种具有速度和方向的气流，它能改变射弹的飞行方向和距离。在各种外界条件中，风对射弹的飞行影响最大，因此必须准确地判定风向和风力，根据风对射弹的影响进行修正，以保证射弹准确命中目标。

1. 风向和风力的判定

（1）风向的判定（见图 6－17）。

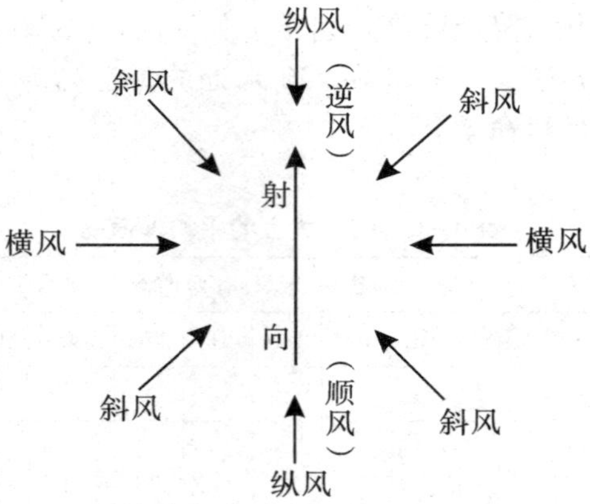

图 6－17　风向的判定

按风吹的方向和射击方向所形成的角度可分为横风、斜风和纵风。

横风：从左（右）向右（左）与射向成 90 度角吹的风。

斜风：与射向成锐角（小于 90 度）吹的风。射击时，通常以与射向成 45 度角的风计算。风向与射向成 60 度角时，可按横风计算，小于 30 度角时可按纵风计算。

纵风：从后或前与射向平行吹来的风。顺射向吹的风为顺风；逆射向吹的风为逆风。

（2）风力的判定（见表 6－7）。

在气象学上把风划分为 12 个等级，在军事上为了便于区分和应用，按风力的大小划分为强风、和风和弱风 3 个等级。风力的大小，可用测风仪测出，也可根据人的感觉和常见物体被风吹的景况来判定。为了便于记忆和运用，将风力判定归纳成如下口诀："风力有大小，和风作比较。迎风能睁眼，耳听呼声响。炸烟成斜角，草弯树枝摇。海面起轻浪，旗帜随风飘。强风比它大，弱风比它小。"

表 6－7　风力（风速）判定表

风力			人的感觉
分类	级别	速度	
弱风	2 级	2～3 米/秒	面部和手稍微感到有风在吹
和风	3～4 级	4～7 米/秒	明显地感到有风，风吹过耳边时呼呼响，面对风可睁开眼
强风	5 级以上	8～12 米/秒	迎风站立和行走明显地感到有阻力，尘土飞扬，面对风感到睁眼困难

在判定风向、风力时应注意，不同地形，风向、风速的变化不同。如高处和低处不一样，背风处和风口处不一样，这种差异在山谷处更明显。必须根据地形条件，灵活运用。

2. 风对射弹的影响及修正（见图 6－18、表 6－8）

（1）横（斜）风对射弹的影响及修正。

横（斜）风能对弹头的侧面施以压力，使射弹偏向一侧，产生方向偏差（斜风还能使射弹产生距离偏差，因偏差很小，故不作考虑）。风力越大，距离越远，偏差也就越大。风从左吹来，射弹偏右；风从右吹来，射弹偏左。

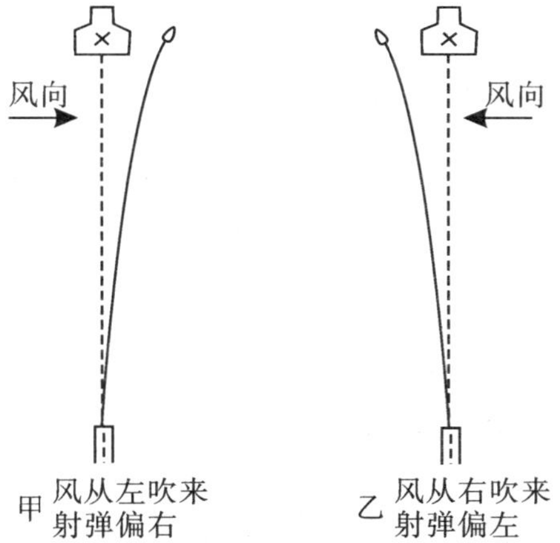

图 6－18　横风对射弹的影响

表 6-8　横和风修正量表

距离（米）	冲锋枪、半自动班用轻机枪		81 式自动步枪班用轻机枪
	米	人体	人体
200	0.14	$\frac{1}{4}$	$\frac{1}{4}$
300	0.36	$\frac{1}{2}$	$\frac{1}{4}$
400	0.72	$1\frac{1}{2}$	$1\frac{1}{2}$
500	1.2	$2\frac{1}{2}$	$2\frac{1}{2}$
600	1.8	$3\frac{1}{2}$	$3\frac{1}{2}$

在进行各种射击时，为了使射弹能够准确命中目标，必须根据射弹受风影响的偏差量，将瞄准点向风吹来的方向修正。修正时以横方向的和风修正量为准。强风加一倍，弱风减一半。斜方向的强（和或弱）风，应按横方向的强（和或弱）风修正量减一半。修正量从预期命中点算起，偏差多少，就修正多少。

为了便于记忆，表中修正量（人体）可归纳为：距离 200 米，修正四分之一人体，表尺“3”“4”“5”减去 2.5，强风加一倍，弱斜各减半。

例 1：对 200 米距离上的目标进行射击，强风从左吹来，如何修正？

解：对 200 米距离上的目标进行射击时，根据口诀横和风应修正四分之一人体，强风加一倍则为

$\frac{1}{4}+\frac{1}{4}=\frac{1}{2}$（人体）

也可按表求出，即 $0.14\times2=0.28$（米），约半个人体。所以瞄准点应向左修正半个人体。

例 2：对 500 米距离上的目标进行射击时，风以 2～3 米/秒的速度从右吹来，如何修正？

解：①目标距离 500 米，应定表尺“5”。按口诀计算，横和风的修正量为：$5-2.5=2.5$（人体）

②风速 2～3 米/秒为弱风应减一半。即

$$2.5-\frac{2.5}{2}=1.25\text{（人体）}$$

③右前吹来的风为斜风应再减一半。即

$$1.25-\frac{1.25}{2}=0.63\text{（人体）}$$

所以，瞄准点应向右修正约半个人体。

对 300 米距离上的目标进行射击时，用口诀计算的修正量与表 6－8 中的人体修正量稍有差别，对射击精度影响不大，均可运用。

为了运用方便，根据不同距离上的距离修正量，将在横和风条件下，对 400 米内目标进行射击时的瞄准情况归纳成如下口诀：“一百不用修，二百瞄耳线，三百瞄边沿，四百边接边。”（见图 6－19）

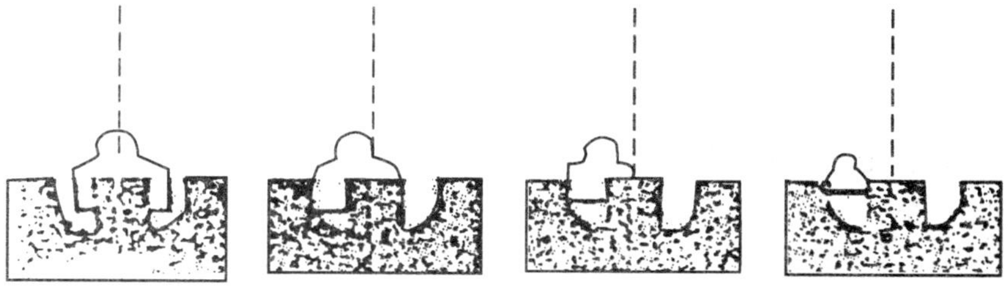

图 6－19　横和风时的修正景况

（2）纵风对射弹的影响及修正。

纵风能影响射弹的飞行距离。顺风时，空气阻力较小，使射弹打远（高）；逆风时，空气阻力较大，使射弹打近（低）。但在近距离内，风速为 10 米/秒时，纵风对射弹影响很小，一般可不作修正。如 81 式自动步枪和班用轻机枪在 400 米上的距离修正量为 3 米，高低修正量为 2 厘米。因此在 400 米内，风速小于 10 米/秒，可不作修正。如对远距离目标进行射击时，应适当降低或提高瞄准点。

（二）阳光对瞄准的影响及克服方法

1. 阳光对瞄准的影响

在阳光下瞄准时，由于阳光的照射作用，缺口部分产生虚光，形成三层缺口：虚光部分、真实部分、黑实部分（见图 6－20）。如不注意辨清真实缺口位置，就容易产生误差，使射弹产生偏差。

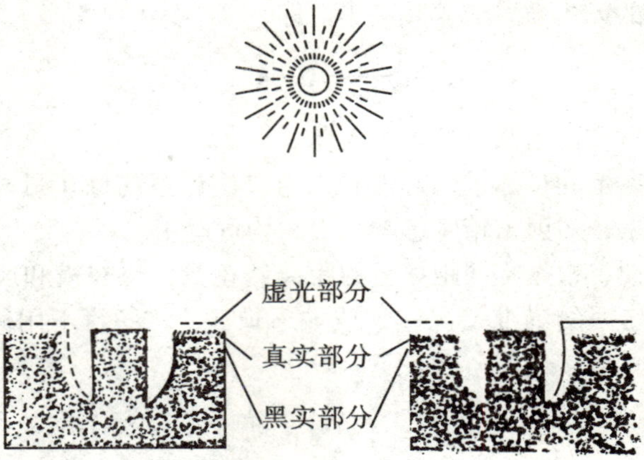

图 6－20　缺口部分产生虚光，形成三层缺口

（1）若用虚光瞄准，射弹就偏向阳光照来的方向（见图 6－21）。阳光从上方照来时，缺口左边和上沿产生虚光，用虚光部分瞄准，准星实际偏右高，因此射弹偏右上。阳光从左上方照来时，用虚光部分瞄准，射弹则偏左上。

图 6－21　用虚光部分瞄准，射弹偏向阳光照来的方向

（2）若用黑实部分瞄准，射弹就偏向阳光照来的相反方向（见图 6－22）。阳光从右上方照来时，用黑实部分瞄准，准星实际上偏左低，因此射弹偏左下。阳光从左上方照来时，射弹则偏右下。

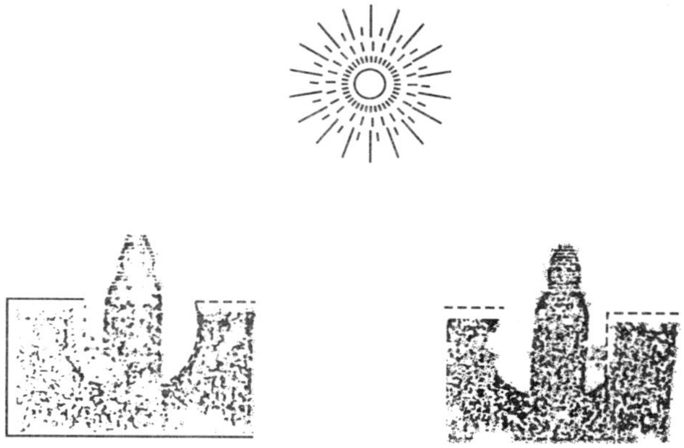

图 6－22　用黑实部分瞄准，射弹偏向阳光照来的相反方向

（3）在阳光照射下，缺口和准星尖同时产生虚光时，若用虚光部分瞄准，射弹偏低；若用黑实部分瞄准，射弹偏高。

2. 克服的方法

（1）可在不同方向的阳光照射下瞄准，采取遮光瞄准不遮光检查，或不遮光瞄准遮光检查的方法，反复练习，辨清真实缺口的位置和正确瞄准的景况。辨别真实缺口的简易口诀："不用黑、不用白，真实缺口是灰白。"

（2）平整准星尖与缺口要细致，但瞄准时间不宜过长，以免因眼花而产生误差。

（3）平时要注意保护好瞄准具，不使其因被磨亮而反光。

（三）气温对射弹的影响及修正

1. 气温对射弹的影响

气温就是空气的温度。它随着天气的炎热程度和寒冷程度的变化而变化。气温发生变化时，空气密度也会随着改变，空气对射弹的阻力也就不同了。因此，气温可以影响射弹的飞行速度，使弹道的形状发生变化。

气温升高时，空气密度减小（稀薄），射弹在飞行中受到的空气阻力就小，射弹就打得远（高）。

气温降低时，空气密度增大（稠密），射弹在飞行中受到的空气阻力就大，射弹就打得近（低）。

2. 修正方法

由于各地区和各季节的气温不同，很难与标准气温（＋15℃）条件相符。因此，应在当时当地的气温条件下矫正武器的射效，并以矫正的气温条件为准。

射击时，若气温差别不大，在400米内对射弹命中的影响较小，则不必作修正。若气温差别很大或对远距离目标进行射击，应适当提高或降低瞄准点再进行射击。气温降低时，应提高瞄准点或增加表尺分划；气温升高时，应降低瞄准点或减少表尺分划（见表6-9）。

表6-9　气温修正量表

（单位：米）

距离	冲锋枪、半自动步枪、班用轻机枪		81式自动步枪、班用轻机枪	
	距离	高低	距离	高低
200	4	0.01	3	0.01
300	7	0.03	5	0.02
400	10	0.07	7	0.06
500	13	0.14	10	0.13
600	16	0.26	12	0.24

气温修正量可用公式求出：

距离（高低）修正量=气温差/10×气温每增减10℃时的距离（高低）修正量

例：81式轻机枪矫正射效时的气温为+25℃，现在-25℃的条件下，要对400米距离上的目标进行射击，应如何修正？

解：(1) 气温差为25℃-（-25℃）=50℃

(2) 查表求得：气温每增加10℃在400米的距离上修正量为7米；高低修正量为0.06米。

(3) 代入公式：

距离修正量 $=\frac{50}{10}\times 7=35$（米）

高低修正量 $=\frac{50}{10}\times 0.06=0.30$（米）

所以，射击时应增加半个表尺分划或提高瞄准点0.30米。

第三节 半自动步枪射击动作及对固定目标的射击

一、射击动作

（一）验枪

验枪是一项保证安全的重要措施，使用武器前后及必要时，均应验枪，认真检查弹膛和教练弹中有无实弹。验枪时严禁枪口对人。

口令："验枪""验枪完毕"。

动作要领：听到"验枪"口令后，右手将枪提起，以右脚掌为轴，身体半面向右转，左脚顺势向前迈出一步（两脚约与肩同宽），同时右手将枪向前送出；左手接握下护木，左大臂紧靠左肋，枪托贴于胯骨，枪刺尖约与肩同高；右手打开弹仓盖，移握机柄。

当指挥员检查时，拉枪机向后，验过后，自行送回枪机，关上弹仓盖，打开保险，扣扳机，移握枪颈。

听到"验枪完毕"口令后，右手移握上护木，身体半面向左转，在右脚靠拢左脚的同时，恢复持枪立正姿势。

（二）卧姿装退子弹及定复表尺

口令："卧姿——装子弹""退子弹——起立"。

动作要领：听到"卧姿——装子弹"口令后，右手将枪提起稍向前倾，左脚向右脚尖前迈出一大步（也可右脚顺脚尖方向迈出一大步），右手在左（右）脚尖前支地，顺势卧倒，以身体左侧、左肘支撑全身；右手将枪向目标方向送出；左手接握表尺下方，枪托着地，右手拉枪机到定位。解开弹袋扣，取出一夹子弹，插入弹夹槽，以食指或拇指将子弹压入弹仓，取出空弹夹，送弹上膛，将弹夹装入弹袋并扣好。右手拇指和食指捏压游标卡笋，移动游标，使游标前切面对正所需要的表尺分划。右手移握枪颈，全身伏地，两脚分开约与肩同宽，身体与射向成30度角，枪刺离地，目视前方准备射击。

听到"退子弹——起立"口令后，稍向左侧身，右手解开弹袋扣，打开弹仓盖，接住落下的子弹，装入弹袋，拇指拉机柄向后，食指和中指夹住从膛内退出的子弹，送回枪机，将子弹装入弹袋并扣好，关上弹仓盖，打开保险，扣扳机，关保险，复表尺，移握上护木，将枪收回；同时左小臂向里合，屈左腿于右腿下，以左手和两脚撑起身体，右脚向前一大步，左脚再向前一步，在右脚靠拢左脚的同时，恢复持枪立正姿势。

（三）跪姿装退子弹及定复表尺

口令："跪姿——装子弹""退子弹——起立"。

动作要领：听到"跪姿——装子弹"口令后，右手将枪提起，左脚向右脚前方迈出一步，左手将枪向目标方向送出；左手接握表尺下方，同时右膝向右跪下，臀部坐在右脚根上，左小腿略垂直，两腿略成90度角，左小臂放在左大腿上，枪刺尖约与肩同高；然后按要领装子弹，定表尺，右手移握枪颈，目视前方，准备射击。

听到"退子弹——起立"口令后，按要领退出子弹，打开保险，扣扳机，关保险，复表尺，右手移握上护木，左脚尖向外打开同时起立，在右脚靠拢左脚的同时，恢复持枪立正姿势。

（四）立姿装退子弹及定复表尺

口令："立姿——装子弹""退子弹"。

动作要领：听到"立姿——装子弹"口令后，右手将枪提起，以右脚掌为轴，身体大半面向右转，左脚顺势向前迈出一步（两脚与肩同宽，成外八字），体重落在两脚上，右手将枪向目标方向送出；左手紧握表尺下方，左大臂紧靠左肋，枪托贴于胯骨，枪刺尖约与眼同高；然后按要领装子弹，定表尺，右手移握枪颈，目视前方，准备射击。

听到"退子弹"口令后，按要领退出子弹，打开保险，扣扳机，关保险，复表尺，右手移握上护木，身体大半面向左转，在右脚靠拢左脚的同时，恢复持枪立正姿势。

二、对固定目标的射击

（一）据枪、瞄准、击发

据枪、瞄准、击发是相互联系和相互影响的动作。稳固持久地据枪，正确一致地瞄准，均匀正直地击发，三者正确地结合，是准确射击的关键。因此必须刻苦学习，熟练掌握。

1. 据枪

下护木放在依托物上，左肘向里合；右手握枪颈，食指第一节靠在扳机上，大臂略成垂直；两手协同将枪托确实抵于肩窝，头稍前倾，自然贴腮。

2. 瞄准

首先使瞄准线自然指向目标，若未指向目标，必须调整姿势，不可因迁就瞄准目标而强扭枪身。需要修正方向时，可左右移动身体或两肘。需要修正高低时，可前后移动整个身体或两肘里合、外张，也可适当调整依托物。

3. 击发

用右手食指第一节均匀正直地向后扣压扳机（食指内侧与枪应留有不大的空隙），余指力量不变。当瞄准线接近瞄准点时，开始预压扳机，并减缓呼吸。当瞄准线指向瞄准点时，应停止呼吸，继续增加对扳机的压力，直到击发，击发瞬间应保持正确一致的瞄准。若瞄准线偏离瞄准点和不能继续停止呼吸时，应既不增加也不放松对扳机压力，待修正或换气后，再继续扣压扳机。

（二）据枪、瞄准、击发常犯的毛病及纠正方法

1. 抵肩位置不正确

射击时，射手若不能正确地抵肩，会使射弹产生偏差。在通常情况下，抵肩过低，易打低；抵肩过高，易打高。纠正时，射手要反复体会正确的抵肩位置，并通过他人摸、推的方法检查抵肩位置是否正确。

2. 两手用力不当

射击时，射手为了命中目标，往往以强力控制枪的晃动，造成肌肉紧张，用力方向不正、姿势不稳，使枪产生角度摆动，以致增大了射弹散布。纠正时，应强调据枪时正直向后适当用力，使用力方向和后坐方向一致。连发射击时，应保持姿势稳固，操枪力量不变。练习时，可采用据枪后由协助者向后推枪、拉枪机或射手两手向后引枪等方法，检查用力方向是否正确，发现偏差，及时纠正。自动武器射击应特别注意防止右手上抬、下压或向后引枪等毛病。

3. 击发时机掌握不好

无依托射击时，有的射手常常为了捕捉瞄准点，而勉强击发或猛扣扳机。纠正时，应使射手明白瞄准线的指向在瞄准点附近轻微晃动是正常现象。当瞄准线在瞄准点附近轻微晃动时，应适时击发。

4. 停止呼吸过早

射击时，停止呼吸过早易造成憋气，从而使肌肉颤动，据枪不稳或猛扣扳机。纠正时，应使射手反复体会在瞄准线指向瞄准点或在瞄准点附近轻微晃动时，自然停止呼吸的要领。在剧烈运动后，无法按正常情况停止呼吸时，应进行深呼吸后，再停止呼吸。

5. 耸肩、眨眼和猛扣扳机

射击时，射手过多地考虑枪响时机、点射弹数、射击成绩等因素，容易造成心情紧张，产生耸肩、眨眼和猛扣扳机等错误动作，影响射弹命中。纠正时，应强调按要领操作，把主要精力、视力集中在准星与缺口的正确关系上，达到自

然击发。

6. 枪面倾斜

瞄准时，如枪面偏左（右），射角减小，枪身轴线指向瞄准点左（右）边；射击时，弹着点偏左（右）下。纠正时，强调射手据枪应保持枪面平正。

（三）实弹射击有关规定和安全措施

1. 实弹射击有关规定

在进行实弹射击时，射手必须使用手中武器，如不使用手中武器，须经首长批准。

射击中如武器发生故障，射手应自行排除，继续射击。如果因武器、子弹发生故障，影响了射击，可重新进行射击。

跳弹命中靶子不计算成绩，对环靶射击，命中环线算内环。

打错靶算脱靶。被打错靶者如无法判明错弹时，可重新进行射击。

不及格者可补射一次。补射成绩不算入单位成绩。

2. 单位实弹射击成绩评定

优等：90% 以上射手的成绩在及格以上，并有 40% 以上的成绩为良好或优秀。

良好：80% 以上射手的成绩在及格以上，并有 40% 以上的成绩为良好或优秀。

及格：70% 以上射手的成绩在及格以上。

3. 射击的组织和主要人员职责

（1）射击指挥员。负责组织设置场地，派遣勤务，督促全体人员遵守射击场的各项规定和安全措施，指挥射击。

（2）警戒组。负责射击场的警戒和观察任务。射击前应严密搜索并保证没有无关人员或牲畜进入警戒区内。警戒人员应携带警戒旗，发现险情应立即发出信号，向指挥员报告。

（3）示靶组。负责设靶、示靶和报靶。

（4）信号（观察）员。根据射击指挥员的指示发出各种信号，并认真观察射击场的安全情况，发现险情应立即报告。

（5）发弹员。按指挥员命令发给射手规定的子弹，收回剩余子弹。

此外，还有记录员、医务人员。

4. 射击场的安全措施

（1）射击必须有可靠的靶场，并构筑确保安全的示靶壕。

（2）射击场应区分出发地线和射击地线，无关人员不得越过出发地线。

（3）射击前，应向全体人员明确规定各种信号，如戒严、开始射击、停止射击（报靶）和射击终止等信号。

（4）开始射击信号发出后，示靶人员应迅速、确实地隐蔽好，严禁向外探望和外出。如需外出，应用信号向指挥员报告，经许可后方可外出。

（5）射击前后必须验枪，严禁将实弹和教练弹混在一起，没有指挥人员的口令不准装填实弹。禁止将已装实弹的武器留在任何地方或交给任何人。报靶时严禁无关人员进入射击地线，摆弄武器或向靶区瞄准。

【思考题】

1. 请说说 81 –1 式步枪的工作原理。
2. 后坐是如何形成的？对命中有何影响？
3. 列举几种影响射弹的因素，并说说如何消除这些因素对射弹产生的影响。

第七章　综合训练

综合训练一直是我军训练的一个重要内容，主要锻炼和提高部队“走、打、吃、住、藏”的能力。在这里，我们希望大学生通过本课的学习掌握综合训练的基本技能，培养吃苦耐劳的精神和坚韧不拔的意志。本章重点从行军、宿营和野战生存三个方面进行介绍。

第一节　行　军

一、特点与要求

行军，是部（分）队沿指定路线有组织地移动，其目的是转移兵力，争取主动，形成有利态势。

行军，按方式可分为摩托化行军和徒步行军；按时间可分为昼间行军和夜间行军；按强度可分为常行军、强行军和急行军；按行进方向可分为向敌行军、背敌行军和侧敌行军；按地形、气候条件可分为平原地、丘陵地、山地、山林地、沙漠、草原、高原地行军和严寒、炎热等条件下的行军。

分队通常在上级编成内沿指定的路线行军，有时也可单独组织行军。在上级编成内行军时，可在上级行军本队中行进，或担任前卫（前方尖兵）、侧卫（侧方尖兵）、后卫（后方尖兵）。

（一）特点

1. 隐蔽企图困难，生存问题突出

未来高技术战场，敌侦察、监视、预警和定位的立体化、大范围、多手段和高精度，以及空地火力打击的远距离、大威力、多层次和快反应，大大提高了敌人对战场的监控和打击能力，对我部（分）队行军产生较大的影响。加之分队组织摩托化行军时，不仅车辆和作战物资多，而且行军路线、速度受道路条件的制约大，行军展开队形长。有时还可能实施远距离、长时间的行军。这些将使分队在行军中，隐蔽伪装、暴露企图、受敌打击的可能性增大，分队成员的生存问题更加突出。

2. 准备时间短暂，组织指挥复杂

在未来高技术局部战争中分队组织行军，具有很强的时效性，往往是在常驻地临时受领任务，行军组织与准备的时间紧、任务急、内容多，必须在短时间内迅速由平时状态转入战时状态，需要完成大量的工作。同时，由于参战的兵种和装备器材多，为了提高行军速度和行军效果，往往多种机动方式交替或同时使用，而且行军中，各种情况瞬息多变，难以预料，“走”“防”“打”的矛盾十分突出，警戒、调整、派遣和控制复杂，行军指挥要求高、难度大。

3. 行动快速高效，组织保障困难

为了争取主动，形成有利的作战态势，赢得战斗的胜利，分队行军时，必须严格遵守上级规定的行军路线、时间，快速组织、快速行进，准时到达上级指定的地域，确保实现上级的意图，达成行军的目的。这就给行军提出了更高的要求，给组织行军保障带来了更大的困难。

（二）要求

1. 合理确定行军部署

分队的行军部署，一般根据任务、地形、敌情、道路、数量等情况确定，其基本要求是便于指挥、便于运动、便于迅速展开和投入战斗。为此，分队在确定行军部署时，必须合理编制行军队形和确定行军纵队（分队通常编成一个纵队）；在行军地幅内正确选择行军路线；根据道路状况恰当掌握行军路径。

2. 加强指挥协同

分队实施行军时，必须加强指挥控制，密切协同作战，确保行动的有序、快速和统一。为此，应采取多种手段保持不间断的通信联络，实施不间断的指挥，严格规定和控制各分队的行动；加强对地面、空中的观察，严密监视敌人的动向，做好伪装，防范敌人的突然袭击；及时发现和处置各种情况；发扬我军不怕疲劳、连续战斗的优良传统和作风。

3. 全面组织保障

现代条件下行军，必须认真、及时而又全面地进行侦察、警戒、伪装、电子对抗、防空，以及对核、化学武器的防护，同时还要落实道路、工程、后勤、技术、调整勤务等各项行军保障，确保分队迅速、隐蔽、安全、准时到达指定地域。

二、行军组织

分队受领任务后，应在规定的时间内，有计划地做好行军准备。如时间紧迫，可在行进中继续组织和完善。

（一）传达任务，确定行军方案

分队指挥员接到行军命令后，应迅速向部属传达任务。在时间充足的情况下，应适时召开支委会或骨干会，传达上级的行军命令，分析研究敌情、任务、地形、道路、气象等情况，确定行军方案，周密安排行军准备工作。时间仓促时，指挥员可直接向分队传达、明确行军方案。方案的主要内容包括：行军路线、行军序列；各分队和配属分队的任务；前卫及搜索分队的编成和任务及警戒、搜索的方法；行军途中可能遇到的情况及处置方案和各种保障措施等。

行军方案确定后，应明确军官分工，分头组织和负责各项准备工作，并充分发挥专业技术军官的作用。军事主官主要掌握全面准备情况，并郑重考虑行军部署、各种保障的组织和行军中可能出现的情况及处置方案；副职军官通常负责提前设营，或在主管助理员（也可指定一名军官）的协助下，重点抓好车辆和通信器材的准备；政工军官主要了解和掌握人员思想情况，并在司务长和军医（卫生员）的协助下做好后勤物资的准备。准备时，指挥员要亲临现场，边组织，边检查，边落实，并要互通情况，及时协调。

（二）下达行军命令，进行动员

行军命令通常在行军前向所属和配属分队下达。时间紧迫时，也可在明确尖兵的编成、本分队序列和路线后，先指挥分队按规定的时间出发，其他事项在行进中明确。行军命令的内容主要包括：

（1）敌情。

（2）上级任务。

（3）本分队的任务，行军出发时间、路线、通过调整点时间、行程，到达的时间和地点。

（4）行军序列、集合时间与地点。

（5）友邻及行军任务。

（6）行军时速及分队间隔。

（7）大休息地点、时间与警戒。

（8）行军中可能与敌遭遇的地点及行动，通过敌火力封锁区、沾染地段的方法，遭敌航空兵袭击时的行动。

（9）伪装与侦察。

（10）行军纪律、通信联络方法及信（记）号。

（11）指挥部与保障组的位置。

（12）完成行军准备的时间。

当行军路线上有我侦察分队和民兵活动时，还应明确与其的联络方法。

分队单独组织行军时，还应明确前方、侧方、后方尖兵的编成、任务、运动路线，与本队的距离，联络方法，可能与敌遭遇、受敌威胁的地点和各分队的行动等。

指挥员应根据实际情况，对分队进行政治动员，讲清行军的目的和要求，鼓舞士气，保证行军任务顺利完成。

（三）组织各种保障

高技术条件下的行军保障流动性强、时效性高、物资器材消耗大、保障困难。因此，指挥员必须根据受领任务、敌情、地形、道路等情况，着眼特点，周密计划和全面组织行军的各种保障工作，保障行军的顺利实施，按计划投入战斗（集结）。

1. 组织侦察

分队单独组织行军或担任上级行军纵队警戒分队时，应组织对行军方向的前方和两侧不间断地实施侦察，任务是及时发现敌人，查明敌人的兵力和编成，特别是敌重兵器情况；查明行军道路的质量、通行和隐蔽情况，沿途城镇、较大居民地、交叉路口、隘路、渡口复杂地形的可通行程度，沿途可能遭敌火力封锁的地段，受沾染地区的地形和迂回路线情况。

分队行军中的侦察，通常由尖兵分队担任。如在行军准备时间充足时，根据上级指示，可由指挥员带侦察组对预定行军路线沿途的情况实施侦察或调查和询问居民。分队指挥员应对侦察中发现的情况，进行及时研究并采取措施，以力争主动。

2. 组织警戒

行军警戒的主要任务是：防止敌人对行军分队实施突然袭击，消灭或击退敌人的侦察和警戒，保障主力顺利行动；排除行军途中的障碍或迂回路线；遭遇敌人时，保障主力展开并投入战斗。当分队单独组织行军时，应向前、后、侧方派出尖兵。尖兵的编成，通常不大于本分队总兵力的三分之一；如向敌行军，前方尖兵应大于后方尖兵，背敌行军，后方尖兵应适当增强；在受敌威胁的翼侧，应派出侧方警戒，兵力一般不大于总兵力的九分之一。必要时，在可能遭敌袭击的主要地段，增派固定的侧方警戒，在分队通过后撤回。分队在上级行军本队内先行进时，通常只派直接警戒，对于担任行军警戒的分队，应根据任务给予适当的加强，使其具有独立完成任务的能力。

组织警戒时应明确派出兵力、时机、地点和距离，并给担任警戒的分队明确任务，规定联络信号、注意事项及完成任务的时间、归建的地点。

3. 组织通信联络

分队行军中的通信联络，应根据上级的通信保障指示和对敌斗争实际情况进行组织。通常是无线电通信、简易通信和运动通信相结合，其中又以简易通信和运动通信为主。

当上级允许实施无线电通信时，分队应以无线电器材组织行军中的通信联络。摩托化（徒步）行军时，分队通常在尖兵分队、指挥部、所属（配属）各分队、收容组之间建立无线电通信联络网。

当上级要求在行军中保持无线电静默时，分队应以旗语、灯光、音响信号等简易方法实施通信联络，通常由所属各分队（车辆）的观察员承担通信联络任务。分队应明确规定简明的联络旗语、音响和灯光信号。在时间允许的情况下，应对观察人员进行训练，使之熟练地掌握各种信号。与上级的通信联络，要按上级的要求组织。

4. 组织对空防护

分队应严密组织行军时的对空防护。一要组织对空观察报知勤务，通常每台车（徒步行军时每排）指定1~2人担任对空观察员，充分利用观察器材实施观察，指挥员应给各观察哨明确观察区域，组成环形、多层、实时的对空观察网，并规定简易的报知信号；二要组织对空射击火力，组织编成内的便携式地空导弹、高射机枪、步机枪形成一定密度对空火网，掩护分队顺利行军。为便于指挥对空射击，可将空域按东、西、南、北方向依次编号。同时，还应确定遭敌空袭时的行动方法及抢救措施。

5. 做好物资器材准备

物资器材准备，主要包括对武器、弹药、装具、给养、饮水和药品等的准备。摩托化行军时，应根据敌情、任务和行程确定给养物资的携行量和保障方法，并明确随车携行的油料基数和加油的方法。徒步行军时，应根据行程、道路和气候等情况而定，以既保证战斗、生活，又不过多增加士兵的负荷量为原则，通常携行粮食3日份（其中熟食1日份）和必要的饮水，并准备好必备药品。可将部分防中暑、防冻及防晕车的药品下发至排，发给驾驶人员一些防止行军中打瞌睡的食品和药品，如辣椒、大蒜、大葱和清凉油等。

6. 组织技术保障

摩托化行军必须组织技术保障。分队组织技术保障通常选择3~5名技术骨干组成技术保障组，主要负责对车辆的检查、修理和行军中车辆故障的排除。出发前，技术保障组应对车辆进行仔细的检查，及时消除车辆的机械故障隐患，使其处于完好状态，达到喇叭响、灯光亮、油路通，发动就着、起动就走、刹车就停的技术标准。督促各车驾驶人员备好维修器材和备用零件，补充油料和冷却液，寒冷天气还应携带防冻液和防滑器材。在行军中，技术保障组应位于纵队末尾的车辆上，随时排除车辆故障和抢修受损车辆。

7. 组织设营组、收容组

在无敌情顾虑的情况下，分队可组织设营组。设营组通常由司务长（给养员）、炊事员等组成。设营组应提前出发。其任务是：在预定大休息及宿营（集结）地筹备食物、燃料和饮水；调查社情、疫情；选择和区分各分队大休息地点；宿营时住房或露营时划分所属各分队（车辆）的位置，派出人员在进入宿营地的路口接引分队；并向指挥员报告设营情况。

徒步行军时应成立收容组。收容组通常由一名军官和一名卫生员率领数名体质较好的士兵组成，在本队后跟进，负责收容伤病员和掉队人员，并组织其跟进。此外，收容组还要根据情况消除路标。

（四）检查行军准备

分队指挥员在出发前，应对所属分队行军准备的情况进行督促和检查。检查事项主要包括：所属各分队对行军命令传达落实和动员情况；武器、弹药、油料、粮秣和各种器材的领取、携带情况；炊事班的生活物资保障准备情况；卫生保障准备情况以及车辆状况等。

检查可由分队军政主官分头进行。对检查中发现的问题应及时解决，以保证行军各项准备按时落到实处。在行军准备时间紧迫的情况下，分队应抓紧时间，先完成最主要的准备项目，如传达命令、领取物资、维修车辆等，其他准备可在行军中进行。检查完毕后，指挥员应及时将完成行军准备的情况报告上级。

三、行军实施

指挥员应加强观察，掌握行军路线、方向、队形和速度。及时了解敌情、沿途地形和道路状况，克服各种困难，灵活果断地处置各种情况，组织分队迅速隐蔽地前进。

（一）组织装载、登车

分队指挥员应率所属人员准时到达装载登车（集合）地点。有敌情顾虑时，应派出警戒，掩护部队装载、登车。根据登车场的地幅，车辆可横向排列或纵向排列，纵向排列时，车距通常为 50 米。登车前，指挥员应明确所属各分队乘坐的车辆编号和登车顺序。所属各分队通常成两路纵队，按照先物资、器材、武器，后人员的顺序装载登车。在有敌情顾虑时，为避免登车场拥挤，各分队可按行军序列依次进入登车场，先到先装载登车。人员登车完毕，车辆应立即驶离登车场，进入道路的疏开编队。无敌情顾虑时，分队应统一进入登车场，按统一时间装载登车。

装载时，步兵排在车上成四路坐在个人背包上，中间两路背靠背，外侧两路背靠车厢板。战斗装具要随身佩带，枪口向上，两腿夹枪，靠于右肩。机枪、炮排、人员分别靠前、左、右车厢板，面向里坐在背包上；重机枪、高射机枪拆枪，将枪身（架）放置于车厢中部，弹药箱由弹药手负责携带，放于背包之间；榴弹发射器、反坦克火箭（无后坐力炮）、迫击炮放于车厢中部。长途行军且敌情顾虑较小时，也可将炮口向下竖立固定在车厢板上，但要便于卸载。登车时，驾驶员在车厢左后方，带车军官在车厢右后方，协同打开车厢挡板。人员在车后列队，按后下者先上、先下者后上的顺序成两路登车。背包可提前放在车上摆好，也可由本人背带上车。其方法是：每路先上车一人，第二人上车前，先将武器交于车上人员，后一手拉车厢后挡板固定钩拉链，一手借车上人员拉力和身后一人的推力登车，上车后，再转身拉下一人登车，依次交替进行。每车观察员、安全员及信号员通常位于车厢后部便于观察、联络的位置。

（二）按时出发，通过调整地区（点）

分队在上级编成内行军时，应按上级规定的出发时间准时出发或通过出发调整点。单独组织行军时，应按指挥员预定的出发时间出发。

调整地区（点）通常设在行军中易发生混乱、迷路、堵车或需在该点调整行军队形、速度的地点。通过调整地区（点）前，指挥员应根据上级规定本分队通过调整地区（点）的时间，调整行军速度，以按时到达调整地区（点）。通过时，应服从调整哨的指挥，保证行军队形不停顿地通过。分队因道路、天气、敌情、交通、车辆事故等原因提前或推迟到达调整地区（点）时，应及时向上级和调整勤务指挥员报告，根据上级和调整勤务调整的时间、顺序、速度通过调整地区（点）。如车辆发生故障，应停靠道路右侧抢修，驾驶员应用手势示意后续车辆超越前进，修好后立即跟进，利用部队休息时间归建；如道路宽阔，经上级批准，也可超越归建。车辆无法修理时，应及时请求上级补充车辆，或分乘其他车辆继续前进。

计算通过上级出发调整点时间的基本计算公式：

先头出发时间＝先头通过出发点时间＋分队行军长径［车距×（车数－1）］÷平均速度（千米/小时）×60

（三）严格遵守行军纪律

摩托化行军中，应严格遵守行军纪律，维护行军秩序。未经上级允许不得超越前方的分队。桥梁、渡口、交叉路口、居民地或与友邻分队相遇时，应按上级规定的顺序和调整哨的指挥通过，不准停留，不能争先拥挤。要主动给指挥车、通信车、卫生车、工程车和执行特别任务的分队车辆让路。保持规定的车速、车距，严禁随意超车。徒步行军由二路纵队变一路纵队时，应指挥先头行进的分队加速前进，以防后面拥挤；由一路纵队变二路纵队或通过难行地段时，前面应放慢速度，以防后面人员跑步追赶，增加其疲劳程度。行军中要严守纪律和行动秘密，做好宣传鼓动，开展团结互助。

（四）掌握行军路线、行军队形和行军速度

为避免走错路或迷失方向，指挥员应利用多种方法和手段掌握行军路线，如向导带路、询问当地居民、利用地图或行军路线图、路标（地面、墙壁、树木等做标记）和信号等。徒步行军时除上述方法外，还可利用指北针按方位角行进。使用向导带路时应注意适时更换。在复杂地形或夜间行军时，可派一名军官加强尖兵分队（车）的指挥，或由军官、骨干组成方向组，随尖兵行动。按地图行进时，应经常对照，判定站立点并检查行进方向，按照定方向、定通点、定到达时间的方法保持行进方向。注意发挥各车长、观察员（联络员）和驾驶员的作用，利用车辆里程表等多种方法掌握行军路线。如发现走错路时，应首先确定站立点，然后选择近路插向原定路线。如无把握应返回走错路的岔路口，选准方向，然后继续前进。

行军队形通常成一路纵队。徒步行军时，分队可成一路或两路纵队，沿道路的右侧或两侧行进。行进中，连与连之间的距离约 100 米，夜间或雾天行军距离可适当缩小。担任上级行军警戒分队或单独组织行军时，行军序列通常按尖兵分队、指挥观察所、兵种分队、战勤分队、后方尖兵分队的序列行军。在上级编成内行军时，通常按步兵分队、指挥观察所、兵种和火力分队、步兵分队、战勤分队的序列行军。行军队形，通常情况下本队内营与营之间的距离不小于 1 千米，不大于 3 千米；连与连之间距离 100 ~ 200 米，车与车之间的距离为 50 米，在尘土较大、坡度较陡、急转弯较多或通过沾染区时，可适当增大车间距离。尖兵车与本队之间的距离，昼间为 2 ~ 3 千米，夜间为 1 ~ 2 千米。

摩托化步兵分队行军长径计算法：

摩托化步兵分队行军长径 = 车长 × 车数 + 车距 ×（车数 − 1）

行军速度和一日行程，应根据上级命令、敌情、行军队形的编成、车辆的技术状况、道路的数量及质量、驾驶员的训练素质、行军的时间及气象条件等确定。通常情况下，常行军平均时速为昼间 30 ~ 40 千米，夜间 20 ~ 25 千米，日行程 200 ~ 400 千米。强行军主要是通过加快行军速度、减少休息时间的方式进行。

徒步行军时还应根据分队的体力，按常行军、强行军的时速掌握行军速度。由常行军转入强行军时，应向尖兵分队和所属各分队简要明确任务和组织动员，组织互助，根据上级指示进行必要的轻装，然后按强行军的速度行进。行军中，指挥员应根据情况适当掌握行军速度和队形间距，开始行军应放慢，然后按要求的速度行进。通过渡口、桥梁、隘路和道路交叉点时，指挥员应控制速度和队形间距，防止因拥挤、堵塞而耽误时间。通过后，先头队伍应适当减速，以便保持间距。

（五）适时组织休息

正确规定行军中大、小休息的时间和地点，是缓解行军疲劳、检查保养车辆、人员休息就餐，以保持分队持续行军能力，顺利地实施行军的重要条件。在上级编成内行军的大、小休息和远程连续行军的休息时间，通常由上级统一掌握。单独行军时，由本级指挥员掌握休息的次数和时间，应根据敌情、地形、道路等情况而定。休息分定时休息和定点休息。

摩托化行军的小休息通常每两小时左右一次。小休息地点应尽量选择便于隐蔽的路段，小休息的时间为20～30分钟。小休息时，车与车之间应留20～30米的距离，夜间应留15～20米，以保证人员登车时不拥挤，车辆一律停靠道路右侧，同时还要注意车辆的隐蔽伪装，做好防空准备。分队人员在小休息时，应下车排除大、小便，检查车辆，排除故障，给车辆加水，整理装载的物资器材。徒步行军的首次小休息通常在行军30分钟后进行，时间为15～20分钟。之后每行军50分钟休息一次，每次约10分钟。小休息时，应指挥分队靠道路右侧，保持原来队形，督促士兵整理鞋袜和装具，做好继续行军的准备。

大休息地点选择在日行程一半以上的地点，应尽量离开公路，具有良好的隐蔽条件和水源。大休息时间约2小时。大休息时，指挥员应派出观察警戒，加强对地面和对空的监视警戒；指定观察员和值班武器占领附近（距大休息点100～200米）的有利地形。指挥车辆离开公路进入大休息地点，疏散停靠，做好隐蔽伪装；督促人员野炊就餐；安排好伤病员的治疗；检查维修车辆，排除故障，加水加油；车辆有故障却无法进行修理时，应请求上级补充车辆，或调整车辆，损坏车辆的人员、装备分乘其他车辆。指挥员应抓紧时间调查敌情、地形、道路状况，视情况调整尖兵分队（车）和向导。在大休息结束后，应撤回观察警戒，组织人员快速登车，继续前进。

（六）对各种情况的处置

现代作战中实施行军，由于受敌空中和远程火力袭击的威胁增大，行军中的情况十分复杂，变化也大。因此，在行军中指挥员应不间断地了解沿途的敌情、地形和道路情况，正确、果断地处理各种情况，快速组织指挥，并及时向上级报告。

1. 改变行军路线时

在行军中，接到上级指示或因社会性情况需要改变行军路线时，指挥员应迅速命令分队停车，向分队简要说明新的行军路线。当前方有迂回路线能进入新的行军路线时，分队应仍按行军序列进入新的行军路线；当行军纵队已经超过插向新路线的路口，前方又没有新的迂回路线，或迂回路线较远时，分队应选择宽阔的路段或空地作为调头点，组织队伍依次调头进入新的行军路线。调头时，干部应亲自指挥，防止交通堵塞。当前方道路堵塞，附近又没有路线需要调头时，可采用车辆原地调头法调头（将千斤顶置于车辆重心点，支撑起车辆，人工推动原地调头），改变行军方向和队形。在这种情况下，通常应变后方尖兵为前方尖兵，前方尖兵为后方尖兵。

2. 遭敌机空袭时

行军中，当收到空袭警报或防空命令时，应迅速指挥车辆就近离开道路，利用地形地物隐蔽伪装，人员下车就近疏散隐蔽。夜间行军时应立即关闭灯光和禁止灯火。根据上级的命令，指挥对空值班火器或组织分队集中射击低飞敌机。必要时可单车快速行驶，引开敌机，减少本队损失。空袭后应查明损失情况并报告上级。抢救伤员，抢修车辆，恢复行军队形。对一时难以抢修好的车辆，应就地隐蔽停靠，并报告上级。已损坏车辆上的人员、物资应分乘其他车辆继续前进。

3. 通过敌方炮火封锁区时

在通过敌方炮火封锁区前，指挥员应掌握敌方炮火的射击规律，如时间、地点（段）、间隔等，明确分队行军队形和通过顺序、车距和间隔时间、通过后的停车地点、中途发生情况的处置方法；准备好拖车缆绳，人员戴好钢盔，军官进行分工，然后指挥车辆快速通过。如期间有车辆损坏，应迅速将其拖出危险区，无法拖出的车辆则就地靠路边停放；人员快速跃进通过。如封锁区的道路有影响车辆通行的弹坑，应利用敌火力间隙组织人员填平弹坑，修复道路，保障车辆快速通过。分队通过后应检查、维修车辆，恢复正常行军队形，报告上级，继续前进。

4. 遭敌核、化学武器袭击时

接到敌核、化学武器袭击警报时，指挥员应迅速下达命令，指挥车辆就近利用地形防护，人员迅速穿戴防护衣罩，下车就近隐蔽防护。袭击警报解除后，应迅速查明人员伤亡和车辆损坏情况并报告上级，抢救伤员，抢修车辆，恢复行军序列。

通过受污染地段时，根据上级预报的受污染程度和范围确定通过方法。配属有防化侦察分队（组）时，应派其查明受污染程度并报告上级，如附近有迂回路线时，应报告上级以尽量绕过受污染区。当时间紧迫又无法迂回时，应增大车距，以最快速度通过。通过时人员除穿戴防护罩外，应放下车篷布，武器、器材应罩上防护外衣。通过后，应对车辆进行及时的洗消检查，人员口服抗辐射药物，喝足开水，排除大、小便。

5. 通过敌方地雷区时

遇敌方地雷区时，应指挥尖兵分队占领附近有利地形，指挥工兵分队迅速查明雷区的范围和性质，并报告上级，根据上级指示选择迂回路线绕过或开辟通路通过。通过雷区人员通常应下车，成两路纵队沿车辙印快速通过。

6. 进入敌方可能设伏区时

当分队可能进入敌方设伏区时，应指挥分队做好战斗准备。指挥尖兵分队下车，加强对道路两侧复杂地形的搜索，发现可疑征候应立即查明。当尖兵分队发现敌人伏击企图时，应立即报告上级，改变行军路线，绕过敌人的伏击地区。如无法绕过时，应指挥分队以突袭的战法向敌翼侧和侧后发起攻击，粉碎敌人的伏击企图，也可请求上级火力压制或驱逐伏击之敌。当分队进至敌伏击区边缘发现敌人的伏击企图或尖兵分队已进入敌人伏击圈并与敌触发战斗时，指挥员应指挥分队就近占领有利地形，迅速判明情况。如敌兵力较小应以包围迂回、穿插分割等战术手段，迅猛冲击，消灭或驱逐敌人，接近尖兵；如敌兵力较大，应请求上级并根据上级指示，协同主力歼灭敌人，或以火力掩护尖兵分队脱离敌伏击区。当分队已大部或全部误入敌伏击圈时，应迅速展开，抢占有利地形还击，抗击敌人冲击，并将情况报告上级，为上级炮火指示目标，伺机选择敌薄弱方向坚决突围，或根据上级的指示，协同主力歼灭伏击之敌。

7. 与敌遭遇时

与敌遭遇时，指挥员应视情况，指挥分队快速展开，抢占有利地形，果断下定决心，按照遭遇战斗原则灵活处置，并迅速查明情况，报告上级，然后根据上级的指示行动。

8. 发现敌机降时

行军中，当发现敌人在我前进道路附近机降时，指挥员应迅速报告上级，指挥分队立即抢占有利地形，打击敌机；当敌人在我行进道路前方机降时，应指挥分队加速前进，快速靠近敌人，展开并占领有利地形，先以火力打击机降着陆之敌，然后趁敌立足未稳，勇猛向敌发起冲击，歼灭敌人；当机降之敌企图夺占行进道路上的桥梁、渡口等交通要道时，应以火力坚决拦阻，并抢先占领；当敌机降在行军翼侧或后方时，应指挥分队就近抢占有利地形，先以火力打击敌人，并向机降之敌实施迂回包围，协同友邻或上级主力歼灭敌人。

四、夜间及特殊条件下行军的特点及要求

（一）夜间行军的特点与要求

夜间便于隐蔽行军，但视度不良，行军困难较大，容易迷失方向和走错道路；容易造成人员疲劳和精神过度紧张；简易发光信号和音响信号的可见（听）度增加，易于暴露；视度减弱，使工程、防化技术等项目保障作业难度增大，时效降低；调整指挥困难。这就要求在夜间行军时适当缩小分队间、车间距离。夜间摩托化行军时，尖兵分队（车）与本队之间距离为1～2千米；夜间单独徒步行军时，尖兵分队（班）与本队之间距离为200～300米。乘车通常为每小时15～20千米，一夜行程为120～150千米；徒步行军一夜的行程通常为每小时3千米。行军中要进行严格的灯火管制，保持肃静。夜间乘车行进，应尽量闭灯驾驶或开小灯驾驶，每台车均应设置能在夜间看到的识别标志，必要时安装防空灯或车底灯。采用易于识别的信（记）号和路标。出发地区（点）可用发光方位物加以标示，但应避免被敌发现和暴露企图。徒步行军时，每队最后一名士兵背后应有易于识别的标记，以便后队跟进，避免走错路。为能正确地掌握行军路线，行军前，应标好行军路线图，其方法包括：一是将行军路线每隔5～10千米划为一段，标出夜间便于识别的地物或方位物，并在下面注记至出发点的距离，根据里程表确定走过的距离和判定所在位置；二是在标准公路上行军，将路边里程碑数字注记在图上。这样做可随时判定所在位置，便于图上与现地对照，以保持正确的行军路线。夜间休息时，人员不得离队，武器不得离身。行军中遇敌照明时，应迅速就地隐蔽，待敌照明过后利用有利地形迅速前进。

（二）山地行军的特点与要求

山地地形复杂，山高林密，路窄坡陡，道路崎岖，弯道多，转弯急，曲半径小，而且多为土石路面，雨天泥泞难行，有时还会出现塌方；山洪暴发时，道路、桥梁易被毁坏；气候多变，常有低云浓雾，视界受限，视度不良，观察判定方位困难，易迷失方向，对指挥、观察、联络和驾驶均有一定影响；道路起伏大，上坡、转弯时车速减慢，易使车辆拥挤，下坡时车速加快，队形疏密不匀。徒步行军体力消耗大，使行军速度下降，队形延长，造成通信联络和指挥困难；路窄弯多，容易造成道路堵塞，调整指挥困难；道路工程保障难度大，且易遭敌突然袭击。在组织行军时，分队指挥员要充分考虑到道路的起伏状况对行军的影响，预先备制绳索、刀、斧、锯等克服障碍的工具，特别要加强侦察、通信、警戒和道路保障等安全措施。上下坡和通过隘路、山涧时，应增大车距，降低车

速，时速一般不超过20千米。在泥泞或冰雪路面行驶，必要时应上防滑链，车速控制在每小时5～10千米，并加强前后联络，注意检查车辆状况，特别是制动状况。在狭窄的地方、急转弯处和山垭口派出调整哨。为保障翼侧的安全，应向翼侧的制高点派出侧方停留警戒，以控制通向行进路线的山间道路、谷地和小径；注意防山洪、林火。遇到大雾或夜间通过危险地段时，车辆应慢速行驶，必要时派人引导前进。

（三）荒漠、草原地行军的特点与要求

草原地形广阔无垠，夏季雨水集中、草类繁茂，冬末春初草木枯黄。沙漠地面松软，多流沙和沙丘（戈壁地面坚硬，多砾石）。此类地区居民和道路稀少，农产品和水源缺乏，气候干燥多变，常有大风，往往冬季严寒，夏季酷热。

荒漠、草原地虽然便于越野行进，但伪装隐蔽困难，标准道路、明显地物少，易迷失方向和走错路；行军速度慢，燃料消耗大，轮胎或连接部位机件易损坏；水源不足，物资缺乏，补给困难；遭敌核化武器袭击时，受化学毒剂和放射性物质污染地域扩散面大，洗消困难；夏季行军易中暑，冬季行军易冻伤；驾驶、观察和调整勤务人员易发生雪盲。因此，荒漠、草原地行军，应根据行程和行军能力等情况减慢行军速度，增大食品、饮水携带量，规定用水标准。摩托化行军还应增大油料携带量，带足备份轮胎和必要备件。应根据不同地形和季节，采取防暑、防冻、防火灾、防暴风沙（雪）等防护措施，准备防护药（物）品和器材。驾驶员、观察员和调整勤务应佩戴防风、雪眼镜。行军中，应特别注意掌握方向和保持联络，尽可能沿道路行进，利用河流、湖泊、道路交叉点、沙丘等明显地形特征，驾驶现地与图上对照，防止走错路。夜间应加强警戒，防止敌人袭击。

（四）高寒地区行军的特点与要求

高寒地区空气稀薄，人员易疲劳，易出现“高山反应”；天气寒冷，容易冻伤；雪盖地面，容易迷路；积雪厚时，通行困难；气温过低，车辆不易发动，耗油量增加；行军速度慢，驾驶人员观察困难；通信装备性能下降；道路工程保障难度大。

行军前，应准备好防冻的被服、装具和物品。调查好行军路线，做好雪地按图和按方位角行进的准备。制定雪地行军防滑和伪装措施，准备好克服冰雪障碍的工具，驾驶员给车轮安装防滑链，并做好伪装，根据出发时间及时发动，必要时提前给发动机加温。

行军中，要注意掌握方向，适当减慢速度。应缩短小休息时间，增加小休息

次数，每次小休息的时间约 5 分钟为宜，每行进 1 小时左右小休息一次，人员下车活动，切忌睡觉。通常不进行大休息，如有必要，大休息应选择在有水源并避开风口的地点，力争吃熟食、饮热开水。阳光下雪地行军应戴上风雪镜，以防雪盲。越野通过封冻的江河前，应调查冰层厚度，根据冰层负重决定通过方法（－10℃以下、冰层厚度 40 厘米以上，或－10℃～0℃、冰层厚度 50 厘米以上时，一般汽车和装甲输送车可以通过）。通过隘路、山腰以及在暴风雪中行军应特别加强行军指挥和安全保障，防摔、防雪崩、防翻车，采取前拉后推或以绳索相助等办法克服强逆风和险情。行军中，指挥员应及时掌握气象台（站）的气象预报，了解气象情况和变化趋势，并利用自备器材及时测定气象情况。根据气象情况，恰当地确定行军时间，做好防寒准备工作。

（五）热带山岳丛林地行军的特点及要求

热带山岳丛林地地形复杂，多陡山深谷，草深林密，河多流急，道路少而崎岖，天气多变，炎热潮湿，多雨多雾，毒虫多，病疫易流行，对分队行军的影响较大。因此，应加强对道路的侦察和保障，加强对车辆的技术保障，采取防暑和防虫害的措施。行军尽可能利用日出前和日落后的凉爽时间进行。行军前，应准备好防中暑、防毒虫（蛇）叮咬的物品以及各类药品，同时，还要携带开路的工具。适当加大尖兵分队的兵力，必要时，应组织开路分队与尖兵分队一起行进。行军中指挥员应有明确的分工，具体掌握尖兵、本队和后卫，做到尖兵有军官带领，本队有军官指挥，后卫有军官收容。注意控制饮水，饮水缺乏时，应寻找干净的泉水补充，并使用净水片消毒，严禁饮用未经流水线的生水。炎热天气行军，应减慢行军速度，增加小休息次数和延长大休息时间。休息地点应选择平缓的山坡，或有树荫、通风干燥、高草少的地点，大休息的地点应靠近水源。休息时要加强观察、警戒，防止地面和空中的敌人袭击。为扩大观察视野，必要时可攀上高大的树干进行观察。穿越密林、高草地要督促分队人员戴好帽子，捆扎好领口、袖口和裤口，以防蚊虫叮咬；并组织开路分队分组轮流开路。严禁采食不认识的野生植物和果实。雨天行军，要采取防雷击、防滑措施，通过山涧、溪流、桥梁，应查看上游有无洪水，检查桥梁有无损坏。通过泥泞易塌方的道路时，要先行观察，预防塌方。遇台风、龙卷风时应暂停行军，利用有利地形规避。

（六）水网稻田地行军的特点与要求

水网稻田地河流沟渠纵横交错，稻田泥泞，道路少，路面窄，不便机动。组织行军时应特别注意加强道路和工程保障，做好克服河流、沟渠和泥泞等障碍的准备工作；检查车辆和火炮的技术状况，特别是制动部分，切实采取防雨、防滑、防陷措施，并携带备份零件和随车工具，做到随坏随修。

（七）江河地区行军的特点与要求

江河是天然障碍，给行军的组织指挥、通信联络带来不便。因此，指挥员应加强对渡口和徒涉场的侦察，精心计划，细心组织。

通过渡口时，应根据上级命令，预先派出侦察组，查明渡口情况，明确各分队隐蔽待渡地区、渡河顺序、时间、渡口和渡河器材等，等分队到达后，迅速组织队伍渡河。分队渡河时，应加强调整勤务，组织好警戒和对空防护。

通过徒涉场时，应首先了解徒涉场的宽度、水深、流速和河底状况，必要时，可组织人员修整两岸道路，清除河底障碍，标志行进方向和界线。通过时应正确掌握行进方向，车辆要低速行驶，开往指定地区，加强伪装，派出警戒。待分队人员全部到达后按命令再继续行军。

（八）城市行军的特点与要求

城市街道纵横，不易保持行军方向，迂回路较多，行军路线易被倒塌的建筑物阻塞。组织行军前应详尽查明城区的道路情况，特别是要了解易造成阻塞的道路，并预选和确定迂回道路。当上级未派出调整勤务时，应指派干部带领调整勤务先于部队出发，在道路交叉口执勤，负责分队通过时的勤务调整，并会同地方政府和交警部门调整地方车辆人员，防止阻塞道路。通过城区时，车辆应适当减慢速度，缩小车距。徒步行军时，适当缩短行军路径，在调整勤务指挥下迅速通过城区。

第二节　宿　营

一、宿营特点与要求

宿营，是部（分）队在行军、输送或战斗后的住宿。目的是使部（分）队得到休息和整顿，以便继续行军或做好战斗准备。分队通常采取露营、舍营或两者结合的方法宿营。露营是指在房舍外露宿或利用帐篷的住宿；舍营是利用居民房舍的住宿。分队通常在上级编成内宿营，有时单独组织宿营。

（一）宿营特点

1. 条件简陋，环境复杂

战时条件下宿营，分队通常是根据上级意图随机选择宿营地域，有时在野外搭帐篷露营，有时利用居民房屋舍营，与正常情况下的住宿相比，宿营的条件相对简陋。分队对宿营地域的自然、社会环境比较陌生，需要一定的适应过程，复杂的环境给分队宿营管理带来一定困难。

2. 居住分散，指挥不便

为减少敌火力对宿营分队造成损伤，分队宿营时通常疏散配置，各分队住宿位置相对分散。为隐蔽宿营企图，宿营时无线电通信应保持静默，指挥员通常采取简易通信手段实施指挥，以便及时、有效地指挥分队行动。

3. 威胁增大，防护困难

现代条件下，由于敌人的侦察能力、隐蔽突防能力和火力打击能力空前提高，加之宿营本身的防护能力较弱，宿营地域一般缺乏完善的防护工事和设施，从而给宿营造成了很大的安全威胁。

（二）宿营要求

1. 充分利用地形进行伪装

宿营地域的伪装，是防敌侦察和隐蔽分队宿营企图的重要措施之一。分队在选择宿营地域时要充分考虑地形因素，确定宿营部署时要充分利用便于隐蔽、便于生活的地形地物，并采取各种有效手段，结合实地环境景况，进行确实巧妙的伪装。必要时，可设置假营地以迷惑敌人，达到伪装目的。

2. 加强侦察、警戒和防护

为预先发现敌人来自空中或地面的袭击，分队在任何情况下宿营时，都应派出侦察警戒，特别是对空中的侦察，并规定防敌空袭的警报信号，确保分队安全休息，减少损伤。同时在疏散地域内，人员、车辆和重火器应构筑必要的防护工事，派出的值班火器应以防空火器为主。此外，还应制定对核、化学和生物武器的防护措施。

3. 严格管理

分队到达宿营地域后，应迅速组织露营或舍营。在宿营过程中，指挥员主要的工作是对所属人员、车辆和生活的管理。禁止人员随意走动，检查、维修车辆，做好伙食和卫生管理，使人员的体力和精力通过宿营得以迅速恢复。

二、宿营的组织指挥与管理

分队宿营时，指挥员应根据分工，迅速组织指挥所属及配属分队完成各项准备工作，使分队尽快得到休息。

（一）选择宿营地域

分队宿营地域通常由上级确定，单独宿营时，自行选定。自行选择时，应视敌情、地形情况灵活采取预先选定或临时选定两种方法。预先选定，通常由指挥员先在图上确定宿营位置，然后派出设营队（组）预先进入宿营地域，查明宿营地域的敌情、地形、社情和居住条件，并区分各分队的宿营位置，选择停车场和进出道路，准备给养、组织警卫，迎接分队进入宿营地。在敌人刚撤离或战斗刚结束的地域宿营时，应当先派出搜索分队进行搜索。临时选定，一般在敌情顾虑不大、地形有利或分队战斗后急需休整的情况下实施。

宿营地域应当有一定的地幅和良好的地形，便于疏散隐蔽配置和休息；有良好的进出道路，便于机动、迅速地投入战斗；有充足的水源和较好的卫生条件。避开洪水道、油库、高压电源和易崩塌的危险地点，以免造成不必要的伤亡；避开严重的污染区，以便卫生防疫。宿营地域的面积，营通常为6~8平方千米，连约1平方千米，排约0.4平方千米，班约0.05平方千米。连间距通常为300米，排间距为30~50米，班间距为20米。

夏季宿营地点应选择比较干燥、地势较高、通风良好、蚊虫较少的地方；冬季宿营时，应选择在避风向阳的地区。

（二）确定宿营部署

宿营部署是部（分）队宿营时对兵力的区分和配置。分队的宿营部署，通常根据敌情、地形、宿营时间、宿营方式等因素在行军命令中确定，也可能临时确定。当敌情威胁较小或集结地域有良好的地形时可采取集团部署，适当缩小宿营地域内各分队之间的间隔距离，以便指挥和管理。当敌情威胁较大时，应尽量采取分散的部署方式。

露营时，通常以连为单位，沿道路一侧或两侧，利用地形疏散配置。人员架设帐篷、搭棚子、利用汽车或挖掩体宿营；车辆应当离开道路，隐蔽在便于进出的地点。人员、车辆应构筑掩体，并采取严密的伪装措施。

宿营时，应当以连、排为单位，尽量在居民地边缘区配置，并离开重要交叉路口、桥梁和有明显方位的街区。人员配置在房屋内，车辆配置在建筑物外面便于隐蔽的地点，并进行严密伪装。露营和宿营相结合时，应当将救护所配置在房舍内。

住宿地域的部署主要包括分队宿营地的区分和紧急集合、紧急疏散的区分。部署应根据敌情、地形和宿营方式而定。露营时，应利用地形，以排、班为单位成疏散配置。乘车行军露营时，可配置适当人员在车上住宿；舍营时，应根据房舍条件，尽量按建制住房。不管采取何种方式，指挥员都应根据具体情况灵活地实施部署。步兵分队通常部署在受敌威胁较大的外侧，火器分队通常部署在宿营地内侧便于发扬火力的地域，指挥所通常位于宿营地域中央附近、便于指挥的地点。紧急集合场应选择在宿营地域内或附近便于集中的地点。紧急疏散场应选择在便于疏散且隐蔽的地点。宿营警戒部署主要包括观察、报知、勤务的派遣、班哨、步哨、流动哨、潜伏哨和警卫哨的部署等。

宿营部署确定后，指挥员应迅速明确各分队的住房或露营地，确定次日的主要任务及为执行任务应做的准备，宿营的通信（记）号及口令、指挥员的位置；制定隐蔽伪装、灯火管制措施。根据情况划分防空疏散区，组织构筑必要的工事，消除车迹、足迹；明确遭敌核、化学武器及空袭等遭敌突然袭击时的行动。

（三）进入宿营地后的工作

分队到达宿营地域时，应当在设营人员引导下，隐蔽地进入指定的宿营地域。指挥员应立即派出警戒，指定值班分队，明确集合场、各分队疏散位置和遇紧急情况时的行动方法，提出宿营要求及注意的问题；组织分队严密伪装，及时补充油料、物资和给养，检查维修车辆和其他技术装备；督促分队按时休息，并为次日继续行军、输送或战斗作好准备；及时向上级呈送宿营报告。

1. 组织警戒

进入宿营地后，应迅速指定对空观察哨和值班火器（或分队），根据情况向有敌情顾虑的方向派出排哨、班哨、步哨、游动哨和潜伏哨。派出警戒的数量和距离应根据敌情、地形和分队展开所需时间而定。分队在上级编成内宿营时，通常只派出直接警戒。在任何情况下，宿营地域内都应派出警戒哨，严防敌人突然袭击和敌特破坏。摩托化行军宿营时，应加强对车辆的警戒。

2. 呈报宿营报告

分队进入宿营地后，应迅速搜集行军和宿营情况，及时向上级报告。报告的方式有文字、口述等。营、连通常向上级呈送宿营报告（附宿营部署图），也可口述报告；排通常向连口述报告。

宿营报告的主要内容是：

（1）当日出发时间、经过地点、行程、到达时间和地点、人数及伤病员情况。

（2）宿营部署（绘制略图）。

（3）武器弹药、装备器材、给养和车辆损耗情况。

（4）人员思想简况。

（5）存在问题和请示事项。

3. 组织休息，搞好管理

部署完毕后，各分队应迅速进入各自宿营地，做好以下各项工作：

（1）卸载、卸装，选定架设帐篷的具体位置。选定位置后，应组织人员进行修整。通常夏季应铲除杂草，略加平整土地，开挖排水沟，燃烧艾草以驱除蚊虫。冬季应利用就便材料设置挡风墙，采集干燥的茅草、树叶或细枝条进行燃烧以及铺设地铺等。

（2）架设帐篷、挖掘厕所。分队通常利用制式帐篷露营，若无制式帐篷，可利用就便器材，如雨衣、雨布、树枝等架设简易帐篷。

（3）寻找水源，明确饮水、用水的方法，并注意警戒水源。

（4）做饭、吃饭。分队通常以野炊的方式制作热熟食。分队组织野炊的方法，通常有炊事班野炊和战斗班野炊两种，有时也可采取战斗班做饭、炊事班做菜的方式进行。组织野炊时，指挥员应派出警戒，明确野炊的位置、方式、隐蔽伪装措施、时间、要求及注意事项。

（5）检查、维修、保养车辆，加油加水。

（6）擦拭武器、整理装具，补充弹药，准备器材。

（7）安排好伤病员，穿刺脚泡，烤晒衣服。

（8）军官深入排、班，检查督促分队尽快休息，加强查铺查哨。

4. 伪装宿营地域

为了防止敌侦察和空袭，分队应采取各种措施，严密伪装宿营地。

对帐篷、车辆、技术兵器等固定目标，应尽可能配置在有利地形上，采取制式器材与就便器材相结合的方法进行伪装，伪装后的目标，要特别注意与现地环境相一致，以缩小反差。露营地的进出道路应选择在背敌方向上，人员行走时应避免集中踩踏；将被踩倒的树枝、杂草恢复原样。宿营地内应尽量减少人员走动，并将器材装具尽量搬入帐篷（房屋）或加以遮盖。野炊应利用拂晓和黄昏进行，并利用散烟灶或采用其他散烟措施减少炊烟。

5. 做好群众工作

分队单独宿营时，指挥员应适时与当地政府和人民群众取得联系，了解社情。向分队简要介绍宿营地区的敌情、社情和风俗习惯，认真执行党的政策和三大纪律、八项注意，开展拥政爱民活动，根据实际情况，动员群众，封锁消息，防奸保密，做好宣传工作，武装群众，帮助民兵训练，组织助民劳动解决群众困难。离开宿营地时，应做好群众工作，送还借用的东西，挑水扫地，填平厕所，征求意见，检查纪律。

（四）突发情况处置

在宿营中，指挥员要善于预见可能遇到的各种情况，发现情况灵活指挥，果断处置。

当遭敌空中或地面火力袭击时，应立即发出警报，组织、指挥分队迅速进入指定疏散地区隐蔽，并采取防护措施，同时组织对空火器打击敌低飞飞机、武装直升机。敌空袭后，视情况继续宿营或根据上级指示转移宿营地。

当遭小股敌人袭击时，应当以值班分队或就近分队，迅速围歼或驱逐。当敌兵力较大时，应当指挥分队迅速抢占有利地形，顽强抗击敌人，同时注意边战斗边查明情况，及时报告上级。

当发现有敌向我宿营地附近空降时，应立即报告上级，并指挥分队迅速抢占敌空降地区要点，根据上级指示，在友邻和民兵的协同下，歼敌于立足未稳之际或掩护主力迅速撤离宿营地区。

当接到敌核、化学、生物武器袭击的警报时，应迅速进入疏散区，利用地形和工事进行隐蔽，利用制式或就便器材进行防护。袭击过后，应抢救伤员、灭火、消除污染（消毒），并将情况报告上级，根据命令，组织分队撤出污染地区。

三、特殊条件下宿营的特点与要求

特殊条件下的宿营是指在地形特殊、气候恶劣的情况下实施的宿营，通常以露营为主。分队针对特殊条件下宿营的特点，应采取相应的措施，周密组织宿营。

（一）山地宿营的特点与要求

山地一般群山连绵交错，斜面陡峻，岭高谷深，死角隐蔽地多，地形复杂，岩石较多，并有断崖绝壁；居民地稀少，交通不便。

在山地宿营时，分队应当配置在道路、山谷的两侧和森林中有水源的地区，避免直接沿道路、林缘和可能发生山洪、坍塌、雪崩的地区配置，加强警戒，控制交叉路口、桥梁、制高点、山垭口和重要道路，并采取防火措施。

分队独立宿营时，应在宿营地附近能瞰制我方的重要通道的制高点派出警戒；在一切场合，均应向宿营地周围派出步哨、游动哨和潜伏哨。在便于敌接近、袭击的山垭口道路上应设置障碍物和组织警戒，在有利的山脊斜面上应预先构筑防御工事、修筑进出道路，保证遇突发情况时能及时占领有利地形和阵地。夜间为了保障步哨观察不到的起伏地、地褶或间隙地的安全，就近派出游动哨和搜索组。

（二）高寒地区宿营的特点与要求

在高寒地区宿营时，分队应当配置在避风、便于防寒取暖的地点，如凹地、高地一侧的台地上和小居民地等。尽量避免在雪线以上地点宿营，以防人员冻伤和风暴袭击，还应避免在深谷、雨裂附近宿营，以防泥石流、冰川、雪崩、山洪的损害。

高寒地区宿营，为尽量减少在外面停留的时间，人员应当尽量挖洞（窑）或垒雪墙宿营。其方法是在地面或积雪中挖一个方坑，然后用土块、石块或硬雪块堆砌成墙，用木棍、树枝作横梁，上面盖上帐篷或雨布、雨衣等并压紧。用制式棉帐篷露营时，必须用土或雪压紧帐篷四周，做到密封、保温、坚固，能抗风暴袭击。有条件时，可利用居民地宿营。房舍不足时，应组织分队轮流进入房舍取暖。宿营时，应组织分队尽量吃热食、喝热汤以增加热量。卫生员要进行巡诊，及时发现和医治伤病员，有高山反应的人员要及时服用参麦片、氯茶碱、安宁等药品。对被冻伤的人员，除告诫不准火烤或热水烫洗外，要组织用雪或冷水擦洗并使用冻伤药；同时还应采取措施防止雪盲。睡觉时，要合理安排铺位，既方便执勤，又便于在发生紧急情况时迅速离开棚舍。必要时，人员应戴棉帽，放帽耳，穿棉裤、袜子就寝。

在高寒地区宿营，还应做好武器装备、车辆和器材在低温条件下工作、战斗的准备。车辆如无防冷液，应根据情况，停车后立即放水或定时发动保温，以免损坏水箱。

为防止敌人滑雪分队突然袭击，宿营地要适当缩小各分队配置距离，并周密地组织宿营警戒。派出警戒分队时，要配置便于在冰雪地上运动的输送工具和滑雪器材。此外，还应组织形成环形直接警戒。

（三）热带山岳丛林地宿营的特点与要求

在热带山岳丛林地宿营时，通常以露营为主。地点通常选在干燥、通风、靠近水源、有良好进出道路的山腰、山坡或平台上，要避开沟谷、洼地，以避免山洪塌方的威胁；避开道路、林缘和明显方位物，以免阻塞道路和被敌发现；避开高大树木和茂密高草，以防雷击、失火。在车上住宿时，车辆一般应尽量离开公路，选择在便于进出的较宽的沟谷、傍山旷地、山脚等既便于疏散隐蔽、停放车辆，又便于迅速登车的地域。

搭棚应就地取树，可充分利用竹竿、树枝、茅草、芭蕉叶等天然材料与雨衣、塑料布等器材结合搭绑成棚。用茅草搭棚顶时，要先扎成束，再依次上压，不能随便堆放，以防积水漏雨，床铺应以树桩、石块等支起，离开地面 30 ~ 50 厘米，以防潮防染病；宿营棚周围要挖排水沟，铲除杂草，必要时撒些草木灰，以防毒蛇、毒虫。

热带山岳丛林地视、听受限大，警戒困难，因此，宿营时应加强警戒力量，适当增加警戒点，缩短警戒距离。警戒位置应选在可观察到主要通道的高地上，或敌人可能接近、渗透的林间、草丛、谷地、死角等处，应做到便于隐蔽观察、潜听，便于及早发现敌人，便于扼守和发扬火力，便于机动和撤回。为节约兵力，可以兵力与障碍相结合，有重点地设置地雷、绊索、陷阱、布设可发声的罐头盒等。遭敌袭击时指挥员要冷静分析敌情，判明敌兵力、企图，结合战斗预案，果断、迅速地指挥分队占领阵地，依托有利地形，歼灭敌人，切忌犹豫不决、惊慌混乱。

（四）荒漠、草原地区宿营的特点与要求

荒漠地水源缺乏，人烟、道路、植被稀少，气候干燥。冬季严寒，最低可达 -40℃ ~ -20℃。夏季酷热，最高气温可达 50℃ ~60℃，昼夜温差可达30℃ ~40℃。草原地平坦开阔，居民地和树木稀少，水源不足，无固定道路。夏季雨水较多，牧草繁茂，但冬季草木枯黄，易引起火灾。

荒漠、草原地宿营应尽量选择在居民地、绿洲或具有水源的地区，最好是能在居民地宿营，但这种情况较少。在荒漠地露营，应避开风口，搭帐篷时应避开沙丘的迎风面。帐篷应尽量低下，多设固定钢钎和拦索，以防被风吹拔。同时应注意节约燃料和用水，并采取防暴风沙措施。

分队应根据不同的情况加强伪装和对空防护，严格宿营管理，控制人员活动范围；向受敌威胁方向派出警戒，在敌人可能隐蔽的复杂地形上派出潜伏哨。特别应加强对水源的警戒，必要时可设假宿营地迷惑敌人。在车上住宿时，应充分利用和改造地形，采取各种伪装方法，欺骗敌人，加强隐蔽。

（五）水网稻田地区宿营的特点与要求

水网稻田地区地形平坦开阔，水陆交通便利，水系繁多，地下水位高，村镇树木稠密，物产丰富，为分队选择良好的宿营地提供了方便。

在水网稻田地区宿营时，分队应当尽量利用村落、居民地宿营，也可选择水网稻田间的旱地组织露营；但应力求避开较大的村镇、重要桥梁、堤坎、交通枢纽等明显目标。将宿营地选择在小而分散的村落、土丘、树林间、田间空地等有利地形上；在一般条件下也应避开环形水域，做到既能有效隐蔽，又能适时机动和集中，以便分队迅速进入战斗或转移兵力。在宿营时，车辆应当选择在便于机动的道路两侧靠营地的地点停放，并加强伪装和对空防护。

宿营时，指挥员要根据情况及时向有敌情顾虑的道路、河渠、稻田、桥梁、渡口等方向派出警戒。

（六）城（镇）地区宿营的特点与要求

城（镇）地区道路纵横，房屋较多，水源充足，食物供应和通信条件良好，特别是大中城市建筑物较为坚固，为分队宿营、抵御自然灾害和防敌空袭提供了良好的条件。但由于城（镇）房屋较多，观察条件受限，道路较为狭窄，一旦遭敌袭击，难以查明、判断、处置情况。当城（镇）遭到破坏，如发生火灾时，道路易阻塞，对分队机动造成较大影响；城区人员复杂，警戒任务繁重；当进入遭敌破坏后的城区宿营时，水源和补给条件一般较差。

分队在城（镇）宿营时，应按上级指定范围选择坚固、较高的房屋宿营，力求避免在同一建筑物多层内同时宿营，避开易倒塌和造成火灾的建筑物。车辆通常沿道路靠近较为坚固的建筑物一侧配置，避免集中停放。分队应在地方政府和人民群众配合下，加强观察和警戒勤务，选择便于观察的高大建筑物派出对空观察和值班火器，对便于敌军接近的道路派出班、排哨，在宿营区内派出步哨、游动哨。加强分队宿营管理，禁止人员单个外出和与不明身份的人员交往，调查消防设施位置、种类，确定值班分队，明确处理意外事件的措施。了解宿营区域周围的建筑物和道路情况，特别是易于阻塞的道路情况，给分队明确迂回、离开的路线。

第三节　野战生存

一、各种复杂地形、气候条件下露营

野战生存是指在食宿无着的条件下求得生存。

现代战争的残酷性、复杂性和参战人员所处的作战环境多样性的特点，决定了每个士兵都必须学会在复杂条件下进行露营、野炊、识别和食用野生食物的方法，以保证在恶劣的环境中生存并隐藏，安全、有效地恢复体力，保持持久的战斗能力。

所谓复杂条件下露营是指在无居民地及农作物可利用的山岳、丛林、沙漠、草原、戈壁、沼泽等环境中的设营。

（一）山地露营

在山地露营时，应把露营地选择在避风、防洪且没有发生山崩、塌方的山坡地段上或者谷地、峡谷的高坡上，并且要考虑到尽量靠近水源，冬季要避开有雪崩危险的地段。因山区水源不足，应特别注意保持环境卫生和防止水源污染。在一般山区露营时，通常用制式器材和就便器材架设帐篷或搭草棚。搭草棚时，通常以班为单位，也可以组或个人为单位，但不得成片砍伐树木，破坏天然伪装。帐篷、草棚周围要挖排水沟。

在高山区，特别是当遇到可能吹倒帐篷的暴风雪时，最好构筑地窖式简易掩蔽部。

（二）沙漠、戈壁、草原地露营

沙漠、戈壁、草原地露营应尽量选择在绿洲或具有水源的地区、居民地。

在沙漠、戈壁、草原地露营时，以制式器材和就便器材架设帐篷和搭草棚为主，结合垒石墙、挖土壕（坑）设置露营地点。搭设帐篷时，应避开风口，避开沙丘的迎面风，帐篷应尽量低下，多设固定钢钎和拉索，用沙土或雪尽量将帐篷布脚埋深压紧，以防被风吹拔。根据不同的地形和季节，注意防洪水、防暴风沙（雪）、防泥石流等，并注意节约燃料和用水。

（三）酷暑条件下露营

在酷暑条件下露营时，可采用搭遮棚或吊床的方法进行。搭遮棚时，位置应选择在干燥、通风的缓坡上，要避开大树、陡崖峭壁，以防雷击、塌方。遮棚周围要挖排水沟，铲除杂草，必要时，撒些草木灰，以防毒蛇、毒虫。就地取材时，应注意不要成片砍伐草木，以保护天然伪装。

（四）严寒条件下露营

在高寒地区露营时，人员应减少在外停留时间，防止冻伤。设营通常采用搭帐篷、架草棚、挖雪洞、堆雪墙、堆雪房等方法。有条件时还可在草棚中燃火取暖，但必须时刻有防火员值勤，以防发生火灾和一氧化碳中毒。宿营时，应尽量吃热食、喝热汤以增加热量。睡觉前应多用雨布（衣）、干草等隔潮材料铺设地铺。睡觉时，应注意避风和保暖，可采取两人合睡，同盖大衣棉被，相互依靠取暖的方法。

（五）架设和构筑简易帐篷、遮棚、猫耳洞、简易掩蔽部

1. 帐篷

帐篷可分为屋顶型帐篷和单坡面帐篷两种。屋顶型帐篷是将绳子拴在两棵树之间拉紧形成脊线，或者用锹柄、木棍等物作支柱，用背包带连接两个支柱顶端，两端延长斜拉固定在地桩上形成屋脊样式，将方块雨衣或军毯等搭在脊线上形成两个屋顶坡面，坡面底边用石块压牢即成。根据需要还可将数块雨布连接，构成 4 ~ 8 人用的大帐篷。架大帐篷时，脊线下应加设若干支柱，以减少绳子拉力，保证帐篷牢固。单坡面帐篷利用断墙、塄坎等，将雨布的一边固定在墙或坎上，另一边固定在地面上，即可形成单面坡帐篷。

2. 遮棚

在林中过夜，可以就地取材搭制临时遮棚。

（1）单坡面遮棚。

先挑选和制作3根直径4厘米、长2米的木棍作檀杆，再用5根直径3厘米、长1.5米的树棍作椽子。各檀杆之间的间隔为0.5米，椽子之间取等间隔用绳子绑牢。将脊檀靠在两棵树上成为单坡面框架，然后将带叶的小树枝扎成把，像铺瓦一样一把一把重叠挂在檀杆上，挂满后即成单坡面遮棚。

（2）丛林遮棚。

在热带雨林中，宿营时间较长时，搭制严密的遮棚，可以纳凉、遮雨、隔潮。方法为：根据遮棚的面积打4根直径10厘米、高2米左右的立柱，在立柱离地面40厘米处的两个对边上，绑两根直径10厘米的横杆作底架，底架上密铺直长的树杆作地板。然后向上每隔40~50厘米绑横杆，以便于挂雨布或树枝作遮墙，顶部平铺雨布作顶，即搭成丛林遮棚。

搭制遮棚宜选用新砍伐的质地坚硬的树木枝杆，使用顶替树枝干时，应将其敲打或剥皮以驱除昆虫。

（3）吊床。

夏季丛林中，宿营时间较短时可采用吊床。吊床制作很简便，利用帆布、军毯、伪装网都可以制作。吊床两端拴在两棵树上，上面再拉一根绳子，搭上方块雨布，四周用绳子系牢，便成为一个防水遮阳的帐篷。

3. 猫耳洞、雪洞

时间充裕时，可挖猫耳洞露营。即在土质较好的沟壕、土坡的侧壁上，挖掘一猫耳形状的栖身洞，洞口开设在向阳背风的方向。在积雪较厚的寒冷地区，还可以挖掘雪洞避风御寒，当雪洞外气温为-30℃时，雪洞内温度可达到-5℃。雪洞应选在积雪较厚的地方。通常积雪1.5米以上即可直接开口构筑，积雪较薄的地方，可以将雪堆积起来后开口构筑。

雪洞一般不宜过大，以防坍塌。洞口呈拱形，开在避风之处。进出通道可根据情况掘成水平式或倾斜式。洞挖好后，可用雨布封闭洞口保温，但须留一通气孔以防窒息。洞内要留一把铁锹或刀，用于雪洞坍塌或风雪封堵洞口时自救。

4. 地窖式简易掩蔽部

在高山区，特别是当遇到能吹倒帐篷的暴风雪时采用。方法是：在地面或积雪中挖一个四方坑，然后就便用土、石块或硬雪块堆砌成墙，用木棍、树枝作横梁，上面盖上帐篷或雨布、雨衣等，并压紧。用制式棉帐篷更为方便，但周围必须用土或雪压紧，做到密封、保温、坚固、能抗风暴袭击。

二、野生动、植物的识别和食用

野生动物和植物都具有一定的营养价值，可作为辅助食物或主要食物。在野战条件下，单兵携带的给养是有限的，而作战情况又是复杂多变的，因此，学会各种野生动、植物的识别和食用，对在特殊情况下持久地完成作战任务具有重要意义。

（一）可食植物的识别和食用

在各种野生植物里，有毒的植物种类不多、数量有限，大部分野生植物均可食用。可食用的野生植物可分为淀粉类、野果类、野菜类、蘑菇类和海藻类。

鉴别植物是否有毒，比较可靠的方法是根据上级下发的可食野生植物的图谱进行认真鉴别；第二种方法是向有经验的战士或当地居民了解可食植物的种类和识别方法；第三种方法是仔细观察动物采食的情况，一般情况下，老鼠、松鼠、兔子、猴子、熊等动物吃过的植物对人体也是无害的。但是鸟类可以食用的植物，人不一定能够食用。我国南北方常见的可食野生植物有以下几种。

1. 淀粉类

（1）白蔹（山地瓜）。产于我国北部、中部和东部。生长在荒山坡小树林下、草地及田埂旁。葡萄科，藤本，有纺锤性根块。叶掌壮，3～5 厘米长，全裂，裂片形状颇多变化，叶轴有两翅，夏季开花，花小，黄绿色，聚伞花序。浆果大如豌豆，初为蓝色，后变白色。其根部含淀粉和葡萄糖，可采集食用。

（2）芦苇（石根草、芦嘴子、苇子）。分布遍及我国温带地区，生长在沟边、河沿、道旁及比较阴湿的地方，多年生长草本。地下有粗壮的根茎，叶片广披针形，排列成两行。夏秋开花，圆锥花，序长 10～40 厘米，分枝稍伸展；小穗含 4～7 朵小花。可采集根部和嫩芽食用，霜降后、清明前挖根制糖和淀粉食用。

（3）稗（稗子草、野稗）。生长在田边沼泽地，又为水稻田中的草，一年生草本。秆直立或基部倾斜，光滑。叶稍无毛，缺叶舌和叶耳；叶片线状披针形，上面粗糙。圆锥花序直立开展；小穗密集于轴一侧，有硬刺毛，第一外桴有一粗芒。颖果小，椭圆，干滑光亮，尖端是小尖头。它除含淀粉外，还含有 11.2% 的蛋白质及小量的脂肪，夏季可采种子，碾去外皮后煮粥吃。

2. 野果类

（1）茅莓。广布于全国各地，生长在山坡灌木丛中或路旁向阳处，食用果实及嫩叶。7—8 月果实成熟，味酸可生食。攀缘状灌木，在枝和叶柄上全生有毛和钩状小刺，叶为羽毛状复叶，小叶多为 3 片，也有 5 片的，近圆形，顶端一片较侧生叶片大，边缘有不整齐的深齿缺，下面呈白色，密生短毛。花单生在叶腋，或由几朵聚成短圆锥花序，生在树顶，总梗有稀疏的刺，花瓣粉红色，倒卵形。小核果球形，红色，核有深窝孔。

（2）沙棘。分布于河北、山西、陕西、甘肃、宁夏、青海、新疆、四川、云南等地，常成丛生长在河岸的沙地或沙滩上。9—10 月果实成熟可生食，味酸而甜。有刺灌木，叶窄，线形或线状披针形，长 2 ~ 8 厘米，宽 2 ~ 8 毫米，上面呈绿色，下面为银白色。花雌雄异株，雄花有两个椭圆形的裂片。雄蕊 4 个，雄花呈管状，果实为核果，榴形或近圆形，多汁，长 0.8 ~ 1 厘米，直径 5 ~ 6 毫米，金黄色或橙黄色，许多个密生在一起紧贴在树梢上。

（3）胡颓子。分布于山东、辽宁、河南、江苏、福建、广东、湖南、湖北、四川等地，生长在山坡及空旷的地方，果实可生食。灌木，有刺，高 2 ~ 4 米，幼枝褐色。叶子为椭圆形或长圆形，尖端稍长，边缘波状常卷皱，花为银白色，长 1 厘米，1 ~ 3 朵生于叶腋，常向下垂，果皮开始为褐色，成熟后微发红，内包一椭圆形的硬核。

有些野果如野山梨、野栗子、榛子、松子、山核桃等，是比较容易识别的。

3. 野菜类

（1）苦菜。生于山野和路边，3—8 月均可采其嫩茎叶洗净生食，茎高 0.6 ~ 1 米，叶互生，叶边大多分裂，周围有小短刺，近根处叶窄，色绿，表面呈灰白色，断面有白浆，茎叶平滑柔软，夏季开黄色头状花。

（2）蒲公英。生长于田野中，3—5 月可采食嫩叶，5—8 月可采花做汤。全株伏地丛生。高 10 ~ 20 厘米，体内有白色乳汁。叶缘为规则的羽状分裂，色鲜绿。花茎数个从叶基部生出，与叶等长或稍长一点，上部密生白色丝状毛。头状花序顶生，全为黄色舌状花瓣。

（3）蕺菜。别名鱼腥草。生于水沟边、渠岸、池边及阴湿地。嫩幼苗可作蔬菜吃；叶含挥发性油，幼苗经水煮后换水三次，加油盐调食，全草可作药用，治毒蛇咬伤。用法：将全草捣烂外敷伤口周围或煎汤洗患部，或单味煎服。其为多年生草本，茎上部直立，下部匍匐，节上生须根并有褐色鳞片。叶为心脏形，尖端渐尖，边全缘或呈波状，上面为绿色，下面带紫色。惠状花序生于丰茎的顶端，总梗细长，上部有白色总疱 4 片，倒卵形，果实成熟时顶端开裂，种子多，卵形。

（4）马齿苋：全草可食，味平淡，常生于田野路旁。通常 5—9 月中旬采嫩叶茎，烫软后将汁轻轻挤出，加入调料即可食用。全草煮食可治痢疾。其肉肥嫩多汁，茎多分枝，圆形，呈紫红色，平铺地面，叶互生或对生，叶片肥厚呈瓜子形，花小，黄色，5 瓣，3 ~ 5 朵丛生于叶腋，花后结盖果，种子黑色。

野菜中苋菜、扫帚菜、灰灰菜等，遍布全国，容易识别。

4. 蘑菇、海藻类

由于目前还没有完全可靠的方法鉴别有毒与无毒的蘑菇。因此，采食蘑菇时一定要慎重。可以参照有关蘑菇图谱鉴别蘑菇，或仔细观察蘑菇上是否有被野兽或昆虫咬过的痕迹，记住这种蘑菇的形状，供以后采摘时参考。采蘑菇可在雨后的林中或草上进行。

海藻生长在海边礁石上或漂浮在海水中，海藻一般无毒，常见的有紫菜、红毛菜、角叉菜、鸡冠菜、裙带菜等。采用海藻应选用海中新鲜的海藻，海滩上的海藻常常因为脱离海水而腐败变质，不宜食用。

（二）野生动物的捕获和食用

野生动物经过加工处理后都可以食用。但是某些鱼类如河豚，内脏器官含有剧毒物质，野战条件下不具备精细加工的条件，不能食用。

1. 猎兽

猎兽前应当向有经验的战士或当地居民了解动物的习性和捕获方法。对大型动物通常采用枪杀的方法猎获，对小型动物可采取下述方法捕获。

（1）压猎。

采用石板或冻土板、冰板，也可以用木板压重物作压拍子。用木棍将压拍子一端支起，木棍上设置机关加挂诱饵，当小动物取食时，即可被压拍子压住。

（2）套猎。

采用各种绳索，钢丝或马尾，一端作活套，另一端系在树干、草棵、石头等物上。

套子可下在动物经常出没活动的地方，应保证使活套圈的平面与动物活动路线垂直，其大小和距离地面的高度根据所猎动物的大小而定，以能套住动物的头部为宜。

（3）卡钓和竹筒。

这两种方法主要用于猎获地面活动的小动物，如田鼠、旱獭、黄鼬等。

卡钓的做法是用一根细钢丝弯曲成别针样，两端有向外弯曲的尖，两臂中间各有一个铁丝圈用于穿别子。别子用一根钢丝或大头针做成。设置时，将钢丝两臂压紧，使臂上小铁圈重叠，将别子从后面穿入重叠的小圈中，别子后端与固定绳拴在一起。钢丝尖端设置诱饵，后端用一绳拴在树枝或草根上，以防被小兽拖走。当动物取食时，别子从铁圈中脱出，钢丝别针即张开卡住动物嘴部，使其无法逃脱。

竹筒宜选用内径略大于猎捕动物、长 65 厘米左右的竹节做成。竹筒斜埋于地下，倾斜45度左右，竹筒上口与地面平，筒必须光滑，将诱饵投入筒底。当动物进入筒中取食时，因不易退出而被捕获。

2. 捕蛇

捕蛇时应特别注意预防被蛇咬伤，有条件时最好穿戴较厚的高腰鞋子及长筒手套等防护用品。

（1）叉捕法。

用树枝做一个木叉，叉柄的长短以捕蛇者俯身后两手能够捉住蛇的颈部为准，叉口大小以叉紧蛇的颈部为宜。捕时，先叉住蛇的颈部，然后俯身以胸部抵住叉柄，再用一只手按蛇头颈部，另一只手握住蛇的后部，即可将蛇捉住。

（2）泥压法。

对一些不大的，在地面或石头上活动的蛇，可拿一块大泥用力摔在蛇身上，将蛇粘压在地上或石上，再行捕捉。

（3）索套法。

对在乱石上、草丛间或地上翘起头的蛇，可用此法捕捉。取一竹竿在一端打通一个洞，穿过一条细韧的绳子，做成一个活套圈，用手拿住竹竿和绳子的另一端，将活套从蛇的背后迅速套住其头部，随即拉紧活套，缚住蛇颈。

3. 捕鱼

捕鱼可使用钩钓、针钓、脚踩、手摸、拦坝戽水等方法。

（1）钩钓。

使用鱼竿、鱼线、鱼钩、钩坠、漂子等器材，也可以使用就便器材自制。如用针弯成钩，用草秆、鸡毛管作漂子，用弹壳或小石头作钩坠等。钓鱼时，将饵食挂在钩上抛入水中，等漂子上下颤动时迅速提竿，反复多次即可钓到鱼。为引诱鱼群上钩，还可以提前在垂钓处投入一些碎米等食物（俗称“做窝子”）。

（2）针钓。

以针代钓，用丝线缚在针的中央，穿上鱼饵，不用漂子沉入水中，鱼吞食针饵后，针便横搁在鱼腹内，无法逃脱。鱼饵可用蚯蚓、蚱蜢等昆虫。

（3）摸鱼。

在浅水中，可直接下水摸鱼。摸鱼时两手呈合势，贴水底向心合拢摸鱼，摸到后要迅速向水底按压捕捉，一手握鱼头，一手握鱼尾快速扔上河岸。

（4）拦坝戽水。

对小水塘可以采用分片拦坝戽水的方法捉鱼。先在水塘的一角筑起泥坝，用桶或盆将水戽到坝外，待见底后即可在泥中捉鱼，然后按此法逐片戽水捉鱼。

4. 对猎获动物的处理与食用

剥兽皮：将兽体侧放或仰放，从头向尾沿腹部剖开，再由脚部绕膝关节将皮割开，并沿腿内侧把这些切口与纵切口连接。先剥腿部皮，然后再剥躯体上的皮。剥兽皮时，一面用刀子割，一面用拳头伸入肉与皮之间用力撑，使皮肉分离。皮剥下后，将兽体放在皮上取出内脏，将兽体肢解成块。

禽类要先拔除羽毛，后取出内脏。

鱼类要将肋和内脏取出后刮除鱼鳞。

蛇的处理：用绳子将蛇的颈部拴在树枝上悬挂起来，左手握住蛇体，右手持刀，从蛇头颈部将蛇腹剖开，剖到尾部后绕尾割一圈，取出内脏后，由尾部向上掀起蛇皮，掀到蛇颈后剁去蛇头。

野外条件下，食肉可采用火烤熟后蘸盐食用的方法，此法简便实用。

食用昆虫：可食用的昆虫种类很多，如蜗牛、蚂蚁、蚯蚓、知了、蚱蜢等。对昆虫可用油炸（动物油）、烧烤、烹煮的方法处理后食用，只要克服了心理障碍，其味道还是很鲜美的。

（三）解渴的植物和应急的解渴方法

山野中有许多植物可用解渴，如北方的黑桦、白桦的树汁，山葡萄的嫩条，酸浆子的根茎；南方的芭蕉茎、扁担藤等。

北方的初春，在桦树干上钻一个深 3 ~ 4 厘米的小孔，插入一根细管（可用白桦树皮制作），经过这个小孔流入容器中的汁液每晚可达 1 ~ 2 升。白桦树汁液在空气中很快就会发酵，因此收集后应立即饮用。

西南边疆密林中的扁担藤，因其形似扁担而得名。它是一种常年生的植物，通常缠绕在树干上。藤长 5 ~ 6 米，藤面呈灰白色，叶色深绿，叶面宽 3 ~ 4 厘米，呈椭圆形，比一般树叶稍厚。砍断藤子后，可以看到条条小筋的断痕，并很快就会流出可供饮用的清水。生活在西双版纳的傣族猎人进山，一般不带水壶，就靠这种“天然水壶”中的清水解渴。

热带丛林中还有一种储水竹子，这种竹子通常生长在山沟两旁，直径约 10 厘米，青翠挺拔，竹节长约 50 厘米。选择竹子找水时，应先摇竹竿，听听里面是否有水的声响，无水响的竹子不必砍。另外，检查竹节外表是否有虫眼，有虫眼的竹节里的水不能喝。汲水的方法是将竹节一头砍开一个洞，将水倒入碗里，也可削一根细竹管插进竹筒里吸，竹节内的水既卫生还带有一股淡淡的竹香。我们的边防战士称之为“直立的凉泉”。

如果找不到解渴的植物，还有一种极为简便的取水方法。用一个塑料袋套在树枝上，将袋口扎紧。树叶蒸发出来的水分就会聚集在袋里。天气越热，蒸发量越大，得到的水就越多。利用这个方法，每天取水量可达一升左右。还可以用塑料收集露水。从半夜到天明这段时间里，气温逐渐下降，空气中的水分便凝结成露水，贴附在地面植物上。早晨将塑料布铺在草丛下面，摇晃草，使露水一滴滴地落下来，积少成多，也可解干渴之急。

在缺水的情况下，水要合理饮用。最初可以不喝水，或者仅湿润口腔、咽喉。当然，也不要勉强忍耐干渴，以致使身体出现失水症状。喝水要得法，应该采用“少量多次”的方法。试验证明：一次饮水1 000毫升，其中380毫升会由小便排出；假若分10次喝，每次80毫升，小便累计才排出80～90毫升，水在体内就可以得到充分利用。每昼夜喝水不多于600毫升，这在5～6天内对人体不会发生有害作用。

在实在无水的情况下，小便也可以应急解渴。实际上，小便并不污秽，只是因为心理作用，总觉得难以下咽。有条件可以做一个过滤器在竹筒的底端开一个小孔。将小便排泄于此，小孔下面就会流出过滤水。

三、特殊条件下的野炊

特殊条件下的野炊是指在野外无制式炊具、火种和非标准饮用水可供使用的情况下，利用就便器材所进行的热熟食制作。

（一）使用就便器材和材料野炊

在没有制式炊具可供使用的情况下，作战人员应就便利用器材和材料热熟食物，其方法有：

1. 脸盆、罐头盒、钢盔

在野外可以用石头作架，或用铁丝吊挂脸盆、铁盒、钢盔等物，用火加热，可烹煮食物、烧开水等。

2. 铁丝、木棍

可将食物穿插缠裹在铁丝或木棍上，放在火边烧烤熟化。

3. 石板或石块

用火将石板烧烫以后，将食物切成薄片放在上面烙熟。

将若干拳头大小的石块放在火中烧热，用棍拨到一个40厘米深的土坑内铺一层，石块上铺一层大树叶，放上食物，上面再铺一层树叶，将剩下的热石头铺在树叶上，然后再铺上厚厚的树叶压住，三四个小时之后即可取食。

4. 黄泥

用和好的黄泥在地上摊成一个3厘米厚的泥饼，上面铺一层树叶，将野鸡或野兔、鱼等物除去内脏，不脱毛、不褪鳞，放在泥饼上，用泥饼将食物包裹成团，放在火中烧两个小时即可食用。食用时兽毛或鱼鳞沾在泥块上随之脱离。

5. 竹节

选粗壮的竹子砍倒，每2～3节竹筒砍成段，将竹节的一端打通，将米和水灌入竹节里，米约占三分之二，然后将竹节放在火中烧烤，约40分钟可做成熟饭。

（二）寻水和取火

水对于人的生存至关重要。野战条件下，作战人员要对饮水的使用做好合理规划。同时，组织人员寻找水源或采集、处理用水，以弥补消耗的饮水。

1. 找水

在野外可以根据野生植物的种类、数量、分布范围以及动物的出没活动规律等寻找地下浅层水源。一般植物茂盛、动物经常出现的地方，是容易找到浅表层水源的。

在许多干旱的沙漠、戈壁地区，生长着柽柳、铃铛刺等灌木丛，其下6~7米深就有地下水；胡杨林生长的地方，地下水距地面5~10米；茂盛的芦苇指示地下水位于地表下1米左右；而在喜湿的金针、马兰花等植物下面，挖掘1.5米或1米左右就能找到水，在南方，根深叶茂的竹林通常是浅表地下有水的标志。

另外，蚂蚁、蜗牛、青蛙、蛇等动物喜欢在泥土潮湿的地方做窝栖身，在这些地方向下深挖通常可以找到水。

2. 采水

沙漠、戈壁地区不易寻到地下水，可以在清晨采集植物枝叶上的露珠。白天也可用塑料布蒙在植物的枝叶上，由于枝叶的蒸发作用，塑料布上会蒙上一层水珠；或者在地上挖一个露出湿土层的坑，蒙上塑料布，塑料布将会凝结一些水珠，将这些水珠收集起来，积少成多，也能够解决一部分饮水需求。

某些植物的枝干、茎叶、果实，或块根中含水丰富，可直接食用给人体补充水分。

3. 净化水

野外水源水质浑浊有异味不便直接饮用时，首先应辨别水中是否含有有毒、腐烂的物质，一般情况下，有强烈异味的水是不宜饮用的。对一般水质较差的情况，可做净化处理。

（1）药物净化。

使用“69-1型饮水消毒片”“漂白粉精片”处理浊水，可以起到澄清杀菌的作用，使用明矾可以使浊水变清。

（2）植物净化。

将一些含有黏液质的植物如仙人掌、榆树皮等，捣烂成糊加入浊水中，搅拌3分钟后，再静止10分钟左右，可起到类似明矾的净水作用。一般15千克水可用4克植物糊进行净化。

（3）过滤水。

将竹节一端的堵节打掉，在另一端堵节上钻一个小孔。竹节内从下向上依次放入石子、沙、土、木炭碎块做成过滤器。将浊水缓缓倒入竹节，小孔中就流出比较洁净的过滤水。

4. 取火

火在野战生存中具有重要的作用，它可以用来煮熟食物、烧水、烘烤衣物、取暖御寒、驱除猛兽和有害昆虫，必要时还可以作为信号使用，在没有火柴的情况下，可采取以下几种方法取火。

（1）摩擦取火。

这种原始取火方法，在野战生存条件下仍然适用。但在取火前要准备好引火媒，引火媒可选用干燥的棉絮、纱线、草屑或撕成薄片的干树皮、干木屑等。

①弓钻取火。

用强韧的树枝或竹片绑上绳子或鞋带做成一个弓，把弓弦在一根 20 厘米长的干燥木棍上缠绕 2 圈，将木棍抵在一小块硬木上，来回拉动弓使木棍迅速转动。这样会钻出一些黑粉末，最后这些黑粉末冒烟而生出火花，点燃引火煤。

②藤条取火。

找一段干燥的树干，将一头劈开，并用东西将裂缝撑开，塞上引火煤，用一根长约两尺的藤条穿在引火媒的后面，双藤夹紧树干，迅速左右抽动藤条，使之摩擦发热而将引火媒点燃。

（2）击石取火。

找两块质地坚硬的石头，互相击打，使其迸发出的火花落到引火媒上，当引火媒开始冒烟时，缓缓地吹或扇，使其燃起明火。如果两块石头打不出火，可以另外寻找两块石头再试。用小刀的背或小片钢铁，在石头上敲打，也能很容易地产生火花，引燃引火媒。

（3）凸透镜利用太阳能取火。

用凸透镜将太阳光聚焦成一点，光点上的温度可以将棉絮、纸张、干树叶、受潮的火柴等物引燃，夏季雾气较大或者冬季阳光较弱时，可以等到正午阳光强烈时取火，然后保存火种以备使用。

【思考题】

1. 在行军过程中，遇到各种突发事件应当如何应对？
2. 在高寒地区宿营有何特点与要求？
3. 除了文中提到的，你还知道哪些野外生存的办法？

参考文献

1. 王普丰等：《现代国防论》，重庆：重庆出版社 1993 年版。

2. 王和中、吕冀蜀主编：《军事理论教程》，北京：清华大学出版社 2002 年版。

3. 高锐主编：《中国军事史略》（上、中、下册），北京：军事科学出版社 1992 年版。

4. 高连升、郭竞炎主编：《邓小平新时期军队建设思想和发展史》，北京：解放军出版社 1997 年版。

5. 图们、许安标主编：《国防法知识问答》，北京：红旗出版社 1997 年版。

6. 陈学全主编：《军事法学》，北京：解放军出版社 1994 年版。

7. 杨得志、宦乡等：《国防发展战略思考》，北京：解放军出版社 1987 年版。

8. ［苏］C. A. 丘什克维奇主编，军事科学院外国军事研究部译：《战争与当代现实》，北京：军事科学出版社 1990 年版。

9. 章前明编著：《竞赛与裁军——二十世纪的国际军事与战争》，北京：中国审计出版社 1999 年版。

10. 许耀桐主编：《中国基本国情与发展战略》，北京：人民出版社 2001 年版。

11. 杨贵华、陈传刚编著：《共和国军队回眸——重大事件决策和经过写真》，北京：军事科学出版社 1999 年版。

12. 潘时良、秦然：《精兵之路——人民军队建设五十年纪实》，北京：国防大学出版社 1999 年版。

13. 姚有志：《世纪论兵》，北京：解放军文艺出版社 2002 年版。

14. ［德］克劳塞维茨著，中国人民解放军军事科学院译：《战争论》，北京：商务印书馆 1978 年版。

15. 毛泽东：《毛泽东选集》，北京：人民出版社 1991 年版。

16. 毛泽东：《毛泽东外交文选》，北京：中央文献出版社、世界知识出版社

1994 年版。

17. 毛泽东：《毛泽东军事文集》，北京：军事科学出版社、中央文献出版社 1993 年版。

18. 邓小平：《邓小平文选》，北京：人民出版社 1993 年版。

19. 《广东高校军事教材》（内部使用），2000 年。

后 记

本书是在广东财经大学（原名广东商学院）、广州医学院等十所高等院校合编的《高校军事理论课教程》的基础上修订而成的，在此，首先衷心感谢参加《高校军事理论课教程》一书编写的刘苍劲等多位专家和专业教师。

在本书修订的过程中，编者按照《高校军事理论课教学大纲》的要求，对内容进行了增删，特别是补充了近几年国际军事形势变化和我国新一届领导集体在十八大以来关于国防和军队建设的重要论述，以及军事高技术的新发展、新成果和信息化战争的基本特征与发展趋势等相关内容，体现了这门课程与时俱进的特点。在本书出版过程中，暨南大学出版社人文社科分社杜小陆社长和胡艳晴编辑等也给予了大力支持，特此说明并致以谢意。

由于修订时间比较仓促，资料收集可能不完整，疏漏之处也在所难免，恳请广大读者批评指正。

《大学生军事理论课教程》编写组

2017 年 6 月 1 日